出版资助单位：广州市教育局　广州市总工会　广州市海珠区教育局
广州市海珠区总工会广州市教学成果培育项目+指向计算思维发展的信息技术教学创新与实践（2020123348）

计算思维培养与无人机创意编程

范谊　陈宇　张锦东　编著

大疆教育

大疆教育教研组参与审校

广东高等教育出版社
Guangdong Higher Education Press
·广州·

图书在版编目（CIP）数据

计算思维培养与无人机创意编程 / 范谊，陈宇，张锦东编著. —广州：广东高等教育出版社，2023. 6

ISBN 978 - 7 - 5361 - 7428 - 3

Ⅰ. ①计…　Ⅱ. ①范… ②陈… ③张…　Ⅲ. ①无人驾驶飞机 - 程序设计 - 中小学 - 教学参考资料　Ⅳ. ① G634.673

中国版本图书馆 CIP 数据核字（2022）第 254929 号

JISUAN SIWEI PEIYANG YU WURENJI CHUANGYI BIANCHENG

出版发行	广东高等教育出版社 地址：广州市天河区林和西横路 邮编：510500　营销电话：（020）87551436 网址：www.gdgjs.com.cn
印　　刷	广州永祥印务有限公司
开　　本	787 mm × 1092 mm
印　　张	20.5
字　　数	430 千
版　　次	2023 年 6 月第 1 版
印　　次	2023 年 6 月第 1 次印刷
定　　价	79.00 元

序一

国务院2017年7月发布的《新一代人工智能发展规划》明确指出，要“全面提高全社会对人工智能的整体认知和应用水平。实施全民智能教育项目，在中小学阶段设置人工智能相关课程，逐步推广编程教育”。为了更好地在中小学推进编程教育工作，范谊老师和他的团队准确抓住时代特点和青少年的兴趣，结合30多年的丰富教学经验，开拓性地以无人机为载体，以编程为方法，以发展计算思维为核心目标，在对青少年编程教学进行系统梳理的基础上，撰写了《计算思维培养与无人机创意编程》一书。

在中小学开展基于无人机的创意编程教育，有助于培养学生的创新精神和实践探究能力，能有效提升学生的核心素养水平，对今后促进我国产业升级和社会转型，建成人工智能强国和航空强国都有着积极的意义。

本书勇于承担新时代教育要培养学生核心素养的重任，聚焦计算思维这一信息技术课程的核心素养，呈现当下青少年编程学习领域的核心知识与关键能力。本书围绕计算思维领域培养的最新动态，结合作者的实践经验，系统介绍了计算思维的概念、意义、发展历程，以及通过学习编程发展计算思维的方法。在结构编排上，按循序渐进、螺旋上升的原则，包括“基础飞行”“智能飞行”“组队飞行”“竞赛解析”，通过18个精选的主题案例，以自创的基于项目式学习的“三层五导”教学模式介绍了无人机的飞行原理和安装、连接、操控的方法。案例栏目包括项目背景、任务描述、主要知识点、问题界定、任务流程图、三层五导、算法解惑、实践与思考、评价分享等，符合无人机创意编程知识学习和技能培养的学科内在逻辑规律，能够提升人工智能时代编程学习的高度。

本书培养目标明确，重、难点突出，科创特色鲜明，较好地将学科知识的本质、STEAM教育的理念、航空报国的思想和生涯教育的意识等深度融合，体现科学性、思想性、技术性和人文性的统一，是一线教育工作者在学科领域履行立德树人教育责任的主动探索。

本书内容丰富、脉络清晰、案例典型、步骤合理、语言浅白、图表规范、可操作性强、可拓展性广。

本书适合义务教育阶段对编程或无人机感兴趣的广大中小学生自学，对于信息技术学科教师或有意辅导子女探索编程世界的家长，也都具有重要的参考作用。相信本书的出版，能引发大家进一步关注中小学生计算思维与无人机编程能力的培养，同时积极提升全社会对人工智能的整体认知和应用水平。

华南师范大学二级教授、博士生导师

2022年12月

序二

目前人工智能的发展日新月异，它正在渗透进社会的每一个角落，为各行各业赋能、增值，因此人工智能已经成为了各国科技竞争最重要的赛道之一。广州市一直十分重视新一代信息技术的发展、应用与普及，市教育局于2021年9月颁布了《广州市中小学人工智能教育普及工作方案》，要求在2023年中小学全面普及人工智能教育。海珠区作为广州市的中心城区之一，区教育局积极采取多项有力措施，如成立工作领导小组，建立学术督导团队，订立管理保障制度等，支持辖区内学校开足课，鼓励各校人工智能教师充分发挥自身的主观能动性上好课，让海珠莘莘学子充分享受最前沿的人工智能基础教育，赢在起跑线，为我国从人口大国向人才强国的转型升级尽自己最大的努力。

2022年初，国家颁布了新一版义务教育课程标准，这标志着新一轮课程改革再起航，广大海珠教育人业已精神抖擞地踏上了新征途。明天辉煌的海珠教育，需要今天全体海珠教育人秉持以生为本、不辞劳苦的态度，开拓创新、敢为人先的勇气，扎扎实实地完成肩负的教育使命。

范谊老师正是本区人工智能教师中有代表性的一员，他从教30余载，一直服务海珠，早已取得累累硕果。但他和他的团队对办人民满意的教育却始终不懈地追求，这正是广大海珠科技教育人在新时代强国逐梦过程中的一个缩影。他们深知学习的关键在于启发思维，于是紧扣数字时代的核心竞争力——计算思维，用中小学生非常感兴趣的，以及当今社会有着广泛应用前景的无人机作为学习载具，基于国产编程平台Mind+，编著了《计算思维培养与无人机创意编程》一书。本书通过众多具体、典型的情境案例，以生动浅白的语言分析程序思想，引导读者掌握科学的解决问题的步骤、手段，提高信息素养。

我相信，本书的出版既能使广大基础教育的科技教师在开展信息科技、人工智能、创客活动时得到有益的参考，又能使中小学生在自学编程时获得不可多得的工具与指南。我更相信以范老师为代表的海珠科技教育人通过自身的努力，必将会撑起海珠科技教育更美好、更灿烂的明天。

广州市海珠区教育局党组成员，副局长

2023年5月

前言

信息技术的不断发展，催生着社会形态的快速改变。为适应时代挑战，2013年“编程一小时”教育项目应运而生，得到了多国政府与社会各界知名人士的鼎力响应，时至今日编程教育在国内逐渐风靡起来。

作为一名在一线工作的信息技术教育工作者，面对目前课内外呈如火如荼之势的青少年编程普及教育，我始终在思考着当下青少年应该以怎样的方式学习编程，逐渐梳理成三点看法：

第一，当前青少年的编程学习要以智慧化的教育学具为载体。2017年7月，国务院颁布了《新一代人工智能发展规划》，意味着我国开始迈进智慧社会。青少年依托像无人机、机器人等智慧学具学习编程，有助于他们更好地感受、体验、理解何为万物互联，对未来的社会挑战能更从容地应对。结合智慧学具学习编程能更好地体现青少年学习所应有的“做中学、玩中创”的教育特点，整个学习过程直观、生动，充满了游戏感，不但降低了学习门槛，在培养创意等学习效果方面优势更明显。结合智慧学具学习编程，避免了将全部的学习环节都局限于计算机，降低了沉溺其中的风险，还可能降低目前居高不下、令人揪心的近视率，呈现给青少年一个更多样且真实的世界。

在众多智慧化教育硬件产品中，本书推荐的是无人机。做出这一选择的缘由也有三点：首先，航空同样是一个强盛国家必备的支柱型战略产业。现代历史的进程已经证明，一个国家如果不能守护自己的天空，就必将失去脚下的大地。我衷心地希望，本书能为唤起更多的有志者未来投身祖国的航空事业出一分力。其次，每个人都有过自己的航空梦。中华民族的历史上，为遨游星空、俯瞰大地付出过艰辛探索和不懈努力的榜样、事件等层出不穷，即使是一个孩子，也很自然地会对航空充满了好奇，将编程学习与航空探索相结合，对于教育青少年显然有一举两得之便。最后，在人工智能时代，飞行器的一个重要特点就是无人化，并且教育类无人机的价格越来越大众化，这为每个人实现自己的航空梦插上了翅膀。

第二，青少年的编程学习要与培养计算思维相结合。2006年，美国卡内基·梅隆大学的周以真教授针对人类所面临的现代信息社会的挑战，重新定义了“计算思维”。2014年，教育部在颁布的《关于全面深化课程改革　落实立德树人根本任务的意见》中提出要研究制订学生发展核心素养体系。2022年，计算思维被教育部确定为义务教育信息科技课程的四项核心素养之一。具有计算思维的学生，能对问题进行抽象、分解、建模，并通过设计算法形成解决方案；能尝试模拟、仿真、验证解决问题的过程，反思、优化解决问题的方案，并将其迁移运用于解决其他问题。可见培养计算思维的核心在于建立一种大数据时代的思维方式，把问题抽象化，再逻辑化表达。至于问题求解，交给计算机工具即可。在这一形势之下，编程作为信息科技课程的核心内容，其学习的要点不再是程序语言的规则、格式等，而是理所当然地要承担起培养计算思维的重任。学习者只要具有良好的计算思维，就必然会掌握不错的编程能力，适应人工智能时代。

第三，编程学习要与培养综合素质，树立职业理想，形成“服务家国”的价值观相结合。近年来，STEAM教育异常火热，它提出以跨学科整合的方式开展项目式学习，对提高学生创造性解决真实问题和复杂科学问题的能力大有裨益。本书的编写借鉴了这一理念，将飞行系统、飞行原理等与科学（S），程序、算法、计算思维等与技术（T），无人机部件拆装、维护保养等与工程（E），航空英雄、生涯教育等与艺术（A），转角计算、三维坐标等与数学（M）分别对应并深度融合于一体，力图使青少年通过阅读本书，了解航空科学之广博，编程知识之精深，航空从业者之伟大，既意识到在学习创意编程的同时要全方位提高自己的综合素质，还要燃起雄心壮志，以无人机创意编程学习为载体，发展个人的核心素养，努力成为一流人才，积极投身国家建设，在实现个人编程梦、航空梦的同时，共同完成民族复兴的强国梦。

本书的编写即遵循着以上三点的思考，共分四章。第一章提出了无人机创意编程学习的意义、目的和方法，为读者指明学习方向和有效方法。第二章介绍了无人机使用与创意编程基础，包括多旋翼无人机的飞行原理、无人机的组装与连接、无人机的编程软件、无人机的日常维护与飞行规范，以及无人机航拍，为广大读者之后真正驾驭无人机奠定坚实的知识与技能基础。第三章是本书的主体，围绕着计算思维培养，采用项目式学习的体例，分基础飞行、智能飞行、组队飞行和竞赛解析四个层次，共系统设计了18个知识涵盖面广、主题真实感强的“大疆TT教育无人机·Mind+编程”项目案例，并以“三层五导”教学模式为核心，以项目背景、问题界定、任务流程图、算法解惑、实践与思考等9个栏目，组织每个项目的内容结构，帮助读者全面掌握规划无人机自主飞行和现场调控无人机实时飞行的能力。第四章介绍了国内具有较高知名度的教育类、企业类、社会类青少年无人机竞赛，细致地描述了有关竞赛的组织，人员、场地与器材的要求，活动的流程，比赛的规则等，并向有意参赛者和竞赛培训者提出了参赛建议，这对于有着较高学习期望的读者无疑是有益的。

本书面向小学和初中学生而著，既适合该年龄段学生自学，也可以为承担小学、初中学生科技教育任务的教师，或有意进行家庭创意编程亲子活动的家长所用。

本书得以面世，我首先要感谢共同编写此书的团队成员，陈宇、张锦东两位老师在完成本职工作、履行家庭责任之余，每天辛勤撰文，对我提出的修改建议绝无怨言地落实，力求将本书塑造为精品。我的妻子张爱冰女士为本书也付出了大量心血。在本书的撰写过程中，她不但承担了全部家务，还耗费大量时间帮我校对初稿，给予我充分的支持。同一时期，我的领导积极适应时代发展，拨付了充足的款项，将学校的多媒体计算机室升级为人工智能实验室。这为本书的内容能在学校普及应用创造了现实条件，我相信该举措必将令学校的全体学生受益。我还要感谢出版单位、大疆教育教研组有关工作人员孜孜不倦地审核、校对、润色，令本书增色良多。最后向为本书出版提供资金支持的广州市总工会、广州市教育局、海珠区教育局和海珠区总工会表示诚挚的谢意。

限于水平，虽有倾力奉献之心，但疏漏难免，敬请本书的读者、同行、专家能予以指正。

范谊
2022年12月

目录

第一章

第二章

第三章

第四章

附录

第一章 无人机学习概述

无人机最早出现于20世纪20年代的英国，学名为“无人驾驶飞机”（unmanned aerial vehicle），是利用无线电遥控设备和自备程序控制装置操纵的不载人飞行器①，它包括了遥控驾驶航空器和自主驾驶航空器②。由于具有应用方便、时效性强的特点，被广泛应用于勘探、救灾、航拍、巡检、物流、测绘、监控、农业、新闻报道、展示表演等领域。

图1–1 无人机的主要应用领域（图源：网易网、搜狐网、新浪网、百度网）

例如：无人机带上特殊的电磁感应器可以用来搜集地质信息，帮助科学家更好地评估矿产的位置与储量。在恶劣天气和广阔的荒野中，救援人员利用无人机的红外感

①百度百科．无人机［EB/OL］．［2021–08–13］．https://baike.baidu.com/item/%E6%97%A0%E4%BA%BA%E6%9C%BA/2175415?fr=aladdin.

②中国民用航空局．无人驾驶航空器飞行管理暂行条例（征求意见稿）［Z］．北京：中国民用航空局，2018.

应器侦测人的体温，可以迅速找到遇险者。像奥运会等大型体育赛事，现在都会使用专用的航拍无人机俯拍全景效果，再也不用像原先那样租用昂贵的吊杆、移动摄影车以及直升机了，大大节约了拍摄成本。农业部门使用无人机巡视农田、森林、草原，实时监控农作物生长，预防火警，打击偷猎者。公安边防部队使用无人机沿边境线飞行，严厉防范、打击非法出入境等违法犯罪活动……

一、无人机创意编程学习的意义

随着人工智能时代的到来，社会逐渐形成一种共识：面对未来万物互联的智能型社会，一个人如果完全不懂编程，不但会失去驾驭人工智能的能力，还很可能失去和以机器人为代表的智能设备相交互的能力，陷入一座与世隔绝的信息孤岛。编程究竟是什么？现在该以什么样的方式学习编程呢？

（一）编程与信息技术教育

现代社会经常要解决一些计算量超大的问题，这时人们就要借助计算机这个工具。为了使计算机能够理解人的意图，人类先将需解决的问题的思路、方法和手段以计算机能够理解的形式告诉计算机，使得计算机能够根据人的指令一步一步去工作，完成某种特定的任务。这种人和计算体系之间交流的过程就是编程①。它通常包括分析问题、设计算法、编写程序、运行与调试、分析结果等多个步骤。

我国的基础教育信息技术课程始于20世纪80年代初期，当时称计算机课程，多在中学开设。受国外学者提出的“程序设计是第二文化”的影响，程序设计被视为当时课程的主要学习内容，具体则以学习Basic等编程语言为主。进入21世纪之后，随着微型机的普及和深入家庭，教育部将计算机课程定为基础教育的必修课程，并更名为信息技术，课程的主要任务是使学习者学会使用计算机，掌握信息的收集、加工和管理的方法，解决学习、生活中的实际问题，因此在部分地区程序设计课程一度淡出了小学信息技术教育。2014年，为深化课程改革，教育部提出研制学生发展核心素养体系的任务，编程重新被重视，开始全面回归中小学信息技术课堂，且地位不断上升。2017年后，人工智能教育发展迅猛，从原本属于计算机科学教育的一个分支，发展到大有自立门户，与信息技术课程并驾齐驱，甚至有取而代之之势。2022年，信息技术课程在义务教育阶段更名为信息科技，高中阶段仍保留信息技术的原名。为便于表述，本书对该课程统称为信息技术。

---

① 编程．百度百科［EB/OL］．［2022-01-12］．https://baike.baidu.com/item/编程#5.

（二）与时俱进的编程教育

实际上，对编程的重视是世界性的，这使编程本身也不断进化，主要体现在三方面。其一是传统编程的语言不断发展，2010年前后，以简单、易读、用途广泛、免费、开源为特点的Python语言成为备受欢迎的程序设计语言之一，Python“让程序员专注于解决问题，而不是去搞明白语言本身”的设计思想被社会所认可。其二是以手机等便携终端为平台，面向移动互联网应用开发为对象的移动端编程日益成熟。其三是图形化积木式编程语言的出现，为推动儿童编程教育奠定坚实的基础。

小知识

Python编程语言和它的发明者

Python 是一种计算机编程语言，它由荷兰数学和计算机科学研究学会的吉多·范罗苏姆 于20世纪90年代初设计。由于秉持“让程序员专注于解决问题，而不是去搞明白语言本身”的设计思想，Python的语法简单、易读，加上它用途广泛、免费、开源、简洁、可扩展、易维护等特点，使Python成为备受欢迎的程序设计语言之一，被逐渐广泛应用于系统管理任务的处理和Web编程①。

图1–2　吉多·范罗苏姆
（图源：搜狐网）

面对这种形势，国务院在2017年7月提出“在中小学阶段设置人工智能相关课程，逐步推广编程教育”②。经过近5年的积累，我国大部分地区已经实现小学采用图形化积木式编程，中学采用Python语言编程的局面。伴随着经济的发展，产品的迭代，价格的亲民……以无人机、机器人、开源硬件等为代表的，体现人工智能特色的智能设备正在走进越来越多的中小学课堂，将编程教育提升到一个新的高度，打开了创意编程的一片天地。

比起传统编程，以实体设备为载体的创意编程先是创设了更为真实的现实问题情境，提供了更为直观的STEAM教育环境。首先，比如像无人机教育中多旋翼无人机如何产生升力，固定翼无人机的最小转弯半径，无人机怎样飞出一个圆形航迹……在现实中通过创意编程设备做出来和仅在电脑上模拟画图相比，创意编程显然能给予青少年更直观的理解知识的条件，更真实的解决过程的体验。其次，也正因为有了这种真

①Python. 百度百科［EB/OL］.［2022-07-07］. https://baike.baidu.com/item/Python/407313.
②国务院. 新一代人工智能发展规划［EB/OL］.（2017-07-08）［2022-01-07］. http://www.gov.cn/zhengce/content/2017-07/20/content_5211996.htm.

实的学习体验，青少年会对学习以无人机为代表的实体编程有更广泛、更深刻的学习兴趣，学习过程中诸如“我要让机器人翻跟斗”“我要让无人机来个眼镜蛇机动”“我要让机器门能识别人脸”之类的创意会不断涌现。最后，学习无人机创意编程的一个独特优势是能帮助青少年突破二维平面的限制，在更贴合实际情况的三维空间中提升分析、解决实际问题的能力。

广大青少年朋友要正视实体创意编程学习的便利性和针对性，即如果不是有成为单纯程序员的理想，而是兴趣点主要集中在航空、机械等对象的本身，只是要适应未来智能化社会的使用与开发趋势，那么基于实体设备的创意编程一定是一条较佳的学习路径。同样，信息技术教育工作者要意识到编程教育的新动向，动员学校创造条件，尽快从传统的基于计算机的编程跃升到人工智能时代的实体创意编程。为学校全体学生普及实体创意编程，而非将创意编程局限于兴趣组的个别尖子生，这对提升信息时代的育人成果有着巨大的现实意义。

（三）实践与思考

（1）你会编程吗？如果已经有了一定的基础，评估一下自身的水平，并谈谈你对编程的看法。

（2）向教师了解一下学校的编程课或编程社团的开设情况，或了解一下你的同学在编程上的学习情况，再和父母一起讨论你的编程学习以及进阶计划。

二、无人机创意编程学习的目的

无人机的广泛应用自然引起了对新事物充满好奇心、有着无穷求知欲的广大青少年的注意，因而教育领域很快成为无人机应用的新热点。青少年应该怎样看待无人机呢？是把它单纯当成一件科幻玩具，好玩就行，还是要秉持良好的学习态度，从中玩出花样，要出门道？这成为摆在青少年无人机用户面前的一道选择题。

中国教育学会前会长顾明远认为，教育的本质在某种意义上来讲就是培养学生的思维①。学习无人机也不例外，也要发展青少年某一方面的思维能力。无人机教育在中小学归属于信息技术课程，该课程最关键的学科能力是计算思维，因此除了涉及个人的兴趣、爱好外，青少年借助无人机这一载体，通过“玩中学、做中创”，要实现的一个根本目的就是发展自身的计算思维水平。

（一）计算思维的重要性

计算思维是信息社会一种重要的思维方式，它源自计算机科学，但已经像阅读、

---

①聂成华．顾明远：教育的本质是培养思维，培养思维的最好场所是课堂［EB/OL］．(2020-06-29)［2021-08-13］．https://www.sohu.com/a/404701061_443696.

写作、数学一样，逐渐成为一种人们所需的必备性基础技能。它的重要性主要体现在以下三方面：

1. 计算思维是信息技术学科最重要的核心素养

中国基础教育正在迈入培养核心素养的新时代，核心素养是人终身发展的基因，学科核心素养体现的是一门学科对人的核心素养发展的独特贡献和作用①。义务教育信息科技和普通高中信息技术课程共有四个学科核心素养，分别是信息意识、计算思维、数字化学习与创新、信息社会责任。在信息技术课程目标中，提出了学会运用计算思维识别与分析问题，抽象、建模与设计系统性解决方案②的任务，因此学界公认计算思维是信息技术课程四大学科核心素养的关键。

图1–3　通过无人机编程培养计算思维（图源：大疆网）

2. 培养计算思维反映了大数据时代的需求

电子计算机问世后，信息技术沿着“计算机—互联网—数据”不断发展。2012年，世界迈入大数据时代。大数据到底有多大？据统计，一天之中，互联网产生的全部内容可以刻满1.68亿张DVD，发出的邮件有2 940亿封之多；发出的社区帖子达200万个③……在大数据时代，人们有了获取全部数据的可能，对海量数据进行挖掘和运用，比起基于随机采样的分析，它可以使人们的行动变得更加高效、精准。在此过程中，人的价值在于把要解决的问题构造成一个可计算模型，用计算机理解的语言编写为程序，剩下的具体过程让计算机执行程序完成，并最终形成结果。可见电子计算机出现后，人已经从枯燥无味的数值计算的重复劳动中解放出来了。面对社会高速发展所带来的各种高度复杂的计算需求，只有拥有良好的计算思维，才可以使人们能够正确地规划计算路径，去处理好那些原本由于数据量过大，人脑几乎无法在有限时间内解决的，有着巨大挑战的运算问题。

---

①余文森. 核心素养：课堂教学改革与创新的引擎［EB/OL］.（2018-01-16）［2021-08-14］. http://www.moe.gov.cn/jyb_xwfb/xw_fbh/moe_2069/xwfbh_2018n/xwfb_20180116/zjwz/201801/t20180117_324897.html.
②中华人民共和国教育部. 普通高中信息技术课程标准［S］. 北京：人民教育出版社，2020：7.
③果壳网. 互联网的一天［EB/OL］.（2012-03-09）［2021-08-14］. https://www.guokr.com/article/112411/.

图1-4　计算思维助力数据挖掘（图源：搜狐网）

3. 培养计算思维有利于养成良好的问题解决能力

目前的计算思维教育以编程为重要方式，它始终聚焦于问题解决，因为具备计算思维的学生，能对问题进行抽象、分解、建模，并通过设计算法形成解决方案；能尝试模拟、仿真、验证解决问题的过程，反思、优化解决问题的方案，并将其迁移运用于解决其他问题①。在编写程序解决问题的过程中，学习者要学会综合运用多种方法去明确问题，分析问题，设计问题解决方案，评估问题解决成效，最终总结出问题解决的基本规律。要注意透过一行行程序代码，认真思考背后的复杂算法、数理逻辑和计算机结构原理等与求解问题的关系，并以此来试着理解现实生活中的事物，逐步掌握计算思维，提高自身的问题解决能力。

（二）探秘计算思维

为了适应信息化环境和大数据时代的社会特点，人类除了要学会人际交往，还要掌握如何与计算机交流，计算思维因此成为人人必须具备的思维方法，要想成为数字时代的合格公民就必须对它有较为深入的了解。

1. 什么是计算思维

2006年3月，美国卡内基·梅隆大学计算机科学系主任周以真（Jeannette M. Wing）教授在美国计算机权威期刊*Communications of the ACM*发表题为《计算思维》的文章，

① 中华人民共和国教育部. 义务教育信息科技课程标准［S］. 北京：北京师范大学出版社，2022：5.

提出要将计算思维（computational thinking）作为一种人人皆备的技能加以培养，文中她将计算思维定义为运用计算机科学的基础概念进行问题求解、系统设计以及人类行为理解等涵盖计算机科学之广度的一系列思维活动①。2010年，周以真教授又指出计算思维是与形式化问题及其解决方案相关的思维过程，其解决问题的表示形式应该能有效地被信息处理代理执行②。

图1-5　周以真教授
（图源：百度网）

该文的刊发引起了中外学术界的高度重视和广泛响应，计算思维正式成为科学家的研究对象，进入学科殿堂，其研究热潮一直蔓延自今，经久不衰。我国在2022年制定的义务教育信息科技课程标准中也给出了计算思维的定义，认为计算思维是指个体运用计算机科学领域的思想方法，在问题解决过程中涉及的抽象、分解、建模、算法设计等思维活动。

2. 进一步理解计算思维

计算是人类文明的伟大成就，反映计算水平的两大支柱——计算工具和计算方法，从远古至今不断交替发展，所取得的一切成就都离不开思维的参与。有关思维都带有较原始的计算思维的影子，只不过彼时它还不叫计算思维，又或者是躲在科学思维的幕后。周以真教授的研究使计算思维更清晰化和系统化。以时间为线索，结合学者牟琴的研究，本书将计算思维的发展阶段划分为萌芽期、奠基期、混沌期和成熟期四个阶段。

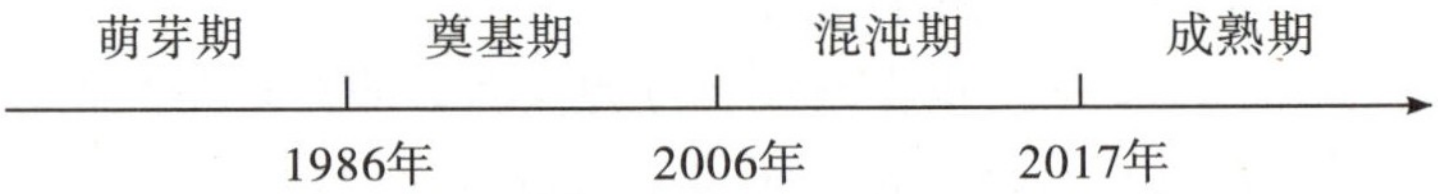

图1-6　计算思维发展的4个历史阶段

（1）萌芽期。计算思维的萌芽期在时间跨度上，向前可追溯至人类文明出现计算，截至20世纪80年代，以思维科学被列入11大科学技术门类为标志，至此各种学科思维逐步开始形成与发展，为计算思维的萌芽和形成奠定基础。

（2）奠基期。计算思维的概念形成于20世纪50年代，但直到周以真教授重新定义计算思维，指出它对当今社会的巨大影响，计算思维的价值才被学术界认可，成为独立的研究对象。因此1986—2006年是计算思维发展的奠基期。

---

① WING J M. Computational thinking［J］. Communications of the ACM，2006，49（3）：33-35.
② 百度百科. 计算思维［EB/OL］.［2022-07-06］. https://baike.baidu.com/item/%E8%AE%A1%E7%AE%97%E6%80%9D%E7%BB%B4/4689456.

（3）混沌期。2006年后，计算思维研究形成了一股热潮，学者们依据自己的知识背景，从概念内涵、作用影响、应用实践等不同领域提出了自己的观点。这些认识互相争鸣，分歧较大，有时会让读者或听众无所适从，直到2017年明确了计算思维的本质概念。

（4）成熟期。2017年学者Denning在*American Scientist*上发文指出，计算思维最本质的概念是计算模型①，这一观点迅速成为业界共识。同时信息技术的快速发展，令Wilson关于计算是所有科学的研究范式之一，所有涉及自然和社会现象的研究都需要使用计算模型做出新发现和推进学科发展②的预言成真。人们对计算思维的认识上升到，认为计算思维是所有领域的科学家在应用计算和计算模型时所采取的思维模式，并非局限于计算机学科。每个科学领域都有属于自身特点的计算思维，贯穿于通过计算模型求解的设计、执行和评价过程。计算思维提供了有关模型和算法的丰富概念，学习和理解计算思维可以产生科学的编程能力③。

广大青少年朋友可以这样理解计算思维：对一个要解决的具体问题，人们用系统的方法，准确而完整地描述问题解决方案（在当下的信息社会，通常是用某种计算机语言通过编程的方式描述，进而形成程序），再交由计算机执行，最终得到运行结果，这个过程中的思维活动就是计算思维产生并作用的过程。

3. 指向计算思维发展的学习

青少年要形成良好的计算思维水平，要注意两点：一是要明确所在学科、所处年龄段计算思维的构成要素，使计算思维培养做到有的放矢；二是要掌握青少年计算思维培养的通用原则，使培养绩效事半功倍。

（1）计算思维的构成要素。本书研究者立足义务教育阶段信息科技课程的教学要求，根据计算思维本质特点，结合青少年身心发展规律，建立了计算思维能力发展三维指标体系。（见图1–7）

---

① DENNING P J. Computational thinking in science[J]. American Scientis，2017，105(1)：.
② WILSON. Grand challenges to computational science[J]. future generation computer systems，1989(5)：171–189.
③ 陈国良，李廉，董荣胜. 走向计算思维2.0[J]. 中国大学教学，2020(4)：29.

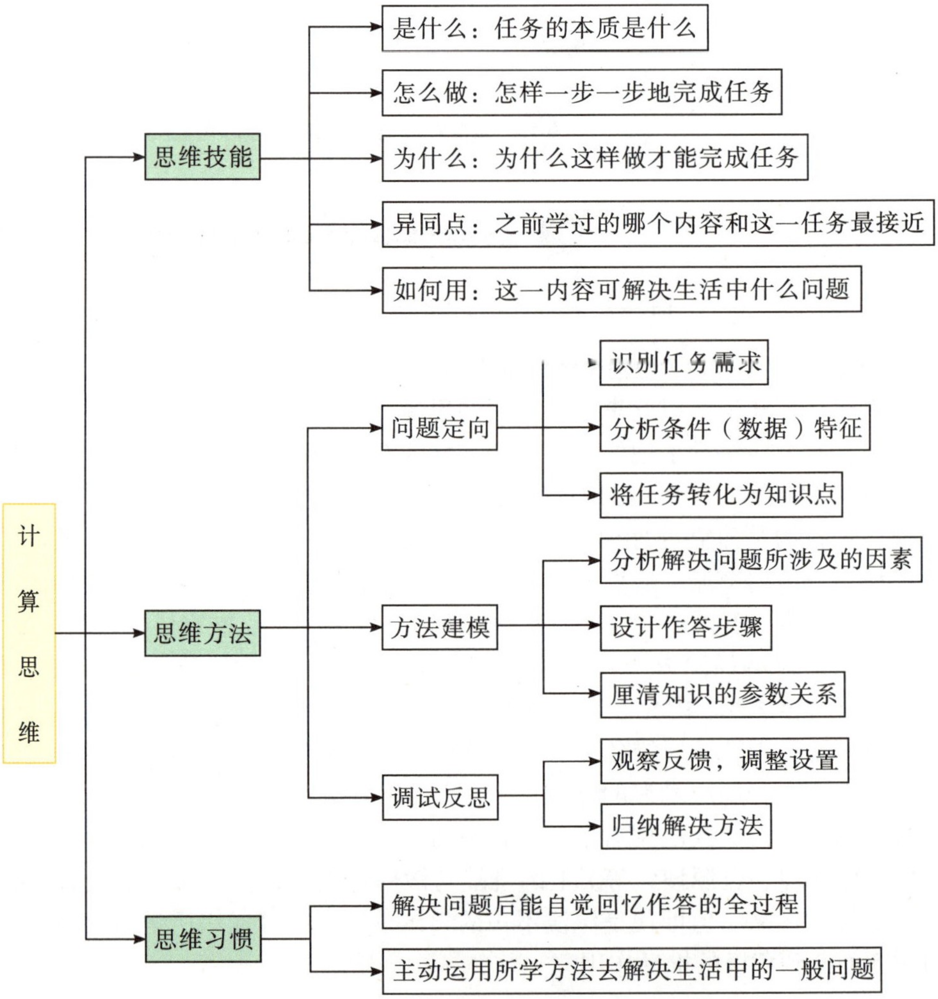

图1–7　青少年计算思维能力发展三维指标体系

广大青少年朋友可以结合图1–7，通过培养思维方法、思维技能和思维习惯等三者作为根基来发展自身的计算思维。其中思维方法的作用是从计算思维的培养要求入手，让青少年朋友运用学科方法，体验解决问题的三阶段。思维技能是从五个具体的方面培养青少年分析问题、解决问题的关键能力。思维习惯的价值在于渗透反思精神和运用知识解决实际问题的意识。

（2）计算思维的培养原则。信息技术课程培养计算思维主要有三条基本原则，分别是“自我描述”“建模定案”“迁移应用”。(见图1–8）

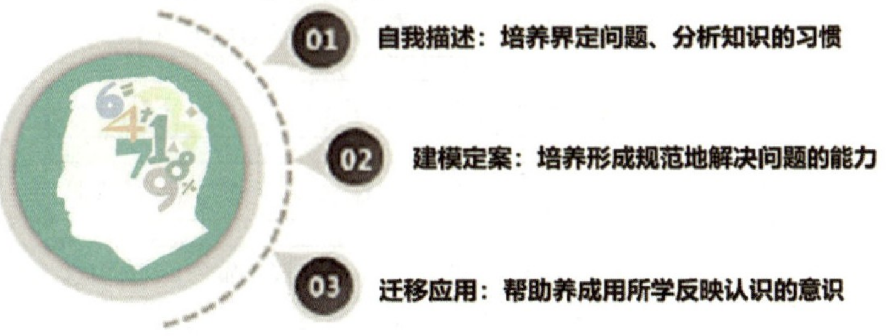

图1-8　培养计算思维的三项基本原则

自我描述就是以图1-7为指南，帮助青少年用自己的话来描述学习任务，辨析知识特点，内化所学知识，以此来增强学习的思考性。这样的训练使学习者掌握了分析问题的技巧，有力地提升了他们界定问题和抽象知识特征的专项能力，更重要的是长期进行该项训练能帮助青少年形成良好的思维习惯。

建模定案指的是建立处理模型，制订解决方案。一般工作程序为“画思维导图，初建任务模型→组内交流、质疑→修改雏形，形成任务解决方案→实践及调试→总结方法”。“任务完成”不再被视为项目活动的终点，学习的焦点被定位于回溯学习历程，反思其中得失，总结经验方法。“事前规划”使实践活动减少了盲目性，“事后总结”有助于将所学内容学透、内化。在规范的工作方法保障下，解决问题的效率提高了。

迁移应用是巩固计算思维各项特质形成的最佳渠道，青少年结合他们自己对生活的认识，自选主题，用所掌握的知识、方法制作数字化作品反映丰富多彩的社会，并做主动分享。这种开放式应用对学习者在厘清思路、设计内容、理解指令，以及附属能力（如图像处理、资源搜索等）上的挑战与锻炼都极大，并非每位实践者都能完成众人期待的优质作品，但即使是深浅不一的尝试，也会在养成用所学来反映对社会认识的习惯方面起到积极的推动作用。

（三）实践与思考

（1）培养计算思维对青少年成长有什么作用?

（2）计算思维的主要内容是什么?

（3）计算思维的发展经历了哪些阶段，每个阶段的标志性事件是什么?

三、无人机创意编程学习的方法

伴随着社会巨大的发展、进步，学习也从崇尚埋头苦学、不辞辛劳的传统，进化到更推崇科学方法、精准发力，下面的三种方法是推荐给学习者围绕本书开展无人机创意编程，发展个人计算思维之旅的，希望能帮助每一位本书的读者更好地掌握有关内容。

（一）用“三层五导法”开展项目学习

项目学习是在系统学科知识学习的基础上，学生综合运用多学科学习成就进行自主学习的一种综合性、活动性的教育实践形态①。项目学习很大程度上还原了学习的本质，因此信息技术课程倡导以基于项目的方式开展学习，学生将在教师的引导下发现问题，以解决问题为导向开展方案设计、新知学习、实践探索等具有创新特质的学习活动。这种基于真实情境的学习能促进学生对信息问题的敏感性、对知识学习的掌控力、对问题求解的思考力的发展。在项目实施过程中，各种能力的综合也促进了学生信息技术学科核心素养的形成②。

本书无人机任务案例的学习采用了项目学习的体例来编写，整个活动分为“项目启动—项目规划—项目实施—项目分享”四个环节。“项目启动”简要介绍了该主题活动的意义；“项目规划”通常会被细分为三个层次的小任务，以便于读者学习；“项目实施”会演化为五方面的具体问题（是什么、怎么做、为什么、异同点、如何用），并有序地嵌入上面讲的三个层次的小任务中，引导读者深刻理解所学内容，进而完成三层任务，实现项目的基本目标（这种将大项目拆分为三个层次的小任务，从五方面理解所学内容的学习方法称为“三层五导法”）；“项目分享”指对完成的案例、习题、作品等进行分享以及评价，从中反思学习的过程与结果、知识的技巧与规律等。（见图1–9）

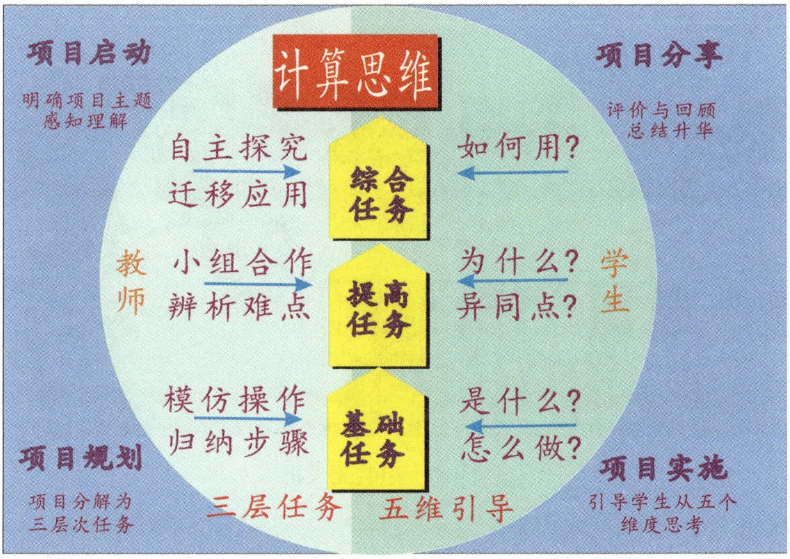

图1–9　基于项目学习的“三层五导”学习法

① 郭华．项目学习的教育学意义［J］．教育科学研究，2018（1）：26．
② 中华人民共和国教育部．普通高中信息技术课程标准［S］．北京：人民教育出版社，2017：45–46．

（二）跨学科综合运用不同门类的知识

近年来STEAM教育异常火热。STEAM教育是指以跨学科整合的方式，在现实问题情境中将科学（science）、技术（technology）、工程（engineering）、艺术（art）、数学（mathematics）五大学科体系进行有机整合，旨在提高学生创造性解决真实问题和复杂科学问题的能力，培养综合型、创新型、应用型人才的教育模式①。STEAM教育强调知识跨界、场景多元、问题生成、批判建构、创新驱动，既体现出课程综合化、实践化、活动化的诸多特征，又反映了课程回归生活、回归社会、回归自然的本质诉求②。

操控无人机飞行就属于典型的多学科知识综合应用的案例。无人机的应用可以有多个层次，最简单的有使用出厂的默认设置，一键放飞无人机，进而到自我编程规划个性化的无人机飞行航路；从安装、使用厂家生产的各种拓展传感器进行无人机专项飞行，到自主选用各种机械零件改装，乃至制作无人机，实现独特功能；放飞场地能从室内转到室外，从只能飞翔在晴朗无风的条件下到真正胜任全天候飞行……一项项挑战中蕴含着大量的科学、技术、工程、社会人文、数学方面的问题，在问题的解决过程中一步步地锻炼着探索者的实践、创新能力。希望本书读者在使用无人机的过程中面对所遇到问题时，能有意识地从STEAM视角把具体的大问题拆解为一个个的学科小问题，从而弄清问题本质，或当自身无法解决问题时，懂得如何从相应的学科渠道获得有价值的问题解决建议。

图1-10　组装无人机

---

①张辉蓉，盛雅琦，念创．我国STEAM教育改革的阻力与消解［J］．中国教育科学，2021(3)：74.
②南钢．努力构建中国特色的STEAM课程体系［EB/OL］.（2020-12-17）［2021-08-17］. http://news.sciencenet.cn/htmlnews/2020/12/449980.shtm.

（三）设计生动有趣的创意飞行活动

上文介绍的培养计算思维的原则迁移应用在学习、钻研无人机的奥秘上也十分重要，本书第三章的项目案例是读者通过模仿掌握操控无人机方法的阶梯，但如果局限于此，显然只是懂得了驾驭无人机方法的皮毛。书中的习题会把学习引向深入，而假如在理解无人机相关知识规律的基础上，自己大胆设计各类解决生活问题的无人机飞行应用，乃至纯粹飞出自己心中所喜欢的各种奇思妙想的航线，再将整个活动与程序算法优化整理，个人的计算思维培养与无人机创意编程能力一定会得到显著提升。

（四）实践与思考

（1）项目式学习有什么特点，对青少年的成长有哪些作用?

（2）请结合自己的体会，谈一谈在学习无人机创意编程的过程中，怎样运用STEAM视角、“三层五导”学习法等获得更好的发展。

扫描下方二维码获取本章测试题及参考答案

第二章 无人机编程基础

追逐星辰大海是全人类的梦想，即使是个孩子，当看到鸟儿在空中自由飞翔时，也会情不自禁地生出要遨游天空的感慨。但飞天之路总是充满荆棘，为此人们研制了一代又一代的飞行器，像春秋战国时诞生于我国的人类最早飞行器——风筝，以及之后出现的古火箭、热气球、飞机……它们逐渐拉近了人们探索星空的距离。

图2–1　人类早期的飞行器（图源：网易网、搜狐网、知乎网、百度网）

而随着航空航天技术和人工智能技术的发展，曾经充满神秘的无人机正在加速走进寻常百姓家，青少年以无人机代替纸飞机体验更真实的“航空梦”的时代正在来临。无人机作为新兴的航空器，不仅可以被人们远程遥控，实现复杂的飞行运动，还可以由用户编写程序，实现智能化自主飞行。青少年学习无人机，可以在简单的遥控操作中快速入门，收获成功的喜悦，激发继续探究的兴趣；可以在组装无人机的过程中，了解到无人机的结构以及相关的物理知识，从相对单调的理科知识中找到理论与实践相结合的舞台；可以在运行无人机的过程中，发现不足、分析原因和反复调试验证，增强动手实践能力；还可以在编写程序的过程中，运用基本算法设计解决问题的方案，提升解决问题的能力，发展自身的计算思维水平。本章以大疆教育无人机RoboMaster TT为例，介绍无人机操控与创意编程的基础知识。

一、无人机简介

无人机的出现要晚于有人机，经历了一个从种类单一、用途局限的不起眼配角，到蓬勃发展、大有超过有人机成为飞行器主角之势。那么，为什么人类需要无人机，它有哪些具体的种类，它又是如何实现飞行运动的，目前我国的无人机发展现状是怎样的呢？

（一）无人机的发展历程

人类在使用飞机的过程中发现，一些特定场合使用无人机飞行具有成本低、收益大、灵活性高等优点，于是无人机研制拉开序幕。1917年，美国人皮特·库柏（Peter Cooper）和埃尔默·A. 斯佩里（Elmer A. Sperry）发明了第一台自动陀螺稳定器，这种装置使得飞机能够保持平衡向前飞行，无人飞行器自此诞生。1935年英国研发出“蜂王号”无人机，第一次攻克了之前的无人机不能飞回起点的难题，真正开启了无人机时代①。但这时的无人机主要作为靶机使用。20世纪60年代以后，无人机的功能被拓展到侦察、监视等，现如今无人机已经能轻松做到隐形化、长航时飞行，它的功能已经升级到跟踪、指挥、攻击甚至格斗等，简直是无所不能！

图2-2　人类真正意义上的第1架无人机——“蜂王号”（图源：深圳市无人机行业协会网）

---

①深圳市无人机行业协会. 无人机百年发展史［EB/OL］.（2017-12-25）［2021-12-13］. http://www.szuavia.org/news_cen.php?cid=25&id=2054.

（二）无人机的种类

市面上的无人机琳琅满目，各具特色。要想了解这些无人机的特点和差别，挑选适合青少年学习编程的无人机，那得先认识它们的种类。如图2–3所示，它们的分类可以从平台构型、用途、尺寸等方面划分。

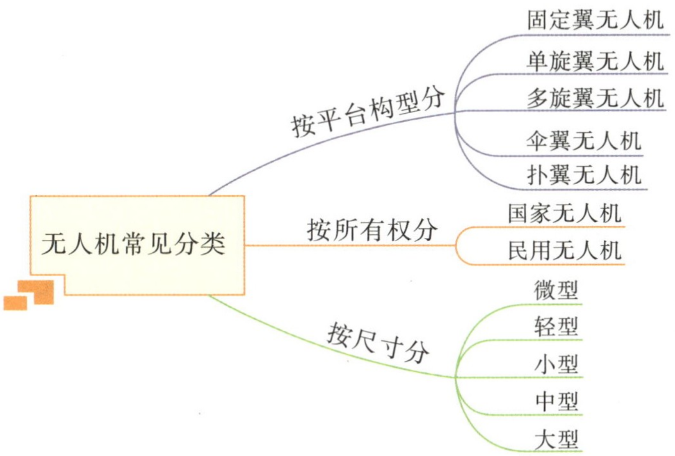

图2–3　无人机的常见分类①（图源：《多旋翼无人机设计》）

无人机按平台构型分为固定翼无人机（见图2–4）、单旋翼无人机（见图2–5）、多旋翼无人机（见图2–6）、伞翼无人机（见图2–7）、扑翼无人机（见图2–8）。

图2–4　“翼龙Ⅱ”固定翼无人机（图源：腾讯网）

固定翼无人机航速快，航程远，运载能力大，续航时间长，但是起降需要跑道，而且不能悬停。

①陈阳，梁建宏．多旋翼无人机设计［M］．北京：北京航空航天大学出版社，2018：4

图2-5　单旋翼无人机（图源：搜狐网）

图2-6　多旋翼无人机（图源：大疆网）

单旋翼无人机和多旋翼无人机都可以原地垂直起降，能自由悬停。但是，单旋翼无人机技术复杂，操纵难度大，多旋翼无人机则机动性强，成本低，结构简单，使用条件低，方便携带，能超低空飞行。不过两者都续航时间短，载荷能力弱，航速慢。

图2-7　伞翼无人机（图源：泡泡网）

图2-8　扑翼无人机（图源：新浪网）

伞翼无人机构造简单，航速慢，通过滑跑起降，受风的影响大，而且不适宜做超低空飞行。扑翼无人机体积小，功耗低，能垂直起降，但是对翼的材料要求高，难以高速化、大型化。

无人机按所有权分为国家无人机（图2-9）和民用无人机（图2-10）。国家无人机通常由国家权力机关拥有，包括用于执行军事、海关、警察等飞行任务的无人机。民用无人机主要由企业、社会组织、个人等拥有，是用于民用航空活动的无人机①。

图2-9　解放军新型无人机（图源：中国军网）

图2-10　农民使用植保无人机喷洒农药（图源：搜狐网）

① 中国民用航空局. 无人驾驶航空器飞行管理暂行条例（征求意见稿）［Z］. 北京：中国民用航空局，2018.

根据无人机的尺寸，无人机又分为微型、轻型、小型、中型、大型。其中，微型无人机，是指空机重量小于250克，设计性能同时满足飞行净高不超过50米、最大飞行速度不超过40千米/小时、无线电发射设备符合微功率短距离无线电发射设备技术要求的遥控驾驶航空器。图2-11是第十三届中国航展上我国自主研制的最小无人机——“蜂鸟”超微单兵无人侦察机。它的机身总长约15 cm，主旋翼直径13 cm，起飞重量比一颗鸡蛋还轻，仅有35克，价格却是同等重量黄金的好几倍，单次飞行时间25分钟，通信距离2公里，搭载了上千个元器件，拥有光流定位和激光避障等功能，可以完成抵近侦察等任务。

图2-11 “蜂鸟”无人机（图源：央视网）

图2-12是由中国航天科技集团有限公司第十一研究院研制的“彩虹6”无人机。它是名副其实的大型无人机，全长15.8米，翼展达到20.5米，最大起飞重量达7.8吨，拥有15 000米的升限，能在1万米的高空巡航飞行，续航时间可达20小时①，可灵活选配任务载荷，执行高空侦察监视、察打一体、海上反潜及巡逻警戒、空中预警探测、近距空中支援、协同作战等任务。

图2-12 “彩虹6”无人机（图源：搜狐网）

如图2-13所示，TT无人机是X构型的四旋翼无人机，也属于微型无人机，因为它的起飞重量（含桨叶、桨保护罩和电池）只有87克。它配备可编程的开源控制器，整体体积小，结构简单，控制灵活，可垂直起降和自由悬停，适应环境能力较强。专业的微型无人机可以进入不适合人类的复杂和危险环境中进行作业，主要用于低空、低速、有垂直起降和悬停要求的任务。

图2-13 RoboMaster TT无人机（图源：大疆网）

（三）异军突起的多旋翼无人机

多旋翼无人机结构简单、操作容易、成本低廉、携带方便，所以备受广大无人机爱好者的喜爱，成为无人机应用中的领航者。由于多旋翼螺旋桨对称安装对于无人机控制自身平衡很重要，因而四旋翼无人机成为多旋翼无人机中最有代表性的机型。

①虹摄库尔斯克. 惊艳！彩虹6无人机登场，蓝白彩衣航展最靓，双发喷气战斗力强劲［EB/OL］.（2021-09-27）［2021-10-30］. https://new.qq.com/rain/a/20210927a08ewb00.

1. 多旋翼无人机的出现与发展

多旋翼无人机的发展经历了一个“从有人驾驶到无人驾驶”“从军用到民用”的过程。1907年，法国的Breguet兄弟进行了有记录的最早一次旋翼式直升机飞行试验，飞机依靠自身动力离开地面1.5米，完成了垂直升空，但整体效果很不理想（见图2-14）。到了1956年，M. K. Adman设计了第一架真正的四旋翼飞行器Convertawing Model“A”。该飞机用了两个发动机，通过改变每个螺旋桨提供的推力来控制飞行器，这成为目前几乎所有的多旋翼无人机的动力原理。但这时的多旋翼机结构复杂，操作困难，且它们在速度、载重量、续航性等方面无法与传统的飞行器竞争，因此军方对其失去了兴趣，研究发展极为缓慢。

图2-14　Breguet兄弟设计的旋翼式直升机（图源：知乎网）

20世纪90年代之后，微机电系统技术逐步成熟。自动驾驶已经不再局限于军事用途，通过遥控玩具市场与消费者靠近成为多旋翼机的设计理念。2012年以后，深圳大疆创新科技有限公司研发的Phantom（见图2-15）将自动驾驶仪与飞机集成在一起，成为一款到手即飞、无须组装和调试的四旋翼航拍无人机。自此，广大无人机爱好者无须自己学习多旋翼机的飞行理论和机械结构，更不需要自己动手组装无人机。这使得无人机可以更广泛地应用到人们的生活中①。

图2-15　无人机史上的开拓性产品——大疆精灵Phantom（图源：大疆网）

2. 多旋翼无人机与固定翼无人机的区别

相比而言，固定翼无人机应用历史更悠久，但由于其起降方式的限制，很难被人们广泛应用于日常生活。多旋翼无人机和固定翼无人机的区别见表2-1。

① 李德强．一本书看懂多旋翼无人机［M］．北京：化学工业出版社，2020：2-5.

表2-1 多旋翼无人机与固定翼无人机的区别①

项目	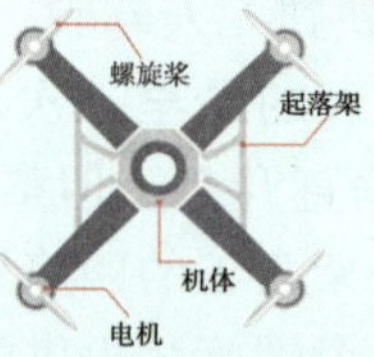	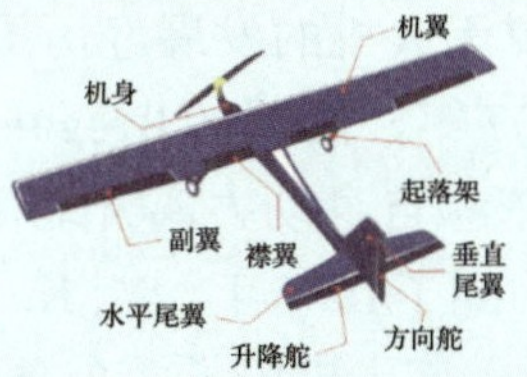
飞行原理	靠螺旋桨旋转产生的升力升空，靠电机转速实现各种飞行姿态	靠机翼产生升力，靠副翼和尾翼控制俯仰、滚转和偏航等
结构	机体、四个轴、起落架	机身、机翼、尾翼（垂尾和平尾）、起落架
动力	锂电池	汽油或甲醇
起降方式	垂直起降	滑翔起降

多旋翼无人机与固定翼无人机在飞行原理、结构、动力和起降方式等方面的差异造成了两者在应用场景上的不同。固定翼无人机利用速度快、航时长、航程远的优势，往往被应用于远距离或大面积的作业任务。固定翼无人机起降需要一段相对长距离的平坦跑道，这使得多旋翼无人机可以利用自己能够垂直起降和空中悬停的优势，在一些如崎岖不平或狭小空间的复杂地形条件下大展身手。

（四）多旋翼无人机的飞行原理

“好风凭借力，送我上青云。”古时候人们朴素地认为风是物体飞起来的原因。可是，如何人为地创造风，风是用什么力量把物体托起来的呢？先一起来探究竹蜻蜓是如何起飞的。如图2-16所示，竹蜻蜓的叶片表面与水平旋转面之间形成一定角度的倾角。当叶片逆时针旋转（俯视）时，根据伯努利原理，竹蜻蜓在与气流的相对运动中形成压强差，获得了向上的升力。当获得的升力大于竹蜻蜓自身的重力时，竹蜻蜓就可以向上飞起了。

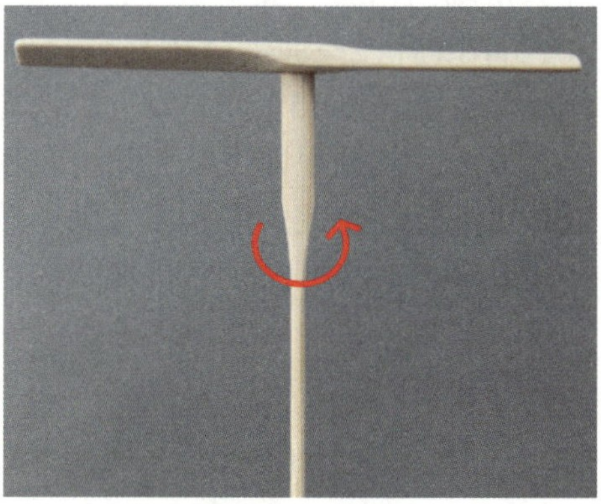

图2-16 竹蜻蜓

①赵云超，郑宇. 无人机入门宝典［M］. 济南：山东人民出版社，2020：25-33.

小知识

伯努利原理和竹蜻蜓

瑞士数学家、物理学家丹尼尔·伯努利，在1726年提出了“伯努利原理”。这是在流体力学的连续介质理论方程建立之前，水力学所采用的基本原理，实质是流体的机械能守恒。其最为著名的推论为：等高流动时，流速大，压强就小。反之，流速小，压强大①。

为什么竹蜻蜓通常要逆时针（俯视）旋转才能起飞？人们多数惯用右手，辅以左手，按照这个习惯搓动竹蜻蜓杆，从俯视的角度看，竹蜻蜓就是在逆时针旋转。因此，竹蜻蜓叶片的倾斜方向通常根据这个习惯来设计，设计好的成品只有逆时针旋转才能成功起飞。

与竹蜻蜓类似，TT无人机产生升力的关键部件是螺旋桨，它所产生的升力大小与桨叶的平面形状、桨叶迎角、桨叶的旋转方向和电机的转速有关。TT无人机有四个螺旋桨，如图2–17所示，分别为两个正桨和两个反桨，两种桨叶的迎风方向不同，且正桨逆时针旋转，反桨顺时针旋转。

图2–17　无人机的螺旋桨（图源：大疆网）

如果单个电机驱动螺旋桨旋转，就会给机身一个反作用力，导致机身相对于螺旋桨反向旋转。因此，正桨和反桨是间隔着分布在无人机上的，这样既保证了四个螺旋桨都能产生升力，同时也相互抵消了由螺旋桨旋转产生的反作用力。②当桨叶按正确的方向快速旋转时，由于桨叶微微凸起弯曲的上表面和自身的倾斜角，桨叶上方的空气流动速度快，下方空气流动速度慢。根据伯努利原理可知，桨叶上方的压强小，下方的压强大。这样就在桨叶上下形成了压强差，产生了作用在桨叶上的向上的升力。

（五）无人机在中国

1. *发展历程*

中国的无人机发展起步较晚，直到20世纪50年代后期才开始尝试，早期的研究主要集中在北京航空航天大学（简称北航）、南京航空航天大学（简称南航）、西北工业大学（简称西工大）三所高校，而大多数航空航天研究机构和企业都在集中精力研究“有人机”。③

1958年，北航研制的“北京五号”试飞成功，中国第一架无人驾驶飞机诞生，为

①百度百科．伯努利原理［EB/OL］．［2022–07–07］．https://baike.baidu.com/item/%E4%BC%AF%E5%8A%AA%E5%88%A9%E5%8E%9F%E7%90%86.
②蔡冬冬，胡波．大疆TT教育无人机从入门到精通［M］．北京：清华大学出版社，2021：13.
③丁土．中国无人机发展之路［J］．航空知识，2007(9)：32–36.

我国无人驾驶飞机的发展开创了先河。

20世纪90年代以后，无人机迎来快速发展时期，我国的研制队伍也不断壮大，除了之前的三所航空航天高校外，还有很多航空航天研究机构、高校和民营企业，都开始参与无人机的研制工作，陆续涌现出众多类型的无人机产品，推动了我国无人机事业的全面发展。

进入21世纪，随着轻型复合材料的广泛应用，卫星定位系统的成熟，电子与无线电控制技术的改进，尤其是多旋翼无人机结构的出现，整个无人机行业进入蓬勃发展阶段。此时的无人机技术已较为成熟，加上零配件成本的降低，以多旋翼无人机为主的小型民用无人机成为市场热点。

图2-18　位于深圳的大疆公司总部“天空之城”（图源：大疆网）

2. 产业现状

中国无人机产业凭借性价比等优势，产业规模保持增长，出口量倍增。在2020年全球无人机产业TOP10中，中国企业占据4席。其中龙头企业深圳大疆创新科技有限公司（见图2-18）凭借核心技术、研发实力、性价比高、创新能力等核心优势，在2020年全球无人机产业规模占比超40%，位居第一，且远超第二名，“一家独大”的领先优势依旧明显①。

无人机产业结构方面，工业级植保无人机与消费级航拍无人机的总产业规模占无人机产业总体规模的五成以上，工业级无人机在消杀、安防巡检、医疗救援、舆情监控、建筑照明等领域的应用潜力被不断挖掘。

3. 世界影响

中国的无人机达到了世界领先水平，国内应用众多，并热销海外多国。截止2019至年6月底，中国注册无人机数量已达33.9万架，较2018年年猛增6万架；消费类无人机出口120多万架，占全球出口总量70%左右，并逐年增长。其中，深圳占有世界民用小型无人机70%的市场份额，成为全球民用无人机产品的风向标②。

彩虹和翼龙系列无人机是我国最受欢迎的军事无人机产品。彩虹系列无人机（见图2-12）已出售给来自10多个国家的20个军事机构。它由中国航天空气动力技术研究院研制（简称十一院），该研究院是中国航天科技集团公司的下属研究所，也是中国最大的军事无人驾驶飞机开发地之一③。翼龙系列无人机（见图2-4）是由中国航空工业集

①陈永灿．2020—2021年中国无人机产业发展研究年度报告［J］．人工智能，2021（04）：24-30.

②央视网．中国消费类无人机出口逐年增长［EB/OL］．（2019-12-26）［2021-10-31］．http://tv.cctv.com/2019/12/26/VIDEbYsxfN7i122X1VZb65KI191226.shtml.

③中国日报．中国无人机达世界领先水平［EB/OL］．（2016-04-29）［2021-10-31］．http://cn.chinadaily.com.cn/2016-04/29/content_24969066.htm.

团研制的中空长航时察打一体多用途无人机，至2018年底，已经完成了第100架机的交付出口，创下了我国高端无人机出口的新纪录①。

4. 知名院校

北京航空航天大学、南京航空航天大学、西北工业大学三所高校是我国最著名的航空人才培养的摇篮。

北京航空航天大学（见图2–19）成立于1952年，由当时的清华大学、北洋大学、厦门大学、四川大学等八所院校的航空系合并组建，是中华人民共和国第一所航空航天高等学府，是全国第一批16所重点高校之一，在2020年“软科世界一流学科排名”中，该校航空航天工程学科连续第三年蝉联世界第一。北航为中华人民共和国航空事业培养了众多杰出人才，如国家在研最先进的运载火箭“长征五号”总设计师李东，翼龙无人机总设计师李屹东（见图2–20）等均毕业于该院校。

图2–19 北京航空航天大学（图源：北航网）

图2–20 “翼龙之父”李屹东（图源：搜狐网）

南京航空航天大学创建于1952年10月，建校以来，为中华人民共和国贡献了若干个第一，包括我国第一架无人驾驶大型靶机、第一架无人驾驶核试验取样机、第一架高原无人驾驶机、第一架无人驾驶直升机、第一架微型飞行器等。学校培养了像“北斗三号”卫星总设计师陈忠贵、机载雷达专家贲德院士等著名科学家。

西北工业大学（见图2–21）由西北工学院和西安航空学院于1957年10月在西安合并成立，是一所以为航空、航天、航海（简称三航）等领域培养人才和对三航进行科学研究为特色的大学。西工大开床我国无人机研制之先河，研制了全国第一架小型无人机、第一台地效飞行器、第一型50公斤级水下无人智能航行器和第一台航空机载计算机，实现我国第一个整套无人机系统、第一个无人机生产线等出口海外，拥有我国唯一的无人机特种技术国家重点实验室和无人机系统国家工程中心。它培养了我国隐形战斗机“歼20”的总设计师杨伟院士（见图2–22），大型运输机“运–20”的总设计师唐长红院士。

---

①央视网. 第100架“翼龙”无人机交付［EB/OL］.（2018–12–25）［2021–10–31］. http://m.news.cctv.com/2018/12/25/ARTIfPYYCK0mzfMVO9PccL9H181225.shtml.

图2-21　西北工业大学（图源：百度网）

图2-22　“歼20”总设计师杨伟院士（图源：搜狐网）

小知识

航天和航空有什么区别

在航天科技领域，“天”是指地球大气层以外的广大宇宙空间，大致与通常所说的“太空”概念相当；“空”则指地球表面以上的大气层空间。从“天”和“空”的现代科学含义来看，“航空”就是人类在地球大气层中飞行，所使用的飞行器就叫“航空器”，如飞机、直升机、无人机、飞艇和热气球等；所谓“航天”，就是人类冲出地球大气层，到太空中去活动，使用的飞行器叫“航天器”，如人造地球卫星、深空探测器、宇宙飞船、空间站和航天飞机。如果人类冲出太阳系、银河系乃至河外星系，一般认为就进入了外太空，其航行活动就称为“航宇”。“航天”和“航宇”统称为“宇宙航行”，简称“宇航”①。

（六）实践与思考

（1）无人机有哪些种类，各有什么特点、用途？
（2）无人机为何能飞上天？
（3）无人机在中国的发展现状是怎样的，你如何评价中国的航天、航空科学家们？

二、无人机的组装、连接与飞行

刚一接触RoboMaster TT无人机，也许青少年朋友马上就会想要让它遨游天空，但它毕竟不是纸飞机，对它一无所知的话，只能让人因无从下手而白白地苦恼。如何才能高效地开启无人机探究之旅呢？先要结合四旋翼无人机的系统组成来认识它的主要部件和性能参数，再学习无人机的连接与操控方法。

---

①樊永强．航天器和航空器有什么区别？[EB/OL]．(2008-09-24)[2022-07-07]．http://www.spacechina.com/n25/n148/n272/n4785/c103891/content.html.

（一）四旋翼无人机的系统组成

外表看上去，四旋翼无人机只有机体、四个轴、起落架等简单的几个部分，但在它并不庞大的机体里面却隐藏着大秘密。类似于四旋翼无人机的完整系统一般可以分为机体平台、动力系统、导航与飞控、链路系统、载荷系统和遥控系统六部分。

1. 机体平台

机体平台主要起支撑作用，它包括了机架和起落架。机架相当于整个无人机的骨骼，用于固定各种部件。起落架是无人机唯一和地面接触的部位，在降落时起到缓冲作用，以保护机载设备。根据机体构型，四旋翼无人机通常可以分为X形和十字形两类。（见图2-23）

图2-23　四旋翼机的X形和十字形构型，及螺旋桨工作方向（图源：无人机入门宝典）

2. 动力系统

动力系统可以分为电池、电机、螺旋桨和电调。其中电调是飞控连接电机的桥梁，将飞控的控制信号转变为电流信号来调节电机转速和供给电机电能。

3. 导航与飞控

导航与飞控包含了导航系统和飞行控制系统两部分。无人机装备了导航系统，就能够确定自己的空间位置，具备了自主飞行能力。控制系统指无人机的自驾仪，俗称“飞控”，它通过分析来自传感器的各种数据来控制飞机的飞行姿态。导航与飞控两者结合才能帮助无人机实现精准地按事先规划好的航线自主飞行。

4. 链路系统

通过链路系统，无人机可以实现数据、图像等信息的发送与接收。

5. 载荷系统

载荷系统是无人机为完成特定任务而搭载的设备，常见的载荷有相机、传感器等。

6. 遥控系统

遥控系统往往是一台笔记本电脑、手机或专用遥控器，它们安装了自驾仪控制软件，用于对无人机发送各种控制指令。遥控系统的使用需要链路系统配合，是人与无人机之间的连接。

(二)TT无人机的主要性能

RoboMaster TT无人机是可遥控、可编程的微型四旋翼无人机，可以垂直起降和自由悬停，机动性强，可以通过编程实现智能飞行。如图2-24所示，它由两部分组成：一部分是Tello无人机，其技术参数见表2-2；另一部分是通过Micro USB连接线连接在无人机上方的拓展配件，出厂附带的拓展配件包含开源控制器、测距点阵屏拓展模块和转接拓展板。出厂时，测距点阵屏拓展模块已经安装在开源控制器上。如需安装第三方传感器，可以先在开源控制器上卸下测距点阵屏拓展模块，然后安装转接拓展板，连接第三方传感器。

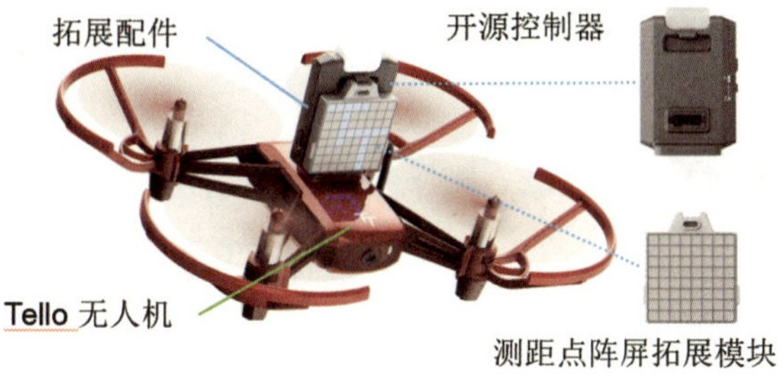

图2-24　RoboMaster TT无人机（图源：大疆网）

表2-2　Tello无人机技术参数①

飞行器	
起飞重量	87克（含桨叶、桨保护罩和电池）
尺寸	98 mm × 92.5 mm × 41 mm
桨叶	3英寸（7.62 cm）
内置功能	红外定高，气压计定高，LED指示灯，下视视觉，Wi-Fi连接，高清720P图传
接口	Micro USB充电接口
飞行性能	
最大飞行距离	100米
最大飞行速度	8 m/s
最大飞行时间	8分钟（不安装拓展配件时为8分30秒）
最大飞行高度	30米

① 大疆创新. RoboMaster TT创造力套装 技术参数［EB/OL］.（2021-10-30）［2022-09-23］. https://www.dji.com/cn/robomaster-tt/specs.

续上表

电池	
可拆卸电池	1.1 Ah/3.8 V
相机	
照片	500万像素
FOV（视场角）	82.6°
视频	HD720P30帧
格式	JPG（照片），MP4（视频）
电子防抖	支持

（三）TT无人机的主要部件

如图2-25所示，TT无人机具体由电路控制板、天线、电池、电机、螺旋桨、TOF高度传感器、相机、开源控制器和测距点阵屏拓展模块等组成，形成了无人机的基本系统和机载拓展系统，其技术参数见表2-3。

图2-25 Robomaster TT无人机部件名称（图源：大疆网）

表2-3 出厂标准配件技术参数①

开源控制器	
重量	12.5 g（包括开源控制器和测距点阵屏拓展模块）
尺寸	49.5 mm × 32 mm × 15.2 mm
工作模式	直连模式，路由器模式
Wi-Fi频段	2.4G　5.8GHz

① 大疆创新. RoboMaster TT创造力套装 技术参数［EB/OL］.（2021-10-30）［2022-09-23］. https://www.dji.com/cn/robomaster-tt/specs.

续上表

开源控制器	
蓝牙	2.4 G
MCU（单片微型计算机）	ESP32-D2WD，双核主频160 MHz，运算能力400 MIPS
开源性	支持SDK开发，支持Arduino、图形化编程、MicroPython编程控制
拓展性	14pin扩展口（I2C，UART，SPI，GPIO，PWM，电源）
可编程LED灯	全彩LED
测距点阵屏拓展模块	
尺寸	35.3 mm × 31.5 mm × 8.6 mm
可编程点阵LED	8 × 8红蓝双色
点阵驱动功能	IIC接口、自动点阵扫描、全局亮度256级可调、单LED亮度256级可调
测距模块	红外深度传感器（TOF）
TOF最大测量距离	1.2 m（室内，白色目标）
转接拓展板	
DIY转接	14 pin扩展口转2 × 7 pin 2.54 mm间距直插焊盘、电源指示灯位置 × 2、调试用指示灯位置 × 2

1. 电路控制板

TT无人机的电路控制板是一个高度集成的电路系统，在铝合金散热板上集成了三大芯片和电子元件。三大芯片分别是：图形处理器，既能收集、处理各种视觉信息，保证无人机平稳飞行，也能响应用户的指令，实现交互；电源管理芯片，调控无人机的续航时间；网络通信芯片，满足遥控飞行、组队飞行等方面的通信需求。（见图2-26）

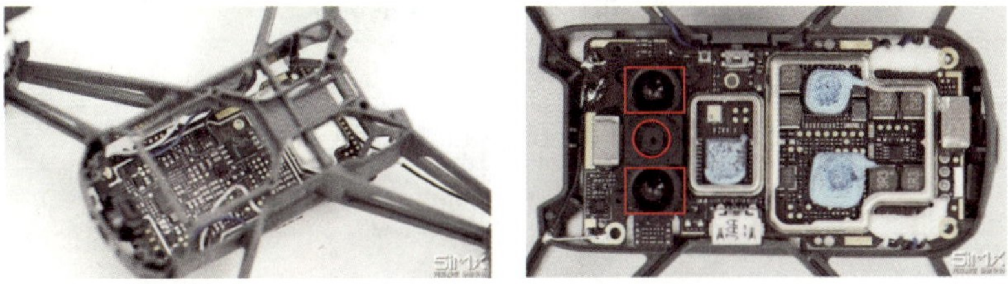

图2-26　电路控制板（左：上板面，右：下板面）（图源：5iMX我爱模型社区）

如图2-26所示，从下板面可以看出，电子元件主要有摄像头（圆圈框住部分），也称光流传感器，位于中间，用于获取无人机的位置信息；还有一组TOF高度传感器（矩形框围住部分），位于两边，如图2-27所示，一个用于发射红外信号，一个用于接收反射信号，探测的最大高度是10米。

2. 电池

电池是无人机动力系统中的关键部分，由于相较于其他类型的电池，锂离子电池具有较高的能量密度和良好的充电放电特性，因此负载较小的电动多旋翼无人机通常使用锂离子电池作为动力来源。

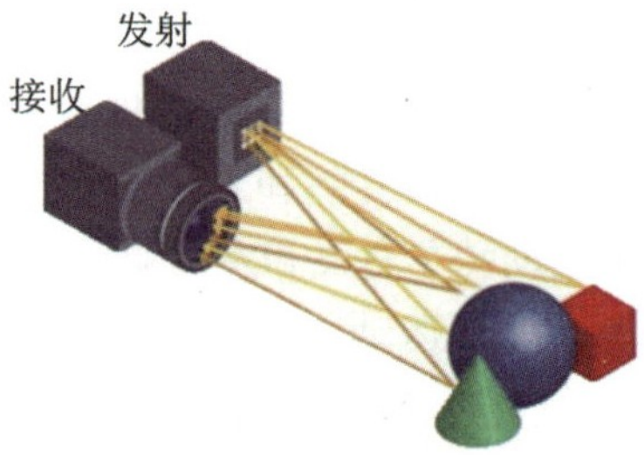

图2-27　TOF传感器原理
（图源：汽车之家）

TT无人机的电池是带有充放电保护功能的锂离子电池，如图2-28所示，它的容量为1 100 mAh（毫安时），电压为3.8 V。1 100 mAh表示电池在安全状态下可以释放的最大电量，理论上能保持1 100 mA的电流放电1小时。电压通常可以用来判断电池的电量，当电压达到最大电压时，电池是满电量状态的。

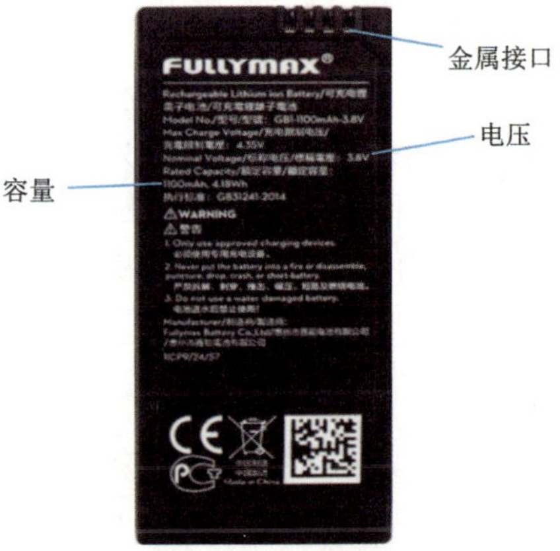

图2-28　TT无人机的电池

3. 螺旋桨

螺旋桨是为无人机产生升力的主要部件之一。在高速旋转过程中，桨叶上下表面形成的压力差，以及桨叶受到空气阻力的反作用力，都为旋翼无人机的飞行提供了升力。TT无人机使用的螺旋桨是3044P快拆螺旋桨，表示它的直径为3.0英寸（7.62 cm），螺距为4.4英寸（11.18 cm）。直径决定了螺旋桨桨盘的有效作用面积，通常直径越大，螺旋桨的效率越高，载重越大。螺距则是螺旋桨旋转一圈前进的距离，通过提高螺距可以提高无人机的速度，同时也会增加电机的负担。TT无人机的螺旋桨有四个，分别为两个正桨和两个反桨，如图2-29所示，桨叶上无凸起标识为正桨，有凸起标识为反桨。

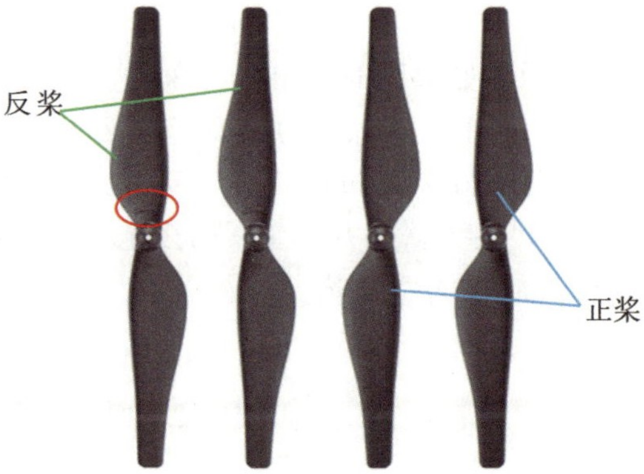

图2-29　3044P快拆螺旋桨（图源：天猫网）

如图2-30所示，TT无人机的旋翼结构是X形的。在实际使用中，合理地设置它的四个螺旋桨的转速，可以实现无人机的垂直运动（升降和悬停）、俯仰运动（前后飞和前后翻滚）、横滚运动（左右飞和左右翻滚）和偏航运动（自旋）。

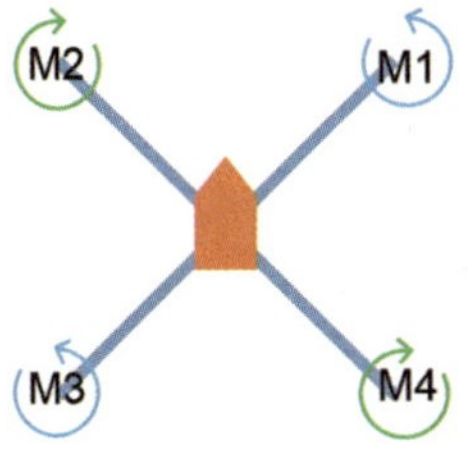

图2-30　X形旋翼结构

垂直运动：如图2-31所示，如果同时增加螺旋桨电机M1、M2、M3、M4的转速，那么无人机的总升力将增加。当无人机的总升力大于总重力时，无人机开始起飞并逐渐上升。当无人机的总升力等于总重力时，无人机处于悬停状态。如果同时减小四个电机的转速，当无人机的总升力小于总重力时，无人机开始下降。

俯仰运动：如图2-32所示，如果同时将M1、M2的转速减小，M3、M4的转速增加，那么无人机就会进行俯的动作。当它们的转速差值继续变大时，无人机向前飞行。如果转速差值大到超过一定范围时，将导致俯的角度超过90°，无人机向前翻滚。反之，如果同时将M1、M2的转速增加，M3、M4的转速减小，那么无人机就会进行仰的动作，将向后飞行，甚至可能向后翻滚。

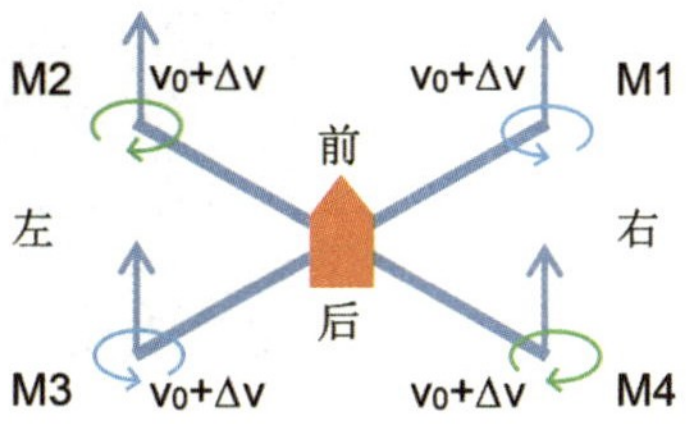

图2-31　垂直运动之上升

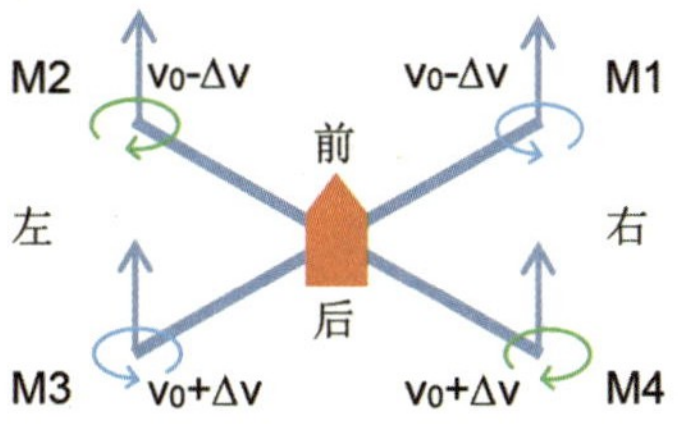

图2-32　俯仰运动之向前飞

横滚运动：如图2-33所示，如果同时将M2、M3的转速减小，M1、M4的转速增加，那么无人机就向左倾斜。当它们的转速差值继续变大时，无人机向左飞。如果转速差值大到超过一定范围时，将导致倾斜的角度超过90°，无人机向左翻滚。反之，如果同时将M2、M3的转速增加，M1、M4的转速减小，那么无人机就会向右倾斜，将向右飞行，甚至可能向右翻滚。

偏航运动：如图2-34所示，如果同时将M1、M3（逆时针旋转）的转速增加，M2、M4（顺时针旋转）的转速减小，并保持总升力不变，那么无人机会受到顺时针方向的反作用力，实现无人机的顺时针自旋，向右偏航。反之，如果同时将M1、M3的转速减小，M2、M4的转速增加，并保持总升力不变，那么无人机会受到逆时针方向的反作用力，实现无人机的逆时针自旋，向左偏航。

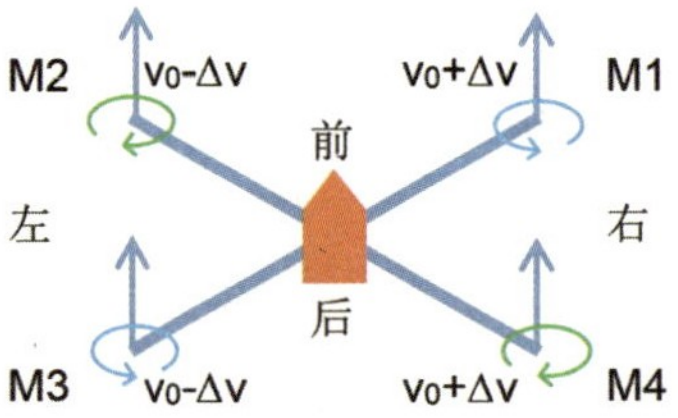

图2-33 横滚运动之向左飞

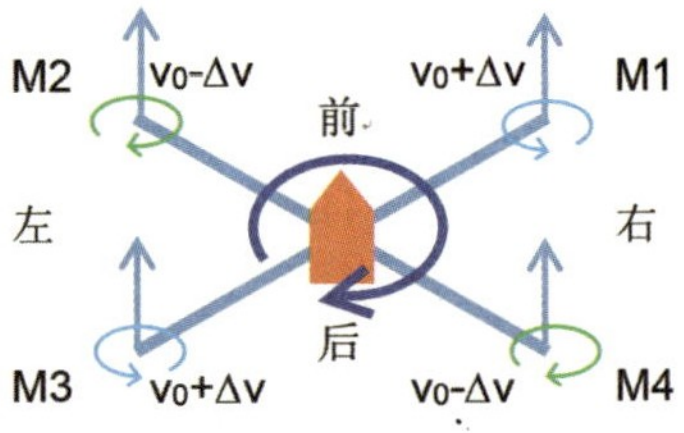

图2-34 偏航运动之顺时针自旋

如果熟练地掌握上述四旋翼无人机螺旋桨的操纵技巧，所控制的无人机不但能安全飞行，还会做出种种令人不可思议的神奇飞行动作。

4\. 开源控制器

开源控制器集成了双频2.4GHz/5GHz Wi-Fi模块、蓝牙模块和Arduino开源平台，可扩展常用的UART/I2C/GPIO/PWM/SPI等功能引脚①。如图2-35所示，开源控制器有四个主要部件，分别是可编程RGB灯、直连或路由器模式切换开关、自定义按键和扩展接口。它们的作用如下：

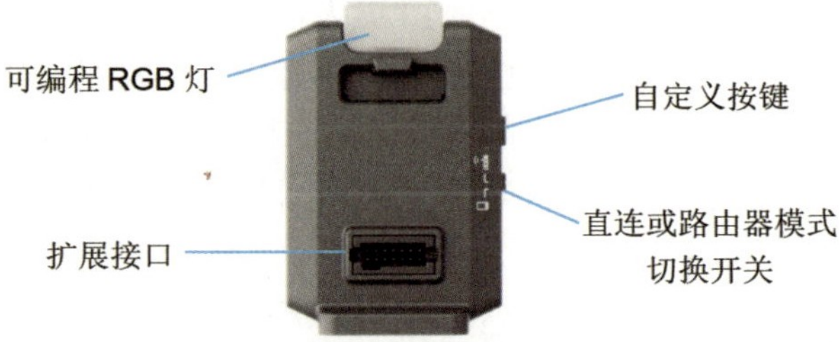

图2-35 开源控制器（图源：大疆网）

可编程RGB灯是全彩LED灯，它位于开源控制器的顶部，上面覆盖了一个乳白色的半透明灯罩，由红灯（R）、绿灯（G）和蓝灯（B）组成，通过这三种基本颜色光的如果组合可以显示各种各样的颜色。

直连或路由器模式切换开关如果切换到直连模式，手机可以连接到无人机Wi-Fi；切换到路由器模式，无人机就可以连接到指定的路由器上。

当长按自定义按键时，即可触发蓝牙配对功能。当0.5秒内双击该键，就能触发低速起桨或停桨，起桨有对设备进行散热保护的作用。

扩展接口，支持UART/I2C/GPIO/PWM/SPI，可连接至测距点阵屏拓展模块，也可连接到用户自行加装的拓展配件，实现无人机的特种飞行。比如，通过UART管脚连接二维码识别模块，用户通过编程即可让TT无人机具备二维码识别功能。

①UART、I2C和SPI是常用的串行数据总线，用于器件之间传送信息。GPIO是利用I2C、SMBus或SPI接口简化了I/O口的扩展。PWM是一种常见的硬件接口，通过数字输出控制模拟电路设备。

5. 测距点阵屏拓展模块

如图2–36所示，测距点阵屏集成了8×8点阵屏及TOF测距传感器，通过编程，可以控制点阵屏显示由红光和蓝光组合的颜色、图形和符号。TOF测距传感器与TOF高度传感器的工作原理是类似的，不同的是TOF测距传感器属于单点测距，需要障碍物在其正前方才能探测成功，它的最大测量距离是1.2米。

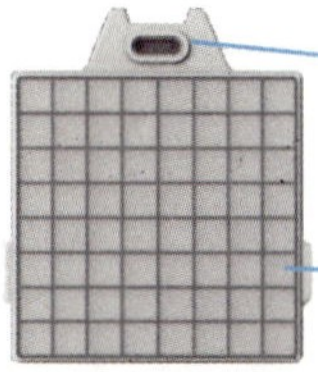

图2–36　测距点阵屏
（图源：大疆网）

（四）TT无人机的组装

在出厂的包装中，TT无人机通常拆分为电池、机身（已安装好螺旋桨、桨叶保护罩）、拓展模块等部分，仅需要安装电池和拓展模块，即可开机飞行。但是实际使用中，常常为了缩小包装尺寸，以及避免运输过程中损坏螺旋桨，会把螺旋桨和桨叶保护罩也拆分开来，待需要使用时再进行简易的组装。此时的无人机组装步骤如下：

1. 安装螺旋桨

前文已述，螺旋桨分为正、反桨，且TT无人机的正、反桨是间隔着分布的，用于抵消不同方向旋转产生的反作用力。因此，螺旋桨是不可随意安装的。为了方便用户安装，无人机的电机桨座也与螺旋桨一样做了凸起标识。如图2–37所示，将带凸起标识的螺旋桨安装到带凸起标识的电机桨座上，不带凸起标识的螺旋桨安装到不带凸起标识的电机桨座上。安装时，需要用力按压桨帽，当底部与电机之间的缝隙仅够插入拆桨工具即可。

扫描下方二维码观看
“安装拆卸螺旋桨”视频

图2–37　安装螺旋桨

2. 安装桨叶保护罩

将桨叶保护罩的凹槽对准电机下方的脚架凸起处，用力向内按压，如果安装成功，将会听到“咔”的一声，说明桨叶保护罩已将脚架牢牢卡住。

扫描下方二维码观看
“使用桨叶保护罩”视频

3. 安装拓展模块

先将拓展模块底部凹槽对准无人机顶部的“乐高凸起”，即可把拓展模块牢牢地安装在无人机上；再使用拓展模块上的Micro USB线连接至无人机机身的Micro USB接口。如果不需要使用拓展模块，可以跳过此步骤。

4. 安装电池

将电池金属接口位置朝下，对准无人机尾部，插入无人机，并按压牢固，确保电池安装到位。成功安装电池后，按电源键即可启动无人机。

扫描下方二维码观看“拓展配件介绍与安装”视频

扫描下方二维码观看“电池的认识和安装”视频

（五）建立手机与无人机的连接

扫描下方二维码观看“建立手机与无人机的连接”视频

TT无人机的地面控制端可以是手机、电脑、遥控器等设备，这些设备都可以遥控TT无人机飞行，也可以编写程序实现无人机智能飞行。此处先介绍手机连接无人机。

Tello App是使用手机遥控Tello无人机必不可少的软件。Tello App可以体验更多的无人机飞行模式，拥有实时图传界面和拍照录像功能，能轻松体验航拍乐趣，还有设置无人机参数、升级固件以及校准无人机等功能。

1. 下载Tello App

苹果移动端在App Store中搜索Tello，安卓移动端在应用商店搜索Tello，也可直接扫描图2-38二维码下载，下载并安装成功后的软件图标如图2-39所示。

图2-38　下载Tello App二维码

图2-39　Tello App图标

2. 打开Tello App

打开Tello App，勾选同意用户协议，接着按图2-40中的“如何连接”步骤信息进行连接操作。

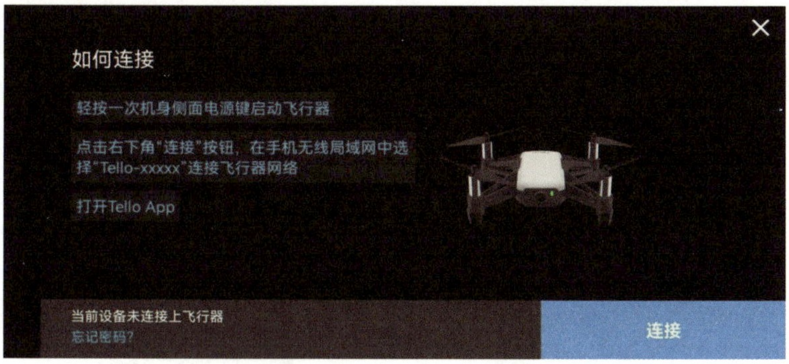

图2-40　连接步骤信息（图源：Tello APP截图）

3. 开启无人机电源，连接Tello Wi-Fi

如图2-25所示，按压无人机机身侧面电源按键即可启动无人机，待无人机指示灯闪烁时，点击图2-40右下角“连接”按钮，切换至WLAN连接界面，如图2-41所示，找到TELLO或RMTT开头的Wi-Fi名称进行连接。当无人机没有连接拓展模块时，在无人机电池槽的内侧标签上可以查看其Wi-Fi名称为TELLO-××××××；当无人机连接了拓展模块时，在无人机拓展模块的背面标签上可以查看其Wi-Fi名称为RMTT-××××××。

图2-41　连接Tello Wi-Fi

4. 切换回Tello App

待成功连接Tello Wi-Fi后，切换回Tello App界面，如图2-42所示实时显示摄像头界面，说明手机已经成功连接TT无人机了。默认情况下，Tello APP使用“美国手”摇杆（图2-42大圆中的小圆，操作时按住，并向不同方向滑动）布局。所谓的“美国手”，就是遥控器的左摇杆控制无人机上升下降、左转右转，右摇杆控制无人机前进后退、向左向右。由于早期使用这种摇杆布局的玩家主要集中在美国，因此被称为“美国手”。

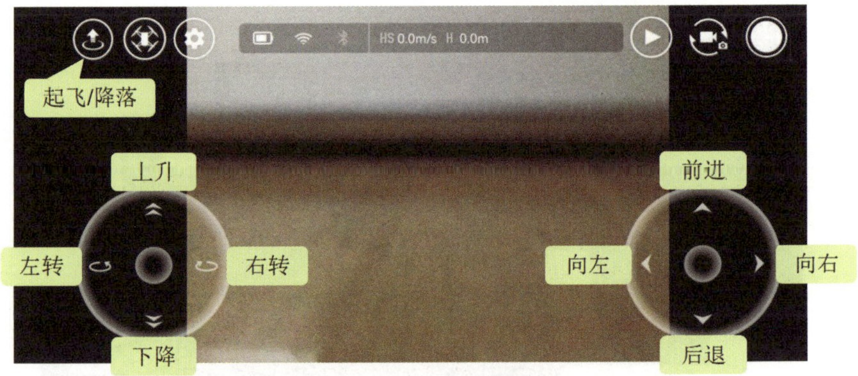

图2-42　“美国手”摇杆布局

所谓的“日本手”，就是遥控器的左摇杆控制无人机前进后退、左转右转，右摇杆控制无人机上升下降、向左向右，如图2-43所示。它与“美国手”的差别仅在于将控制无人机上升下降与前进后退的按钮位置进行了对调。我国有经验的飞手多为“日本手”，这主要是因为早期的遥控器多为日本进口产品。飞手一旦使用熟练这些产品后，也就形成了习惯。

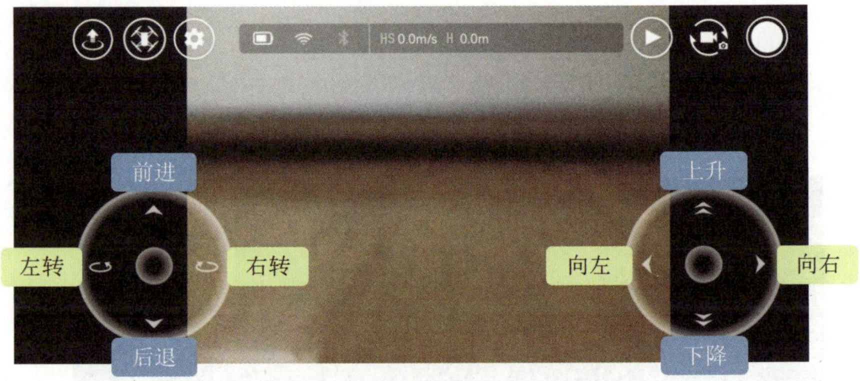

图2-43　“日本手”摇杆布局

很多飞手初学无人机操作的时候，常常会纠结于选择哪一种摇杆布局。虽然每种摇杆布局都有各自的特点，但想要随心所欲飞出流畅的航线，没有捷径可走，最好的技巧只能是熟能生巧。

5. 升级固件，校准IMU

在Tello APP中，如图2–44所示，依次点击：设置→更多设置→更多→升级，升级无人机的固件。成功升级固件后，继续单击“校准”按钮，就可以对无人机进行IMU校准。IMU的中文全称是惯性测量单元，它包含三轴陀螺仪传感器、加速度传感器和位置传感器，用于控制无人机的姿态和位置。

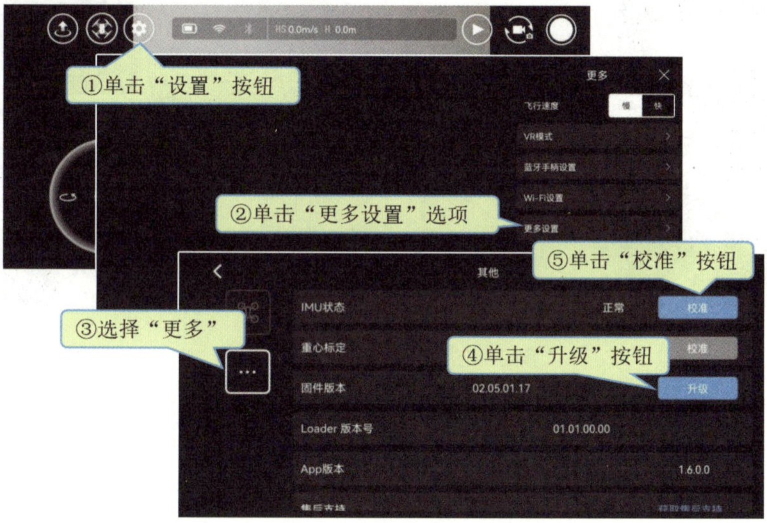

图2–44　固件升级步骤

6. 设置无人机参数

做好以上的准备工作后，如图2–45所示，用户可以进入“设置”界面，继续设置飞行速度、VR模式等，在“更多设置”界面查看新手指引，设置参数单位、图片质量、低电量报警和摇杆方式等。

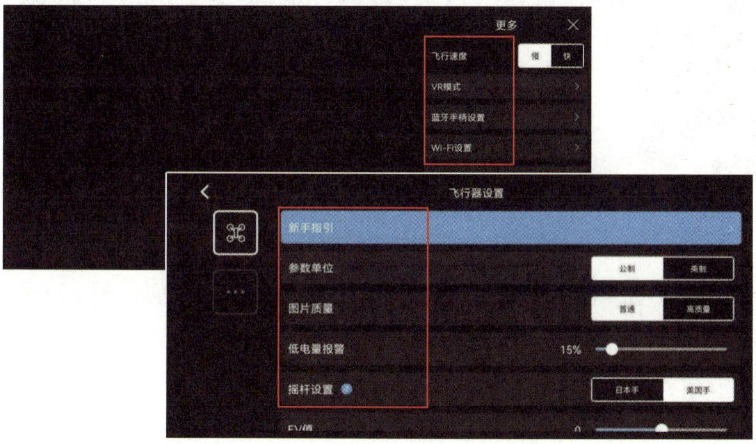

图2–45　设置无人机参数

（六）手机指挥无人机飞行

在手机中使用Tello App可以指挥无人机飞行，实现垂直、偏航、俯仰和横滚运动。

如图2-42所示，在“美国手”摇杆布局中，左摇杆的上下按钮为油门杆，控制垂直运动，实现无人机垂直上升或下降。左摇杆的左右按钮为偏航杆，控制偏航运动，实现无人机向左转或向右转，也可称为沿逆时针旋转或顺时针旋转，此时机头朝向改变；摇杆杆量对应无人机旋转的角速度，杆量越大，旋转的角速度越大。右摇杆的上下按钮为俯仰杆，控制俯仰运动，实现无人机向前倾或向后仰；摇杆杆量对应无人机前后倾斜的角度，杆量越大，倾斜的角度越大，飞行的速度也越快。右摇杆的左右按钮为横滚杆，控制横滚运动，实现无人机向左倾斜或者向右倾斜，此时机头朝向不变；摇杆杆量对应无人机左右倾斜的角度，杆量越大，倾斜的角度越大，飞行的速度也越快。

（七）实践与思考

（1）无人机系统一般分为哪几部分，各部分有什么作用?

（2）熟记RoboMaster TT无人机的主要性能数据。

（3）观察自己的无人机的结构，熟记后在教师或家长的指导下进行“拆→装”实践，进一步认识主要部件。

（4）尝试用手机连接自己的无人机，看能否成功。

三、无人机编程软件

如果说无人机的各硬件部件是无人机实现飞行的躯壳，那么程序就是无人机实现智能化自主飞行的灵魂。如何让无人机如身使臂、如臂使指？关键还是得看如何设计程序操控无人机了。在此之前，首先得清楚使用什么软件编写指挥无人机飞行的程序。本书以Mind+为例，介绍如何使用Mind+连接无人机编写程序。

（一）指挥无人机飞行的编程软件

能指挥无人机飞行的软件很多，本书选择Mind+介绍，是因为它是一款适合青少年使用，并且拥有自主知识产权的编程软件。它还能够与各种主流主控板及上百种开源硬件相兼容，支持人工智能（AI）与物联网（IoT）功能，既可以拖动图形化积木编程，还可以切换成Python/C/C++等高级语言模式编程，不但能让大家轻松体验创造的乐趣[1]，还是一个进阶学习编程的好工具。

RoboMaster TT是大疆首款拥抱开源的教育无人机，为使该款无人机能够更加符合

① DFRobot. Mind+图形化编程软件官网［EB/OL］.［2021-12-07］. http://mindplus.cc/.

开源精神和青少年科技创新教育核心，让国内中小学师生有更极致的教学体验，大疆公司与国际领先的开源硬件企业DFRobot展开官方合作，将旗下Mind+图形化编程软件与RoboMaster TT教育无人机深度结合，并作为该款无人机官方指定图形化编程软件平台。此外，基于Mind+强大的硬件扩展功能库DFRobot旗下的开源硬件也作为该款无人机官方推荐第三方外接硬件产品，使得RoboMaster TT无人机如虎添翼。①

（二）Mind+软件的工作界面

Mind+软件可以到官方网站http://mindplus.cc/download.html下载安装，如图2-46所示，它提供三种工作界面，分别是“实时模式”“上传模式”和“Python模式”界面。实时模式下，编写好程序脚本后，可以实时在电脑上运行程序。上传模式下，编写好程序脚本后，需要将其上传到第三方硬件上，并在第三方硬件上运行程序。Python模式下，提供运行在电脑端的Python编辑器，具有完整的Python3功能。

图2-46　Mind+的三种界面模式（图源：软件截图）

1. “实时模式”界面

以Windows系统为例，首次安装好Mind+软件后，双击桌面图标打开软件，默认进入如图2-47所示的“实时模式”工作界面。本书的程序脚本，在无特别说明的情况下，都是在“实时模式”界面中编写的。

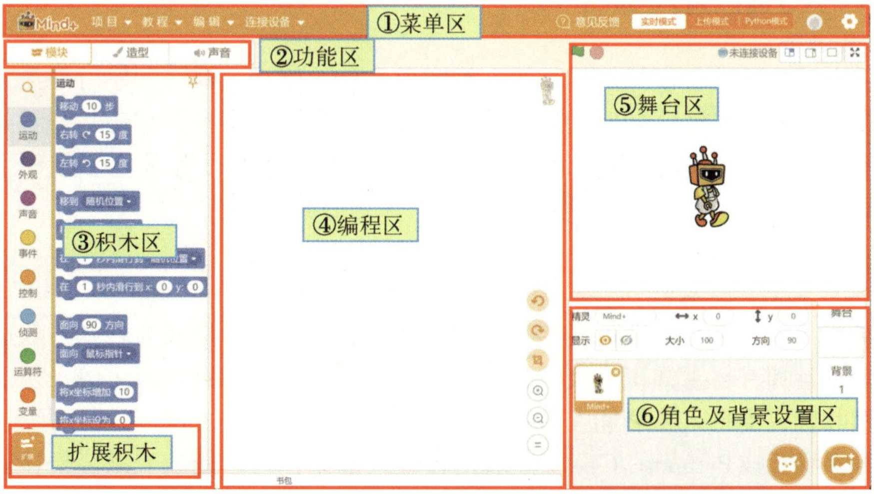

图2-47　Mind+“实时模式”界面（图源：软件截图）

① DFRobot. RoboMaster TT编程教程［EB/OL］.［2021-12-07］. https://mindplus.dfrobot.com.cn/RMTT.

（1）菜单区。

“项目”菜单，可以对项目进行操作，包括“新建项目”“打开项目”“保存项目”等。

“教程”菜单，可以打开官方教程，包括“官方文档”“在线论坛”“视频教程”“示例程序”。如图2–48所示，“官方文档”有大量使用Mind+软件的说明书，便于新手快速、高效地掌握软件的使用方法。“在线论坛”为使用Mind+软件编程的爱好者们提供了互相学习、交流的平台。“视频教程”以非常直观的视频形式，手把手地教学。“示例程序”提供了大量非常优秀的案例程序，加快了新手的熟练速度。

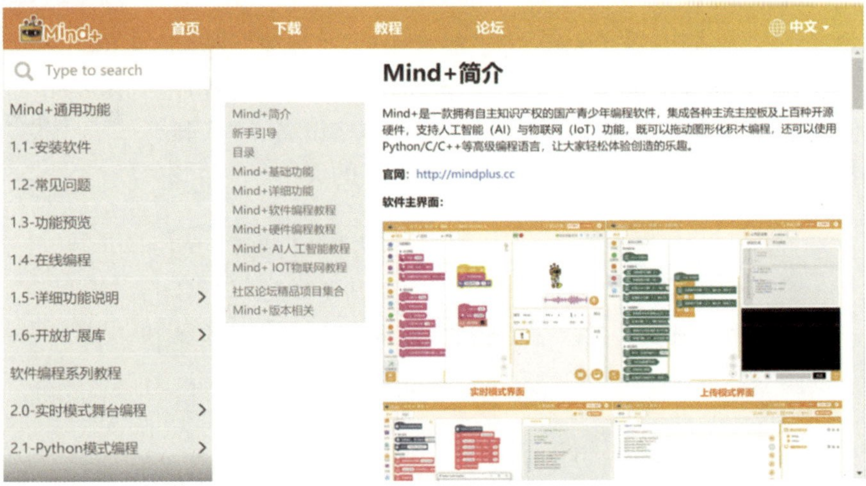

图2–48　“官方文档”的窗口（图源：软件截图）

“编辑”菜单，可以恢复被删除的角色，以及打开或关闭“加速模式”。

“连接设备”菜单，如图2–49所示，用于连接或断开硬件设备，通过“一键安装串口驱动”安装连接硬件所需的驱动程序，通过“打开设备管理器”排查硬件连接故障，通过“恢复设备初始设置”清空用户上传的程序；

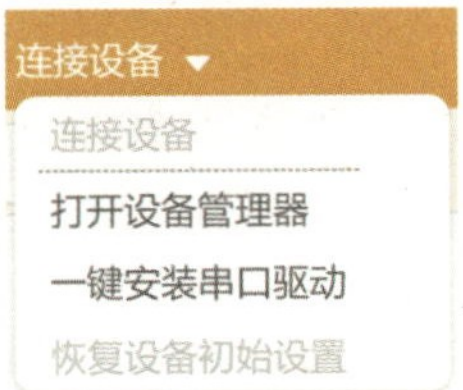

图2–49　“连接设备”菜单（图源：软件截图）

“意见反馈”按钮，用于向官方直接发送建议或意见。

“实时模式”“上传模式”“Python模式”按钮，用于切换Mind+工作界面。

齿轮按钮，用于打开设置界面，可以设置语言、主题、字号等。

（2）功能区。

“模块”选项卡，用于切换积木区域，是进行积木搭建、编写程序的标准工作界面。

“造型”选项卡，用于切换角色及背景编辑区域，进行角色或背景的外观编辑。

“声音”选项卡，用于切换声音编辑区域，进行声音的编辑。

（3）积木区。包含运动、外观、声音、事件、控制、侦测、运算符、变量和函数等基础功能积木组（具体积木见本书第47页）。此外，还有扩展积木组，可以加载各种硬件模块以及“音乐”“画笔”“视频侦测”“语音识别”“图像识别”等更多功能。

（4）编程区。用于拖动积木搭建程序脚本。将积木从左边的积木区拖至编程区，如图2-50所示，不同的积木通过槽口咬合即可完成积木搭建，形成程序脚本。反之，将积木拖回积木区即可在编程区删除该积木，但不会影响该积木在积木区的再次使用。

图2-50 “无人机起降”的积木脚本示例

（5）舞台区。坐标原点（0,0）位于舞台中心。“绿旗”按钮用于执行编程区中的程序脚本，“停止”按钮用于停止执行程序脚本，“硬件连接状态”标签显示当前是否已连接设备，“大舞台”“小舞台”“无舞台”可以相应地调整舞台区的大小。

图2-51 舞台区按钮

（6）角色及背景设置区。

如图2-47所示，角色或背景被选中后将高亮显示该选中框，可以添加、删除角色，调整角色的大小、坐标和方向，切换角色隐藏或显示状态，显示角色对应的积木组；可以添加、导入、绘制背景，显示背景对应的积木组。

2. “上传模式”界面

如图2-52所示，Mind+“上传模式”界面与“实时模式”界面有部分异同之处，具体如下所述。

（1）菜单区。与“实时模式”界面菜单区功能相同。

（2）功能区。“上传模式”用于硬件编程，此处无造型、声音选项卡，仅保留模块选项卡用于提供积木区。

（3）积木区。相对“实时模式”减少了涉及舞台和角色编程的积木组，比如“运动模块”“外观模块”“声音模块”“事件模块”“侦测模块”积木组，保留了“控制模块”“运算符模块”“变量模块”“函数模块”，而且“运算符模块”增加了更多命令，“变量模块”具有“数字”和“字符串”两种类型。

（4）编程区。与“实时模式”界面编程区功能相同。

（5）代码区。把编程区中的积木式程序脚本自动生成为对应的代码。“上传到设备”按钮用于将代码上传到第三方硬件。

（6）串口监视器。此窗口在Arduino C下可以显示上传过程中程序是否有错误。除此之外，它还有一个完整的串口调试器功能，打开串口后可以使用串口调试功能，配合“串口打印”语句可以很方便地调试程序或者显示数据。

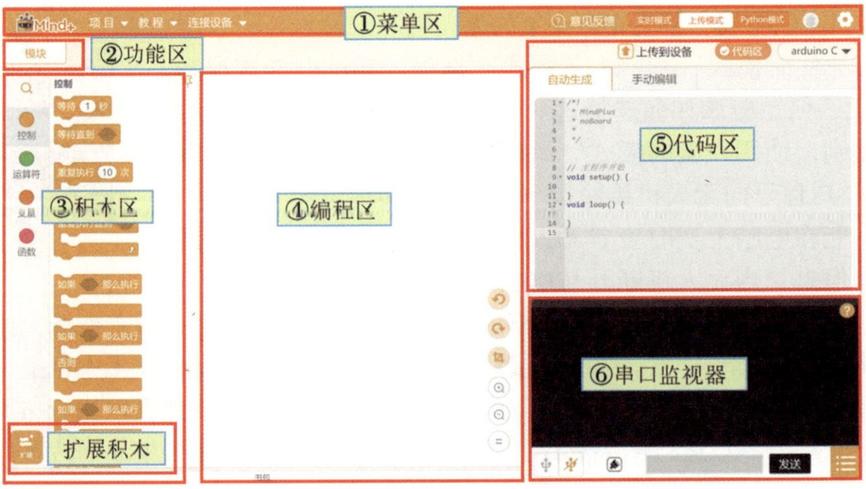

图2-52　Mind+“上传模式”界面

3. “Python模式”界面

如图2-53所示，Mind+“Python模式”界面可以使用代码式Python编程与硬件进行交互。

图2-53　Mind+“Python模式”界面

（三）建立电脑与无人机的连接

扫描下方二维码观看“建立电脑与无人机的连接”视频

建立电脑与无人机的连接，可以编写程序控制RoboMaster TT无人机进行自主飞行，此时的TT无人机才脱离了航空模型的范畴，成为自主航空器，是真正意义上的无人机。

使用“实时模式”和“上传模式”编程，都可以连接控制TT无人机，但是应该如何选择这两种编程模式呢？先一起了解两者的差别。使用“实时模式”编程，程序在电脑上运行，电脑通过Wi-Fi信号向无人机传输指令和数据，实现对无人机的实时控制，能在电脑上实时查看无人机反馈的各种数据，方便调试程序。但是，当无人机断开与电脑的连接后，无人机将不再执行电脑上的程序。而使用“上传模式”编程，先使用USB数据线把电脑上的程序上传到拓展模块上，断开与电脑的连接后，再将拓展模块连线安装在无人机上，程序运行在拓展模块上。当拓展模块断开与电脑的连接后，无人机依然可以执行拓展模块中的程序。但是，一旦运行结果有误，就得重新用数据线连接拓展模块修改程序，并再次上传程序。

1. 使用“实时模式”编程

（1）打开Mind+软件，添加“RoboMaster TT(单机)”功能模块。在Mind+软件中，如图2-54所示，依次点击：扩展→功能模块→RoboMaster TT(单机)→返回，添加TT无人机功能模块。

成功添加后，如图2-55所示，积木区增加了“功能模块”积木组。

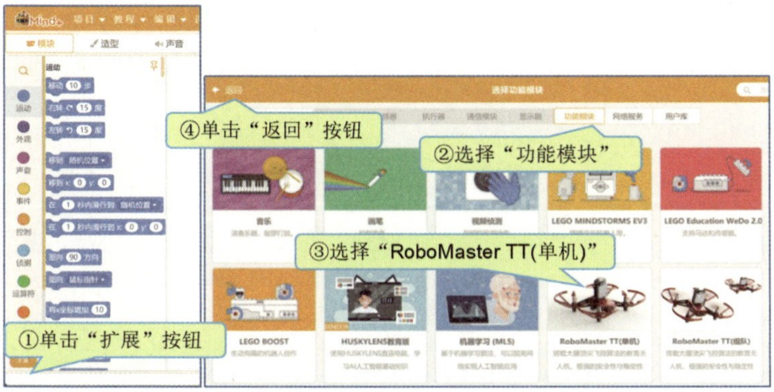

图2-54　添加“RoboMaster TT(单机)”功能模块

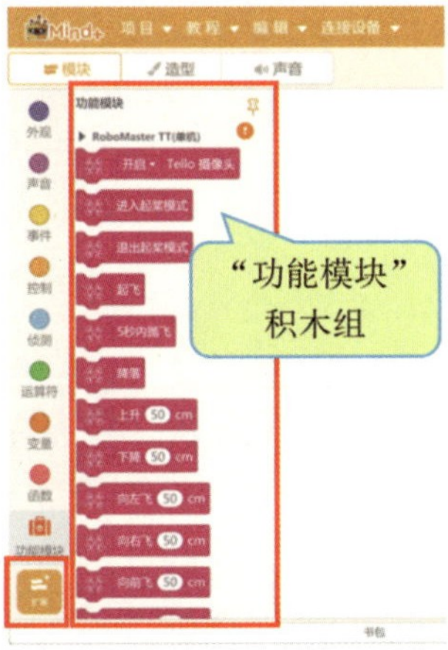

图2-55　“功能模块”积木组

（2）开启无人机电源，电脑端连接Tello Wi-Fi。准备一台具备无线网卡的电脑，启用电脑的无线网络连接。再将拓展模块连接到TT无人机上，按压无人机机身侧面电源按键启动无人机，待无人机指示灯闪烁时，电脑端连接该无人机的Wi-Fi。此时的无人机连接了拓展模块，如图2-56所示，因此该Wi-Fi名称应为RMTT-××××××，其具体的Wi-Fi名称可以在无人机拓展模块的背面标签上查看。

图2-56　无人机连接了拓展模块时的Wi-Fi

（3）在Mind+中连接无人机。在Mind+软件中，如图2-57所示，依次点击：感叹号→连接，即可连接无人机。

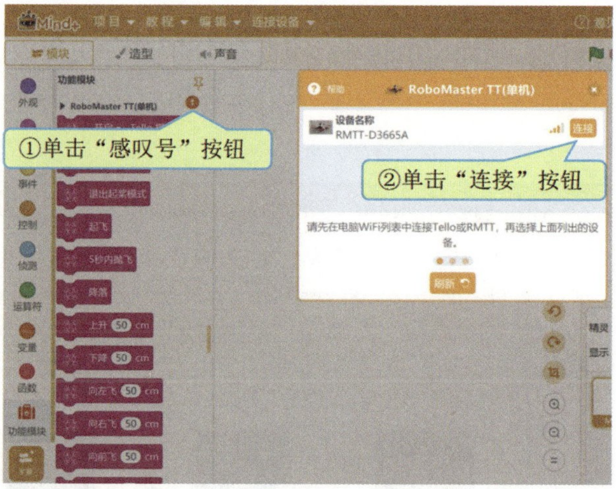

图2-57　Mind+中连接无人机

成功连接无人机后，如图2-58所示，连接对话框提示“已连接”，“感叹号”按钮变成绿色“对勾”按钮，此时无人机指示灯闪烁紫色。

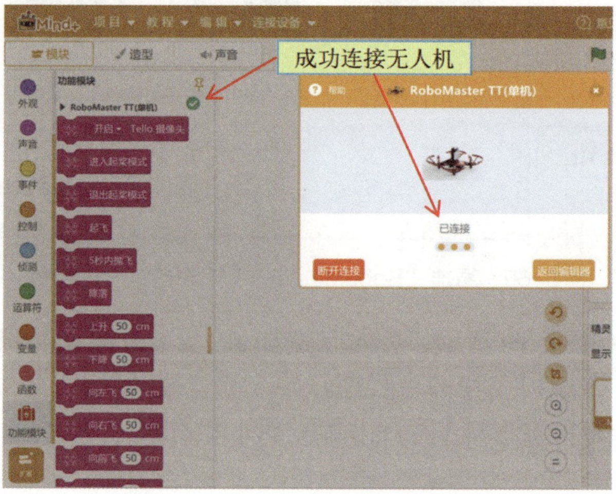

图2-58　Mind+成功连接无人机

2. 使用“上传模式”编程

（1）使用USB数据线连接电脑和拓展模块。如图2–59所示，使用无人机自带的USB数据线将电脑和拓展模块连接。

图2–59　连接电脑和拓展模块（图源：DFRobot）

（2）打开Mind+软件，添加“RoboMaster TT（ESP32）”主控板。在Mind+软件中，如图2–60所示，依次点击：上传模式→扩展→主控板→RoboMaster TT（ESP32）→返回，添加RMTT模块。

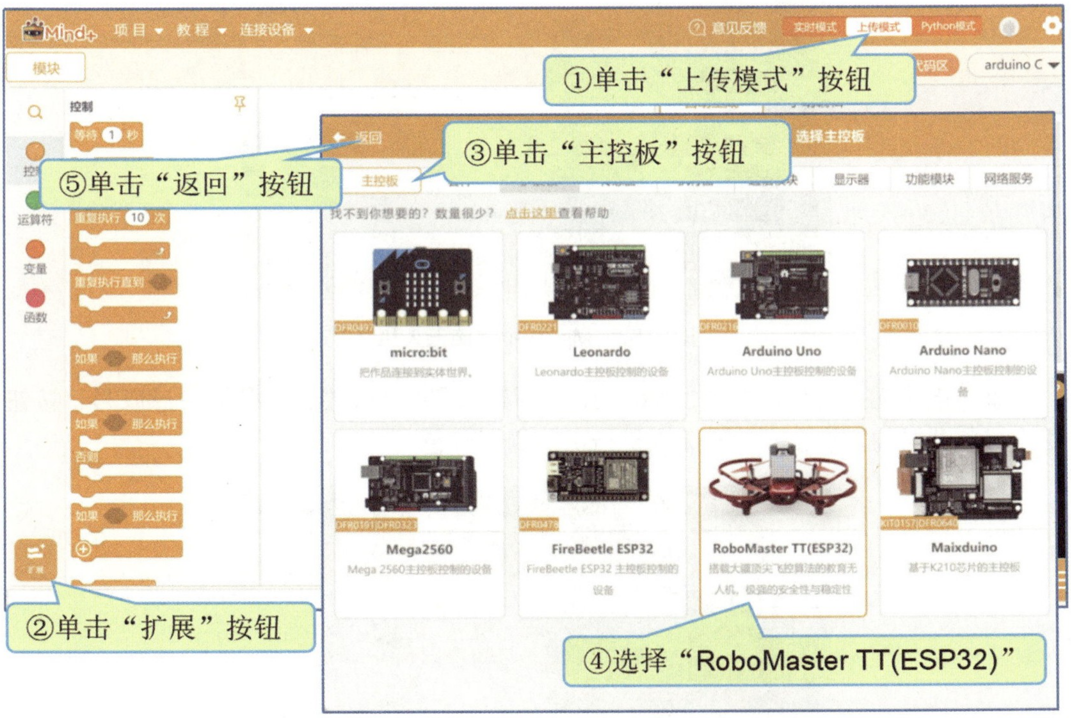

图2–60　添加“RoboMaster TT（ESP32）”主控板

成功添加后，如图2–61所示，积木区增加了“RMTT模块”积木组，编程区增加了开始模块，包括“RMTT ESP32主程序开始”和“循环执行”积木。在“上传模式”下编程，程序从“RMTT ESP32主程序开始”积木开始运行。

图2-61　RMTT模块积木组

（3）安装串口驱动。首次连接拓展模块，需要安装串口驱动，如图2-62所示，先单击“一键安装串口驱动”选项，再根据设备驱动安装向导的提示，一步一步完成驱动的安装。

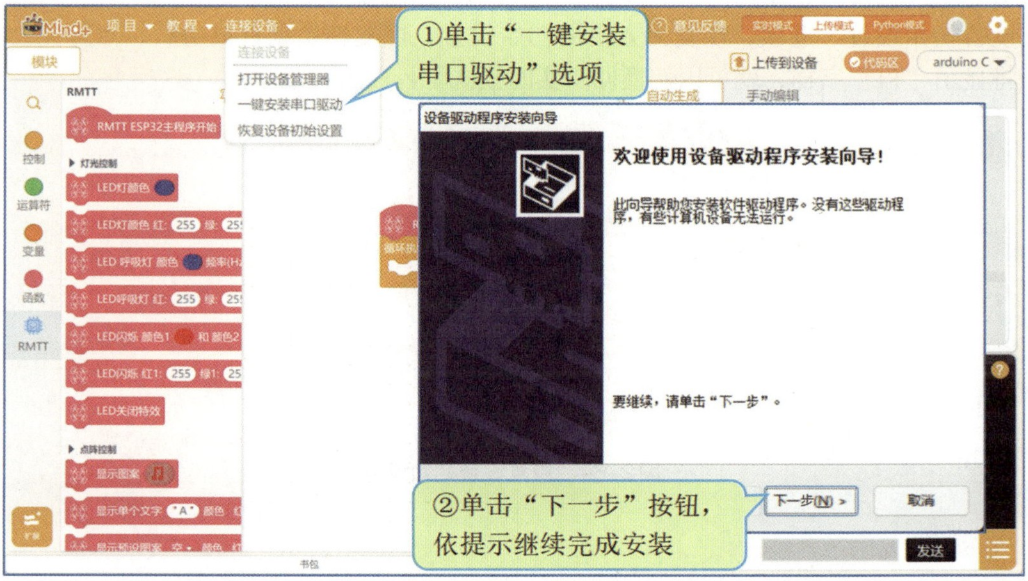

图2-62　安装串口驱动

串口驱动安装成功后，如图2-63所示，菜单区连接设备菜单增加了“COM3-CP210x”选项，单击此选项即可成功连接拓展模块。

图2-63　成功连接拓展模块

小知识

“上传模式”切换到“实时模式”

使用“上传模式”连接TT无人机，如果使用了“上传到设备”功能，那么拓展模块上保存了用户上传的程序。而此时想要切换回“实时模式”编程，就得先清除用户上传的程序。如图2-64所示，可以使用菜单区连接设备菜单中的“恢复设备初始设置”选项，恢复无人机的初始设置。恢复初始设置成功后，点阵屏上将显示“TT”字样，就可以切换回“实时模式”界面进行编程①。

图2-64　恢复设备初始设置

①蔡冬冬，胡波. 大疆TT教育无人机从入门到精通［M］. 北京：清华大学出版社，2021：64.

（四）Mind+软件的主要积木组

涉及TT无人机编程的Mind+软件积木主要可以分为基础积木、单机积木、组队积木和扩展功能积木四部分，如表2-4所示。基础积木有运动、外观、声音、事件、控制、侦测、运算符、变量和函数等9种积木组，其中事件、控制、侦测、运算符、变量、函数等积木组与无人机创意编程相关度比较高，而运动、外观、声音积木组也可用于模拟无人机飞行场景，但与实际控制无人机飞行关系不大。单机积木有灯光控制、点阵控制、飞行控制、自定义命令、引脚操作、串口操作、系统资源等7种积木组。与单机积木相比，组队积木主要增加了组队连接、指令同步和Tello编号之类的积木，减少了开启摄像头、引脚操作、串口操作、系统资源等积木组。扩展功能积木主要有传感器、执行器、通信模块、显示器、功能模块、网络服务、用户库、代码生成器等积木组。

表2-4　TT无人机编程常用的Mind+积木

基础积木模块	单机积木模块	组队积木模块	扩展功能积木模块
事件	功能模块	功能模块	传感器
控制	RMTT	▶RoboMaster TT（组队）	执行器
侦测	▶灯光控制	▶组队准备	通信模块
运算符	▶点阵控制	▶组队飞行控制	显示器
变量	▶飞行控制	▶组队灯光控制	功能模块
函数	▶自定义命令	▶组队点阵控制	网络服务
运动	▶引脚操作		用户库
外观	▶串口操作		代码生成器
声音	▶系统资源		

各类积木组所包含的积木数量、名称、功能等信息，请读者阅读本书第269页“附录　一、Mind+软件主要积木介绍”，此处不再赘述。

（五）Mind+项目的新建与保存

扫描下方二维码观看“Mind+项目的新建和保存”视频

熟悉了Mind+软件中的主要积木后，就可以尝试编写控制无人机飞行的程序。而初学者使用Mind+编写程序，首先要清楚如何新建和保存项目文件。

1. Mind+项目的新建

启动Mind+软件后，就会默认打开一个空白项目，在这个空白项目上，可以直接将积木拖动到编程区编写程序。有时候用户是通过打开本地之前编写好的Mind+项目文件进入Mind+工作界面的，如果此时需要新建Mind+项目，那么如图2-65所示依次单击：项目→新建项目，即可创建一个新的Mind+项目文件进行编程。

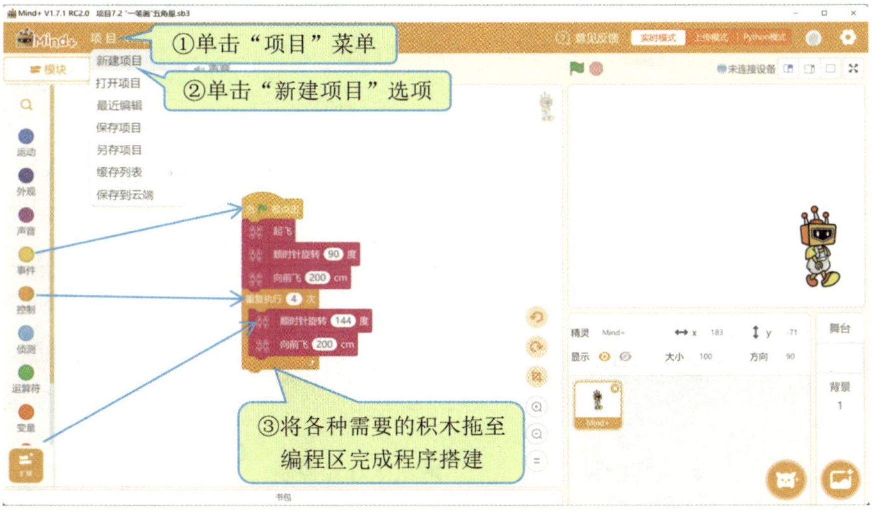

图2-65　Mind+项目的新建

2. 程序的编写

如图2-65第三步所示，在Mind+软件中，可以根据任务的要求来搭建积木，编写程序。搭建积木时，首先单击积木区中相应的积木模块，找到合适的积木后，拖动该积木到编程区，并注意使积木彼此连接，形成程序块。操作中，还要根据实际情况修改部分积木的参数框中的参数值，用于灵活实现指定的功能。

3. Mind+项目的保存

使用Mind+编写好程序脚本后，如图2-66所示依次点击：项目→保存项目，在弹出的“另存为”对话框中，选择文件保存的位置，接着输入文件名，如“测试”，最后单击“保存”按钮，即可保存名为“测试.sb3”的Mind+项目文件。需要注意的是，该项目文件的文件类型是“sb3”。

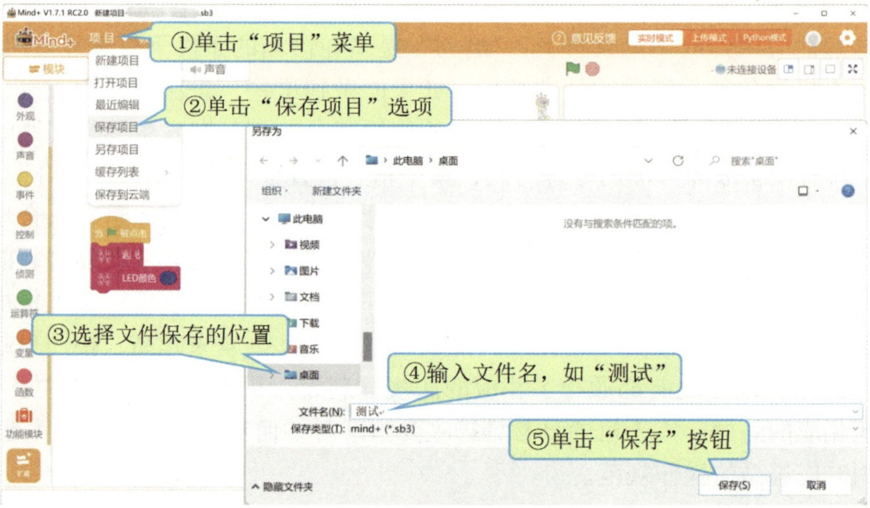

图2-66 Mind+项目的保存

小知识

sb3文件格式

2007年，美国麻省理工学院（MIT）“终身幼儿园团队”开发了一款供儿童或者初学者学习编程的图形化编程平台，它主要用于创建故事、小型游戏和动画。用户通过点击并拖拽的方式，可以像搭积木一样完成程序编写。

这种学习编程的成功思路引起了其他青少年编程软件开发商的效法，他们纷纷立足于各自所专注的研究领域，推出各有侧重的图形化编程工具（Mind+就是其中一种），这些编程工具编写的文件通常保存为“sb”格式，目前Mind+的文件格式是sb3。

（六）实践与思考

（1）Mind+软件的工作界面有几种，它们有什么异同之处呢？

（2）请分别尝试使用“实时模式”“上传模式”连接无人机进行编程。

（3）从“上传模式”切换到“实时模式”时应注意什么？

（4）请说一说Mind+有哪些主要的积木组。

（5）请在Mind+“实时模式”界面下分别登录“官方文档”“在线论坛”“视频教程”“示例程序”浏览，了解它们的基本功能，以便在需要时获取帮助。

四、无人机的日常维护与飞行规范

有一句俗话，叫“磨刀不误砍柴工”，比喻事先充分做好准备，就能提升工作效率。把这句话应用到放飞无人机上，“磨刀”是指在恰当的条件下科学地使用无人机，以及对无人机设备进行正确的日常维护。如果能做到这些，每次放飞无人机，它都能以最佳状态投入飞行，不但可以延长设备的使用寿命，而且在发生飞行问题时，用户可以缩小排查设备故障方面的处理时间，集中精力检查程序是否出错，提升调试效率。

恰当地使用无人机主要指了解无人机的设计条件，了解如何才是合法合规地放飞无人机。前者针对的是客观环境，在超极限条件下使用无人机轻则会缩短它的使用寿命，重则导致设备当场折戟沉沙。后者指要遵守无人机的使用规范，无人机虽小，但随着科技的发展，它的能力不断拓展，能飞得越来越远，越来越高，拍照也越来越清晰，所以国家和地方政府都颁布了相应的法规管制无人机的飞行。违法“黑飞”，势必要承担相应的惩处。无人机的日常维护主要指平时如何对设备的主要部件进行保养，以及使用时应遵循的操作规范。

（一）无人机的飞行环境

TT无人机飞行限高30米，限远100米，需选择合适的飞行环境飞行，风、雨、温度、海拔、磁场、高楼、夜间等环境都会对无人机的飞行造成一定的影响。

虽然无人机的动力系统决定了无人机具备一定的抗风能力，但在有风环境下飞行，仍然需要额外消耗更多的能量来抵消风的阻力，从而导致无人机续航时间缩短。当风力大于动力系统的最大抗风能力时，无人机将无法正常工作，极易造成摔机事故。

雨天环境下飞行，即使是小雨，雨水不仅给无人机增加了上升的阻力，还极易渗透到电子元件内，造成元器件短路，更别说大雨情况了。如果在飞行过程中遇上下雨，应当及时降落，并关闭电源。如果发现无人机轻微进水了，就马上擦干无人机，接着放入防潮箱吸湿，晾一段时间确认干燥后，再尝试开机。雾、雪天气下的使用，与雨天有不少相似之处。

高温或是严寒的天气下，无人机的电机、电路板等元器件都会受到一定的影响，其中电池所受影响较大。

图2–67　在雪地飞行的无人机（图源：凤凰网）

过高的海拔，将造成无人机飞行的不平稳和不安全。海拔越高，空气越稀薄，而多旋翼无人机的一部分升力来源于空气阻力的反作用力，在此环境下，螺旋桨旋转一周所受到的空气阻力相对小，获得的反作用力也随之变小。要想获得更大的升力，动力系统就需要消耗更多的能量，电池放电更多，电机和螺旋桨的使用寿命也会因此而相应缩短。可以说，在高海拔地区使用无人机，是对无人机的性能和操控者技术的双重考验。

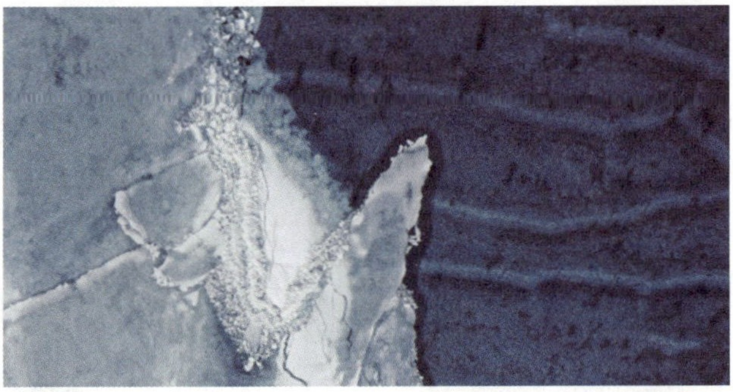

图2-68　无人机航拍高原青海湖开湖景观（图源：新华网）

在强磁场环境下使用无人机，它的导航与飞控系统极易受到影响。如图2-69所示，无人机飞近高压电线、高压输电站、移动电话基站和电视广播信号塔时，容易受到强大的电磁干扰，导致无人机飞行失控，甚至摔机。因此，如非特殊用途的无人机，请勿轻易靠近强磁场环境。

图2-69　无人机飞近高压电线（图源：中国电力新闻网）

还有一些看似平常的环境也应该引起注意，比如贴近高楼（见图2-70），从高楼室内飞行到室外，湖面低空，光线极低的夜间等。这些环境下的飞行都容易造成TT无人机的视觉定位系统异常，导致无人机自动切换到姿态模式。而无人机在姿态模式下，比较考验无人机操控者的飞行技巧，虽然它自身的姿态能保持平稳，却不能保持三维空间的水平和垂直定位，稍有不慎就容易受到外界的干扰而产生漂移，进而引起碰撞或失控，导致摔机事故。要是在高空中发生摔机事故，后果更是不堪设想。因此，无人机操控者应时刻保持对周围飞行环境的敏感度，随时关注无人机的姿态，当发现异常时，及时返航或者紧急降落无人机。

图2-70　无人机飞近高楼（图源：搜狐网）

（二）无人机的飞行规范

放飞无人机既要遵守政府颁布的一系列关于航空器使用的法规，还要恪守当地的公序良俗，做个文明的“飞友”。

1. *法律法规*

根据《无人驾驶航空器飞行管理暂行条例（征求意见稿）》（简称《条例》）的有关规定，TT无人机属于微型无人机。《条例》中与微型无人机相关的条文主要有以下几条：

（1）购买除微型无人机以外的民用无人机的单位、个人应当通过实名认证，配合做好相关信息核实。也就是说购买和使用微型无人机，可以不用进行实名认证。

（2）微型无人机禁止在以下空域飞行：

① 真高50米以上空域；

② 空中禁区以及周边2 000米范围；

③ 空中危险区以及周边1 000米范围；

④ 机场、临时起降点围界内以及周边2 000米范围的上方；

⑤ 国界线、边境线到我方一侧2 000米范围的上方；

⑥ 军事禁区以及周边500米范围的上方，军事管理区、设区的市级（含）以上党政机关、监管场所以及周边100米范围的上方；

⑦ 射电天文台以及周边3 000米范围的上方，卫星地面站（含测控、测距、接收、导航站）等需要电磁环境特殊保护的设施以及周边1 000米范围的上方，气象雷达站以及周边500米范围的上方；

⑧ 生产、储存易燃易爆危险品的大型企业和储备可燃重要物资的大型仓库、基地以及周边100米范围的上方，发电厂、变电站、加油站和大型车站、码头、港口、大型活动现场以及周边50米范围的上方，高速铁路以及两侧100米范围的上方，普通铁路和省级以上公路以及两侧50米范围的上方；

⑨ 军航超低空飞行空域。

如图2–71所示，在大疆官方网站https://www.dji.com/cn/flysafe/geo-map可查询到广佛地区的限飞区，糖果形状的区域是机场禁飞区域，如果TT无人机飞近这些区域，将触发大疆GEO地理围栏系统强制无人机自动降落。

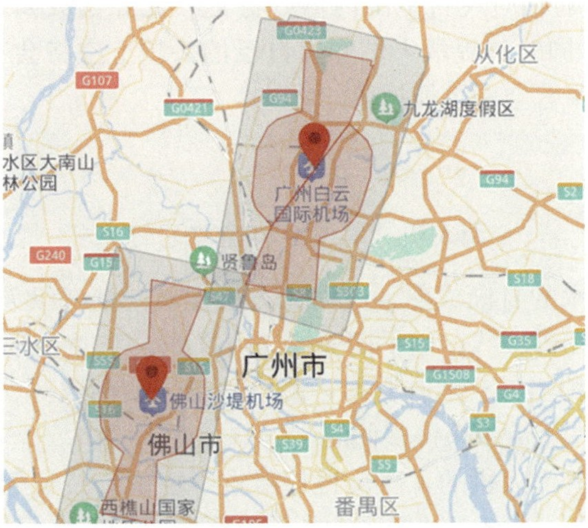

图2–71 广佛机场禁飞区域（图源：大疆网）

（3）微型无人机在禁止飞行空域外飞行，无须申请飞行计划。

（4）微型无人机飞行，应当保持直接目视接触①，主动避让有人驾驶航空器、国家无人机和轻型、小型、中型、大型无人机飞行。

2. 禁忌

除了法律法规的明文规定外，还有一些禁忌也是无人机操控者应该清楚的。

（1）偷窥邻居。不管有意还是无意，自己的无人机都不应该把相机对准邻居。试想一下，换做是任何人，被无人机的相机对着，会怎么想？毫无疑问，个人的隐私就这样完全暴露了。

（2）酒后飞行。操控无人机需要时刻观察周围环境，以及无人机的姿态。人在喝酒之后，不可避免地降低了观察的敏锐度，削弱了判断力，必然忽略不少细节，这很有可能导致无人机失控，甚至对他人造成难以预料的伤害。

① 目视接触，通常称为视距内飞行，指无人机操控者或观测员与无人机保持直接目视视觉接触的操作方式，无人机处于操控者或观测员目视视距内半径500米，相对高度低于120米的区域内。

（3）在人群上方飞行。在一些公共场合举办的集体活动中，比如运动会、中秋游园、元旦活动等，我们也许会想使用无人机航拍一些精彩的镜头。但是当无人机飞行在人群上方时，对于人群而言会潜藏着不小的危险性，谁也不敢保证它不会坠落下来。也许，一阵强风，电池电量不足，无人机操控者手忙脚乱，都会导致无人机摔机。这时如果下方有人的话，就不可避免地会发生高空坠物伤人的危险。因此，如果只是为了休闲娱乐之用，那最好到人烟稀少、场地空旷的地方去，比如无人使用时的操场，人群散去后的公园草地。如果一定要在有人的地方放飞无人机，那请在无人机的临时飞行范围内做好标记，比如摆放如图2-72所示的路锥，同时请提醒人们知道自己的头顶上空将会有无人机飞行，从而留意空中可能掉落的物体。

图2-72　路锥
（图源：百度）

小知识

无人机"黑飞"安全隐患惊人

随着无人机技术的日渐成熟，民用无人机尤其是消费级无人机迅速发展。最简易的无人机只需几百块钱，用手柄遥控即可操作，普通人都可尝试并享受乐趣。除了娱乐体验，航拍美景、巡查交通、测绘地形、喷洒农药、投送快递……无人机还给人们的工作、生活带来许多便利。

与此同时，一些无人机的无序飞行却严重影响了公共安全。"黑飞"无人机干扰民航飞行的事件时有发生。（"黑飞"指的是无人机未经登记批准的飞行。）据报道，2017年4月份成都、杭州、大连、南京、上海共发生13次无人机影响航班运行事件，特别是成都双流机场受到9次影响，造成34个航班取消、112个航班返航备降、142个航班空中和地面等待。全国多个机场受到过无人机的干扰，有的城市还发生过无人机坠落伤人、毁物的事故①。

（三）无人机的日常维护

无人机的日常维护主要包括电池保养，螺旋桨更换，清洁机身和部件连接检查等四方面。

1. 电池保养

锂离子电池是无人机最常用的电池，使用电池有以下几个注意事项：

（1）电池的充电与使用。全新的锂电池通常需要通过几次循环充电，才能充分发

①人民日报. 无人机"黑飞"安全隐患惊人［EB/OL］.（2017-05-19）［2022-07-07］. https://www.sohu.com/a/141714453_114731.

挥它的性能。建议在最初的几次使用中，在电池电量降到50%以下后就进行充电，而不要等电量用完后才充电①。理想的充电环境温度为22～28 ℃，这样可大幅度延长电池的使用寿命②。

其次，电池在使用中不可以过充、过放。当电池充到满电量时，如果还继续长时间充电，称之为“过充”，过充会导致电池有燃烧、爆炸的危险。当电池的电量已经很低的时候，还继续使用的话称之为“过放”，过放会导致电池鼓包③。这两种情况都是对电池不利的。所以像TT无人机的电池上有保护元件或保护电路实现充放电保护功能，用于防止电池损坏。而且，由于锂离子电池对充电的终止电压精度要求高，需要在±1%以内④，所以必须使用专用的充电设备，以保证安全有效地充电。如图2-73所示是厂家标配的电池管家。

图2-73　Tello电池管家
（图源：天猫网）

高温天气下飞行，电池容易过热，无人机会发出警报提醒用户尽快降落。此时电池不能充电，需等待冷却至室温后才能充电。严寒天气下飞行，电池掉电更快，续航时间变短。此时首先要做好电池的保温工作，其次，起飞前为电池充满电，起飞后让无人机先悬停适当时间，充分预热机身和电池。

（2）电池的储存。电池的性能从出厂开始就不断地衰退，为了在使用时电池能有更好的工作状态，应把电池放在低温处（22～28 ℃）储存。如果没有条件低温储存电池，也一定要避免将电池放在高温暴晒处。为了安全运输或存放无人机电池，需对电池进行放电至低电量，建议电量低于30%⑤，以确保运输或存放时的安全。因此，当使用电池时，就要提前计划好时间进行充电，以确保使用电池时它是充满电的。

（3）电池的更换。较高的电压可以为电机提供更大的功率，但需要注意的是，有些电机所能支持的电压范围是有一定限度的。所以，不要为了追求更强动力而盲目更换太高电压的电池，建议只使用原装电池，这样才能更好保证飞行安全，并且需要注意电池是否鼓包，不能使用鼓包或者外观损坏的电池。

2. 螺旋桨的更换

螺旋桨是无人机的常用耗材之一，每一次飞行之后都应该检查桨叶表面是否有破损、裂缝或弯折等。出现这些情况，就需要立刻更换螺旋桨。为避免损坏桨叶保护罩和刮伤手指，请按顺序先拆卸桨叶保护罩，再拆卸螺旋桨，然后安装好新的螺旋桨后，再安装桨叶保护罩。下面将以TT无人机为例，说明操作规范。

（1）拆卸桨叶保护罩。用手捏住桨叶保护罩（见图2-74）凹槽位置，同时轻轻向

---

①张旭辉，吕亚荣，徐永鹏．无人机科普教程［M］．北京：清华大学出版社，2020：57-58.
②⑤睿炽科技．RoboMaster TT Tello Talent用户手册v1.0［Z］．北京：睿炽科技，2020：18.
③赵云超，郑宇．无人机入门宝典［M］．济南：山东人民出版社，2020：68.
④陈阳，梁建宏．多旋翼无人机设计［M］．北京：北京航空航天大学出版社，2018：48.

外掰开，即可移除桨叶保护罩。拆卸过程中切勿用力过猛，否则不仅容易损坏电机脚架连接处，还容易割伤手指。

（2）拆卸螺旋桨。为了避免损坏螺旋桨，务必使用拆桨工具拆卸螺旋桨。如果直接用手拆卸，将容易损坏电机，也容易割伤手指。如图2–75所示，将拆桨工具插入桨帽与电机之间的缝隙位置，用力下压拆桨工具尾端，即可撬起螺旋桨并移除。

图2–74　桨叶保护罩
（图源：天猫网）

图2–75　拆卸螺旋桨

（3）安装螺旋桨。见第二节第4点TT无人机的组装——安装螺旋桨。

（4）安装桨叶保护罩。见第二节第4点TT无人机的组装——安装桨叶保护罩。

3. 清洁无人机

（1）清洁机身。无人机的机身内部是没有风扇进行散热的，它的散热主要靠铝合金散热板和机身外壳的散热孔。但是这些孔隙却给了沙石、灰尘潜入机身内部的机会，造成机身内部腐蚀和破坏。因此，应尽量避免在灰尘或黄沙漫天的恶劣环境下起飞无人机，而且每次飞行之后应检查机身，发现沙石或尘垢后，及时使用软毛刷或吹尘球进行清洁。

（2）清洁光流传感器和TOF高度传感器。以TT无人机为例，位于机身底部的光流传感器和TOF高度传感器组成了TT无人机的视觉定位系统。光流传感器用于获取无人机的位置信息，TOF高度传感器用于判断当前的高度，这两者如果失效，将导致视觉定位系统失灵，那么就会切换到如前所述的姿态模式，并产生相应的风险。若非定位失灵，一般情况下都不建议无人机使用姿态模式。因此，每次飞行后也应检查光流传感器和TOF高度传感器，及时使用软布轻柔地擦拭脏污处。

（3）擦拭相机镜头。擦拭相机镜头，应成为航拍爱好者或者常用无人机相机者的飞行前例行检查工作。应注意的是，擦拭相机镜头应使用专用的镜头清洁剂来清洁，而不是直接用手擦拭镜头。

4. 检查各部件是否牢固

（1）检查机身。如果经过快速模式的飞行，或者在飞行中曾有过碰撞，无人机降落后应该马上检查机架是否有裂缝或变形，还要检查有螺丝的部位是否牢固，发现松弛处应及时拧紧，以确保下一次飞行的安全。

（2）检查电机。先用手轻轻拨动螺旋桨，检查电机转动是否灵活，有无异响，再进行通电检查。如果某个电机转速偏低或者不转，或者继续出现异响，那应该马上断电，以防长时间异常转动会烧坏电机，然后记录故障情况，反馈给专业人士维修。

（四）实践与思考

（1）请谈谈何为合适的无人机飞行环境，以及相应的注意事项。
（2）请收集资料举例说明无人机守法飞行和文明飞行的必要性。
（3）在无人机的日常维护中应该注意哪些事项？
（4）请尝试分别拆卸和安装螺旋桨、桨叶保护罩。

五、无人机航拍

“你见过什么样的中国，是960万平方公里的辽阔，还是300万平方公里的澎湃？是四季轮转的天地，还是冰与火演奏的乐章……”每当使用无人机准备航拍，这段《航拍中国》的片头语就萦绕在耳旁，一股豪情也随之扶摇九天之上。

简单来说，航拍又称空拍、空中摄影或航空摄影，是指从空中拍摄地球地貌[①]。无人机航拍则是指使用无人机作为平台进行拍摄。在中央电视台推出的航拍纪录片《航拍中国》中，摄制组就动用了16架载人直升机、57架无人机，进行了15万多公里的拍摄[②]。

图2-76　西湖航拍图（图源：浙江新闻网）

使用无人机进行航拍，可以是一种别开生面的自拍，记录生活中的点点滴滴，可以体验人机合一的操控，登临名山大川，俯仰天涯海角，拍摄一些平常人力难及之地，享受全新的视觉体验。相比其他拍摄方式，无人机航拍具有很多优点：成本相对较低，设备携带方便，不受线缆限制，无须使用吊杆、移动摄影车等庞大又不够灵活的设备，或租用直升机等费用昂贵的设备；拍摄位置选择多、受限小，拍摄高度也能够灵活控

① 百度百科．航拍［EB/OL］．［2022-01-06］．https://baike.baidu.com/item/航拍/3516984.
② 百度百科．航拍中国［EB/OL］．［2022-01-06］．https://baike.baidu.com/item/航拍中国/20409644.

制，在一些极端气候或极端地形的地方优势明显；而且得益于无人机的自主返航、自主避障、自动跟随、一键全景等强大功能，无人机航拍还比较安全、可靠、快捷。如图2-76所示是航拍西湖的效果。航拍图具有取景角度独特、视野广阔等优点，最终的照片呈现内容更丰富，气势更磅礴。

（一）专用的航拍无人机

使用无人机进行航拍需要具备什么基础条件呢？毫无疑问，相机是必备的，相机的性能，决定了拍摄照片和视频的质量。如果有很高的拍摄要求，就可以试试专业级的航拍无人机。现在无人机厂商通常会把相机集成在无人机上，而且提供了高、中、低端多种型号给用户选择，表2-5是大疆公司的三款航拍无人机的相机参数，用户可以很方便地拍摄出质量上乘的照片或视频。

表2-5　大疆航拍无人机的相机参数①

功能项	型号			
	DJI Mavic3		DJI Air 2S	DJI Mini 2
影像传感器	哈苏相机：4/3CMOS 有效像素2000万		1英寸CMOS 有效像素2000万	1/2.3英寸CMOS 有效像素1200万
	长焦相机：1/2英寸CMOS 有效像素1200万			
镜头	哈苏相机	可视角度：84° 对焦点：1 m至无穷远（带自动对焦）	视角：88° 焦点范围：0.6 m至无穷远	视角：83° 对焦点：1 m 至无穷远
	长焦相机	可视角度：15° 对焦点：3 m至无穷远		
快门速度	哈苏相机	电子快门：8至1/8000 s	录像模式： 1/30至1/8000 s 拍照模式：8至1/8000 s	电子快门：4至1/8000 s
	长焦相机	电子快门：2至1/8000 s		
最大照片尺寸	哈苏相机	5280 × 3956	3：2宽高比：5472 × 3648 16：9宽高比：5472 × 3078	4：3宽高比：4000 × 3000 16：9宽高比： 4000 × 2250
	长焦相机	4000 × 3000		

①大疆创新．消费级航拍无人机对比［EB/OL］．（2022-01-06）［2022-09-23］．https://www.dji.com/cn/products/comparison-consumer-drones.

续上表

<table>
<tr><th rowspan="2">功能项</th><th colspan="3">型号</th></tr>
<tr><th colspan="2">DJI Mavic3</th><th>DJI Air 2S</th><th>DJI Mini 2</th></tr>
<tr><td rowspan="2">录像分辨率</td><td>哈苏相机</td><td>最大录像分辨率5.1 K/50 fps</td><td rowspan="2">最大录像分辨率5.4 K/30 fps</td><td rowspan="2">最大录像分辨率4 K/30 fps</td></tr>
<tr><td>长焦相机</td><td>最大录像分辨率4 K/30 fps</td></tr>
<tr><td>视频格式</td><td colspan="2">MP4/MOV（MPEG-4 AVC/H.264，HEVC/H.265）</td><td>MP4/MOV（MPEG-4 AVC/H.264，HEVC/H.265）</td><td>MP4（H.264/MPEG-4 AVC）</td></tr>
</table>

小知识

哈苏相机与长焦相机

哈苏相机由位于瑞典的世界著名的专业相机生产商哈苏公司（Victor Hasselblad AB）出产，它具备宽广的动态范围和丰富的色彩呈现，深受专业摄影师的喜爱，尤其擅长在风光、静物、肖像、广告及特殊用途摄影。1969年美国发射了载人登月的阿波罗11号飞船，实现了人类历史上的首次登月，留下了载入史册的宇航员登陆月球的照片。这张照片（见图2-77）正是哈苏500EL型相机拍摄的杰作。

长焦相机是指拥有长焦镜头的数码相机，它的焦距长、视角小，但在同一距离上能拍出比标准镜头更大、更细致的影像，适用于拍摄远处景物的细节和拍摄不易接近的被摄体。

图2-77 宇航员BUZZ ALDRIN登陆月球表面

小知识

相机的相关参数

CMOS（complementary metal-oxide-semiconductor）是互补金属氧化物半导体，用以制作的相机影像传感器（感光元件）称为CMOS传感器，它是决定了拍摄画面质量的主要因素。目前，数码相机使用的影像传感器主要有CMOS传感器和CCD传感器。CCD传感器主要应用于高端专业数码相机上，它制作复杂，耗费成本高，低感成像质量更优，细节表现生动。而CMOS传感器比CCD传感器结构简单、花费成本低、高感成像质量更优，因此CMOS传感器的应用更为广泛，大部分的数码相机使用的是CMOS传感器。在同样使用CMOS传感器的数码相机中，CMOS传感器尺寸较大的画面质量更好，这是因为传感器的尺寸越大，感光性更好，接收到的光子更多，成像的质量就越高①。

像素指的是影像的分辨率，它是构成影像的基本单元。像素越大，意味着光敏元件越多，相应的成本就越大。像素越大，照片和视频的分辨率也越大。有效像素是指真正参与感光成像的像素②。

视频的编码有很多种，其中比较常见的是H.264编码。H.265是新的编码协议，也即是H.264的升级版。H.265标准保留H.264原来的某些技术，同时对一些相关的技术加以改进。比如，同样的画质和同样的码率下，理论上H.265比H.264占用的存储空间要少50%③。

除了相机的性能，无人机是否支持图像回传也是选择时必看的参数。图像实时回传可以让使用者以“第一人称视角”（first person view）实时查看图像，这样使用者就可以通过看屏幕来遥控无人机取景，提高拍摄质量和效率。表2-6是大疆公司的三款高、中、低端航拍无人机的图传参数。

表2-6　大疆公司高、中、低端无人机的图传参数比较④

功能项	型号		
	DJI Mavic3	DJI Air 2S	DJI Mini 2
支持文件系统	哈苏相机：exFAT	FAT32/exFAT（≤256 GB）	FAT32（≤32 GB） exFAT（>32 GB）
实时图传质量	遥控器：1080 p/30fps或1080 p/60fps	飞机+标配遥控器：1080 p/30 fps	遥控器：720 p/30 fps
		飞机+DJI带屏遥控器：1080 p/30 fps	
延时	飞机+DJI RC-N1遥控器：130 ms	飞机+标配遥控器：码率为12 Mbps时，120 ms	约200 ms
	飞机+DJI RC Pro：120 ms	飞机+DJI带屏遥控器：码率为12 Mbps时，130 ms	

①太平洋IT百科．cmos传感器尺寸介绍［EB/OL］．［2022-07-07］．https://g.pconline.com.cn/x/971/9710219.html.
②太平洋IT百科．像素是什么［EB/OL］．［2022-07-07］．https://g.pconline.com.cn/x/262/2624026.html.
③太平洋IT百科．h264和h265区别［EB/OL］．［2022-07-07］．https://product.pconline.com.cn/itbk/top/1904/12451362.html.
④大疆创新．消费级航拍无人机对比［EB/OL］．(2022-01-07)［2022-09-23］．https://www.dji.com/cn/products/comparison-consumer-drones.

续上表

功能项	型号		
	DJI Mavic3	DJI Air 2S	DJI Mini 2
实时图传最大码率		44 Mbps（素材下载） 16 Mbps（实时图传）	8 Mbps
遥控器最大信号有效距离	SRRC：8 km	SRRC：8 km	SRRC：6 km

小知识

exFAT与FAT32文件系统

exFAT和FAT32都是磁盘的分区格式。对于U盘或者内存卡这类闪存设备来说，默认都是使用FAT32文件系统，这种格式适合闪存设备，能延迟闪存的坏块率，增加U盘等设备的使用寿命。但是，它有一个缺点，就是不能存放大于4G的单个文件。针对这种情况，Microsoft在Windows CE 5.0以后的系统中就引入了exFAT这种分区格式，它也叫FAT64格式，是专门针对闪存类设备而设计的新分区格式，能够处理大的文件，比如存储媒体。exFAT与FAT32的主要区别是，exFAT格式的分区可以存放大于4G的单个文件，而FAT32不可以①。

由于航拍是在空中进行的，在高速飞行时噪声较大，拍摄的视频通常不含声音，只有视频画面。要想达到更好的呈现效果，基本上都需要进行后期处理，比如添加音乐、字幕、解说语音，剪辑视频等。正如《航拍中国》中每个省约有40个拍摄点，每个拍摄点至少要拍10组镜头，每集的文字材料都有15万字，最后选编成六千字到七千字的解说词，还添加了原创音乐，吸收了长调、民歌、戏曲的元素，用不同的旋律渲染出多样的情感氛围②。

（二）用TT无人机航拍

TT无人机作为一款教育产品，主要功能是通过创意编程，开发青少年用户的智力，因此它的航拍效果无法与专用航拍无人机相比。但它也有航拍功能，它有一个前置相机，可以拍摄500万像素的照片，保存格式为JPG；也可以拍摄720 p的高清视频，保存格式为MP4。它支持电子防抖，拍摄时画面稳定流畅。那么，如何使用TT无人机进行航拍呢？

扫描下方二维码观看“用TT无人机航拍”视频

①U盘量产网. exfat和fat32有什么区别？哪个格式好［EB/OL］.（2019-06-03）［2022-01-07］. https://www.upantool.com/sense/2019/14468.html.
②百度百科. 航拍中国［EB/OL］.［2022-01-06］. https://baike.baidu.com/item/航拍中国/20409644.

使用TT无人机航拍，可以手动遥控无人机自由飞行，也可以使用默认飞行模式中无人机一键拍摄模式，还可以编写程序操控无人机自动沿预设路线飞行。这三种方式的飞行过程中，都能够同时进行拍摄。下面以手机遥控TT无人机航拍为例，拍摄的具体操作步骤如下：

1. 确认成功连接TT无人机

使用手机连接TT无人机后（详见第二节第5点），就能看到如图2-78所示的相机实时画面。

图2-78　拍摄按键说明

2. 遥控无人机飞行拍摄

刚开始尝试航拍，不妨先使用一键拍摄模式练练手。一键拍摄模式包括“一键飞远模式”“一键360模式”“一键环绕模式”。(见图2-79）在拍摄过程中，通过Tello App可以实时预览拍摄画面。

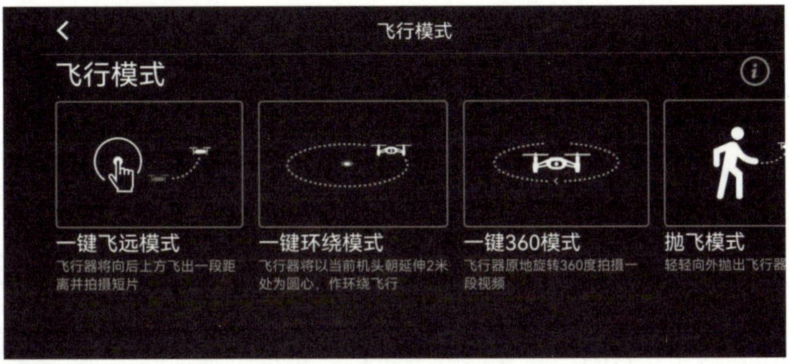

图2-79　默认飞行模式

3. Tello App中查看拍摄好的图片和视频

如图2-80所示，依次点击：回放→图片/视频，可以在Tello App内查看TT无人机航拍的图片和视频。

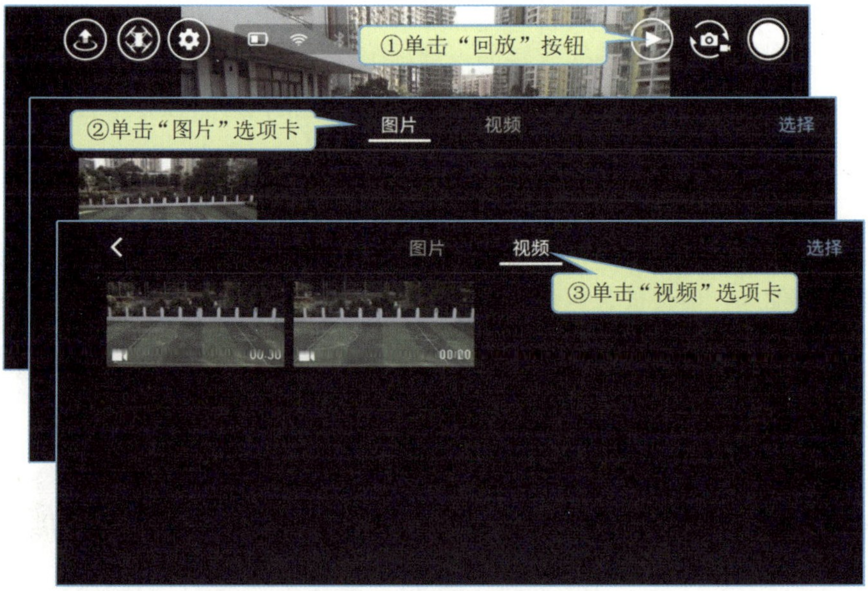

图2-80 回放查看图片和视频

4. 手机相册中查看拍摄好的图片和视频

在Tello App中拍摄好的照片和视频，其实已经保存在手机上了。这时只需要打开手机相册（见图2-81），即可找到刚刚航拍的照片和视频。注意：不同品牌的手机存储相册的位置略有不同，请根据实际情况查找相册。

图2-81 手机相册

（三）航拍礼仪与禁忌

熟练地使用航拍确实能带来前所未有的、崭新的视觉体验，但是这并不能是随心所欲、肆无忌惮的。在公共的场合中，必须注意一些航拍的礼仪和禁忌，避免引起不必要的麻烦或者牵扯上法律纠纷。

1. 遵守法规，依法选择航拍线路

无人机飞行时要遵守法律法规，航拍线路应避开机场、国界线、军事禁区、射电天文台等空管区，有关要求详见本章第四节。建议航拍前预先选择好合适的地点，通常应选择空旷的地点，方便无人机起飞和降落，也便于用户清晰观察无人机在空中的飞行姿态。微型无人机在除禁止飞行的空域外飞行，无须申请飞行计划。轻型、植保无人机在相应适飞空域飞行，无须申请飞行计划，但需向综合监管平台实时报送动态信息①。

2. 尊重他人隐私，友好沟通协商

请勿在未经同意的情况下，私自航拍邻里的生活细节。在公共场合的拍摄中，如果可能影响到他人，请提前礼貌地与人沟通协商，在征得同意并保障安全的情况下才进行拍摄。航拍获得的照片，如果只是群体画面，不清晰显示个人信息，一般可以直接使用。但如果有清晰的细节，比如相貌特写、私密活动、专有资料等，就不可私自传播于公共媒体，否则就可能侵犯他人的隐私权，引起相应的法律纠纷。

3. 专注精力飞行，牢记安全第一

航拍是一种高空飞行拍摄的方式，虽然无人机有强大的自主避障等功能，但不能有过度依赖的心理，因为一旦无人机在一定高度下摔机，那么就相当于高空坠物，将给下方的人群造成巨大的潜在风险。因此，航拍前要确保良好的身心状态，避免酒后、睡眠不足等精神状态差的情况。航拍过程中必须集中精力，注意观察判断周边环境和无人机飞行姿态，避免因分神而操作失误导致事故发生。如若航拍中涉及环绕飞行、远角平飞、盘旋拉升等高难度动作，操作者应提前反复操练，确保十分熟练后，才在日常拍摄中使用。

4. 常备应急方法，遇事从容不迫

由于飞行环境千变万化，如果平常还疏于定期保养无人机，那么事故发生的概率将大大提高。如何才能防患于未然，遏难于未发？一方面，需坚持做好无人机的日常维护和飞行前的检查。另一方面，需常备应急预案，熟悉降落按钮位置，预先编写紧急停机程序，出现问题时第一时间采取措施适时降落。

（四）实践与思考

（1）无人机航拍主要用于哪些方面，有何优点？

（2）选择航拍无人机有哪些特别的注意事项？

（3）使用无人机航拍时应注意哪些礼仪和禁忌？

（4）经学校同意后，使用你的无人机航拍班级活动，再与同学们一起观看拍摄的照片与视频，并总结航拍经验。

扫描下方二维码获取本章测试题及参考答案

---

① 中国民用航空局. 无人驾驶航空器飞行管理暂行条例（征求意见稿）[Z]. 北京：中国民用航空局，2018.

第三章 轻松放飞无人机

“会当凌绝顶，一览众山小。”每当人们登至巅峰，俯瞰河山，心中便会涌起这种心潮澎湃的激动之情。利用无人机，无须登临高山，人们凭此视角也能从遥远的空中，俯视苍茫大地，指点山河，似是无所不能的救世主。正因为有了这样的感受，自由飞翔于空中一直以来成为广大青少年所追逐的一个梦想。

无人机的出现能助力广大青少年实现自己的航空梦，通过编写程序，青少年朋友可以有效地掌控无人机，完成空运快递、避障飞行、空中拍摄、飞行、组队飞行等任务，并同步发展自身的计算思维水平。本章以丰富有趣的飞行活动为主线，用“三层五导法”进行项目学习设计，引领青少年朋友综合运用跨学科知识，创造性地完成多样性的飞行任务，有模仿，有探究，更有让你大显身手、展示自我风采的创新性飞行任务设计。

一、基础飞行

刚接触无人机，必会立马想要放飞一番，欣赏它在空中的灵动的身姿，感受它即将给用户带来的无数惊喜。不过贪多嚼不烂，初学者应依照由易到难的学习规律循序渐进地学习。

本节的项目虽然都属于无人机飞行中较简单的应用，但包含了无人机飞行的大量基础性操作规范，同时它们将引领学习者走进创意编程世界，认识基础的编程知识，掌握如何通过程序设计驾驭无人机飞行。项目的设置难度是依次梯度上升的：从沿厂商预设的航线飞，到自主设计航线飞；从只会飞最基本的一条直线，到飞出多样的几何面；从单纯地会飞，到在飞行中执行发信号、摄录等任务；从只会匀速飞行，到能自主地变速飞行；从飞行直线航线，到能设计弧线飞行航线……学习者既可以快速体验操纵无人机带来的许多乐趣，也会清晰地发现自身的成长轨迹。

项目1 全自动飞行——默认飞行模式

（一）项目背景

人类正在迈进人工智能时代，社会已经形成了一种共识，即编程对于人们理解、适应、驾驭人工智能时代有着举足轻重的作用。学习编程有多种方式，越来越多的青少年着迷于通过学习放飞无人机来理解程序设计。学习无人机编程，遵循由简单到深入的基本原则。本项目将引导青少年先体验无人机的飞行和操作特点，感受一键自动飞行的快速和便捷，进而激发其学习和使用无人机的兴趣，达到快速入门的效果。

扫描下方二维码观看“全自动飞行”视频

（二）任务描述

如图3-1所示，请使用Tello App操控无人机，实现无人机在原地一边缓慢旋转360°，一边自动拍摄视频的效果。现实场景拍摄效果如图3-2所示。

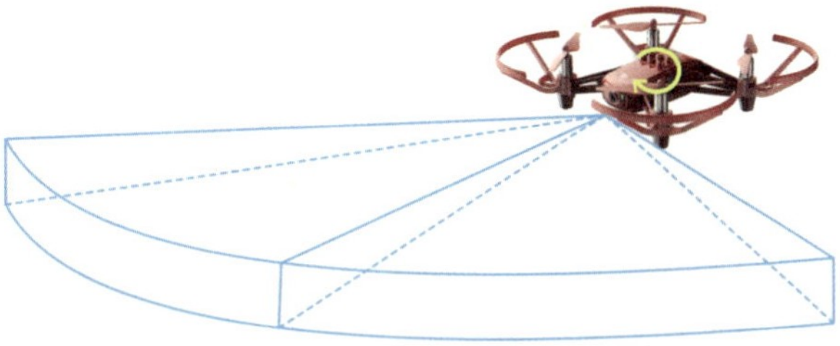

图3-1　原地旋转360°拍摄视频

图3-2　现实场景拍摄效果（图源：央视网）

（三）主要知识点

1. 核心素养

（1）观察使用Tello App操控无人机飞行的过程，理解各默认飞行模式的特点。

（2）结合现实场景，抽象无人机飞行的空间轨迹和范围，辨析厂商众多的默认飞行模式，选择最适合的飞行模式放飞无人机。

2. 其他目标

（1）体验使用默认飞行模式放飞无人机所具有的快速、便捷等优点。

（2）熟悉Tello App中的6个飞行模式选项，了解其飞行特点。

（3）学会使用默认飞行模式操控无人机进行升空、特技动作和拍摄。

（四）问题界定

根据项目要求，无人机要在旋转的同时拍摄视频，如图3-1所示，无人机的运动轨迹是圆形的，拍摄空间是圆柱面的。为了便于青少年朋友理解无人机默认的飞行路线特点，本项目将划分为三个小任务来完成。

基本任务：无人机升空，使用“抛飞模式”飞行。

提高任务：无人机一键特技，使用“弹跳模式”“全向翻滚模式”飞行。

综合任务：无人机一键拍摄，使用“一键360模式”飞行和拍摄。

（五）任务流程图（见图3-3）

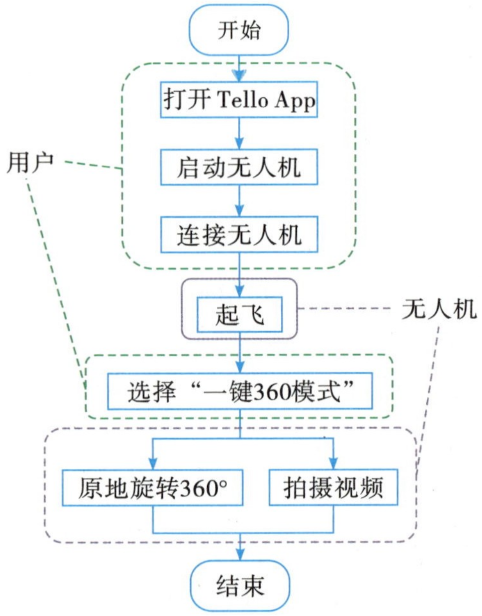

图3-3　综合任务“无人机一键拍摄”流程图

小知识

流程图

流程图是一种常用的表示算法的图形化工具，它明晰地规划程序的主要结构，暂时略过了细节。其优点是可以直观易读地描述算法，清晰简洁地呈现问题解决的步骤，明确地表达算法结构，适合初学算法的人员使用①。如表3-1所示为流程图常用的符号及其功能。

表3-1　流程图常用符号及其功能

流程图符号	名称	功能
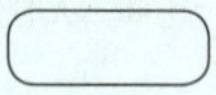	开始/结束框	表示算法的开始或结束
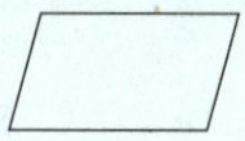	输入/输出框	表示输入或输出数据
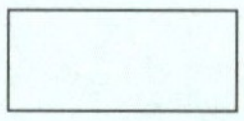	处理框	框中指出要处理的内容，此框有1个入口和1个出口
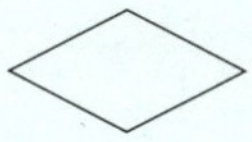	判断框	用于表示条件判断及产生分支的情况，判断框有4个顶点，通常上面的顶点表示入口，视需要用另外3个顶点来表示出口
	流程线	用于控制流程方向

（六）三层五导

1. 基本任务：无人机升空

（1）“抛飞模式”是什么？它有什么作用呢？

（2）怎样开启“抛飞模式”？

2. 提高任务：无人机一键特技

（1）为什么要使用“一键设置”模式？

（2）“弹跳模式”和“全向翻滚模式”有什么异同？

3. 综合任务：无人机一键拍摄

如何实现无人机在原地缓慢旋转360°，并如图3-1所示同时自动拍摄视频的效果？

---

①祝智庭，樊磊. 信息技术·必修1·数据与计算［M］. 北京：人民教育出版社，中国地图出版社，2019：50.

（七）算法解惑

1．基本任务

（1）“抛飞模式”是RoboMaster TT无人机的一种默认飞行模式。在该模式下，手握无人机后，轻轻向外抛出无人机，无人机即可起飞。起飞后，无人机将悬停在空中。

注意事项：在飞行模式下，需要确保无人机电量在50%及以上；使用除“抛飞模式”外的其他飞行模式，需要先起飞无人机。

（2）如图3-4所示，打开Tello App，单击“飞行模式”按钮，选择“抛飞模式”选项，即可开启“抛飞模式”。设置“抛飞模式”后，无人机将缓慢启动电机，用户需要在5秒内将无人机在水平方向轻轻抛出，无人机即可飞出并悬停。若5秒内未手动将无人机抛出，无人机将自动停止电机。

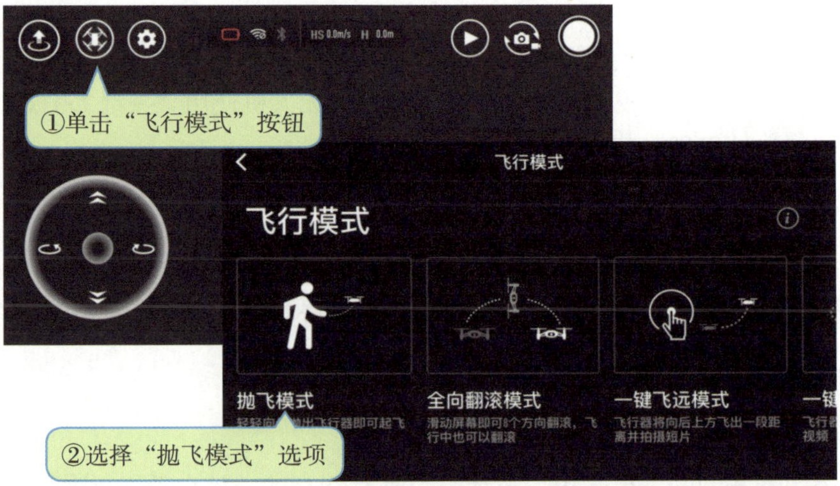

图3-4　开启“抛飞模式”

2．提高任务

（1）“一键设置”模式是厂商预先设置的默认飞行模式，RoboMaster TT无人机具有6大飞行模式，包括“抛飞模式”“弹跳模式”“全向翻滚模式”“一键飞远模式”“一键360模式”“一键环绕模式”。当用户点选某一飞行模式后，无人机将按照预设的飞行模式进行飞行，完成预设的飞行轨迹或动作后，将悬停在空中。如需降落，请参考第二章图2-42，单击“起飞/降落”按钮即可。这些“一键设置”模式，不仅提供了轻松快速操控无人机的体验，降低了初学者上手的门槛，还提高了用户学习使用无人机的兴趣和效率。

（2）两种模式都是相对复杂的特技动作模式。在“弹跳模式”中，无人机将在离起飞平面0.5～0.2 m高度间上下弹跳，其间如果感应到下方有物体时（如将手掌置于无人机下方），将上升一小段高度并继续弹跳，如图3-5所示。在“全向翻滚模式”中，通过在屏幕出现的虚线矩形框中往中心线与对角线方向滑动，无人机可自动往该方向翻滚，飞行中也可实现翻滚，如图3–6所示。

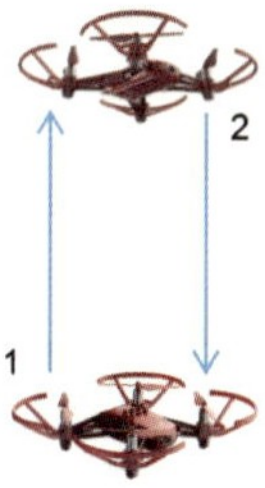

图3–5　弹跳模式

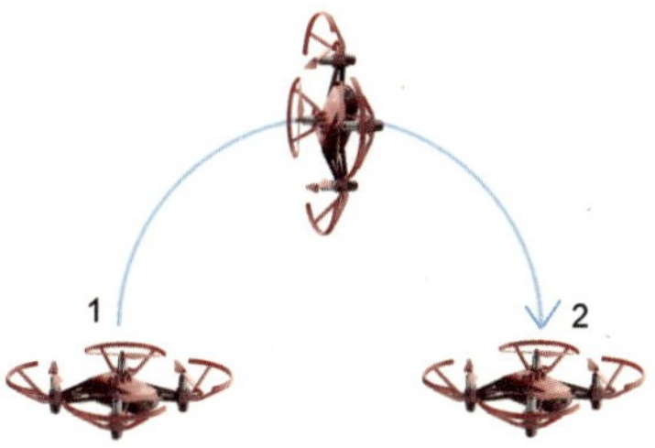

图3–6　全向翻滚模式

注意事项：安装拓展配件后，由于载荷变大，为飞行安全，请谨慎使用“全向翻滚模式”。

3. 综合任务

如图3–1所示，从无人机的飞行轨迹和拍摄范围来看，本任务场景与默认飞行模式中的“一键360模式”较为一致，可以尝试设置无人机使用“一键360模式”，实现其在原地缓慢旋转360°，并同步拍摄视频的效果。

（八）实践与思考

（1）请至少实践一次“抛飞模式”，并将你的体验分享给同学。

（2）请根据校园的地理环境，规划无人机的飞行路线，选择合适的飞行模式飞行，并同步拍摄校园某处的风光。

（九）评价分享

（1）运用本案例的主要知识，设计一个富有创意的一键自动飞行项目，并完成工程日志（见表3–2）和带讲解的飞行演示短视频（5分钟内）制作。

表3–2　工程日志

项目名		日期	
团队介绍（人员与分工）			
任务介绍（主视或俯视航线图、相关参数等）			
制作日记			

续上表

解决思路（流程图、完整任务程序等）
核心素养培养感悟（排除难点的灵感形成、知识与方法上的新发现等）

（2）围绕所完成的项目，根据表3-3开展自评，或邀请老师、家长、同学进行评价。

表3-3 评分表

案例	程序实现（5分）	创意（3分）	讲解（2分）	总分（满分10分）	评价人

项目2 点对点送货——顺序结构

（一）项目背景

随着全球化的加深，不同地区间物资流通水平达到了一个前所未有的高度，凭借着速度优势，空运也成为一种物资交换的主要手段。无人机运输在具有空运的优势之余，能实现无接触配送。同时由于“无人”的优势，还可以实现高强度的使用。无人机快递已经逐渐成为物流行业运输工具的一种新选择。

无人机点对点无障碍送货既是最快捷的快递方式，也是编程设计无人机航线中比较简单的一类任务。分析旋翼无人机的飞行过程，在图形化编程软件中编写程序脚本，是无人机编程入门的必修内容之一。

（二）任务描述

如图3-7所示，请编写程序模拟无人机在两地点间直线运货的过程。使无人机从A点升空，途经B、C两点，$BC=250$ cm，最后在D点降落，在飞行过程以绿、蓝、红三种LED颜色灯号分别显示起飞、巡航、降落三种飞行状态。

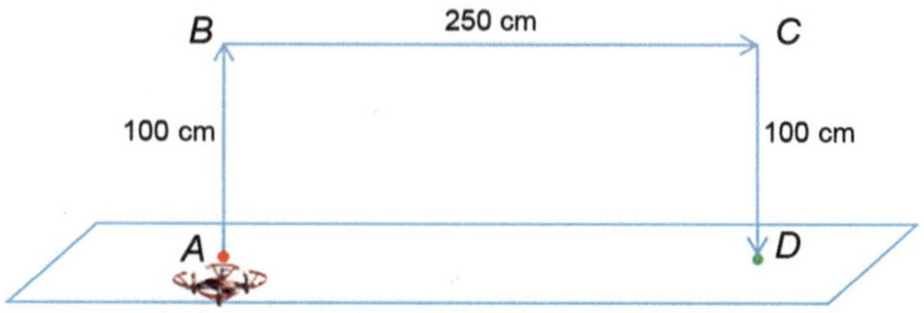

图3-7 “点对点送货”航线（左视图）

（三）主要知识点

1. 核心素养

（1）观察旋翼无人机飞行的过程，能把飞行的基本过程界定为“原地起飞—巡航—降落”三个环节。

小知识

三视图

三视图，是工程界对物体几何形状约定俗成的一种抽象表达方式，能够正确反映物体长、宽、高尺寸的正投影工程图，包括主视图、俯视图和左视图三个基本视图。

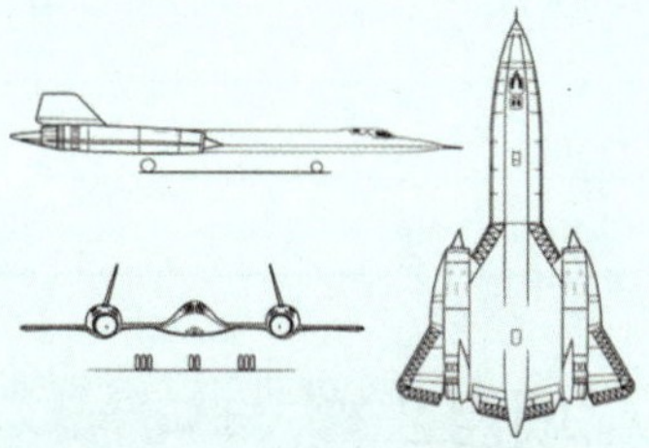

图3-8 飞机的三视图

主视图也叫正视图，指人正对着物体，且视线与物体处于平行状态，这样从前向后看过去，将所见物体的轮廓用正投影法绘制出来的图形，主视图能反映物体的前面形状；俯视图是视线从物体的上面向下面投射所得的视图，能反映物体的上面形状；左视图也叫侧视图，是视线从物体的左面向右面投射所得的视图，能反映物体的左面形状。

这三个方向的投影视图，加上剖面图、半剖面图作为辅助，基本能够完整地表达物体的结构。①

（2）根据无人机送货的飞行，抽象出无人机飞行的空间轨迹。

（3）领悟程序顺序结构运行的基本特点，掌握用流程图规划程序结构的基本方法，学会用图形化积木式编程工具编写简单的无人机飞行程序。

（4）围绕如图3-7四个节点位置设计飞行路线方案，通过图形化编程指挥无人机，完成飞行送货任务。

① 百度百科. 三视图［EB/OL］.［2022-07-07］. https://baike.baidu.com/item/%E4%B8%89%E8%A7%86%E5%9B%BE.

2. 其他目标

（1）掌握无人机RoboMaster TT的飞行控制模块中“起飞/降落”“上升/下降”“向前飞/向后飞”“速度设定”等积木使用方法。

（2）掌握设置LED灯颜色、闪烁效果等控制积木的用法。

（3）使用Mind+软件，在实时模式下搭建无人机送货的积木组，并反复调试，直至正确。

（4）掌握使用卷尺测量距离和高度的方法。

（5）体验无人机物流的便捷、高效，进一步激发学习无人机创意编程的兴趣。

3. 主要积木

完成无人机送货的任务，需要通过使用一些积木来搭建程序脚本，如表3–4所列，它们主要涉及“事件”“飞行控制”两类模块中的部分积木。为了方便调试无人机，本书项目案例主要在图形化积木式编程工具Mind+的实时模式下进行，积木指令的介绍也以实时模式下为准。

表3–4　完成“点对点送货”任务所涉及的主要积木

积木	名称	作用
	当绿旗被点击后响应	位于表2–4的“事件”模块 当绿旗被点击时开始按从上到下的顺序执行它下方的积木
	起降积木组	位于表2–4“飞行控制”模块 起飞积木可以使无人机从水平地面上起飞，并悬停在相对地面约80 cm的高度。降落积木可以使无人机平稳降落地面
	直线位移积木组	位于表2–4“飞行控制”模块 这两个积木分别可以使无人机直线上升50 cm、直线飞行50 cm。当无人机飞完指定距离后会在当前位置悬停。该积木组的参数取值范围为20 ~ 500 cm，可以理解为：每个积木飞行的最短距离是20 cm，最长为500 cm。更长距离的飞行使用多个积木累加即可
	设置速度	位于表2–4“飞行控制”模块 可以设置无人机每秒的飞行距离（cm/s）。该参数取值范围是10 ~ 100 cm/s，可以理解为：无人机的飞行速度最低为10 cm/s，最高为100 cm/s
	按指定颜色点亮LED灯	位于表2–4“灯光控”制模块 扩展模块顶部的LED灯点亮指定颜色 注：该LED灯是全彩LED灯，由红灯（R）、绿灯（G）和蓝灯（B）组成，通过这三种基本颜色光的组合可以显示各种各样的颜色

（四）问题界定

根据项目要求，使用无人机把货物送到指定地点，如图3-7所示，它经历了“原地升空—直线巡航—垂直降落”三个阶段。在飞行过程中，以不同的LED灯号显示无人机的飞行状态，还可以改变速度飞行。为了便于读者理解，本项目将分为三个小任务来完成。

基本任务：无人机原地起降。使用“当绿旗被点击后响应”“起飞/降落”“上升”积木，完成无人机原地起降（即如图3-7所示，从点A飞至点B，再飞回点A，完成降落）。

提高任务：无人机LED灯应用。完成如图3-7所示的无人机送货任务，并在飞行过程中及时给出相应的灯光信号，提高无人机送货的安全性。

综合任务：无人机点对点飞行。修改无人机飞行速度，提高无人机送货的效率。

（五）任务流程图（见图3-9）

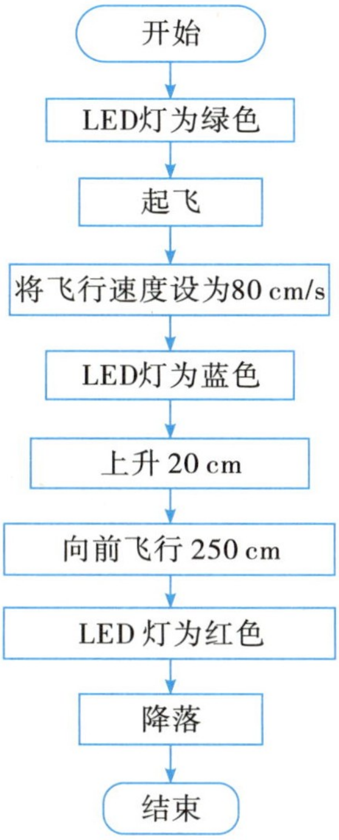

图3-9 “点对点送货”综合任务流程图

（六）三层五导

1. 基本任务：无人机原地起降

（1）如图3-7所示，旋翼式无人机飞行的轨迹是什么样的？

（2）怎样通过编程实现无人机在地面升空100 cm后，随即自动降落？

2. 提高任务：无人机LED灯应用

（1）无人机向指定地点送货与原地起降，它们的飞行路线有何异同？

（2）为什么在程序中使用“LED灯”积木？

3. 综合任务：无人机点对点飞行

怎样提高无人机送货的效率和安全性？

（七）算法解惑

1. 解惑：基本任务

（1）基本任务中的无人机飞行轨迹是“原地起飞—再次上升—垂直降落”。

（2）编程指挥无人机运动必须带有起飞、降落积木，默认情况下“起飞”积木会使无人机飞到离开地面80 cm高度。要上升到指定的高度，需要使用“上升”积木让无人机上升“指定高度－80 cm”的高度，程序脚本见图3-10。请使用卷尺量度飞行高度，看是否有误差。有误差的，调整“上升”积木的参数。

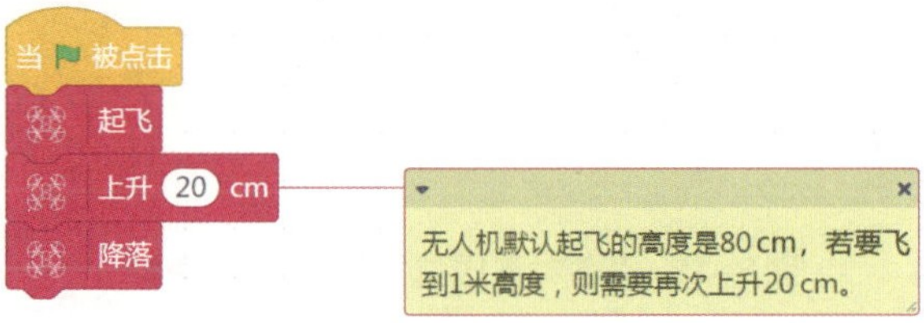

图3-10　“点对点送货”基本任务脚本

小知识

顺序结构

程序主要有三种结构，分别是顺序结构、循环结构和选择结构。顺序结构是最简单的程序结构。顺序结构中的语句与语句之间是自上而下排列的，程序执行的顺序是按照语句的排列顺序而进行的。任何一个程序结构都离不开顺序结构。①

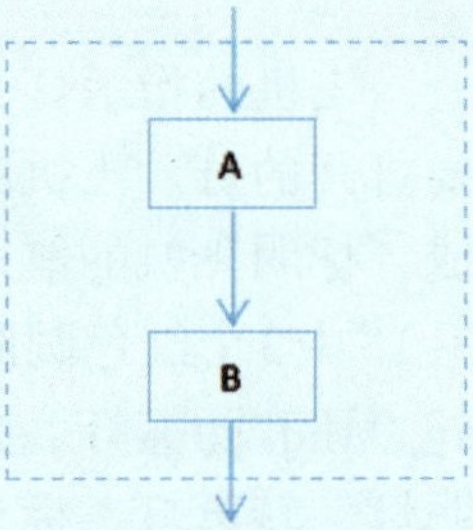

图3-11　顺序结构常见的流程图表示法

①百度文库. 顺序结构［EB/OL］.［2022-07-07］. https://wenku.baidu.com/view/31a19de95afb770bf78a6529647d27284a7337ed.html%E9%A1%BA%E5%BA%8F%E7%BB%93%E6%9E%84-%E9%AB%98%E4%B8%AD%E6%95%B0%E5%AD%A6%E7%9F%A5%E8%AF%86%E7%82%B9%E8%AE%B2%E8%A7%A3.

2. 提高任务

（1）无人机向指定地点送货与只有原地起降的基本任务比多出了巡航路线。为了更好地辨识无人机的工作状态，在起飞、巡航、降落的动作前分别加入绿、蓝、红的LED灯变色效果，程序脚本见图3-12。

（2）飞行中给出相应的灯光信号，可以供客户、地勤等人员做出必要的配合，更好地保障飞行安全。本例中，绿灯表示起飞，蓝灯表示巡航，红灯表示降落。

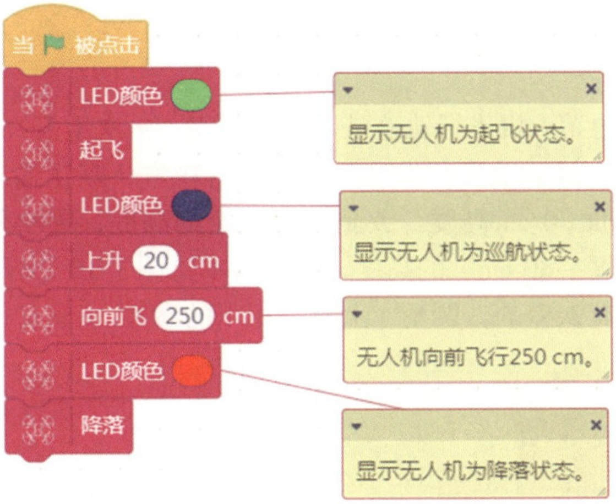

图3-12 “点对点送货”提高任务脚本

小知识

飞机的常见指示灯信号

飞机的指示灯又称航行灯或位置灯，即航行时需要打开的灯。飞机的指示灯由三盏颜色不同的灯光组成，标明飞机的航向和位置，以确保飞行安全，见图3-13中3个红色圆圈。常见的飞机指示灯除了航行灯外，还有防撞灯、频闪灯、着陆灯、滑行灯、大翼照明灯、转弯灯、标志灯……它们可在滑行、起飞、巡航和着陆阶段根据不同的需求而使用。①

图3-13 航行灯
（图源：知乎网）

①知乎. 飞机飞行时机身上的灯是用来干什么用的？[EB/OL].（2017-08-09）[2022-07-08]. https://www.zhihu.com/question/34858875/answer/211531811.

3. 综合任务

在巡航飞行前，设置无人机飞行的速度参数，积木见图3–14，提高无人机飞行速度。为避免速度过快，产生降落地点的误差，建议从小到大多次设置飞行速度，并每次使用皮尺测量飞行距离，找出最佳的速度参数。程序脚本见图3–15。

图3–14　无人机速度设置积木

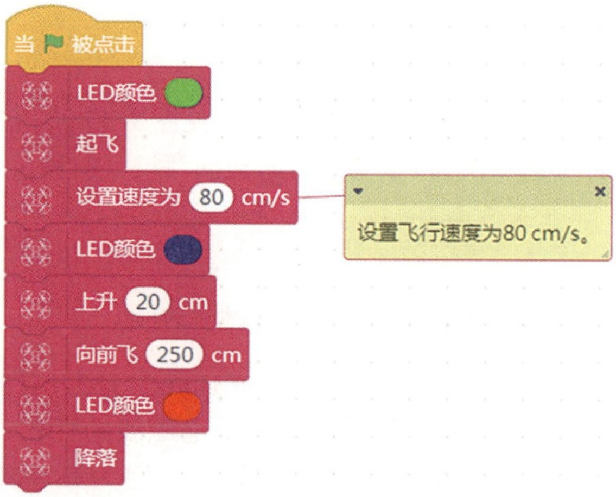

图3–15　“点对点送货”综合任务脚本

（八）实践与思考

（1）以本课的基本任务为例，如果无人机起飞后需要上升到300 cm高度，程序脚本应该如何改写？

（2）尝试使用其他LED灯控制积木，改变本课提高任务灯号的呈现方式，让无人机的飞行绚丽多姿。

（3）如何在保障无人机能从地面起飞后，降落到指定的位置内，如图3–16所示从地面*A*点起飞，在桌面*B*点降落等。

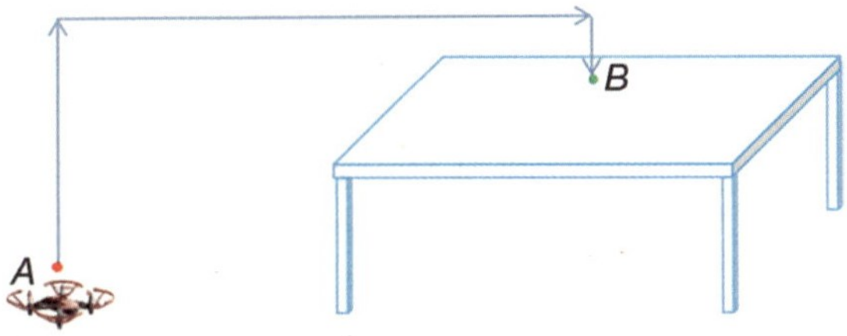

图3–16 “习题（3）”的飞行航线（左视图）

（4）无人机送货比赛：看看送同样的货量，谁最快，纪录是多少？

小知识

Hz的由来

表3–4中，LED控制积木中出现了Hz参数（见图3–17），它是指LED灯1秒内闪烁的次数，每秒钟振动一次为1赫兹，可写成次/秒，周/秒。

图3–17 LED控制积木中的Hz

海因里希·鲁道夫·赫兹（Heinrich Rudolf Hertz，1857—1894）是德国物理学家，于1887年首先用实验证实了电磁波的存在，且对电磁学有很大的贡献，于是国际上把“赫兹”定为频率的单位。赫兹指每秒发生周期波动的次数[①]。常用的频率单位还有千赫（kHz）、兆赫（MHz）、吉赫（GHz）等。

图3–18 赫兹

（九）评价分享

（1）围绕本案例的主要知识，设计一个富有创意的飞行项目，并完成工程日志（见表3–2）和制作带讲解的飞行演示短视频（5分钟内）。

（2）围绕所完成的项目，根据评分表（见表3–3）开展自评，或邀请老师、家长、同学进行评价。

①百度百科．赫兹［EB/OL］．［2022–07–07］．https://baike.baidu.com/item/赫兹/7245576?fr=aladdin.

项目3 多点间送货——限次循环

在航拍景物、定点巡航监控、货物多点运输等无人机飞行应用场景中，飞行航线并非都是一条简单的直线，它的航线通常会形成一个多边形。因此规划无人机沿多边形飞行是设计无人机航线中的常见任务。学会编程设计使无人机沿多边形无障碍飞行，对初学者具有非常实用的价值。

（一）项目背景

快递业务开办以来，发展速度迅猛，网购爆炸性增长与物流运力已经严重不匹配，“最后一公里配送”已成为电子商务发展的最大瓶颈之一。特别是客户派送点分散、运输车辆受环境限制多、派送与客户取件时间冲突等问题尤为突出。在固定地点建立快递驿站，能提高派送效率和节约运营成本。无人机虽然每次运力不大，但具有经济灵活、巡航距离适中、速度快等特点，使用无人机在多个快递驿站间穿梭运送货物，效率非常高。

（二）任务描述

无人机当然可以多点送货。现假设有*A*、*B*、*C*、*D*、*E*五个快递驿站，它们分别位于一个正五边形区域的五个顶点上，每条边的长度都为100 cm。请编写程序，使无人机从*A*点快递驿站升空（200 cm高度），依次途经*B*、*C*、*D*、*E*四个快递驿站点时降落，停留3秒完成货物交收后，重新升空继续巡航，最后返回到*A*点降落，完成*A*、*B*、*C*、*D*、*E*五个快递点间的送货任务。无人机航线见图3–19，图中红色箭头为无人机前进方向（下同）。

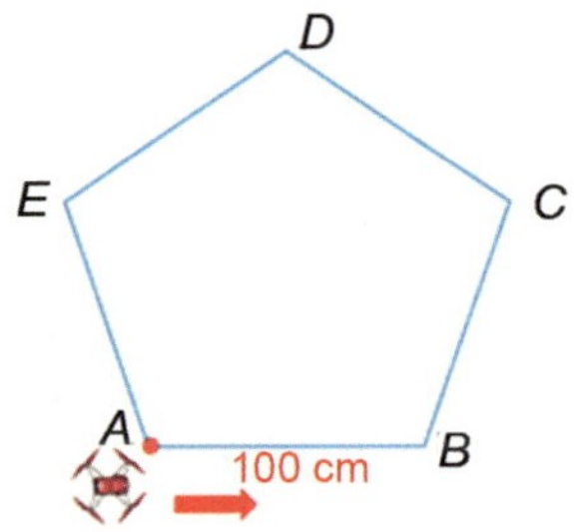

图3–19　“多点间送货”综合任务航线（俯视图）

（三）主要知识点

1. 核心素养

（1）思考旋翼无人机沿多边形多点送货基本过程，能将其航线界定为：载货起飞、巡航送货、降落交货三个环节的多次循环。

（2）根据无人机送货的飞行航线，抽象出无人机多点间飞行及降落的空间轨迹。

（3）理解限次循环结构中程序是如何运行的，能辨析顺序结构和循环结构不同的表达特点。

（4）知道飞行正多边形航线所涉及的要素，理解完成飞行的基本规律，能指挥无人机飞出多种正多边形图案。

2. 其他目标

（1）掌握无人机RoboMaster TT的飞行控制模块中“逆/顺时针旋转”积木的使用方法。

（2）掌握控制模块中“重复执行”“等待”积木的使用方法。

（3）掌握运算符模块中“求商”积木的使用方法。

（4）使用Mind+软件，在实时模式下搭建正确的无人机沿正多边形巡航的积木组。

3. 主要积木

完成本项目的无人机送货任务，主要通过表3-5所列的积木来完成程序搭建，它们主要涉及“控制”“飞行控制”和“运算符”三类模块中的部分积木。

表3-5　完成“多点间送货”任务所涉及的主要积木

积木图形	名称	作用
等待 1 秒	按指定时间等待	位于表2-4的“控制”模块 等待指定时间后继续执行下方积木
重复执行 10 次	按指定次数重复执行	位于表2-4的“控制”模块 按指定次数重复执行“重复框”中的积木
逆时针旋转 90 度	逆时针角度旋转	位于表2-4的“飞行控制”模块 以无人机前进方向为参照，无人机逆时针旋转指定的角度，旋转角度的范围是0°～360°
( ) / ( )	求商运算	位于表2-4的“运算符”模块 两参数之间求商

（四）问题界定

根据项目要求，使用无人机把货物送到多个指定地点完成货物交换，最后飞回起点。如图3-19所示，它在每个驿站点都经历了“原地升空—直线巡航—垂直降落—货物交换”的飞行过程。在实际飞行送货过程中，还会有多种规则或不规则多边形的飞行航线出现。为了便于读者理解，本项目将分为三个小任务来完成。

基本任务：无人机三点间飞行。完成无人机沿直角三角形三顶点依次起降送货的飞行任务。

无人机航迹“画出”的多边形有的是特殊的正多边形，有的是不规则的多边形，本项目的学习先从不规则多边形入手。如图3-20和图3-21所示，现假设有*A*、*B*、*C*三个快递驿站位于一个直角三角形区域的三个顶点上。$DE=100$ cm，$EF=173$ cm，$FD=200$ cm，$\angle FDE=60°$，$\angle DEF=90°$，$\angle EFD=30°$。编写脚本程序使无人机从*A*点快递驿站升空（200 cm高度），空中依次途经*D*、*E*、*F*三点，且经过*B*、*C*两个快递驿站点时降落，停留3秒完成货物交收后，重新升空继续依次巡航，最后再回到*A*点降落，完成*A*、*B*、*C*三个快递点间的送货任务。

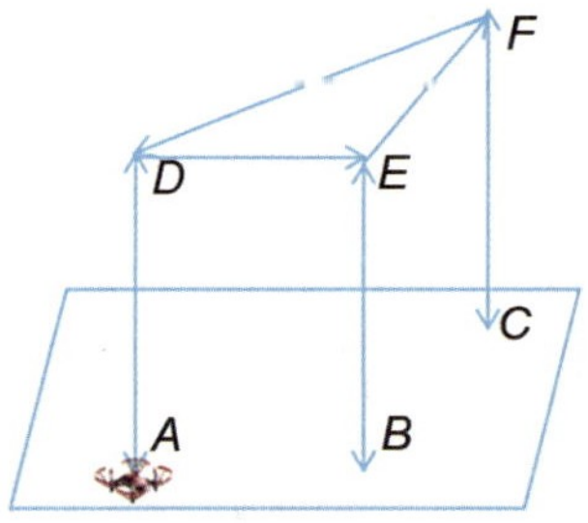

图3-20　“多点间送货”基本任务航线（左视图）

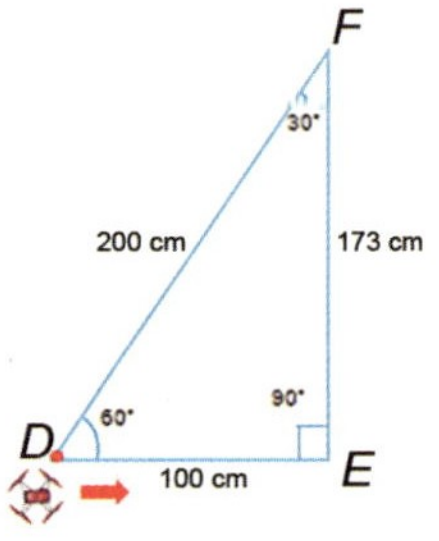

图3-21　“多点间送货”基本任务航线（俯视图）

提高任务：重复执行积木应用。现假设有*A*、*B*、*C*、*D*四个快递驿站呈边长为100 cm的正方形四顶点分布。请编写程序让无人机完成从*A*点快递驿站升空（200 cm高度），至下一个快递驿站点（*B*→*C*→*D*）时降落，停留3秒完成货物交收后，重新升空继续依次飞行，最后再返回*A*点降落，完成*A*、*B*、*C*、*D*四个快递点间的送货任务。飞行航线如图3-22所示。

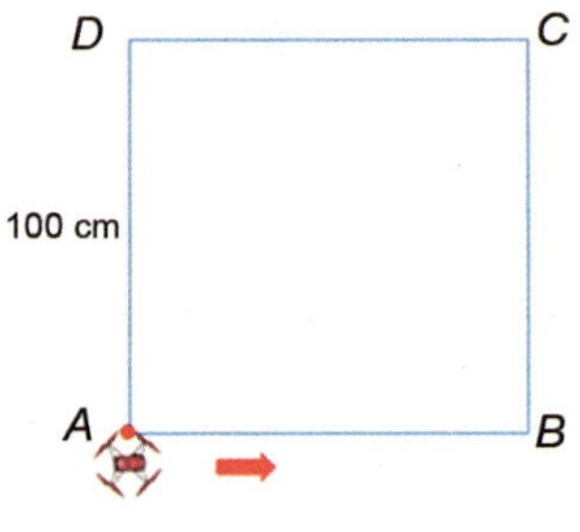

图3-22　“多点间送货”提高任务航线（俯视图）

综合任务：正多边形转角公式。理解求画正多边形转角度数的公式，掌握按正多边形（本例为画正五边形）飞行航线搭建积木、调试参数的方法，完成多点间送货任务。

（五）任务流程图（见图3–23）

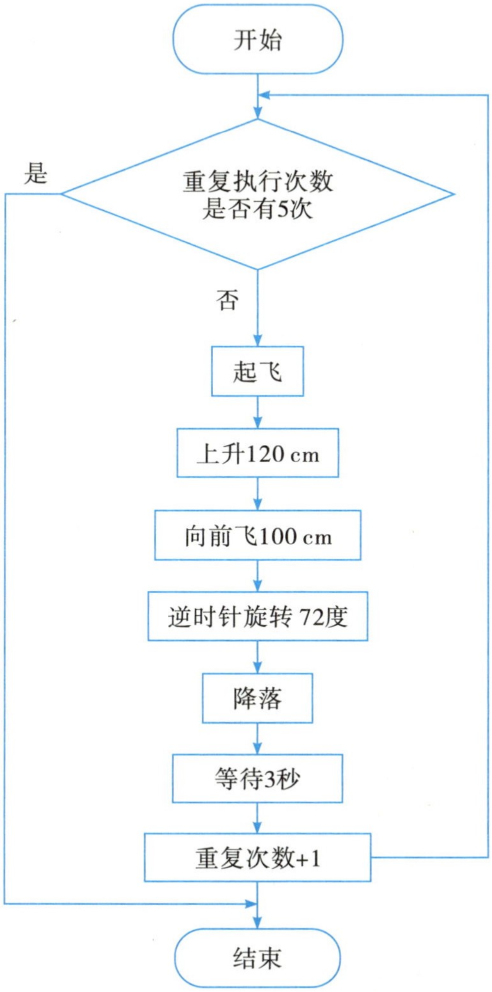

图3–23 “多点间送货”综合任务流程图

（六）三层五导

1. 基本任务：无人机三点间飞行

（1）如图3–19所示，无人机在每个快递驿站间依次飞行送货的轨迹是什么样的？

（2）怎样获取无人机正确的旋转角度，以及选取相关积木，搭建无人机沿直角三角形航线送货的脚本？

2. 提高任务：重复执行积木应用

（1）飞行普通多边形与正多边形的航线有什么区别？

（2）为什么可以在航线为正多边形时使用“重复执行”积木？

3. 综合任务：正多边形转角公式应用

如何使用正多边形的转角公式使无人机沿正五边形航线进行多点送货？

（七）算法解惑

1. 基本任务

（1）本项目每个快递驿站间无人机飞行轨迹是：原地升空—直线巡航—垂直降落—货物交换。任务一共经历了3个站点的货物交换。

（2）无人机每次到达目的驿站上空时，先旋转到飞向下一个驿站方向，再进行降落交货。该旋转角度并不是多边形当前位置的内角度数，而是按外角度数（见图3-24）旋转才能进入下一段的正确航线，即180-多边形当前位置的内角度数。使用“逆时针指定角度旋转”积木可以使无人机按逆时针方向旋转指定外角度数，即可让无人机转向下一个驿站方向，程序脚本见图3-25。

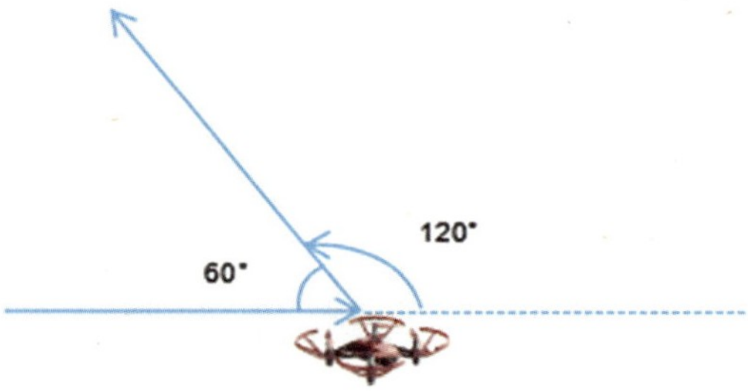

图3-24　无人机旋转外角计算图解

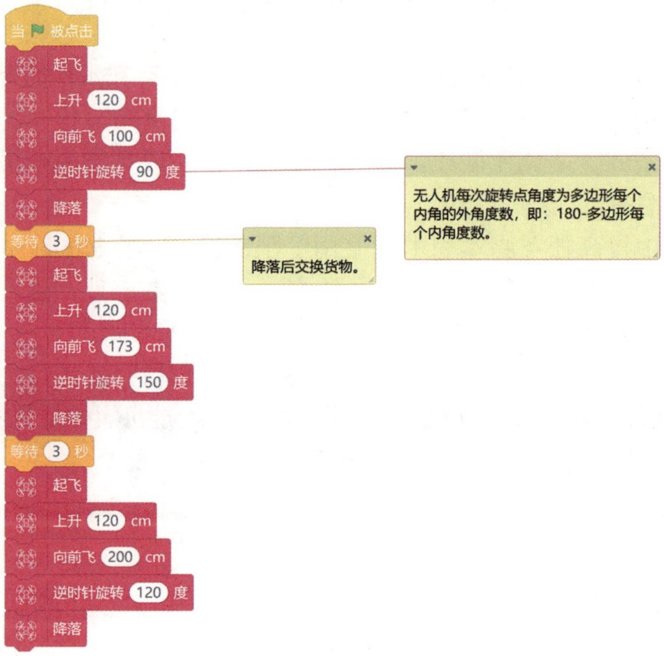

图3-25　“多点间送货”基本任务脚本

2. 提高任务

（1）正多边形与普通多边形的区别在于正多边形的每条边长度相等，每个内角都相等（相应地，转角也会因此而相等）。普通多边形无这两个特点，边长和内角的数值可能都不尽相同。

（2）根据正多边形每边距离和转角度数都相等的特点，无人机在飞行正多边形航线时，可以用重复执行次数积木来搭建脚本，让程序更简明易读。重复积木框内或循环执行的积木称为“循环体”。

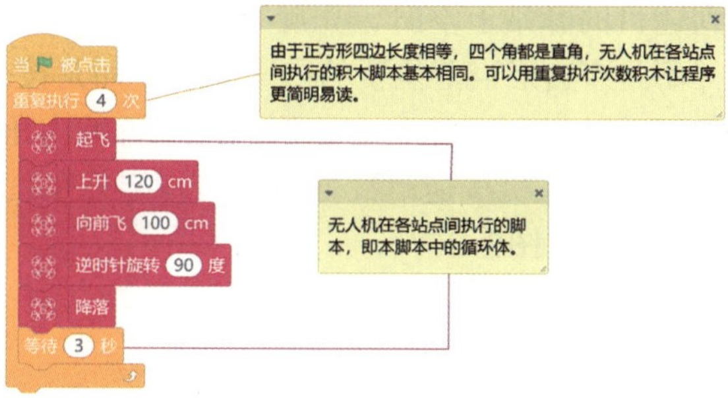

图3-26 “多点间送货”提高任务脚本

小知识

循环结构与自增（减）运算

循环结构是指在程序中需要反复执行某个功能而设置的一种程序结构，满足条件时，如图3-26所示，程序会多次执行嵌套在循环框内的积木组，直到达到循环的要求。①

Mind+的循环结构一般分三种：无限循环、限次循环和条件循环。使用循环积木可以使多组相同的积木组以更简洁的方式呈现，提高编写程序的效率。但要注意设置好循环条件，避免死循环。另外，循环结构一般是作为顺序结构的一部分出现在程序脚本中。

在本项目中提高任务脚本积木就使用了限次循环。在Mind+中的限次循环存在一个不可见的“循环次数”的变量，该变量用于次数统计，达到终止循环的目的。每次执行完循环体，该变量就会自动增加1。在Python语言中，该变量表达式可以写作：循环次数=循环次数+1。这种写法叫作自增，就是每次变量自身加1。相对应自减，可以写成：循环次数=循环次数-1，就是每次变量自身减少1。自增自减完成后，会用新值替换旧值，将新值保存在当前变量中。

①循环结构. 百度百科［EB/OL］.［2022-07-07］. https://baike.baidu.com/item/%E5%BE%AA%E7%8E%AF%E7%BB%93%E6%9E%84.

3. 综合任务

由基本任务可以知道，无人机飞行多边形航线时转角的度数为外角度数。又由于任意凸多边形的外角和都是360度，再者正多边形每个内角都相等，所以无人机在正多边形航线中的转角度数为：360/边数，使用“求商运算”积木写出该数学表达式作为无人机逆时针旋转角度参数即可。具体脚本程序见图3–27。

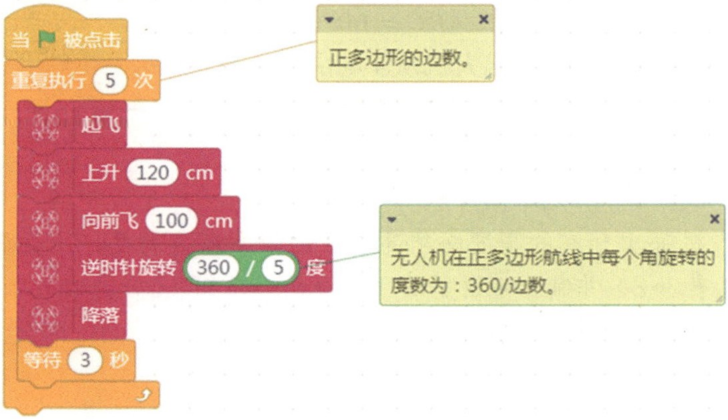

图3–27　“多点间送货”综合任务脚本

小知识

多边形的相关定义

多边形的定义：在平面内，由一些线段首尾顺次相接组成的封闭图形叫作多边形。

正多边形的定义：在平面内，内角都相等，边也相等的多边形叫作正多边形。

N边形内角和＝（N–2）×180°

任何多边形的外角和为360°，与多边形边数无关。①

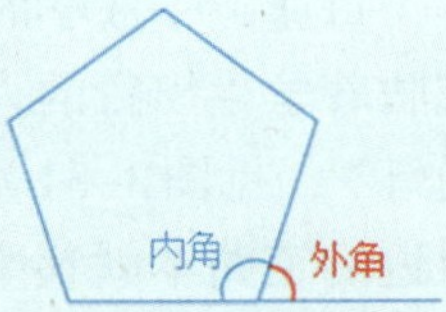

图3–28　多边形的内角与外角

（八）实践与思考

（1）现有一个等腰直角三角形，该三角形的三个角的外角分别是多少度？

（2）现有一个正六边形，该图形的每个外角是多少度？

（3）编写无人机沿正六边形航线飞行的脚本，边长自定。

①陈质彬．少年LOGO语言［M］．广州：广东科技出版社，1996：20.

（九）评价分享

（1）如图3-29所示，现有A、B、C、D四个快递驿站分布在一个等腰梯形区域的四顶点上，A点海拔为0 cm，B点海拔为200 cm，C点海拔为100 cm，D点海拔为0 cm。$AB=248$ cm，$BC=130$ cm，$CD=115$ cm，$\angle ABC=60°$，$\angle BCD=120°$，请编写程序让无人机从A点快递驿站升空，至下一个快递驿站点（B→C→D）时降落，停留3秒完成货物交收后，重新升空继续依次飞行，最后返回A点降落停航。

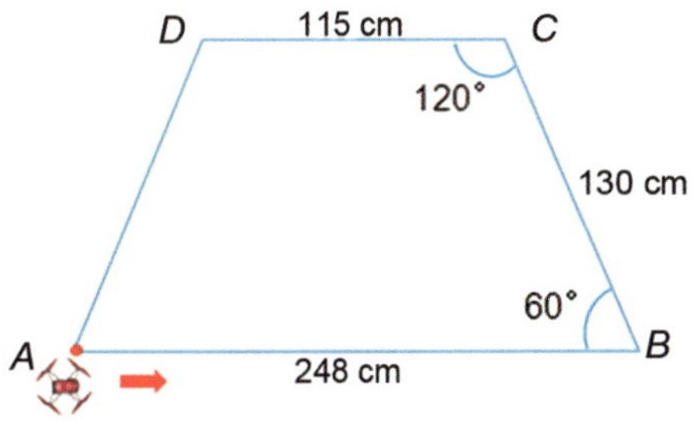

图3-29 “习题（2）”飞行航线（俯视图）

注意：无人机每次升空的高度必须高于目的驿站海拔高度，飞行任务完成后请填写工程日志（见表3-2）并制作带讲解的飞行演示短视频（5分钟内）。

（2）围绕所完成的项目，根据评分表（见表3-3）开展自评，或邀请老师、家长、同学进行评价。

项目4 空中交通灯——条件循环

（一）项目背景

每逢下午放学时，校门口人流量和车流量大幅增加，不仅造成交通拥堵，还严重威胁着学生出行的人身安全，如图3-30所示。使用临时的移动交通信号灯（简称“交通灯”，见图3-31）指挥交通，虽然可以解决交通疏导的问题，但坐落在老城区学校附近的道路本就狭窄，移动交通灯还需要占用一定地面面积，势必又影响人车通行效率。有鉴于此，在本项目中，将使用TT无人机和开源控制器中的LED灯、测距点阵屏拓展模块制作一个空中交通灯，既能在校门口临时充当指挥交通的工具，又不影响地面的通行效率。

图3-30 拥堵的校门（图源：搜狐网）

图3-31 移动机动车灯（图源：马可波罗网）

小知识

交通灯的诞生与发展

1859年11月，英国百列福特镇的一位纺纱工人制造了一个有活动遮檐儿设备的油灯，希望能用作指示马车行驶。他带着这项发明到政府部门游说，但没有得到当局重视，因为当时主要的交通工具马车的速度不快，容易控制。随着伦敦交通日益繁忙，议会大厦门前变得车水马龙，虽然路上行驶的依然是马车，但横穿这条繁忙的街道已经变得十分危险。1868年12月10日，为了在保护议员通过马路时的人身安全，由美国人德·哈特设计制作的煤气灯或交通灯正式在议会大厦门前启用。这盏灯被放置在7米高的支架上，足以让驾马车者看清，由一位警察手持长杆，牵动皮带控制灯罩上放置的红绿两块玻璃，交替产生红光与绿光。信号灯还附有号棒，伸出时表示停止，垂下时表示前进。遗憾的是，这盏交通灯只存在了23天就因为爆炸事故被取消了，事故中还有一名警察丧生。①

图3-32 全世界第一个交通灯（图源：搜狐网）

（二）任务描述

请编写程序，当“当绿旗被点击”积木执行时，无人机起飞后上升到200 cm高度后悬停，开源控制器上LED灯按照日常交通灯“绿—黄—红”的顺序依次循环亮起，其中黄灯为呼吸灯效果。绿灯转换黄灯间隔时间为12秒，黄灯转换红灯时间为6秒，红灯转换绿灯时间为12秒。在灯号切换的同时，测距点阵屏拓展模块上的点阵屏会对应出现图案，如红灯时出现红色“×”的图案，黄灯时出现从右往下纵向滚动蓝色（当前点阵屏仅支持红、蓝、紫三种颜色的显示）文字“WAIT”，绿灯时出现向上滚动的紫色“↑”图案，达到模拟交通灯运作的效果。灯号状态如图3-33所示，当按下空格键后所有灯号熄灭。

① 王国华．交通信号灯的历史［J］．道路交通管理，2000(6)：29.

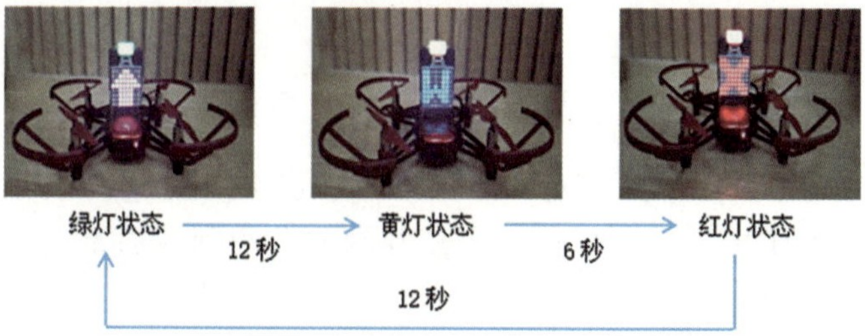

图3–33　使用点阵屏拓展模块模拟交通灯效果

小知识

交通灯的颜色

世界各国一般都采用红、黄、绿三种颜色的交通灯。这是因为红、橙、黄、绿、青、蓝、紫七种颜色中，以红色光波最长，光波越长，穿透周围介质的能力越大，显示得最远，同时人们对红色的感觉也较为敏锐，所以红色被采用为停车信号；黄色光的波长仅次于红色光，居第二位，显示距离也较远，因此被采用为缓行信号；绿色光也是波长较长的一种色光，显示距离也较远，同时绿色和红色的区别最分明，易于分辨，因此被采用作为通行的信号。①

（三）主要知识点

1. 核心素养

（1）回忆交通灯灯号变化规律，能把灯号变化基本过程界定为绿—黄—红三个环节的多次循环。

（2）根据交通灯灯号变化过程，抽象出灯号变化规律和合理的间隔时间。

（3）围绕交通灯的运作过程设计亮灯次序及间隔方案，使用点阵屏拓展模块的相关积木编写脚本，模拟交通灯的运作过程。

（4）通过本项目学习，领悟“条件循环是指在循环条件不再为真前，循环体内的积木将一直运行”；“停止全部脚本”能终止当前的运行所有脚本，跳出并终止循环体；根据实际情况设置交通灯号间隔，培养学生使用计算思维模式思考问题、分析问题。

2. 其他目标

（1）掌握测距点阵屏拓展模块与无人机的连接方法。

（2）掌握Mind+软件编写程序脚本的方法，能在实时模式下完成程序脚本，并反复调试，直至正确，体验Mind+软件编程的乐趣。

（3）进一步理解顺序结构和循环结构的意义，掌握“当绿旗被点击”“按指定条件

---

①百度百科．交通信号灯［EB/OL］．［2022–07–07］．https://baike.baidu.com/item/%E4%BA%A4%E9%80%9A%E4%BF%A1%E5%8F%B7%E7%81%AF/8746999.

结束重复”、按键响应等事件类积木的用法。

（4）掌握设置LED、点阵屏等积木的用法。

完成交通灯项目，需要通过使用一些积木来搭建程序脚本，如表3–6所列，它们主要涉及“事件”“控制”“点阵控制”“灯光控制”四类模块中的部分积木。

表3–6　完成“空中交通灯”任务所涉及的主要积木

积木	名称	作用
	点阵屏显示指定图案	位于表2–4“点阵控制”模块 将指定图案显示在点阵屏上 注：点阵屏的发光格是由红灯和蓝灯组成的，因此只能显示红、蓝、紫三种颜色
	按指定颜色和频率点亮LED呼吸灯	位于表2–4“灯光控制”模块 顶部LED灯按照指定颜色和指定频率显示呼吸效果 注：从最暗变化到最亮，再到最暗为一次呼吸
	点阵屏按指定方向和移动频率滚动显示指定图案	位于表2–4“点阵控制”模块 点阵屏滚动显示指定图案，可以设置滚动的方向为向上、向下、向左、向右，以及设置移动频率（快慢），幅度为0.1～2.5
	点阵屏按指定方向、移动频率和颜色滚动显示指定文字	位于表2–4“点阵控制”模块 点阵屏滚动显示指定颜色文字，可以设置滚动的方向为向上、向下、向左、向右，设置移动频率（快慢）为0.1～2.5
	按指定条件结束重复	位于表2–4“控制”模块 当指定条件不成立时，重复执行“重复框”中的积木；条件成立时，结束重复
	当按下指定键后响应	位于表2–4“事件”模块 当按下键盘上的指定按键，就开始按顺序依次执行下方的积木
	停止全部脚本	位于表2–4“控制”模块 停止正在运行的脚本。默认参数为停止“全部脚本”，可选参数有“这个脚本”和“该角色的其他脚本”

（四）问题界定

根据项目要求，使用测距点阵屏拓展模块模拟交通灯，它经历了“绿灯（滚动图案：↑）→黄灯（点阵屏蓝色滚动字：Wait）→红灯（点阵屏显示红色×）→不断循环亮灯→按下空格键停止工作”五个阶段。为确保调试的效率和点阵屏展示图案的完整性，把绿灯切换为黄灯的间隔设定12秒，黄灯切换为红灯间隔设定为6秒，红灯切换为绿灯的间隔设置为12秒。为了便于读者理解，本项目将分为三个小任务来完成。

基本任务：交通灯规律。使用测距点阵屏拓展模块上的LED模拟一次交通灯的灯号切换，分别是绿灯—黄灯—红灯，绿灯切换为黄灯的间隔设定12秒，黄灯切换为红灯间隔设定为6秒，红灯切换为绿灯的间隔设置为12秒。

提高任务：点阵屏应用。在基本任务的基础上，为每次灯号增加对应的点阵屏图案——红灯对应红色 × 图案，黄灯具有呼吸灯效果并对应从右向左的蓝色文字“WAIT”，绿灯对应向上滚动的紫色“↑”。

综合任务：控制空中交通灯。在提高任务的基础上，无人机上升到200 cm高度，让三个灯号一直按顺序循环显示，按下空格键能让所有灯号熄灭，无人机降落，实现模拟空中交通灯的运行效果。

（五）任务流程图（见图3-34）

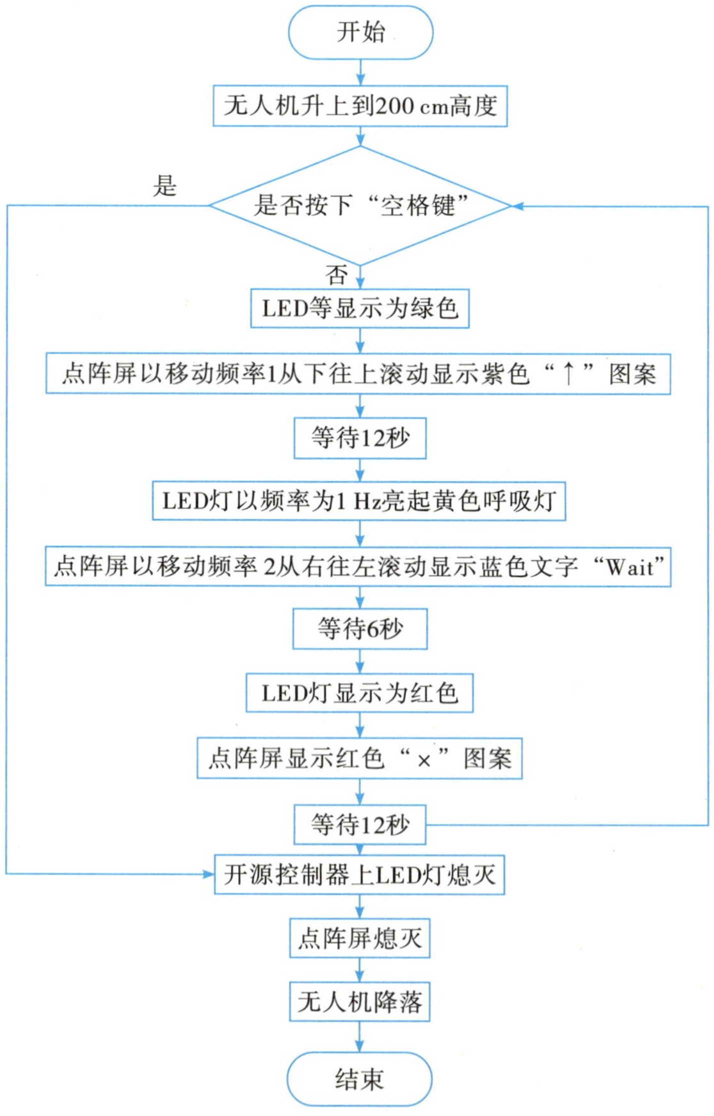

图3-34 “交通灯”综合任务流程图

（六）三层五导

1. 基本任务：交通灯灯号规律

（1）常见的交通灯的灯号意义和变化规律是什么？

（2）怎样设置交通灯灯号的间隔时间？

2. 提高任务：点阵屏应用

（1）为什么要使用点阵屏显示图案或动画？

（2）开源控制器上的LED灯与点阵屏的LED灯显示特性有什么区别？

3. 综合任务：控制空中交通灯

如何让无人机起飞后用重复执行令任务脚本实现让所有积木不停地循环执行，只在按下空格键后的让“交通灯”停止工作并让无人机降落，模拟整个交通灯运作效果？

（七）算法解惑

1. 基本任务

（1）常见的交通灯一般由红、黄、绿三种灯号组成。红灯亮时，机动车辆禁止通行；黄灯闪烁时，已越过停止线的机动车辆可以继续通行，没有通过的机动车应该减速慢行到停车线前停止并等待；绿灯亮时，准许机动车通行。它的灯号变化规律一般为：绿→黄→红→……不断循环。

（2）交通灯灯号间隔时间直接影响道路交通的车流通行率，决定了路权时间空间的分配。道路资源是否高效利用，主要就在于交通灯里每个灯号之间的间隔时间设置。由于本项目的任务一般在课堂进行，为方便调试，所有灯号的切换总时间不宜超过1分钟。将“控制”模块中的“等待积木”放在两个灯号之间使用，即可完成灯号的间隔时间设置，见图3-35。

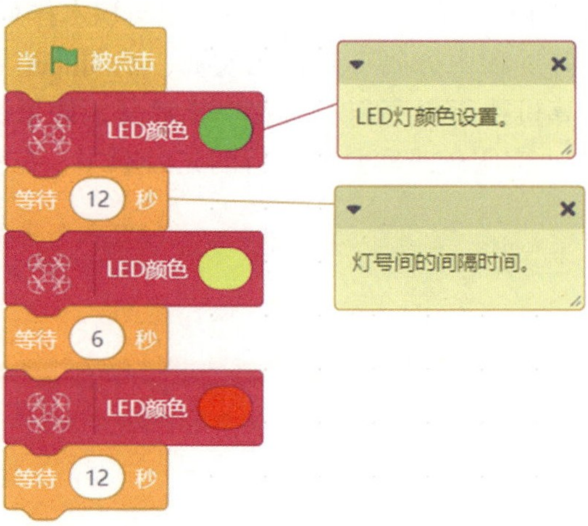

图3-35 “空中交通灯”基本任务脚本

2. 提高任务

（1）大面积的点阵屏的图案可以让交通灯的信号在繁忙道路上显示得更加醒目、清楚，加入动画效果也可以让人更加容易理解信号的意义。

单击点阵屏“显示图案”中的“■”参数符号，可以对显示图案进行自定义。其中自带了6个常用图案，在绘图区中使用右侧“点亮”“擦除”“清空”“选择颜色”“保存”五个圆形功能按钮，即可完成本例中“×”“↑”两个自定义图案的绘画。还可以使用“导入/导出”按钮对自定义图案进行导入和导出操作，见图3-36。值得注意的是：TT点阵屏颜色只支持红、蓝、紫、黑（关闭）4种。

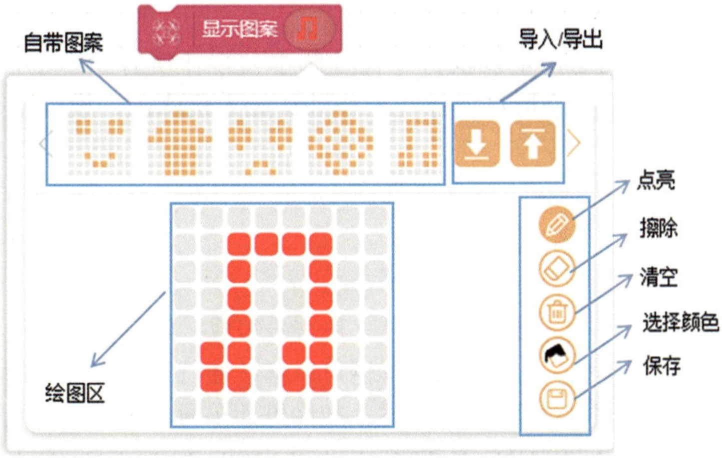

图3-36　自定义显示图案

（2）开源控制器上LED灯和测距点阵屏拓展模块上的LED都支持编程控制，发出色光，用于信息显示。开源控制器上的LED灯组运用了三原色（RGB）共同交集成像原理，可以编程混合出全彩色光。而测距点阵屏是由8×8个支持红蓝双色的LED灯组成，通过编程能在点阵屏上显示多种图案或动画。

在顺序结构的执行顺序中，积木执行的顺序要按照积木排列的顺序自上而下进行，但由于LED灯积木和点阵屏积木分属不同的无人机、不同的拓展部件，能分别进行编程控制，更重要的是计算机执行程序积木的效率非常高，如果这两个积木之间不加入“按指定时间等待”积木，肉眼较难察觉其执行的先后顺序，在本任务中可以看作两者同时执行，见图3-37。

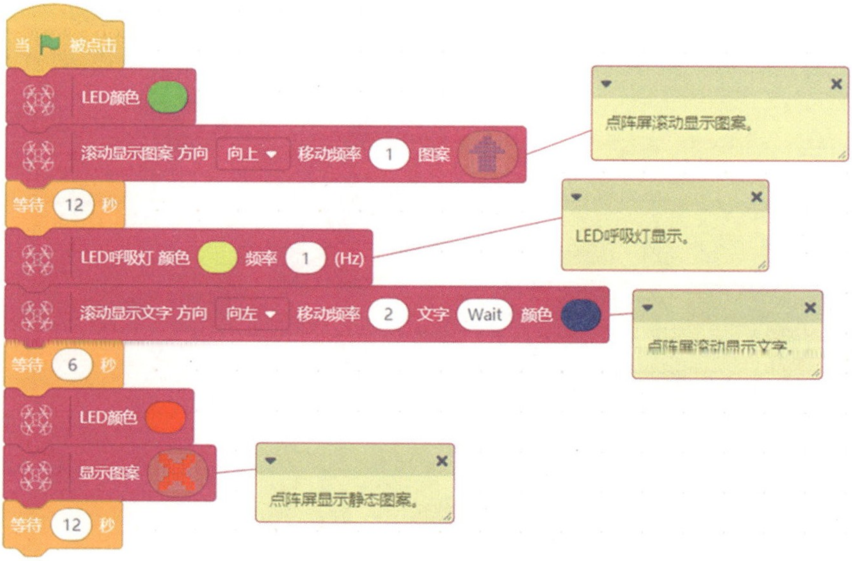

图3–37 “空中交通灯”提高任务脚本

3. 综合任务

由于交通灯具有不间断运作的特点，按照常规的编程思路，可以把提高任务脚本全部拖放进“指定条件结束重复”积木的框内，然后为其增加一个侦测条件“当按下空格键”，即可实现交通灯号自动运作，按下空格键后就停止工作。令人疑惑的是，程序脚本执行时，需要反复按下空格键才能终止执行循环体，更不用说在“指定条件结束重复”下面使用积木控制灯号熄灭。这是因为执行无人机功能积木和“当按下空格键后响应”积木之间缺少了同步，按下空格键的时候往往还在执行循环体内的某个积木，无法实现随时停止交通灯工作的效果。此时可以用“当按下指定键后响应”积木另写一段积木（见图3–38右边的“结束运行”脚本）对LED灯和点阵屏进行控制，最后无人机降落，停止所有程序脚本的执行即可。请各位读者留意，这种方法在需要无人机紧急停止或降落的脚本中还可以用到。

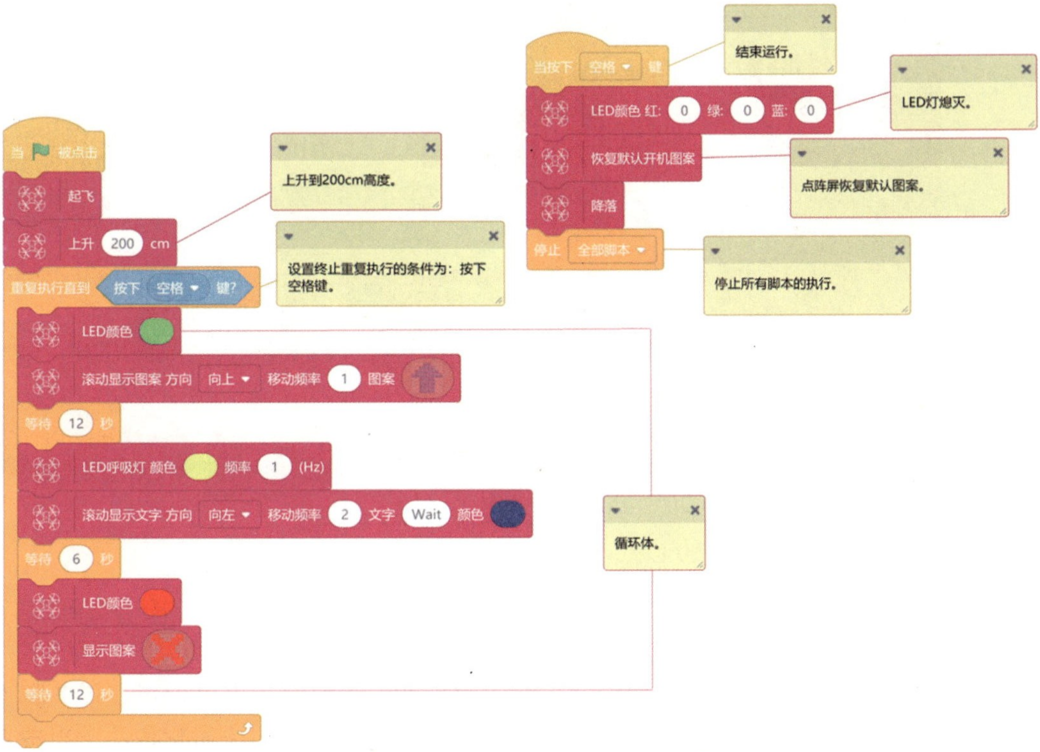

图3-38 “空中交通灯”综合任务脚本

（八）实践与思考

（1）思考人行横道信号灯的灯号类型和变化规律，并写出对应的流程图。

（2）尝试编写人行横道信号灯脚本程序，并加入文字提示信息增加灯号辨析度。

（3）编写脚本程序，设计一个具有其他功能的交通灯，如非交通信号灯、车道信号灯、闪烁警告信号灯……

（九）评价分享

（1）想一想，如何让无人机搭配这些有趣的灯光和图案，增加更多的实用功能，并完成工程日志（见表3-2）和制作带讲解的飞行演示短视频（5分钟以内）。

（2）围绕所完成的项目，根据评分表（见表3-3）开展自评，或邀请老师、家长、同学进行评价。

项目5　庆祝会留影——选择结构与无限循环

（一）项目背景

在Tello APP中，无论是使用摇杆控制无人机进行飞行拍摄，还是直接使用默认飞行模式中的一键拍摄模式，都是极为简单快捷、操控灵活的航拍方式。但是，由于手机屏幕较小，手指操控空间狭窄，容纳功能也少，拓展性弱，无法满足用户更多的需求。而且，它的摇杆功能和默认飞行模式路线已经固定，用户无法根据需求灵活修改。那么，有没有能满足用户更多个性化需求的航拍方式呢？答案是计算机遥控航拍。由于计算机键盘平面空间较大，手指操控空间宽阔，容纳功能更多，拓展性更强，用户可以自由定制摇杆功能和预置飞行路线。本项目将引导青少年编写程序通过计算机来遥控无人机航拍，打造个性化的遥控功能，满足独具个人特色的遥控航拍体验。

（二）任务描述

在学校元旦活动中，台下的观众们正为舞台的精彩节目欢呼喝彩。如图3–39所示，看看无人机能否半环绕观众进行飞行航拍，从高空视角留住这份独特的精彩。

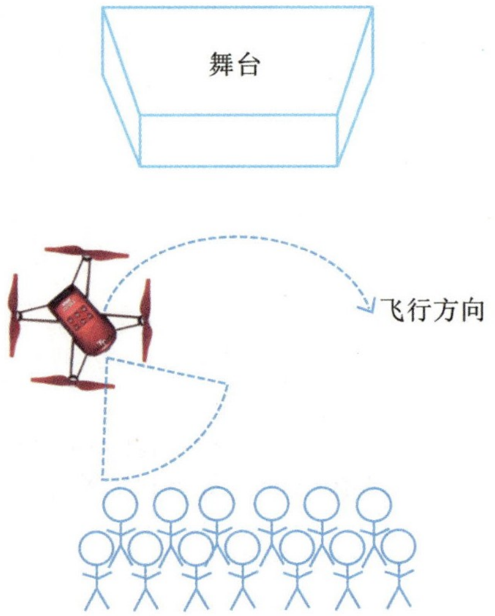

图3–39　环绕镜头拍摄观众

（三）主要知识点

1. 核心素养

（1）观察无人机航拍的路线和飞行过程，抽象出无人机飞行的三维空间轨迹，并归纳无人机的飞行动作内容。

（2）能通过“是否按下指定键”“如果……那么执行”等积木，设计程序的预置条件和响应方式，增强对侦测模块的作用，以及“是否满足程序运行条件”的理解，提高自主地控制无人机飞行的能力。

2. 其他目标

（1）了解航拍的常用运镜技巧，包括推镜头、拉镜头、环绕镜头等。

（2）学会使用Mind+实时模式编程打开和关闭摄像头，了解保存、导出Tello视频或照片的方法。

3. 主要积木

完成本项目的庆祝会留影任务，主要通过表3–7所列的积木来搭建程序脚本，它们主要涉及“事件”“控制”和“飞行控制”三类模块中的部分积木。

表3–7 完成“庆祝会留影”任务所涉及的主要积木

积木	名称	作用
	当按下指定键后响应	位于表2–4的“事件”模块 当按下键盘上的指定按键，就开始按顺序依次执行下方的积木
	循环执行	位于表2–4的“控制”模块 一直循环执行“循环框”中的积木组
	如果……那么执行	位于表2–4的“控制”模块 如果指定条件成立，那么执行“如果框”中的积木
	开启Tello摄像头	位于表2–4的“飞行控制”模块 开启或关闭Tello摄像头画面窗口

（四）问题界定

如图3–39所示，本项目要求无人机半环绕观众进行飞行拍摄。为了便于青少年朋友理解无人机航拍时飞行动作的规律和特点，以及合理运用运镜的技巧，本项目将划分为三个小任务来完成。

基本任务：推镜头开篇。如图3–40所示，无人机机头（摄像头）正对舞台方向，在稍远离舞台的位置起飞，完成起飞后开启摄像头拍摄，并缓慢向前方飞行，逐渐靠近舞台，摄像头画面中靠近画框的景物慢慢消失，而舞台场景逐步放大，最后视觉焦点聚集在舞台上。

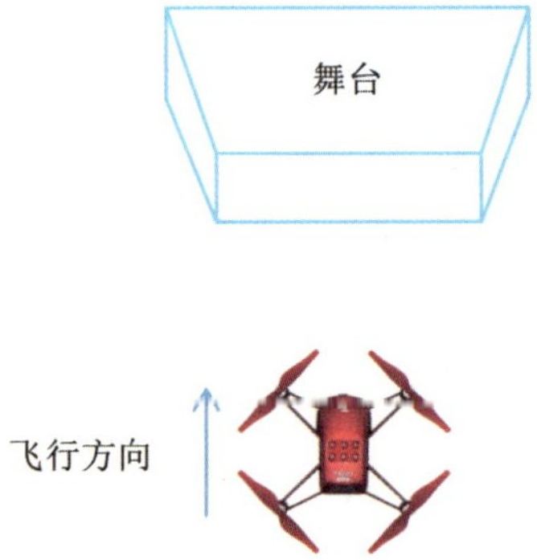

图3-40　基本任务：推镜头开篇

提高任务：拉镜头谢幕。如图3-41所示，与推镜头开篇相反，无人机机头（摄像头）正对舞台方向，在离舞台稍近的位置起飞，完成起飞后开启摄像头拍摄，并缓慢向后方飞行，逐渐远离舞台，摄像头画面中舞台场景逐步缩小，而画框外的景物慢慢进入画框内，视觉焦点后移，画面越来越大。

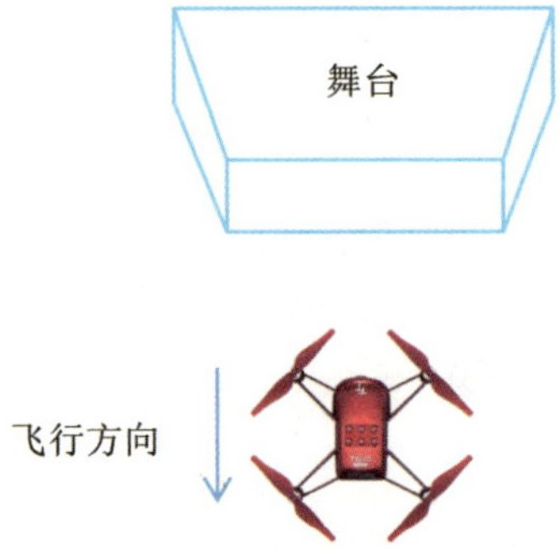

图3-41　提高任务：拉镜头谢幕

综合任务：环绕镜头拍摄观众。如图3-39所示，无人机机头（摄像头）正对观众区域中心，在距离观众适当距离处起飞，完成起飞后开启摄像头拍摄，并缓慢地一边向无人机的左方飞行，一边顺时针小角度旋转无人机，飞行过程中摄像头方向始终围绕观众区域中心，最终完成半环绕拍摄。

（五）任务流程图（见图3-42）

（六）三层五导

1. 基本任务：推镜头开篇

（1）计算机遥控无人机航拍的工作原理是什么？

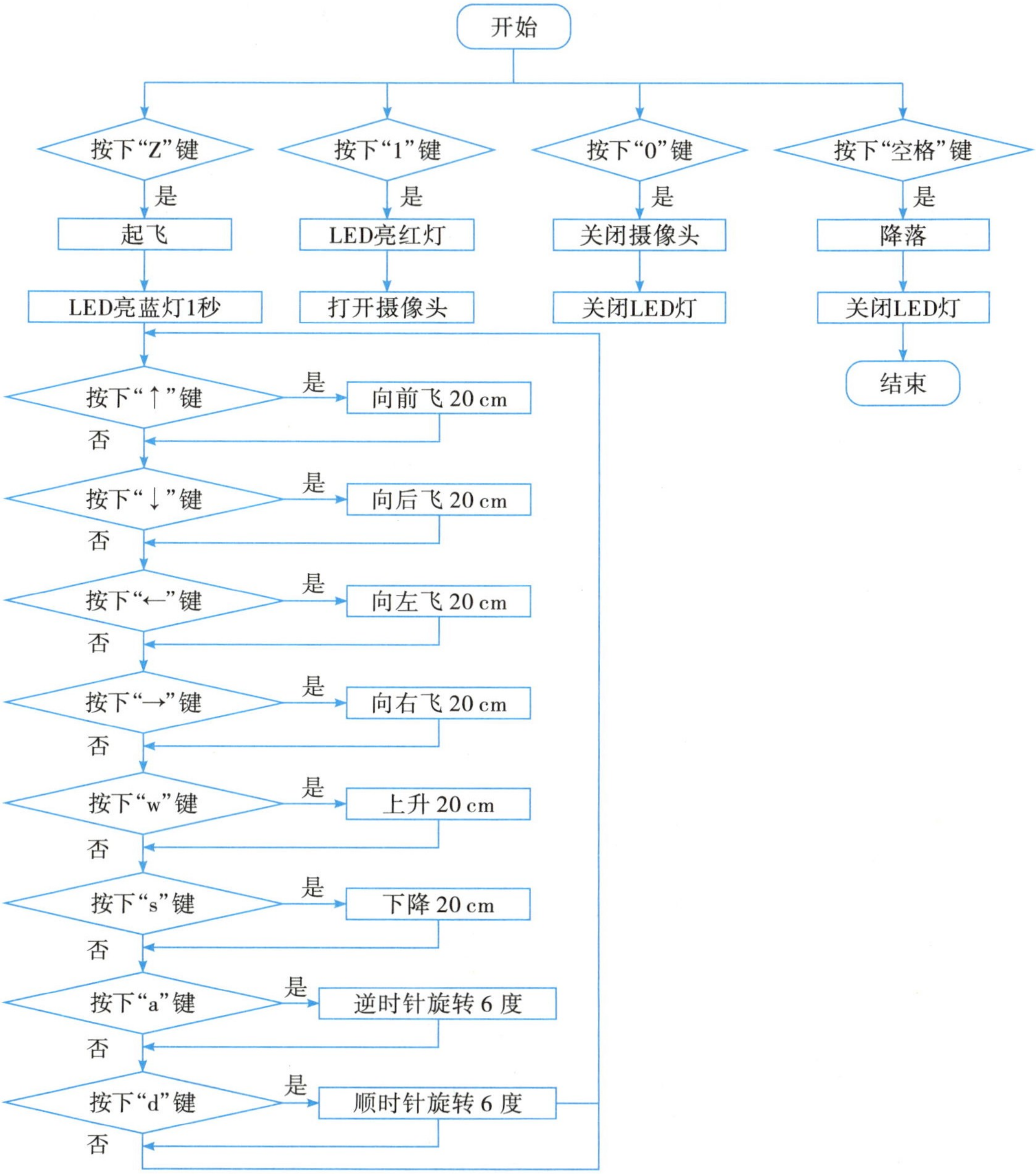

图3-42 "环绕镜头拍摄观众"综合任务流程图

（2）怎样使用计算机遥控无人机航拍舞台上表演的节目？

2. 提高任务：拉镜头谢幕

（1）为什么谢幕时常用拉镜头的运镜手法呢？

（2）Tello APP遥控无人机航拍与计算机遥控无人机航拍有什么异同呢？

3. 综合任务：环绕镜头拍摄观众

如何编写程序遥控无人机实现半环绕飞行，并同时拍摄观众观看节目的画面呢？

（七）算法解惑

1. 基本任务

（1）实现计算机遥控无人机航拍的工作原理，主要涉及两大方面，一是用计算机键盘控制无人机，二是编程开启摄像头进行拍摄。首先，要建立电脑与无人机的连接。TT无人机配置有Wi-Fi模块可供连接，未安装拓展配件时选择名称为TELLO-××××××的Wi-Fi进行连接，安装拓展配件后选择名称为RMTT-××××××的Wi-Fi进行连接。其次，Mind+只在实时编程模式下，提供了“侦测模块”积木组，利用“是否按下指定键”积木能够实现键盘控制无人机。再者，由于TT无人机目前并没有存储器，它无法在独立运行时保存拍照和录像，因此Mind+并未在上传编程模式中提供“开启摄像头”之类的积木，而只在实时编程模式下的RoboMaster TT(单机)功能模块中，如图3-43所示，提供了“开启Tello摄像头”积木。综上所述，可以在实时编程模式中，连接无人机，并主要利用“是否按下指定键”和“开启Tello摄像头”积木，实现键盘遥控无人机航拍。

图3-43 “开启Tello摄像头”积木

（2）根据基本任务的要求，要完成推镜头的运镜手法，无人机在合适的位置时，主要动作有向前飞和开启摄像头。考虑到键盘按键的常用意义、位置临近关系和左右分布原则（详见综合任务解惑），如图3-44所示，此处使用“z”键控制无人机起飞，并等待响应“↑”键信号。由于无人机完成起飞动作需要一定的时间，过早地按下“↑”键必然无法指挥无人机，太慢按键又影响了实际遥控时的效率，因此可以通过设置灯信号，比如亮蓝灯1秒，提示无人机已完成起飞动作，操控者可以发出向前飞的“↑”键信号了。

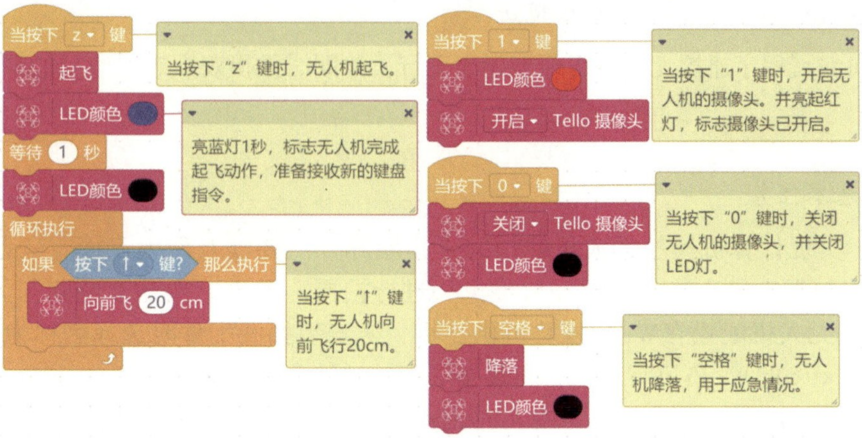

图3–44　推镜头开篇程序脚本

小知识

选择结构

选择结构又称分支结构，是程序设计的三种基本结构之一，它通过判断某一特定条件是否成立，决定程序执行的分支，使程序在运行过程中能根据条件有选择地执行。如图3–45所示，单分支结构和双分支结构是常见的两种选择结构。

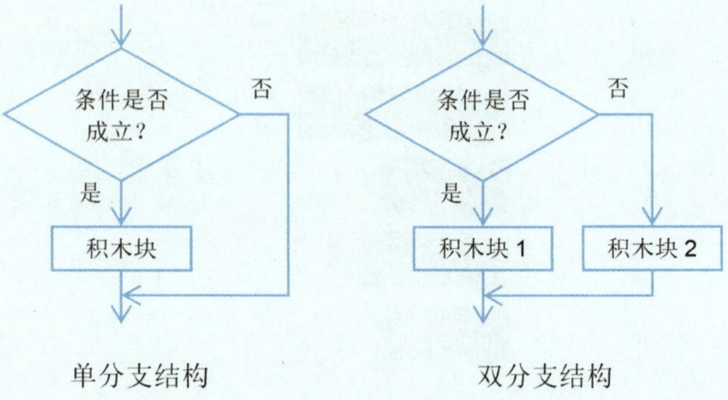

图3–45　两种选择结构的流程图

程序的三种结构不是截然分开，而是紧密结合的。如选择结构和循环结构通常都是顺序结构的一部分。循环结构中必定包含一个选择结构，用以判断循环的条件。但选择结构仅具有选择性，不重复①。

①Xman2288. 选择结构［EB/OL］.（2021–05–07）［2022–07–07］. https://blog.csdn.net/Xman2288/article/details/116503959.

因为摄像头的开启需要一定时间，通常在无人机向前飞之前，就先开启摄像头，飞到目标位置后，才关闭摄像头。参考二进制0、1值意义，用“1”键开启无人机摄像头，并亮红色灯表明摄像头处于开启状态；用“0”键关闭无人机摄像头，并关闭LED灯（设置LED颜色为黑色即可关闭LED灯）表明摄像头处于关闭状态。Tello摄像头开启时，如图3-46所示，Mind+会弹出Tello视频窗口，该窗口实时反馈摄像头画面。如需航拍照片，则此时应为无人机选好位置悬停，接着在电脑上使用截图工具，比如Windows截图、微信截图、FastStone Capture等工具，进行窗口画面截图。如需航拍视频，则应在摄像机开启后，飞行运动开始前，使用屏幕录制工具，比如剪辑师、快剪辑、Camtasia Studio，进行窗口区域屏幕录制，最后进行剪辑保存即可。

根据无人机航拍礼仪与禁忌，还应常备应急方法，尤其是人群密集的地方，因此，用“空格”键指挥无人机降落，用于平常降落或者应对紧急情况。

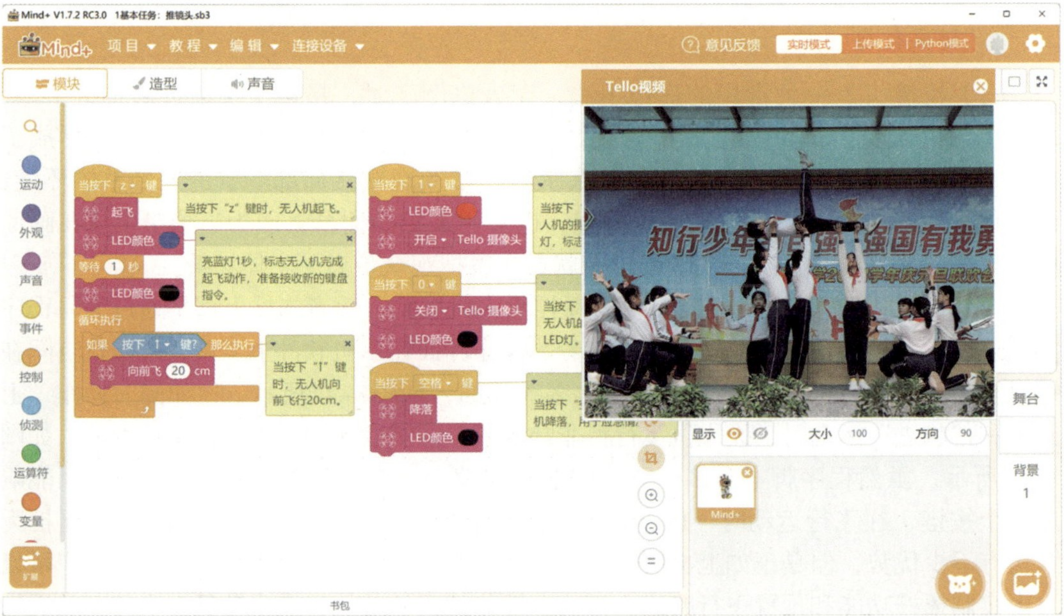

图3-46　Tello视频窗口

小知识

运镜技巧

运镜也就是运动镜头，顾名思义便是通过运动摄影来拍摄动态景象。

推镜头，是通过从远到近的运镜，使景别逐渐从远景、中景到近景，甚至是特写，这种运镜方法容易突出主体，能够让观者的视觉逐步集中。

拉镜头，则与推镜头的运动方向相反，通过由近到远向后移动来远离被摄体，使两端景物逐渐增加，以此来交代场景环境，也形成壮观感。

环绕镜头，以被摄体为中心，摄影师环绕其进行圆周形移动拍摄，犹如巡视一般的视角，能够突出主体、渲染情绪，让整个画面更有张力。

极速切换镜头，其实是一种摇镜头手法，犹如人们转动头部环顾四周或将视线由一点移向另一点的视觉效果。当快速摇镜头时，就形成了具有特殊表现力的甩镜头效果。极速切换镜头是很多电影中常见的镜头运用方法，不管是用于人物交谈场景，还是用于转场，都是很自然的转接，不会显得生硬。

移动跟随运镜，即摄影师通过在被摄体前方、后方或者侧面移动拍摄，最关键的是摄影师需要与被摄体保持等距，并进行平行匀速移动。

升降运镜，可以借助前景出现，借助稳定器一边上升或者下降进行拍摄。升降运镜能够带来画面的扩展感①。

2. 提高任务

（1）拉镜头是一种常用的运镜手法，无人机倒飞时，摄像头逐渐远离拍摄主体，拍摄主体由大变小，周围环境由小变大，画面就从一个局部逐渐扩展到整体，形成了视觉后移效果。现实中常常使用拉镜头手法，带领观众从局部场景进入到整体环境，调动他们对于画面景物整体形象的猜想；也常用来拍摄谢幕，因为当拍摄主体在画面中的比例越来越小，甚至淡出画面时，就意味着把观众带离了主体场景。

（2）Tello APP遥控无人机与计算机遥控无人机航拍，两者本质上都是通过编写程序实现遥控无人机航拍。不同之处是，前者的操作界面在手机软件上，后者的操作空间在键盘上。其次，Tello APP的遥控指令是多线程的，如图3-47所示，比如同时操作“上升”和“前进”运动时，无人机飞行得非常流畅；而键盘遥控无人机是单线程的，如图3-48所示，虽然程序脚本有多个“当按下指定键后响应”积木，但无人机每次只能响应一个按键，在飞行运动时，就会表现得比较卡顿。不过，尽管看似Tello APP遥控无人机有不少优势，但是正如上文所述，通过编程实现计算机遥控无人机航拍，用户可以自由定制摇杆功能和预置飞行路线，打造个性化的遥控功能，满足独具个人特色的遥控航拍体验。而且在编写程序的过程中，更认识到遥控无人机的底层原理和本质。

---

①玩转手机摄影．学会6招运镜技巧，画面分分钟变得高大上［EB/OL］．（2019-08-27）［2022-07-07］．https://baijiahao.baidu.com/s?id=1642991418895236027&wfr=spider&for=pc.

图3–47　Tello APP遥控无人机航拍

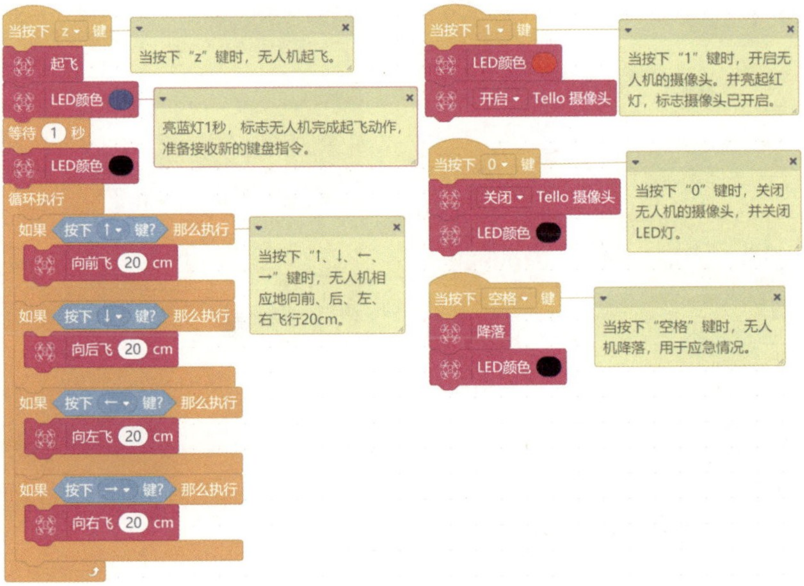

图3–48　拉镜头谢幕程序脚本

3. 综合任务

如前所述，赋予键盘按键的功能是需要考虑键盘按键的常用意义、位置临近关系和左右分布原则。“是否按下指定键”积木提供了空格、↑↓←→、任意键、a～z、0～9共42种侦测方式。由于二进制中1常用于表示true（真），0常用于表示false（假），这两个键分配给开启和关闭摄像头功能使用。空格键是键盘中最长的键，最容易快速获取，也最不容易按错，特别适合紧急情况下使用，所以分配给降落功能使用。参考Tello APP遥控界面，↑↓←→四个键分配给向前后左右四个方向飞行的功能使用。早期使用键盘操作的双人游戏，除了使用↑↓←→四个键，还遵循左右分布原则，惯用w、s、a、d四个字母键，所以把它们分配给上升、下降、逆时针旋转（左转）、顺时针旋转（右转）功能使用。最后，考虑到位置临近关系，使用z字母键指挥无人机起飞。

如图3–49所示，合理分配好各功能的按键后，在提高任务程序脚本的基础上，继续使用“如果……那么执行”和“是否按下指定键”积木，即可增加无人机上升、下降、逆时针旋转、顺时针旋转功能。有了这些功能，就能遥控无人机打开摄像头，并一边向左方飞行，一边顺时针小角度旋转无人机，飞行过程中调整按键确保摄像头方向始终围绕观众区域中心，直至到达目标位置完成拍摄。需要注意的是，如果在室内测试，飞行的距离和旋转的角度不宜过大，建议使用20 cm和6度左右。当按键功能没有问题时，就到实际场地中调试，根据实际情况调整距离和角度值。需要提醒的是，在航拍视频前，必须提前打开屏幕录制工具。

图3–49　环绕镜头拍摄观众综合任务脚本

（八）实践与思考

（1）请编程实现图3–50的摇镜头转场，无人机机头（摄像头）正对舞台方向，在稍近舞台的位置悬停，开启摄像头拍摄，在原地快速顺时针旋转180° ，最终摄像头面向观众，完成转场的拍摄。

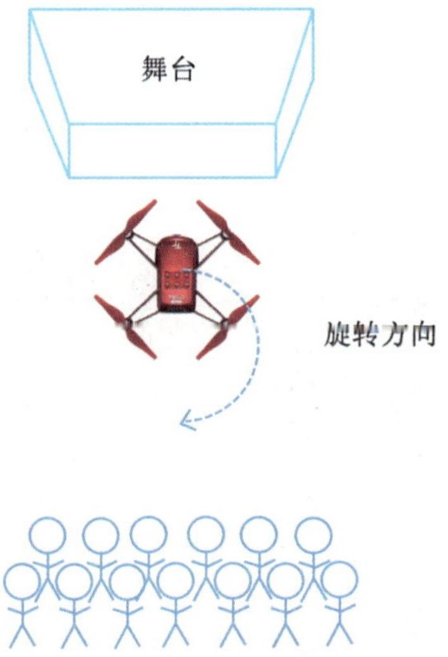

图3-50 摇镜头转场

（2）请尝试各种运镜手法航拍，并选择最合适的手法航拍一个班级室外活动的视频分享给同学。

（九）评价分享

（1）围绕本案例的主要知识，设计一个富有创意的无人机航拍项目，并完成工程日志（见表3-2）和带讲解的飞行演示短视频（5分钟内）制作。

（2）围绕所完成的项目，根据评分表（见表3-3）开展自评，或邀请老师、家长、同学进行评价。

项目6 速度变变变——变量

（一）项目背景

“看，那个呆板的无人机在那里巡逻，总是20秒巡完那一段路。我们得抓住这个规律，利用好这个时间空隙，就一定能狠赚一票！”某博物馆外，无人机毫不停歇地执行着巡逻任务，保护着博物馆中贵重的展品。可是，在不显眼的角落处，有几个别有用心的人在观察着无人机的巡逻，像是在找规律钻空子的样子。一场不可告人的计划正在筹谋且即将展开。为了加强博物馆巡逻的安全性，避免给坏人留下可趁之机，能否让无人机的飞行显得富有随机性，更无规律可循呢？本项目将引导青少年朋友学习在程序中使用变量，使无人机以随机速度灵活地飞行，实现魔高一尺，道高一丈。

（二）任务描述

如图3-51所示，博物馆150 cm × 150 cm（模拟150 m）的区域存放在贵重的展品，无人机从博物馆一角的A点正下方起飞，升空后沿B、C、D点绕着博物馆周围，一圈圈地巡逻着，初始速度有时快，有时慢，有时加速飞行一圈，有时减速飞行一圈，让人无从推断它在下一个时间点将会出现的位置。

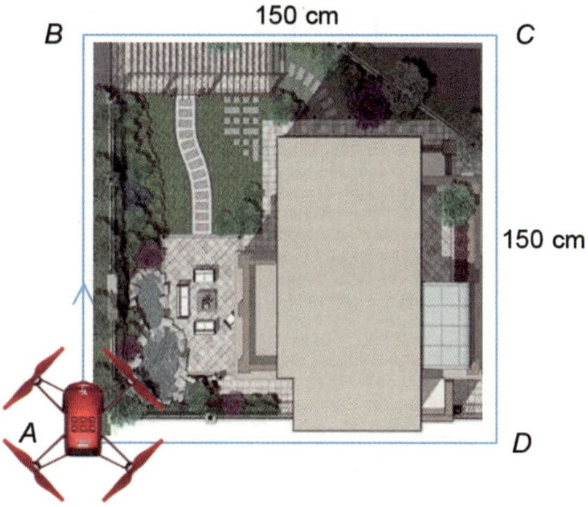

图3-51　随机速度飞行

（三）主要知识点

1. 核心素养

（1）观察无人机以随机速度飞行的过程，认识变量赋予无人机飞行所带来的机动、灵活的特点，理解变量与飞行圈数、加减速状态的关系。

（2）根据无人机的飞行路线，抽象出无人机飞行的空间轨迹。

（3）围绕抽象出的飞行轨迹和航线编制环节，运用随机数积木完成无人机以随机速度飞行巡逻的程序脚本编写。

2. 其他目标

（1）掌握变量的新建、赋值和加减。

（2）学会使用“随机数”“关系运算”“读取无人机的电池电量”等积木。

3. 主要积木

完成本项目的“速度变变变”任务，主要通过表3-8所列的积木来搭建程序脚本，它们主要涉及“变量”模块、“运算符”模块和“飞行控制”模块三类中的部分积木。

表3–8　完成“速度变变变”任务所涉及的主要积木

积木	名称	作用
新建变量 变量 my variable	新建变量	位于表2–4“变量”模块 建立一个新的变量，可分为“适用于所有角色”（全局）或“仅使用于当前角色”变量（局部）两种类型。新建变量后，“变量模块”积木组中会自动添加该变量名积木。默认情况下，新建变量及其数值都会显示在舞台上
设置 my variable ▾ 的值为 0	设置变量值	位于表2–4“变量”模块 为已有的一个变量赋值。该积木有两个参数，第一个参数为用于赋值的变量（通过单击变量名旁边的三角形下拉菜单选取），第二个参数为用于赋值的数值
将 my variable ▾ 增加 1	增加变量值	位于表2–4“变量”模块 增加或减少变量的数值。当参数值为正整数时，变量将增加指定的数值。当参数值为负整数时，变量将减少指定的数值
在 1 和 10 之间取随机数	随机数	位于表2–4的“运算符”模块 在指定的数值范围内随机生成一个整数
( ) > 50 ( ) < 50 ( ) = 50	关系运算积木组	位于表2–4的“运算符”模块 属于关系运算，用于判断两个参数的大小
电池电量(%)	读取无人机的电池电量	位于表2–4的“飞行控制”模块 用于实时读取当前无人机的电池电量，勾选后可以在舞台上显示相应的数据

（四）问题界定

如图3–51所示，本项目要求无人机以随机速度围绕博物馆四周飞行巡逻。为了便于青少年朋友理解无人机随机速度飞行的规律和特点，设计出合理的飞行航线和程序，本项目将划分为三个小任务来完成。

基本任务：匀速飞行。无人机在飞行过程中保持匀速飞行，当电池电量低于15%时，无人机降落，由其他无人机替换执勤。

提高任务：加速飞行。无人机每进行一次直线飞行，就将速度增加5 cm/s。当电池电量低于15%时，无人机降落。

综合任务：随机速度飞行。无人机以随机的速度开始飞行，有时加速飞行一圈，有时减速飞行一圈。当电池电量低于15%时，无人机降落。

（五）任务流程图（见图3-52）

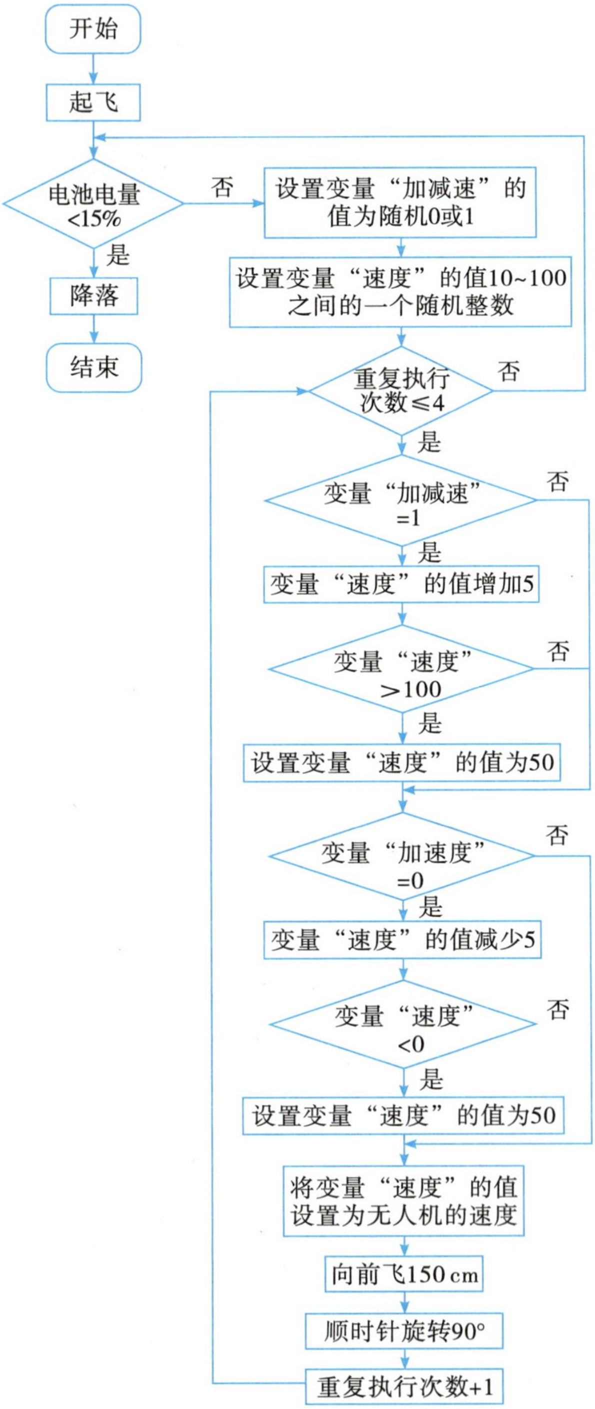

图3-52　随机速度飞行综合任务流程图

（六）三层五导

1. 基本任务：匀速飞行

（1）无人机匀速飞行的航线轨迹是什么样的？
（2）怎样编程实现无人机匀速飞行巡逻博物馆？

2. 提高任务：加速飞行

（1）为什么变量“速度”的值大于100时就要重置无人机的速度？
（2）使用变量设置无人机的速度与直接设置速度有什么异同？

3. 综合任务：随机速度飞行

如何编程实现无人机以随机速度飞行巡逻博物馆呢？

（七）算法解惑

1. 基本任务

（1）博物馆的大小为150 cm×150 cm，说明它的平面空间形状是边长为150 cm的正方形。无人机围绕博物馆周围匀速飞行，相当于无人机在平行于地面的平面上飞行正方形轨迹。因此，无人机匀速飞行的航线轨迹是，以博物馆边缘一角作为起点起飞升空，不停地绕150 cm×150 cm的正方形轨迹飞行，直到电量低于15%时降落。无人机以正方形轨迹飞行的方式不少，这里介绍两种方式。一种方式是机头朝向不变，如图3-53所示，先向前飞，然后向右飞，接着向后飞，最后向左飞回到起点。其中前、后、左、右的顺序可以根据实际情况而定，只要能够顺时针或逆时针飞行形成一圈即可。另一种方式是机头朝向变化，如图3-54所示，先向前飞，然后顺时针或逆时针旋转90°，接着再执行3次以上步骤即可完成一圈的正方形轨迹飞行。

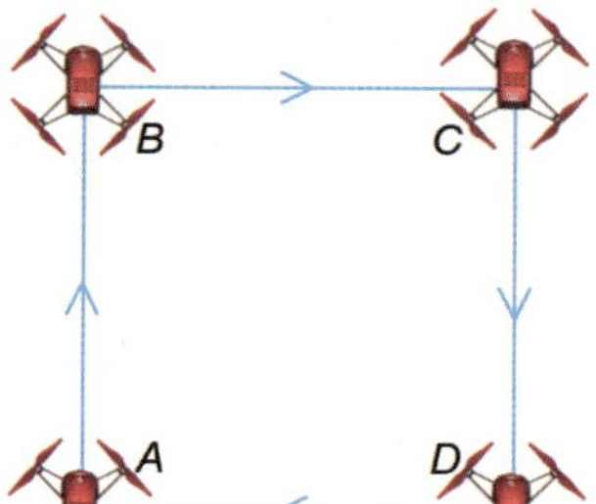

图3-53　机头朝向不变

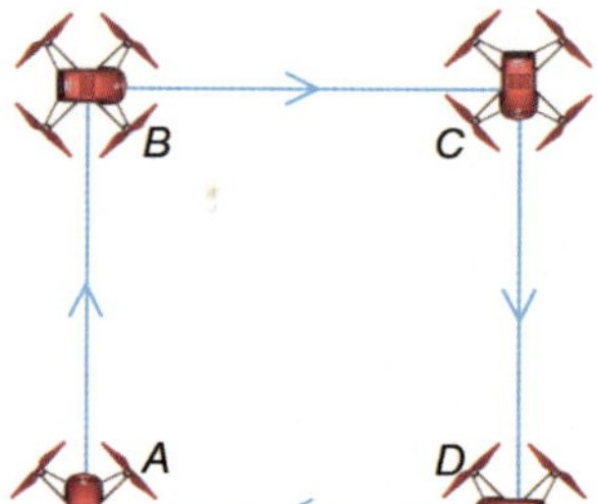

图3-54　机头朝向改变

（2）编程实现无人机匀速飞行巡逻博物馆，需注意两方面：一方面无人机要有固定的飞行速度，另一方面无人机要按航线飞行。如图3-55所示，无人机起飞后，将以50 cm/s的速度，采用图3-54机头朝向改变的方式以正方形航线轨迹飞行，无人机的机头始终面向博物馆廊道，确保其巡逻时监视着抵达博物馆的必经之路。“向前飞”积木的飞行距离最短是20 cm，最长为500 cm。要向前飞行150 cm，使用“向前飞150 cm”

积木即可。正方形的转角为90°，所以可以根据无人机的实际起飞点和机头朝向，决定无人机顺时针还是逆时针旋转90°。由于无人机执行巡逻任务需要不停地飞行正方形航线，直到电量低于15%，因此为向前飞和旋转动作添加“按指定条件结束重复”积木。

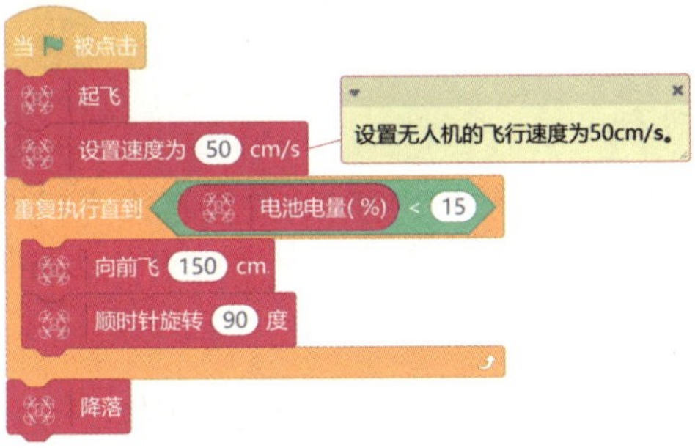

图3-55　匀速飞行程序脚本

小知识

关系运算符

数学课上经常使用运算规则进行数据计算，求解问题。运算其实是多样的，在程序世界中常见的运算有算术运算、关系运算、逻辑运算和字符运算等。本项目先介绍如表3-9所示的常见的关系运算符，关系运算符主要用于比较两个值的大小，运算的结果为布尔值真或假①。

表3-9　常见的关系运算符

关系运算符	名称	示例	功能
==	等于	$a==b$	a等于b时返回值为真，否则返回值为假
>	大于	$a>b$	a大于b时返回值为真，否则返回值为假
<	小于	$a<b$	a小于b时返回值为真，否则返回值为假
>=	大于或等于	$a>=b$	a大于或等于b时返回值为真，否则返回值为假
<=	小于或等于	$a<=b$	a小于或等于b时返回值为真，否则返回值为假
!=	不等于	$a!=b$	a不等于b时返回值为真；否则返回值为假

2. 提高任务

（1）如图3-56所示为无人机加速飞行的程序脚本。“设置速度”积木的参数取值范围是10 ~ 100 cm/s，说明无人机的飞行速度最低为10 cm/s，最高为100 cm/s。本任务

① 百度百科. 关系运算符［EB/OL］.［2022-07-07］. https://baike.baidu.com/item/%E5%85%B3%E7%B3%BB%E8%BF%90%E7%AE%97%E7%AC%A6.

要求无人机进行加速飞行，如果变量“速度”的值超过100后，还继续增加速度，那么无人机反而开始以100 cm/s的速度匀速飞行了。因此，当变量“速度”的值大于100时，就重置该值为50，用于避免匀速飞行的发生。

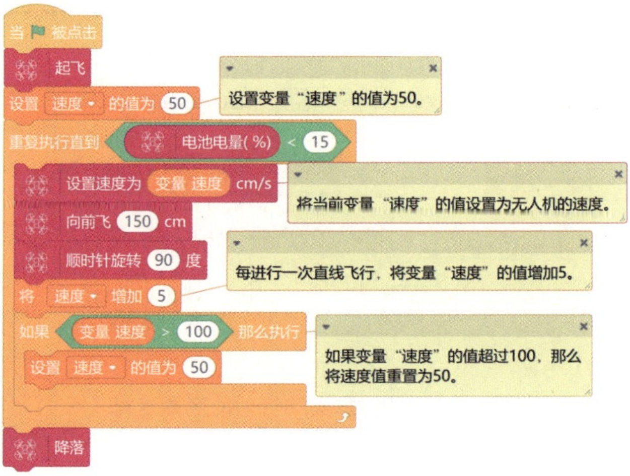

图3–56　加速飞行程序脚本

（2）如果无人机使用直接设置速度值的方式飞行，那么每一次更改速度值，都要使用一个新积木来赋值。也就是说如果发生100次速度值的变化，那么在程序脚本中就得对应具体的100个积木。而使用变量设置无人机的速度，可以大大简化无人机速度值的改变过程。通过调用该变量，可以方便地对该速度值进行赋值或增减等运算，尤其适合在限次循环、条件循环和无限循环等迭代过程中对某数值的前后状态进行有规律的运算。此时如果要进行100次速度值的有规律的变化，那么在程序脚本中可以使用1个变量代替具体的100个速度值，这不仅减少了积木的使用，还提升程序的易读性和可重用性。

小知识

变量的结构、命名与特点

变量像一个有名称的存储容器，它有变量名和变量值两个属性。变量名在有效的范围内必须是唯一的，通常使用易于阅读和能够描述所含数据用处的名称，一般不能用纯数字或者以数字开头来命名（但Mind+的变量积木可以，特此说明）。变量值指变量存储的数据，可以是数字、字符（串）、表达式等。每个变量同时只能存储一个值，新的变量值会替换原来的变量值①。

①百度百科. 变量［EB/OA］.［2022-07-07］. https://baike.baidu.com/item/%E5%8F%98%E9%87%8F/3956968#viewPageContent.

如果使用了变量进行无人机的编程，那么在测试时，建议先去除有关无人机飞行的指令，如图3–57所示，适当添加“按指定时间等待”积木（方便用户观察变量数值的变化），单独运行变量的运算程序，并如图3–58所示在舞台中查看变量的数值变化是否符合预期的结果。当变量的取值范围调试无误后，再进行无人机的飞行测试。

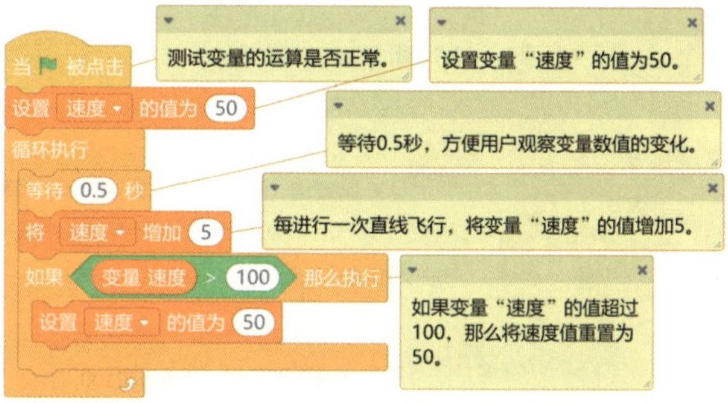

图3–57　测试加速飞行时的变量运算

图3–58　在舞台中查看变量“速度”的数值变化

3．综合任务

如图3–59所示，利用“随机数”积木随机生成0或1，作为变量“加速度”的参数，0表示无人机将减速飞行这一圈，1表示无人机将加速飞行这一圈。由于0和1是随机的，那么即将加速飞行一圈还是减速飞行一圈也是无法事先预测的。利用“随机数”积木还可以设置变量“速度”的值为10～100之间的一个随机整数，将当前变量“速度”的值设置为无人机的速度，即可实现无人机飞行每一圈的初始速度都是随机的。

小知识

随机数

随机数是在不确定、无规则的条件下从有限的集合中选出的数，它最重要的特性是随机数在产生时后面的那个数与前面的那个数毫无关系，因此仅能预见它的大约范围，对具体数值则有不可预测性。

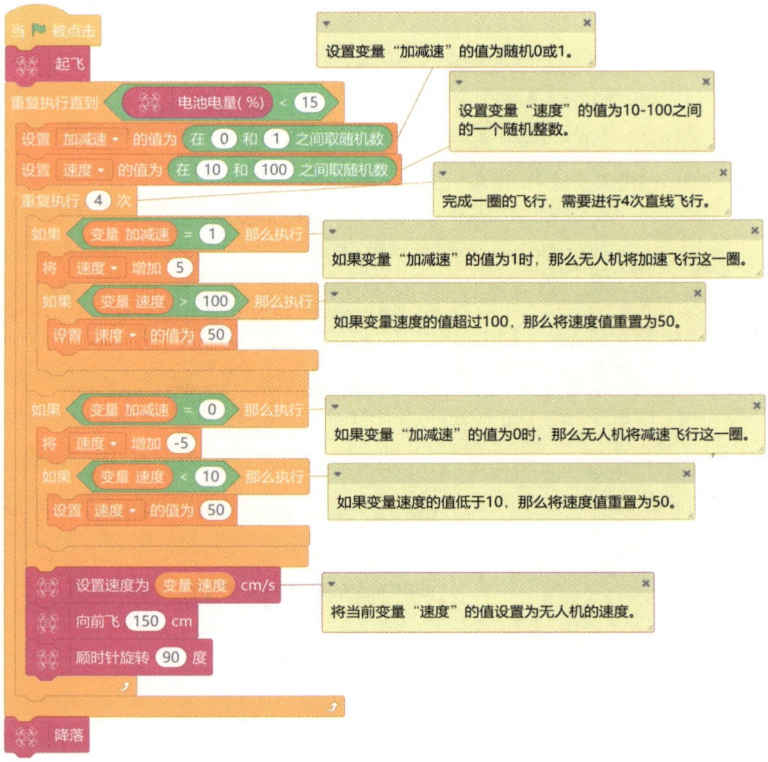

图3–59　随机速度飞行综合任务脚本

本任务中要求的随机速度飞行，并不是指无人机在任何时间点的速度都是随机的，一来无人机无法实现过快频率的速度变化，二来速度得在时间或距离的配合下才能体现出差异，因此，无人机以某一随机速度飞行时，需要保持该速度一定的时间或者距离。完成一圈飞行，需要进行4次直线飞行，无人机以每一边的直线飞行起点作为速度变化的触发点，在每一边的直线飞行速度是固定的，但是边与边之间的速度是有差异的。如果在*A*点开始第一次速度变化，那么飞行一圈总共需要速度变化4次，因此，在直线飞行前可以先增加或减少变量“速度”的值。在此基础上，再配合判断无人机的加减速状态，即可实现无人机随机一圈的加速飞行或者减速飞行。

由于实现随机初始速度和随机加减速状态的变量运算较为复杂，与提高任务中的测试建议一样，如图3–60所示，先移除无人机的飞行动作积木，适当添加“按指定时间等待”积木，单独测试变量的运算，并如图3–61所示在舞台中查看两个变量的数值变化是否符合预期的结果。如果变量的运行结果与预期一致，就可以继续进行无人机的飞行测试。

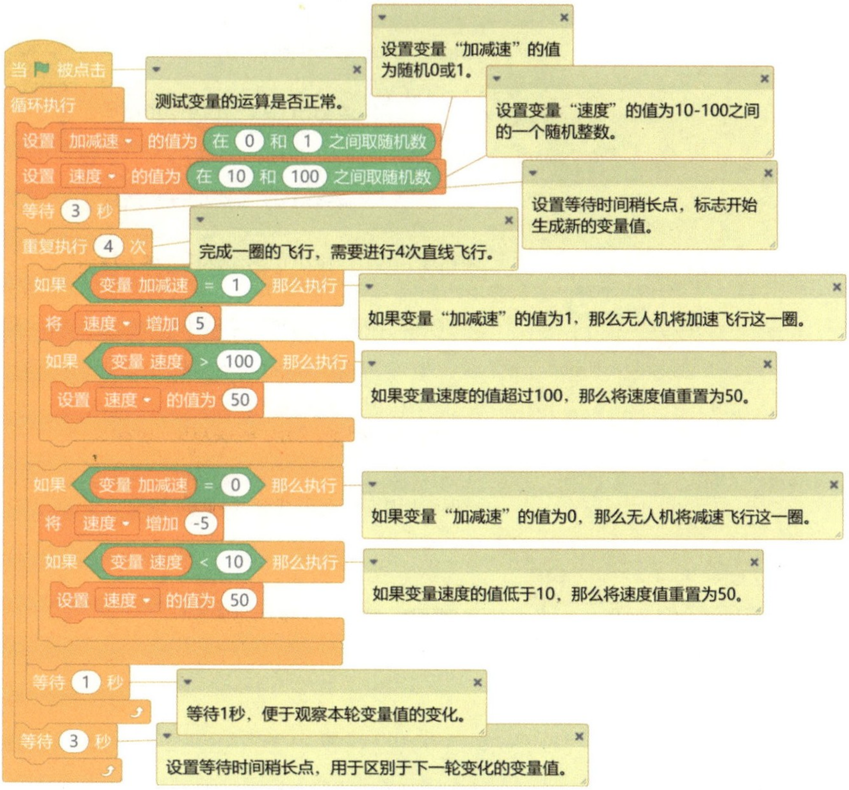

图3-60　测试随机速度飞行时的变量运算

图3-61　在舞台中查看变量“速度”“加减速”的数值变化

（八）实践与思考

（1）如图3-62所示，多边形$ABCDE$为正五边形，$AB=150$ cm，$\angle PBC=72°$，请编写程序实现无人机沿正五边形航线减速飞行。

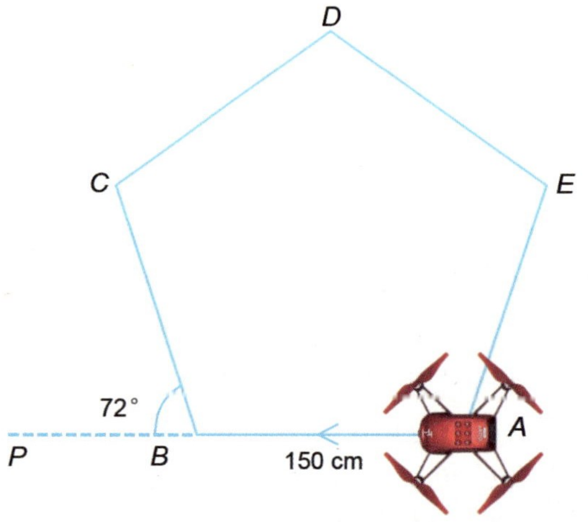

图3-62　沿正五边形航线减速飞行

（2）如图3-63所示，多边形*ABCDEF*为正六边形，*AB*＝150 cm，请编写程序实现无人机沿正六边形航线飞行，奇数圈时减速飞行，偶数圈时加速飞行。

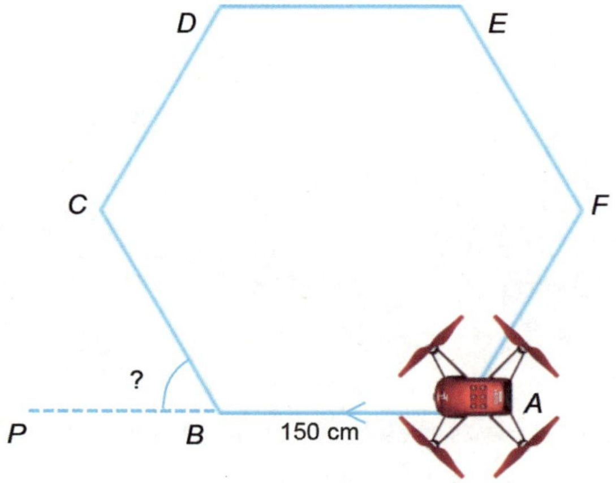

图3-63　沿正六边形航线飞行

（九）评价分享

（1）运用本案例的主要知识，设计一个有关变量使用的创意飞行项目，并完成工程日志（见表3-2）和带讲解的飞行演示短视频制作。

（2）围绕所完成的项目，根据评分表（见表3-3）开展自评，或邀请老师、家长、同学进行评价。

项目7 监测高速路——键盘侦测与自定义模块

（一）项目背景

我国是高速公路里程最长的国家。截止到2020年年底，我国高速公路的总长度已达16.1万公里[①]。大多数高速道路使用传统的定点监控器对道路流量进行监测。由于监控点位设置及高速道路上维护的复杂性，传统视频监控在发生故障后不能及时修复，给道路监控带来盲点。这时利用无人机具有的速度快、航程远、视野广等优势，可以对长距离的高速公路的实时路况进行实时巡航监测，这一做法给交通管理带来了新的视角，提升了应对突发事件的响应速度。但无人机在室外巡航的过程中，飞行很易受各种内外因素干扰，如天气、电量、故障等。无人机若遇到不能继续前进的突发的状况时，能通过原航线自动返航，就能有效保障无人机的飞行安全。由于当前TT无人机暂不支持GPS功能，本项目将设计TT无人机模拟对三段高速公路进行巡航监测，随时利用按键指挥无人机将当前航线切换为提前设置的原路返航航线，从而安全地返回起飞点。

图3-64　无人机监测高速公路（图源：百度网）

（二）任务描述

无人机需要模拟对AB、BC、CD三段“高速公路”进行交通巡航监测，无人机面向方向见红色箭头，飞行路线为：$AB \to BC \to CD \to DC \to CB \to BA$，其中$AB = 80$ cm、$BC = 130$ cm、$CD = 120$ cm、$\angle ABC = 120°$、$\angle BCD = 110°$。在按下空格键后，无人机在完成其中某一段“公路”的巡航后（即B、C、D点中的其中一点），马上按照已巡航的原航线返航飞行，回到起飞点A处降落。无人机无论是巡航还是返航，面向方向

---

①刘亮．交通运输部：中国高速公路通车里程居世第一［EB/OL］.（2021-08-24）［2022-02-02］. https://www.chinanews.com.cn/cj/2021/08-24/9550496.shtml.

都是向前，见红色（巡航）箭头指向。例如：在BC段中任意一个位置按下空格键，无人机将在C点开始返航，返航路线为：$CB \rightarrow BA$。其中AB、BC、CD的“公路”长度和无人机在B、C点旋转的角度参数都可以根据键盘输入而计算所得，以适应更多不同的实际应用场景。

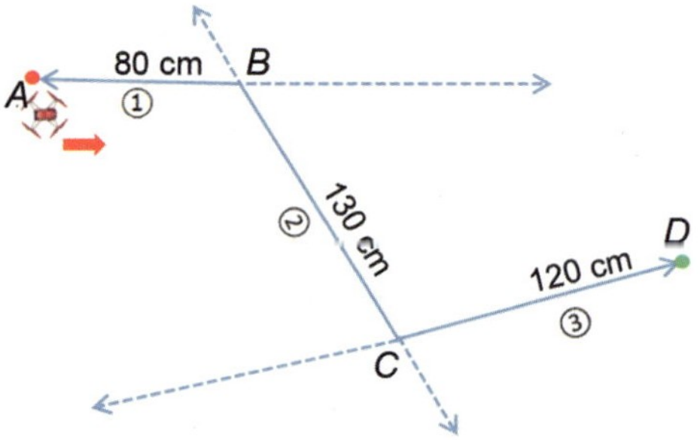

图3-65　“监测高速路”综合任务航线（俯视图）

（三）主要知识点

1. 核心素养

（1）根据如图3-65所模拟的无人机监测高速公路的过程，抽象出无人机巡航时的飞行轨迹，能把无人机飞行基本过程界定为：起飞—巡航AB路段—改变方向—巡航BC路段—改变方向—巡航CD路段—改变方向—原航线返航八个环节。

（2）理解自定义模块积木在结构化程序中具有突出主体、精简内容、条理清楚等方面的特点。

（3）能灵活运用“询问”“回答”积木，以赋值变量的形式，实时设置“高速路”距离和转角等参数，并能通过“按键响应”积木控制无人机返航，形成富有个性化的高速路监测方案。

2. 其他目标

（1）掌握“如果……否则……”“键盘输入”“询问……并等待……”“回答变量”和自定义模块积木使用方法。

（2）能根据任务要求，设计出无人机往返的飞行航线，计算相应的无人机飞行转角。

（3）能编写无人机“监测高速路”的飞行程序脚本。

（4）了解无人机在高速公路交通管理上的重要性和便利性，增加利用无人机解决生活问题的兴趣。

完成“监测高速路”项目，需要使用一些积木来搭建程序脚本，它们主要涉及“侦测”“自定义模块”中的部分积木，如表3-10所示。

表3-10 完成“监测高速路”任务所涉及的主要积木

积木	名称	作用
	键盘输入与回答变量	位于表2-4“侦测”模块 用于记录键盘输入的信息，该信息临时存放到“回答”变量中，回答变量此时的新值将和预先设定的条件进行比较，程序将根据是否满足条件而进行不同的响应 注：当勾选“回答”变量积木前的方框，“回答”变量及其数值将出现在舞台
	调用指定名称自定义模块	位于表2-4“函数”模块 自定义模块积木，单击“自定义模块”按钮可以自定义模块积木名称，添加方便阅读的文本标签，或者添加字符串、数字和布尔类型的参数。该积木用于封装一段可实现指定功能的程序，方便其他程序重复调用，既提高了程序编写的效率，也提升了程序的易读性
	自定义模块积木	位于表2-4“函数”模块 自定义模块完成后，会自动新建一个相应名称的函数积木。需要调用模块时，运行该积木即可
	如果……否则	位于表2-4“控制”模块 如果指定条件成立，那么执行“如果”框中的积木；条件不成立时，执行“否则”框中的积木

（四）问题界定

根据项目要求，模拟无人机在空中监测三段高速公路的交通状况。它经历了“起飞—巡航AB路段—改变方向—巡航BC路段—改变方向—巡航CD路段—改变方向—原航线返航”八个阶段。

图3-65中提供的长度和夹角参考数据只是为了更好地调试程序和计算无人机旋转角度，完成综合任务后可输入不同的变量参数，实现更多种航线的巡航飞行。为了便于读者理解，本项目将分为三个小任务来完成。

基本任务：自定义模块应用。使用自定义模块“输入飞行参数”封装建立六个变量和输入变量参数的脚本。这六个变量分别是：飞行状态（无人机是否返航）、AB（AB路段长度）、BC（BC路段长度）、CD（CD路段长度）、$\angle ABC$（AB与BC的夹角）、$\angle BCD$（BC与CD的夹角）。这六个变量都使用“键盘输入与回答变量”记录，用户输入完成后，舞台上显示这六个变量数值。

提高任务：用变量参数飞行。根据图3-65，编写无人机前进巡航的脚本，在A起飞，依次途经B、C点，在D点降落。同时思考返航脚本和巡航脚本的区别。

综合任务：无人机返航。在提高任务的基础上增加返航脚本，实现巡航途中按下空格键，飞机会从下一个转向点（B、C、D）开始返航，回到A点降落。使用自定义模块分别封装B、C、D三个返航点程序脚本，并使用这些自定义模块优化程序脚本结构。

（五）任务流程图（见图3–66）

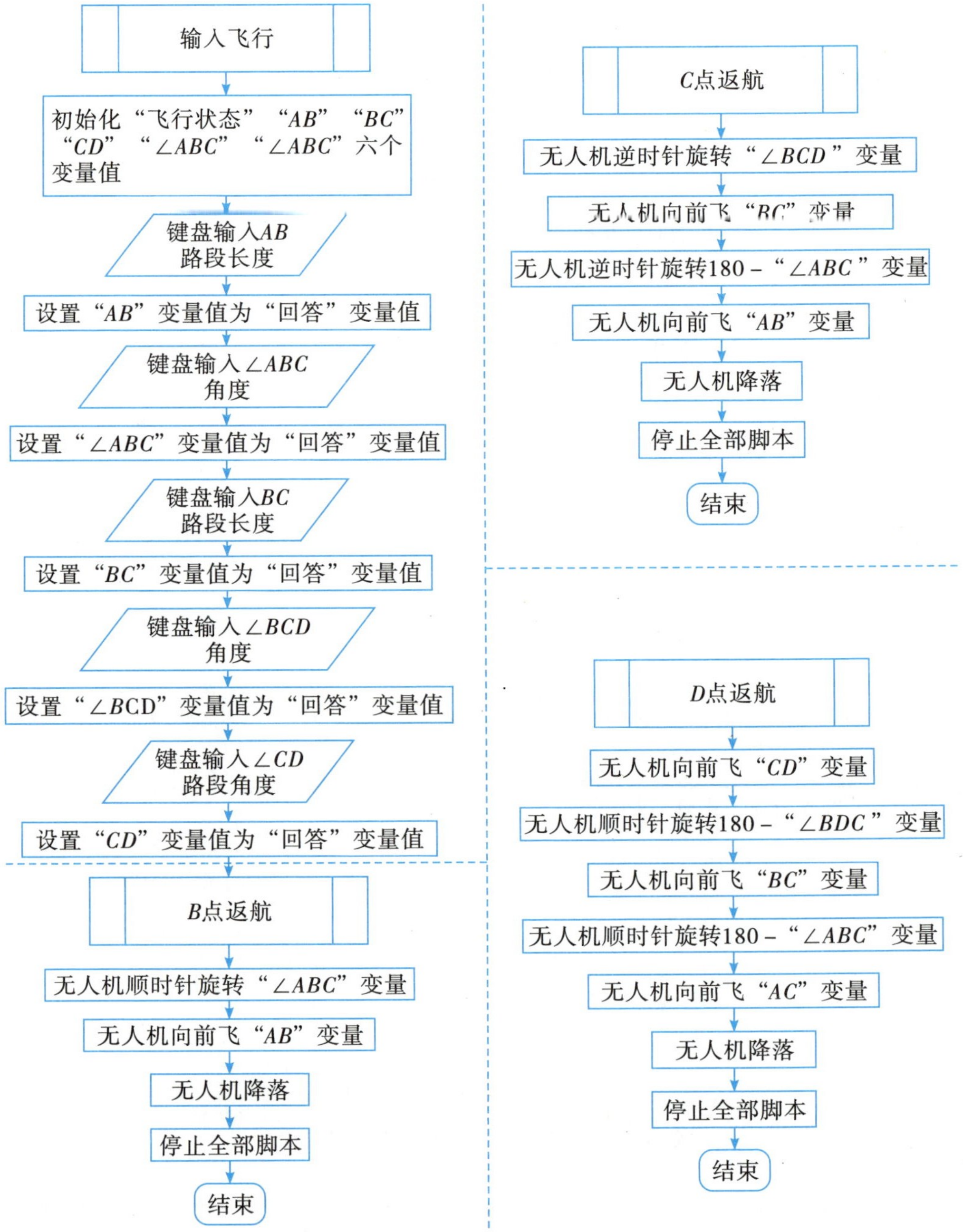

图3–66　“监测高速路”自定义模块流程图

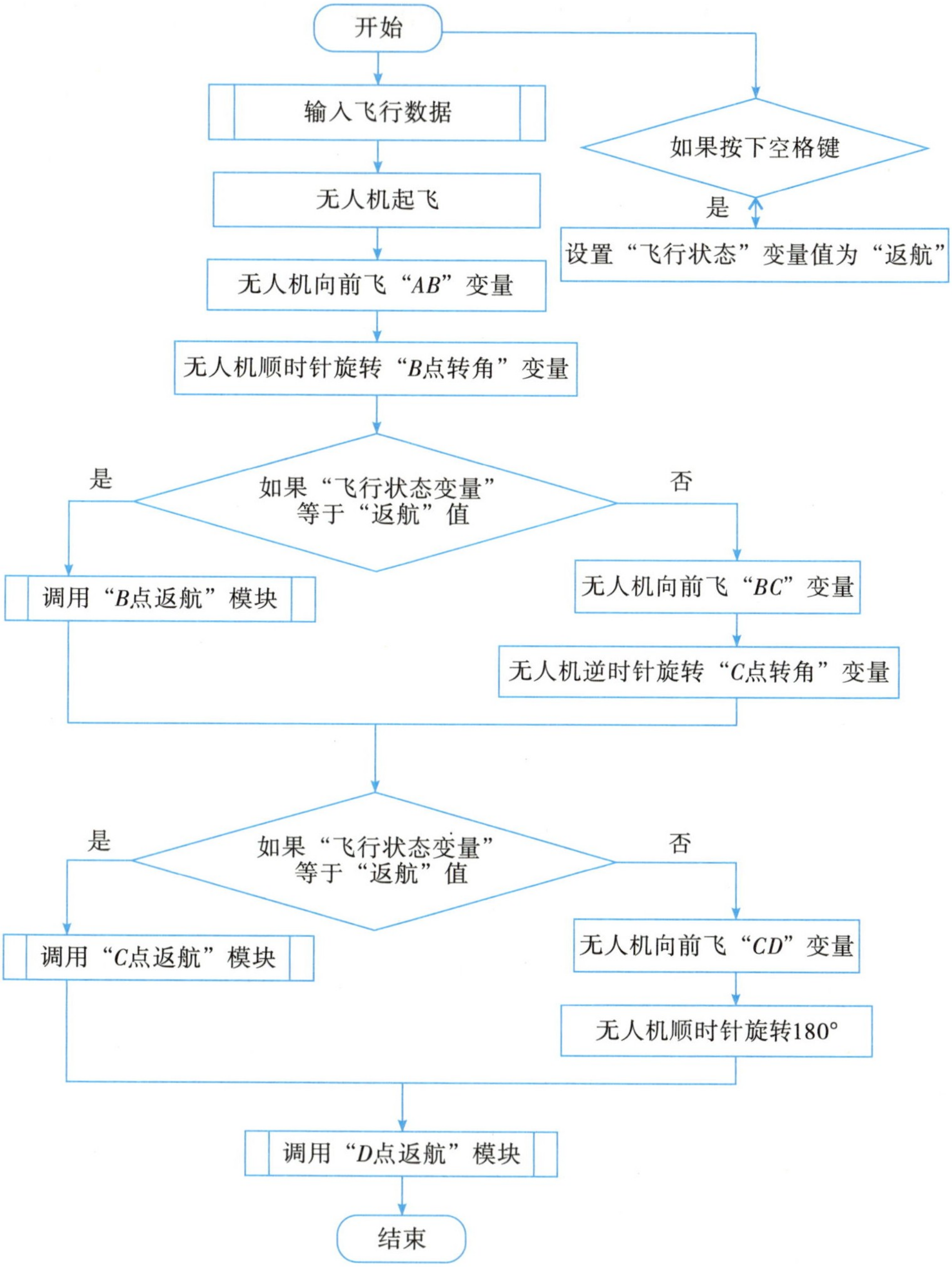

图3-67 “监测高速路”综合任务流程图

（六）三层五导

1. 基本任务：自定义模块应用

（1）自定义模块的作用是什么？

（2）“键盘输入与回答变量”是怎样为多个变量赋值的？

2. 提高任务：用变量参数飞行

（1）为什么需要变量作为参数来控制无人机巡航飞行？

（2）无人机巡航和返航的航线有什么异同？

3. 综合任务：无人机返航

如何编写脚本实现无人机从巡航状态马上转变为返航状态？

（七）算法解惑

1. 基本任务

（1）随着编写的脚本积木越来越多，脚本界面的可见范围不仅会显得捉襟见肘，程序可读性还会逐渐变差，与此同时也增加了修改维护的难度。而使用Mind+函数模块中的自定义模块，可以把具有一个或者多个功能的积木组定义成一个模块，需要使用这些功能时，只需要在主程序积木组中调用对应的模块即可。这样能让脚本积木的组织结构更加清晰，可读性更强，还能减少重复积木，提高编写效率。在基本任务中，把变量的新建和赋值的积木定义为“输入飞行参数”模块，然后在函数模块中找到“输入飞行参数”自定义模块积木并像普通积木一样来使用它，可以有效地减少主程序的长度，看起来条理更加明晰。

（2）“键盘输入”“回答变量”是侦测模块中的两个配套使用积木，当执行积木时，程序会暂停下来并询问一个问题，让用户输入一个字符以上的信息（在本项目中需要用户输入长度或角度），然后把该信息存入Mind+内置的一个“回答”变量中，再使用设置变量积木，把“回答”变量的值赋值给指定的变量。值得注意的是，“回答”变量跟普通新建的变量一样，只能同时存储一个信息。在多个变量赋值过程中，在每次用户输入完信息后，该变量都会自动更新为最近一次输入的信息，所以每次键盘输入完后，需要马上设置变量的赋值，程序脚本见图3–68。

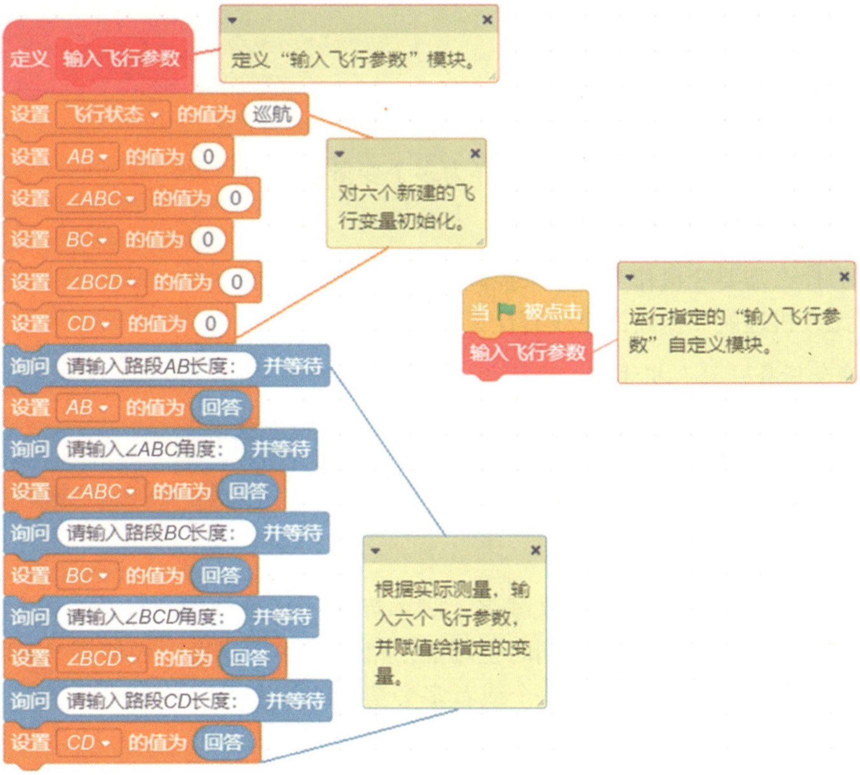

图3-68 "监测高速路"基本任务脚本

小知识

模块化程序设计

设计较复杂的程序时，一般采用自顶向下的方法，将大问题拆分为几个小问题，甚至各个小问题还可以再进行细化，直到分解为较好解决的问题为止，这就是程序的模块化设计。

模块化设计用主程序、子程序、子过程等框架把问题的主要结构和流程描述出来，并定义和调试好各个框架之间的输入、输出关系。模块化的目的是降低程序复杂度，使程序设计、调试和维护等操作简单化①。

在项目17和项目18中，利用自定义模块（函数）实现了多个复杂飞行任务的模块化，使得主脚本程序更加简单和直观。

---

①百度百科. 模块化程序设计［EB/OL］.［2022-03-17］. https://baike.baidu.com/item/%E6%A8%A1%E5%9D%97%E5%8C%96%E7%A8%8B%E5%BA%8F%E8%AE%BE%E8%AE%A1/1154869?fr=aladdin.

2. 提高任务

（1）在新建变量之后，每个变量都是一个积木，通过基本任务把实测（参考）数据赋值给了指定的变量，然后各个变量积木放置到对应飞行积木的参数框中，即可使用变量来控制无人机巡航飞行。变量作为参数来控制无人机巡航飞行，每次只需要根据实际测量数据作为参数输入脚本即可。这样可以让脚本程序适应更多不同的实际应用场景，通用性更强。提高任务程序脚本见图3–69。

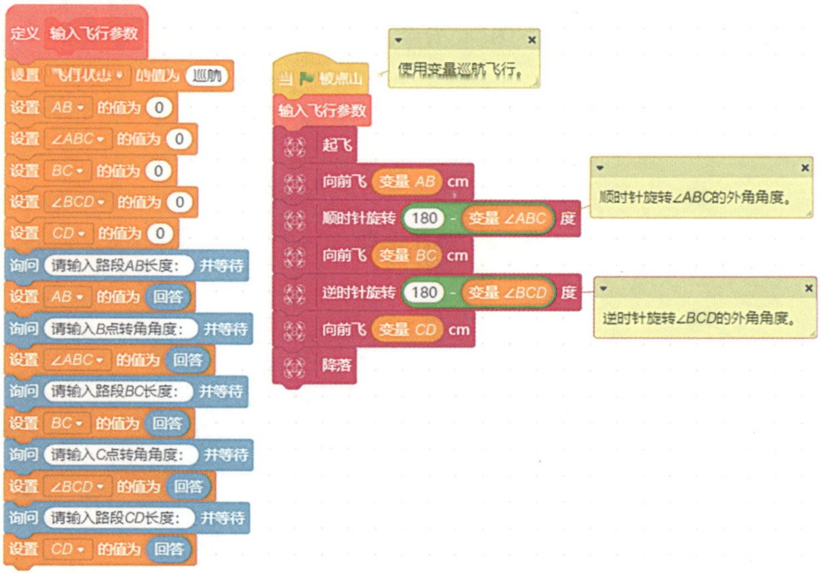

图3–69 “监测高速路”提高任务脚本

（2）本项目中，无人机为模拟高速公路监测，需要摄像头一直面向前方，无人机无论在巡航或返航时都是向前飞行，飞行航线完全一致。巡航时无人机在B、C点转角角度则需要求出∠*ABC*、∠*BCD*的外角角度，即“180°－∠*ABC*”和“180°－∠*BCD*”，使用减法表达式来作为旋转角度的参数，见图3–69。返航时的*B*、*C*点无人机旋转方向和巡航时的方向刚好相反，角度一致（也可以使用减法表达式作为参数）。另外*D*点的转角由于是掉头飞行，都是旋转180°，所以*D*点无须新建变量。

3. 综合任务

无人机从巡航状态马上转变为返航状态，首先使用“飞行状态”变量记录无人机飞行的状态（巡航/返航），在脚本开始执行时，该变量为“巡航”值。使用“事件”模块中的“键盘按键”积木，设置为按下空格键时，“飞行状态”变量设置为“返航”值。然后把“飞行状态”变量为“返航”作为“如果……否则”积木的条件，符合条件则执行返航，否则执行巡航。接着参考基本任务，使用自定义模块功能定义3个转向点的返航脚本，从提高任务可以计算出无人机巡航和返航时每个转向点（*B*、*C*、*D*）的角度和方向。最后只需要加入相应的飞行距离即可完成返航脚本。值得注意的是，每次返航降落后，需要添加“停止全部脚本”积木，这是为了返航后主脚本后面的巡航脚本不再执行，具体脚本见图3–71。由于排版和篇幅限制，图3–71中不再列出“输入飞行参数”的自定义模块。

前面项目5中已经介绍了“如果……那么执行”的选择结构语句。“如果……否则”积木是选择结构中的一种。它先提出一个判断条件，如果判断条件成立，执行相应的分支一框内的指令，否则执行分支二框内指令，见图3–70。它跟“如果……那么执行”的区别在于：当判断条件不成立的时候，“如果……那么执行”不执行任何指令，而“如果……否则”就执行相应框内的积木指令。

综合任务程序脚本见图3–71。

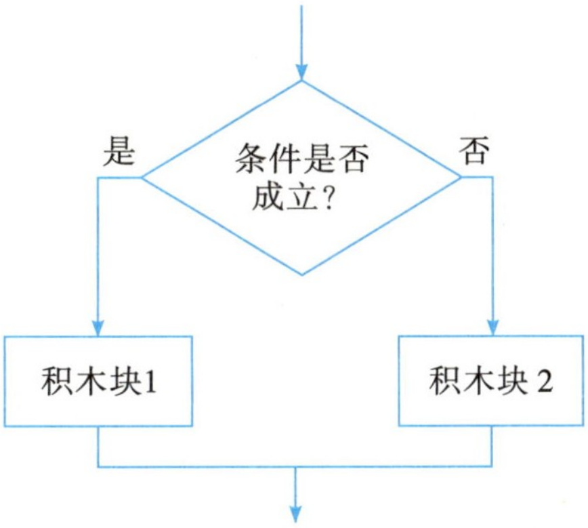

图3–70 “如果……否则”积木流程图

图3–71 “监测高速路”综合任务脚本

小知识

无人机在高速公路的应用

1. 现场监控

当高速公路发生交通堵塞、事故甚至火灾，以及其他一些地理、气象因素造成严重影响交通运行安全的情况下，决策指挥者需要第一时间了解现场情况。但固定摄像机覆盖范围有限，不能满足全程视频覆盖的需要，而携带车载监控系统的路政、交警车辆及人员也可能被漫长的堵塞车流隔离在远离现场的地方。无人机能搭载高清数字化摄像头，对地面实时情况进行清晰的拍摄和录像，实时回传视频，非常合适对高速公路上突发事件进行现场监控。

2. 协助救援

当高速公路发生交通事故时，可能随之而来的是大面积的交通拥堵，救援所急需的设备物资很难及时到达现场，受伤人员就无法得到及时转移和救治。在这危急时刻，每一分钟都非常宝贵。而无人机的加入正好解决这些问题。多旋翼无人机可以避开拥堵的车流和人群，直接降落到现场投送急需的物资和器具。

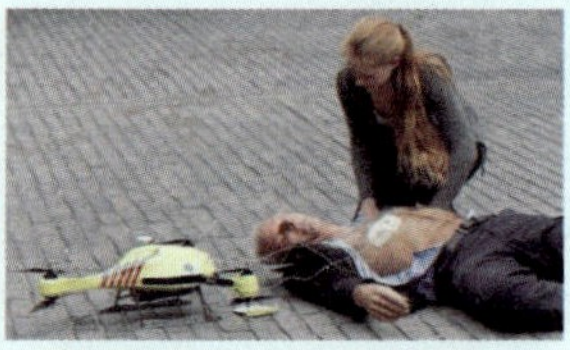

图3-72　无人机救援
（图源：我爱无人机网）

3. 违法示警与抓拍

无人机可以快速巡查高速公路上的监控“盲区”，有效避免交通状况、地形限制等影响，提高高速公路上的违法违规行为的发现率与处置率。无人机搭载：高空喊话喇叭、高清摄像抓拍、照明补光以及热图成像等模块，实现在事故或违法现场上方长时间悬停，对司机发出语音警示，并实时对违法现场抓拍取证。夜间还可借助照明模块多角度拍摄事故现场图像。而热图成像模块则可帮助探测高速公路上的危化品车辆内的情况①。

图3-73　无人机执法
（图源：河南交通投资集团有限公司官网）

（八）实践与思考

尝试修改飞行参数，设计更多不同的高速公路巡航/返航的监测方案。

（九）评价分享

（1）围绕本案例的主要知识，设计一个具有现实意义的无人机巡航/返航飞行项

---

①跃飞智能无人机. 无人机高速公路应用解决方案［EB/OL］.（2022-04-29）［2022-07-07］. http://news.sohu.com/a/542357792_120793442.

目，并完成工程日志（见表3-2）和带讲解的飞行演示短视频（5分钟以内）制作。

（2）围绕所完成的项目，根据评分表（见表3-3）开展自评，或邀请老师、家长、同学进行评价。

项目8 创意飞弧线——空间直角坐标系

（一）项目背景

创意飞行又称特技飞行。特技飞行缘何诞生呢？可以说，许多特技飞行动作都是飞行员厚积薄发的结果，是飞行员在面临紧急险情时做出的避险动作，甚至是扭转战场态势的飞行动作。像在空战中，如图3-74所示，如果被敌机紧紧尾追，利用特技飞行，可刹那间轻巧地跃至敌机身后，摆脱敌机追击，并获得了绝佳的反击机会。此外，特技飞行还用于表演，通过展示复杂多变的飞行动作，不仅吸引观众眼球，也体现了飞行员的实力和飞机的性能，甚至给潜在的对手留下心理上的震撼。因此，特技飞行不仅展现了丰富的创意，很多还蕴含极强的现实意义，能解决不少棘手问题，被越来越多地重视，得到了迅速的发展。

图3-74 特技飞行反击（图源：优未天空）

本项目引导青少年编程驱使旋翼无人机在水平面和垂直面完成特技飞行动作，体验无人机良好的操控性和材质的可靠性，让学习者掌握高超的飞行技巧，感受创意飞行的现实意义。

（二）任务描述

如图3-75所示，看看无人机能否在垂直于地面的平面上，先从*A*点出发沿蓝色弧线飞行依次经过*B*、*C*、*D*、*E*点，再从*E*点沿橙色弧线飞行依次经过*F*、*G*、*H*、*I*点，完成一次“8”字飞行。

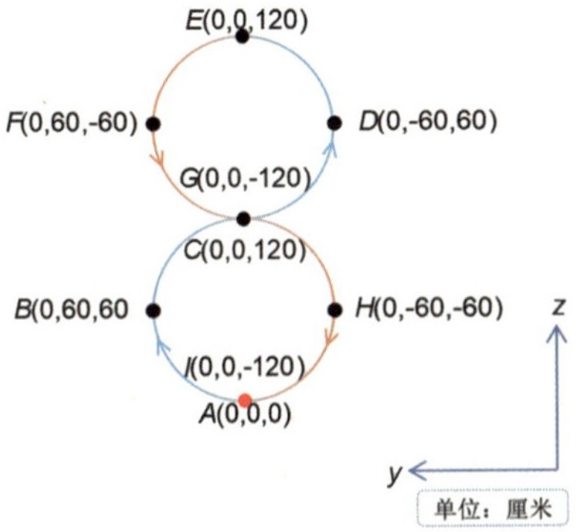

图3-75 垂直面“8”字飞行（主视图）

（三）主要知识点

1. 核心素养

（1）根据无人机特技飞行的路线，抽象出无人机在水平面或垂直面飞行的空间轨迹，发现特技飞行过程中的距离和转角规律，能正确计算无人机的飞行转角，合理使用“重复执行次数”积木设计无人机的特技飞行动作。

（2）知道空间位置以空间坐标的形式表达，理解空间坐标的意义，以及空间直角坐标系与平面直角坐标系的关系，掌握计算空间坐标的方法。

（3）围绕如图3–75所示的飞行轨迹，分析无人机绕“8”字飞行的坐标变化规律，学会无人机飞弧线的方法。

2. 其他目标

（1）观察无人机特技飞行的过程，了解特技飞行动作的实用价值和艺术价值。

（2）掌握“顺时针旋转指定角度”“下降指定距离”积木的使用方法。

3. 主要积木

完成本项目的创意飞行任务，主要通过表3–11所列的积木来搭建程序脚本，它们主要涉及“飞行控制”模块。

表3–11　完成“创意飞弧线”任务所涉及的主要积木

积木	名称	作用
顺时针旋转 90 度	顺时针旋转指定角度	位于表2–4“飞行控制”模块 以无人机前进方向为参照，无人机顺时针旋转指定的角度
下降 50 cm	下降指定距离	位于表2–4“飞行控制”模块 用于无人机朝下方下降指定距离，完成后在当前位置悬停
飞弧线经 x1 0 cm y1 60 cm z1 60 cm 和 x2 0 cm y2 0 cm z2 120 cm 速度 60 cm/s	按指定坐标飞弧线	位于表2–4的“飞行控制模块” 以指定速度飞弧线，经过（$x1$，$y1$，$z1$）到（$x2$，$y2$，$z2$） 注意：弧线半径要在0.5～10米范围内；x、y、z不能同时在–20至20之间

（四）问题界定

如图3–75所示，本项目要求无人机在空中绕“8”字，完成创意飞行。为了便于青少年朋友理解创意飞行动作的规律和特点，本项目将划分为3个小任务来完成。

基本任务：Z形机动。如图3–76所示，实现无人机沿Z形随机前进。

提高任务：“一笔画”五角星。如图3–77所示，A、B间距离为200 cm，无人机依次沿点A、B、C、D、E的顺序飞行，在空中画出正五角星轨迹，并最终回到A点。

综合任务：垂直面“8”字飞行。如图3–75所示，实现无人机在垂直于地面的平面上绕“8”字飞行。

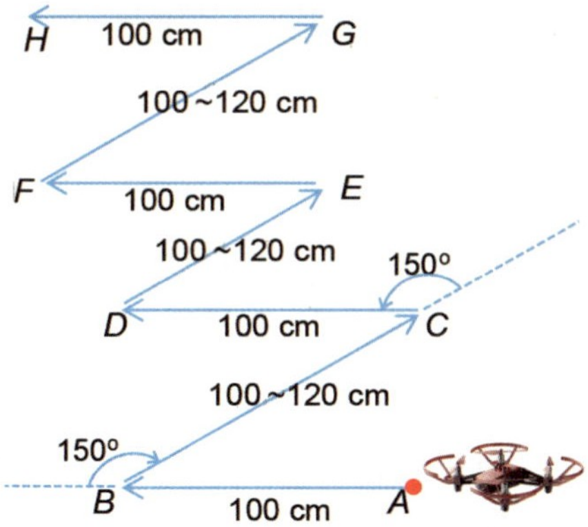

图3–76　基本任务：Z形机动（俯视图）

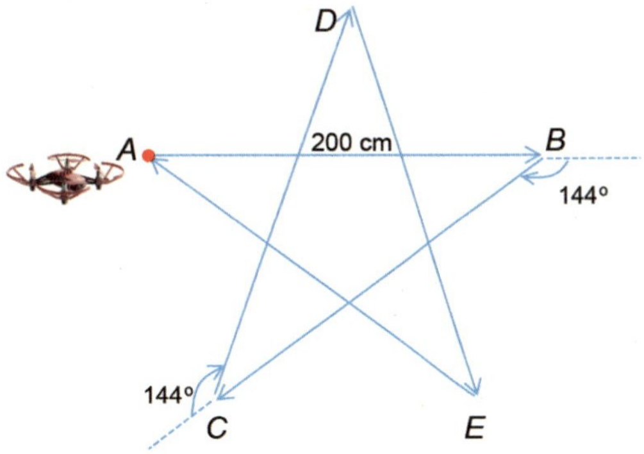

图3–77　提高任务："一笔画"五角星飞行（俯视图）

（五）任务流程图（见图3–78）

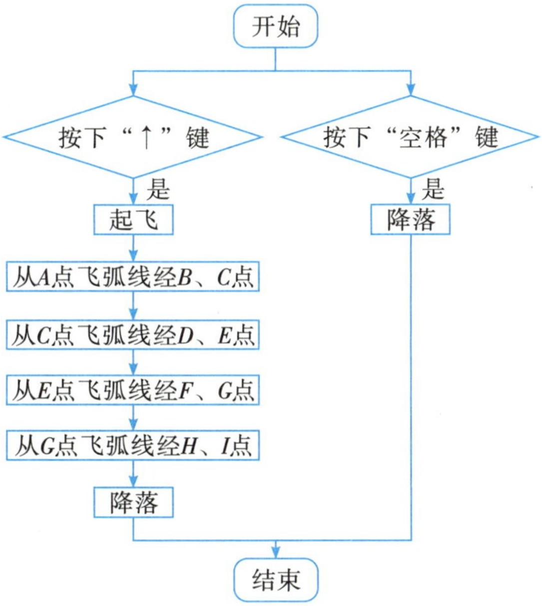

图3–78　垂直面"8"字飞行综合任务流程图

（六）三层五导

1. 基本任务：Z形机动

（1）什么是创意（特技）飞行呢？

（2）怎样编程让无人机实现Z形机动飞行？

2. 提高任务："一笔画"五角星飞行

（1）为什么画五角星每次转角都是144度？

（2）求正五边形的转角和正五角星的转角有什么异同呢？

3. 综合任务：垂直面“8”字飞行

如何编程实现无人机在垂直于地面的平面上绕“8”字飞行？

（七）算法解惑

1. 基本任务

（1）所谓特技飞行，是指飞机等航空器在飞行员的操纵下，沿预定的飞行轨迹，在空间所进行的曲率半径很小的机动飞行的总称。①所有的特技飞行都是创意飞行，真正的创意飞行都是有现实作用和价值的。典型的特技飞行动作有殷麦曼转弯、眼镜蛇机动、桶滚、平螺旋、筋斗等，有兴趣的读者可扫描图3–79二维码了解特技飞行的具体效果。

图3–79 “经典特技飞行动作图”二维码（微信公众号：航空知识）

（2）从Z形机动的飞行轨迹（见图3–76）可见，无人机需要进行多次横向和斜向路线的飞行，横向飞行距离是100 cm，斜向飞行距离在100 ~ 120 cm范围内，横向和斜向路线之间有150°的大转角。利用“顺时针旋转”积木和“向前飞”积木，可以实现无人机横向或斜向路线的飞行。利用“随机数”积木生成100 ~ 120 cm之间的随机整数，作为“向前飞”积木的参数，可以实现无人机斜向随机前进100 ~ 120 cm。利用“重复执行次数”积木，可以实现无人机多次横向和斜向的飞行。

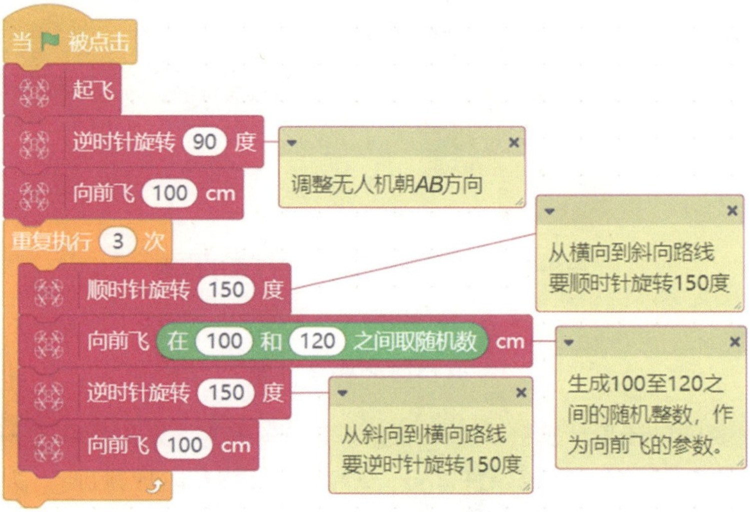

图3–80　Z形机动程序脚本

① 申海清. 特技飞行运动简介_飞机［EB/OL］.（2019–05–24）［2021–10–01］. https://www.sohu.com/a/316124007_776298.

2. 提高任务

（1）从提高任务的要求可见，该“一笔画”五角星是正五角星，正五角星的每个尖角都是36°，但是此处无人机的飞行转角并不是36°，而是它的补角180°－36°＝144°。因为无人机在飞五角星轨迹时需要进行自旋来调整机头朝向，前后机头朝向形成的角度144°才是正确的转角。

（2）求正五边形的转角比较简单，能够利用公式快速求得。因为任意多边形的外角和为360°，所以正多边形的外角等于360°÷边数，那么正五边形的外角是360°÷5＝72°。

而多角星的角度求解比较复杂，且可能有几种星形。此处以图3–77为例，求正五角星的转角。根据公式：

总转角＝360°×K/N （K是倍数，N是角数）

K为正整数2、3、4、5……，且符合两个条件：①$K<N/2$；②K与N不能有公约数。

按条件①：$K<5/2$，那么K只能是2，因此，正五角星的转角为360°×2/5＝144°。

“一笔画”五角星飞行程序脚本见图3–81。

图3–81 “一笔画”五角星飞行程序脚本

小知识

正九角星的转角计算

根据正多角星转角计算公式——转角＝360°×K/N，先按条件①——$K<9/2$，那么K可能是2、3、4，再按条件②——3与9有公约数，应排除3，则K只能是2和4。因此，九角星的转角有两种：360°×2/9＝80°和360°×4/9＝160°。前者角钝（见图3–82），后者角尖（见图3–83）①。

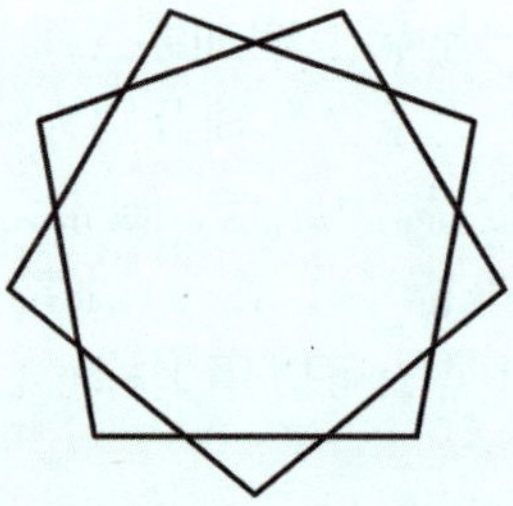

图3-82　九角星1

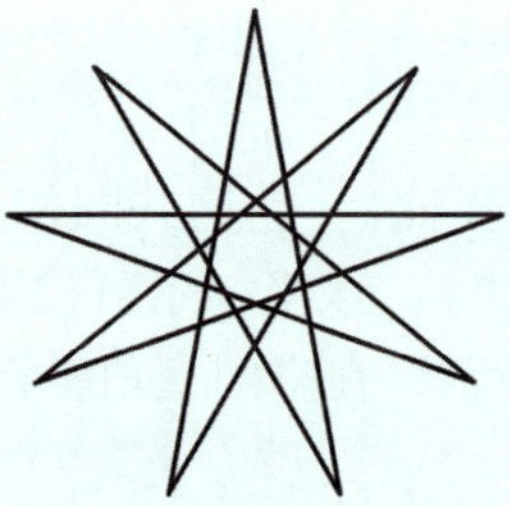

图3-83　九角星2

3. 综合任务

垂直面“8”字飞行任务是用无人机实现现实中的经典单机特技飞行动作“竖8字”。如图3-75所示，可以把“竖8字”看成两个半径为60 cm的圆形，由四段半圆弧形组成，其中途经点的空间坐标是相对坐标，它们以无人机执行“按指定坐标飞弧线”积木时的当前位置为相对坐标原点（0，0，0）。

小知识

平面直角坐标系与空间直角坐标系

在同一个平面上互相垂直且有公共原点的两条数轴构成平面直角坐标系，简称直角坐标系。通常，两条数轴分别置于水平位置与垂直位置，取向右与向上的方向分别为两条数轴的正方向。如图3-84所示，水平的数轴叫作x轴或横轴，垂直的数轴叫作y轴或纵轴，x轴y轴统称为坐标轴，它们的公共原点O称为直角坐标系的原点，以点O为原点的平面直角坐标系记作平面直角坐标系xOy。（百度百科）

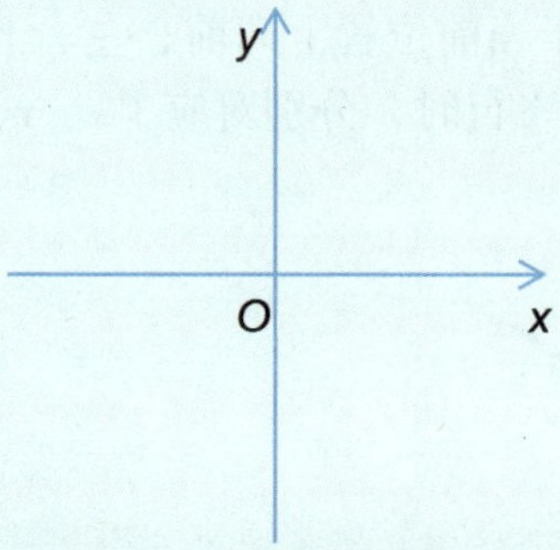

图3-84　平面直角坐标系

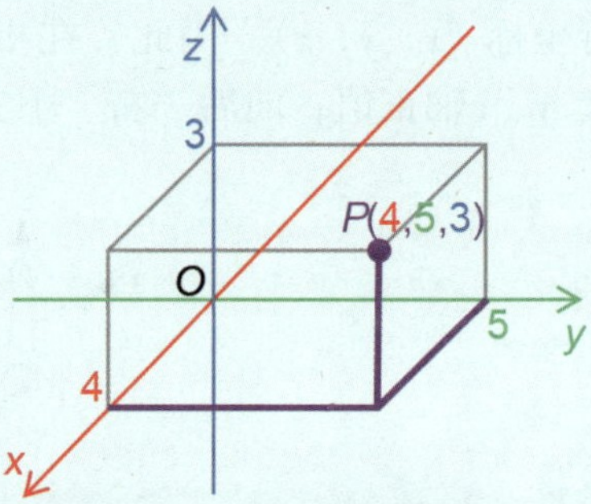

图3-85　空间直角坐标系

①陈质彬. 少年LOGO语言［M］. 广州：广东科技出版社，1997：21.

空间直角坐标系是在平面直角坐标系的基础上增加第三维坐标（即z轴）而形成的。它是由三条互相垂直的坐标轴构成，三条坐标轴分别为称为x轴（横轴），y轴（纵轴），z轴（竖轴）。它们共同相交的点称为原点，通常记作大写字母O，它的坐标为（0，0，0）。该坐标系可以通过坐标（x，y，z）来描述空间中的某一点位置，如图3-85所示，在空间直角坐标系中点P可以用坐标（4，5，3）来表示①。

第一段半圆弧形中，无人机从A点出发，飞弧线依次经过B、C点，此时A点坐标为（0，0，0），B点坐标为（0，60，60），C点坐标为（0，0，120）。将B、C点坐标分别填入“按指定坐标飞弧线”积木的（x1，y1，z1）和（x2，y2，z2）中，即可实现按此圆弧形飞行。以此类推。

第二段半圆弧形中，无人机从C点出发，飞弧线依次经过D、E点。此时C点是相对坐标原点，为（0，0，0）；D点坐标为（0，-60，60）；E点坐标为（0，0，120）。

第三段半圆弧形中，无人机从E点出发，飞弧线依次经过F、G点，此时E点是相对坐标原点为（0，0，0），F点坐标为（0，60，-60），G点坐标为（0，0，-120）。

第四段半圆弧形中，无人机从G点出发，飞弧线依次经过H、I点（I点与A点重合，为避免误用A点的原点坐标，此处使用I点表示）。此时G点是相对坐标原点为（0，0，0）；H点坐标为（0，-60，-60）；I点坐标为（0，0，-120）。

但是，这些点的坐标是如何计算出来的呢？TT无人机使用飞行坐标系是右手坐标系。右手坐标系是在空间中规定直角坐标系的方法之一，如图3-86所示，把右手放在原点的位置，使大拇指、食指和中指互成直角，把大拇指指向x轴的正方向，食指指向y轴的正方向时，中指所指的方向就是z轴的正方向。②TT无人机的机头方向朝x轴正方向，机身左侧朝y轴正方向，机顶上方朝z轴正方向，x、y、z轴的数值组成了TT无人机的空间飞行坐标（x，y，z）。因此，在相对于当前位置上向前、左、上方向飞行时，分别对应了x、y、z轴正值；向后、右、下方向飞行时，分别对应了x、y、z轴负值。

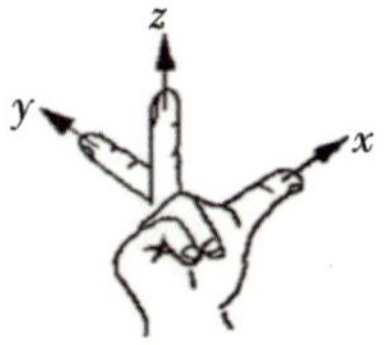

图3-86　右手坐标系（图源：文档网）

---

①百度百科. 平面直角坐标系［EB/OL］.［2022-07-07］. https://baike.baidu.com/item/%E5%B9%B3%E9%9D%A2%E7%9B%B4%E8%A7%92%E5%9D%90%E6%A0%87%E7%B3%BB.
② 右手系_百度百科［EB/OL］.［2021-10-07］. https://baike.baidu.com/item/右手系.

垂直面“8”字飞行任务中没有向前、后方向的飞行，因此本任务中所有途经点坐标的x轴值都为0。根据图3–75可知，B点是相对于A点左方和上方各60 cm的距离，因此B点坐标为（0，60，60）；C点是相对于A点上方120 cm的距离，因此C点的坐标为（0，0，120）。

D点是相对于C点右方和上方各60 cm的距离，因此D点的坐标为（0，–60，60）；E点是相对于C点上方120 cm的距离，因此E点的坐标为（0，0，120）。

F点是相对于E点左方和下方各60 cm的距离，因此F点的坐标为（0，60，–60）；G点是相对于E点下方120 cm的距离，因此G点的坐标为（0，0，–120）。

H点是相对于G点右方和下方各60 cm的距离，因此H点的坐标为（0，–60，–60）；I点是相对于G点下方120 cm的距离，因此I点的坐标为（0，0，–120）。

垂直面“8”字飞行综合任务脚本见图3–87。

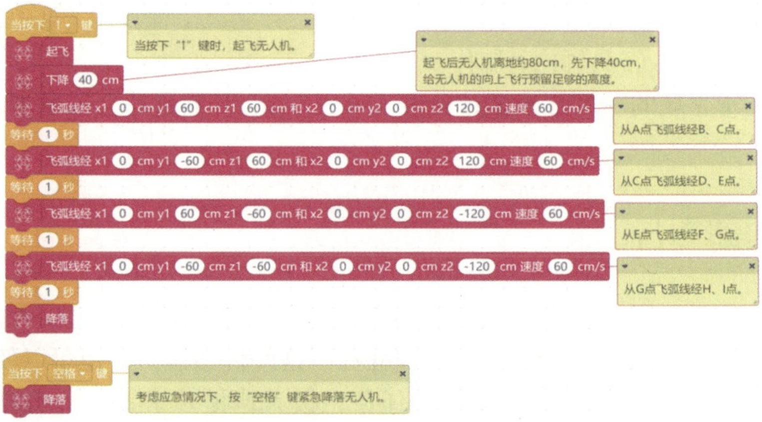

图3–87　垂直面“8”字飞行综合任务脚本

学到此时，亲爱的读者朋友是否已经熟练掌握了垂直面飞“8”字的本领呢？是否对这些创意飞行动作的发明者——航空人，产生了浓厚兴趣呢？有兴趣的读者请阅读本书第288页“拓展阅读2：做新时代的中国航空人”。

（八）实践与思考

（1）请编程实现图3–88的“正五边形”轨迹飞行，$AB=1.5$米，$AD=2.4$米，$\angle EAD=36°$，$\angle DAB=72°$。注意“一笔画”的飞行路线是无重复路线的。

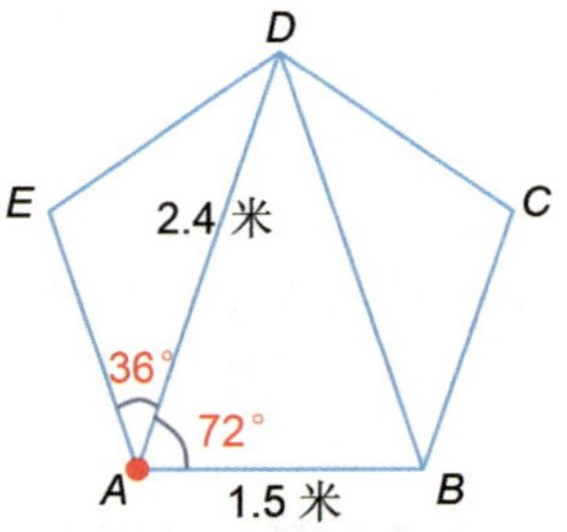

图3–88　“一笔画”几何图形

（2）如图3–89所示，请编程实现无人机在平行于地面的平面上，先从A点出发沿蓝色弧线飞行依次经过B、C、D、E点，再从E点沿橙色弧线飞行依次经过F、G、H、I点，完成一次“8”字飞行。

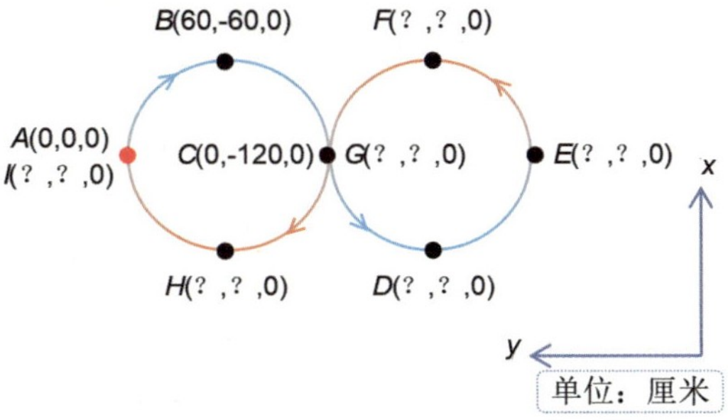

图3–89　水平面“8”字飞行（俯视图）

（九）评价分享

（1）根据图3–79的观看效果，请选择一个最喜欢的经典特技飞行动作，运用本案例的主要知识，尝试编写程序再现它的飞行过程，并完成工程日志（见表3–2）和带讲解的飞行演示短视频（5分钟内）制作。

（2）围绕所完成的项目，根据评分表（见表3–3）开展自评，或邀请老师、家长、同学进行评价。

二、智能飞行

根据第二章第二节的介绍，我们可以知道无人机拓展模块上可接入多种传感器，如标配的，或来自第三方厂家的。通过编程控制这些传感器，不但可以使无人机实现更自主的智能飞行，还能完成一些特殊任务，极大地提升了无人机的能力。本节主要介绍使用标配的TOF测距传感器和第三方传感器，完成多种有趣的无人机智能飞行任务。

项目9　遥感知高度——TOF高度传感器与列表

（一）项目背景

无人机能够在空中进行拍摄和勘察，因此被广泛地用于各行各业的高空测绘、情况监测等方面。特别是在某些恶劣的工作环境下（如高原、矿山、极端天气等），无人机代替真人工作具有良好的社会和经济效益，不但有效降低了人员的作业风险，还大大提高了工作的效率。RoboMaster TT无人机机腹的TOF传感器可以获取正下方地面的距离信息，并及时反馈给无人机，通过一系列的预设算法，可以计算出目标物的高度、距离等信息，甚至能结合计算机绘图，描绘出经过地点的地形地貌。另外，这些数据还能作为无人机在下降或悬停过程中调整下降速度或飞行高度的依据，进一步提高无人机的飞行安全。

图3-90 无人机航测（图源：搜狐网）

（二）任务描述

如图3-91所示，模拟一处240 cm宽的“峡谷”地形，峡谷间摆放多个高低不同的物品（建议使用规格大于40 cm × 40 cm × 40 cm的物品，如纸箱、凳子、桌子等）用以模拟山峦。请编写程序让无人机完成从峡谷边缘*A*点起飞后沿直线飞行，在峡谷边缘*B*点处降落。无人机飞行期间，每飞行20 cm就遥感地面高度，获取记录峡谷间地形的数据，并依次把数据记录到计算机中。飞机降落后，通过分析所获取的数据，描绘出“峡谷”地形走势图。由于TT无人机的TOF高度传感器的有效测量距离为30 cm至900 cm，模拟山峦的物品高度必须控制在该范围内。为便于室内完成模拟航测，本例*A*、*B*峡谷边缘高度设置为150 cm。由于内容和篇幅所限，具体地形图绘画方法不在本项目中展开学习。

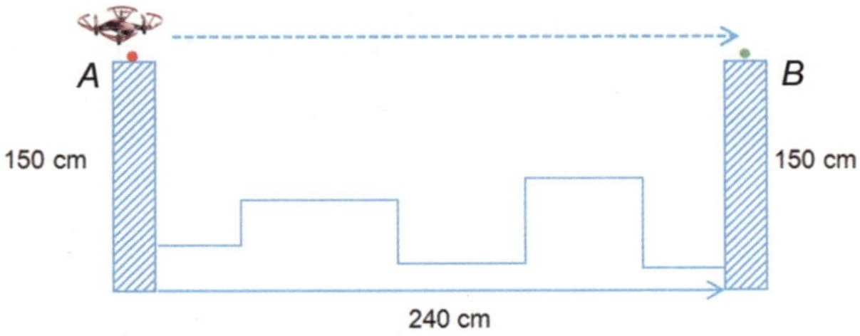

图3-91 “遥感知高度”飞行轨迹（左视图）

（三）主要知识点

1. 核心素养

（1）思考旋翼无人机遥感知高度的飞行过程，能把航测的基本过程界定为“起飞—巡航测距—记录数据—调整飞行姿态—降落”五个环节。

（2）理解无人机测高的原理，掌握无人机遥感测高的方法。

（3）能结合图3-91的条件数据设计飞行航线，编写脚本完成无人机在“峡谷”间巡航并同步测量地形数据的任务。

（4）理解列表的作用，能辨析列表与变量的主要差异，学会根据需要选择变量或列表参与程序设计。

2. 其他目标

（1）掌握RoboMaster TT无人机的TOF高度传感器数值的获取方法。

（2）能使用列表记录、存储多个变量数据。

（3）体验无人机智能测距的便捷，增强学习无人机创意编程的兴趣。

完成无人机遥感知高度项目，需要通过使用一些积木来搭建程序脚本，如表3-12所列，它们主要涉及“变量模块”“无人机功能模块”两类中的部分积木。

表3-12 完成“遥感知高度”任务所涉及的主要积木

积木	名称	作用
	新建列表	位于表2-4“变量”模块 建立一个新列表，使用方法和显示效果与变量类似
	将数据加入列表	位于表2-4“变量”模块 将数据添加到指定列表的末尾。该积木有两个参数，第一个参数为添加进列表的值，第二个参数为选择需要赋值的列表名
	删除列表全部项目	位于表2-4“变量”模块 可以把指定列表中已有的所有数据全部删除，一般用于列表初始化
	读取TOF高度值	位于“飞行控制”模块 以cm为单位，读取TOF高度传感器的数值，了解无人机与地面的距离，TOF高度传感器测量范围为30 ~ 900 cm。可当作变量使用

（四）问题界定

根据项目要求，无人机从A点起飞后，直线巡航到B点降落，其间每飞行20 cm就使用TOF高度传感器自动记录数据。如图3-91所示，它主要经历了“起飞—巡航测距—记录数据—调整飞行姿态—降落”五个阶段。在无人机航测情况下，无人机每直线飞行20 cm后，无人机会测量机身与地面的高度并记录为一个“地形起伏”变量，并将该变量记录到列表中去，重复此过程直至飞完“峡谷”间距离，则得到由多个“地形起伏”变量组成的列表结果。为了便于读者理解，本项目将分为三个小任务来完成。

基本任务：获取TOF传感器高度数据。无人机原地起飞并上升一定的高度，使用TOF高度传感器获取无人机与地面的高度数值（飞行高度），并用点阵屏显示该数值，最后无人机原地降落。

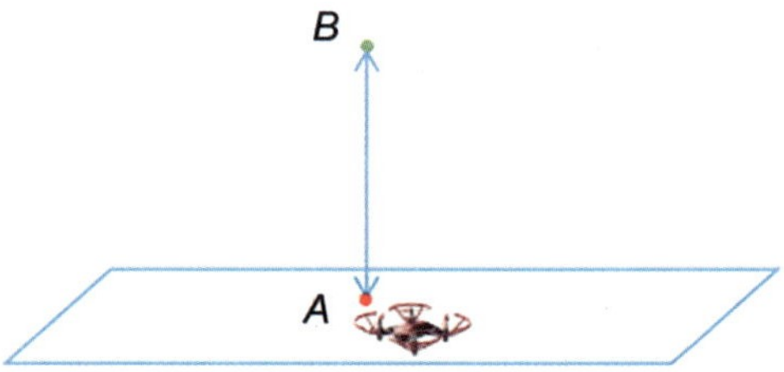

图3–92 “遥感知高度”基本任务航线（左视图）

提高任务：测量凳子高度。使用无人机测量一张凳子的高度（地面距无人机和凳面距无人机的差值），测量完成后，在点阵屏上滚动显示当前凳子的高度。

综合任务：列表的应用。无人机横跨模拟“峡谷”，每隔20 cm就计算一次地形起伏数据并记录到列表中，“峡谷”间的地形起伏数据可用于描述峡谷地貌。

（五）任务流程图（见图3–93）

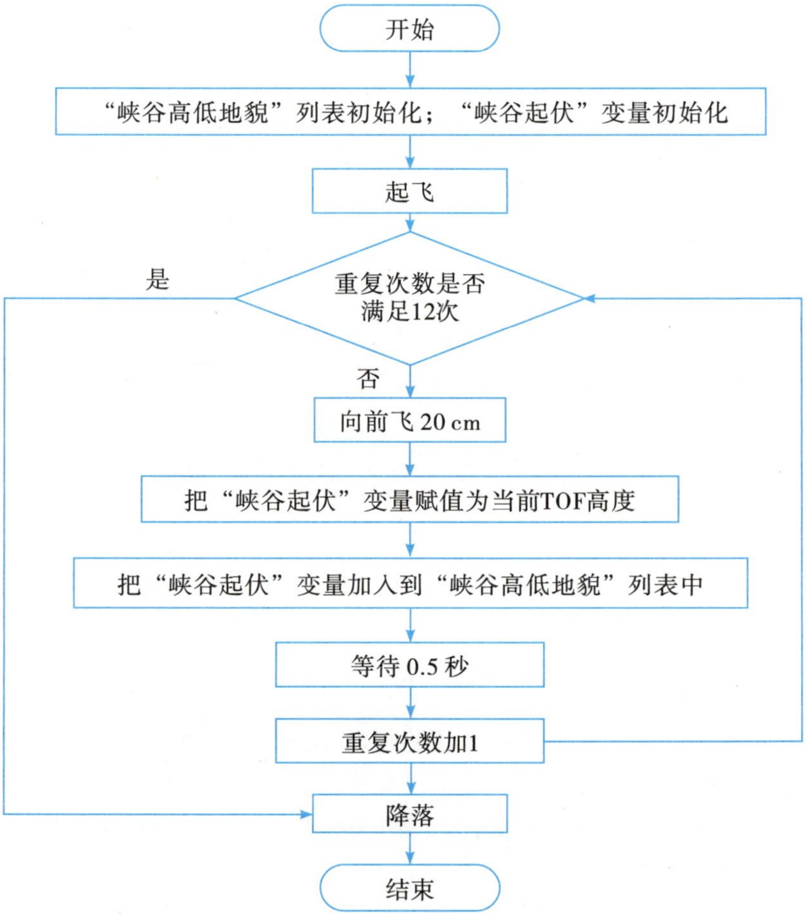

图3–93 “遥感知高度”综合任务流程图

（六）三层五导

1. 基本任务：获取TOF传感器高度数据

（1）无人机测量飞行高度（与地面距离）的基本过程和原理分别是什么？

（2）怎样获取TOF高度传感器的数值，并正确合理地在点阵屏上显示？

2. 提高任务：测量凳子高度

（1）为什么测量凳子的高度时需要使用变量求解？

（2）无人机对指定物体进行高度测量和遥感测量地面高度有什么异同？

3. 综合任务：列表的应用

如何使用无人机模拟对峡谷地形进行航空测距飞行？

（七）算法解惑

1. 基本任务

（1）无人机测量飞行高度（与地面间距离）的过程是：原地起飞—获取数据—显示数据—垂直降落。

无人机测量飞行高度的原理是无人机机腹上的TOF传感器发射的红外光线被地面反射后回到传感器，内置的计时器记录其来回时间，即可计算出无人机的飞行高度。

图3–94 “遥感知高度”基本任务脚本

（2）一般情况下，无人机TOF高度传感器最小测量距离大约是30 cm，最大测量距离（受硬件和环境条件影响，最小、最大测量距离为约数）是900 cm，即9米。由实测可知，当无人机飞行高度小于30 cm时，高度传感器将会反馈10这个固定数值。当无人机飞行高度大约为900 cm时，高度传感器则反馈6553这个固定数值。由于高度数值不为负，理论上可以反馈成0～29之间的任意一个数，为更容易辨识出传感器的工作状态，在Mind+中采用数字10来表示当前高度低于传感器最低测量范围。又由于65535为最大双字节表示的数值，Mind+中TOF高度变量在舞台显示长度限制为4位，采用数字6553来表示当前高度高于传感器最高测量范围。

无人机在高空悬停时受多种因素影响，测量的数据必然有所误差。多次连续取值后求平均值，可以有效减少误差，获得较为准确的高度数据。局限于TT无人机点阵屏仅能同时显示1个数字或字母，而若以cm为单位显示，每次至少都需要2位数，为显示完整读数，每次滚动文字后都需要等待2秒（如读数可能有3位数，则需要至少等待3秒）。为了区分每次的读数结果，用不同颜色来显示数值会更加清晰明了。

2. 提高任务

（1）如图3–95所示，无人机垂直测高的基本原理在于先向下方发射信号，信号遇到物体后会被反射回来，根据接收返回信号所需要的时间推算出高度值。由此可知无人机是无法直接获得凳子高度的，但通过“地面距离－凳面距离＝凳子高度”这一表达式仍然可以间接地解决问题。使用变量求解能使程序更加简洁、高效。试想一下：如果将问题由凳子换成求另一张桌子的高度，程序算法是不变的，仅需要修改变量名，方便进行数据管理即可。

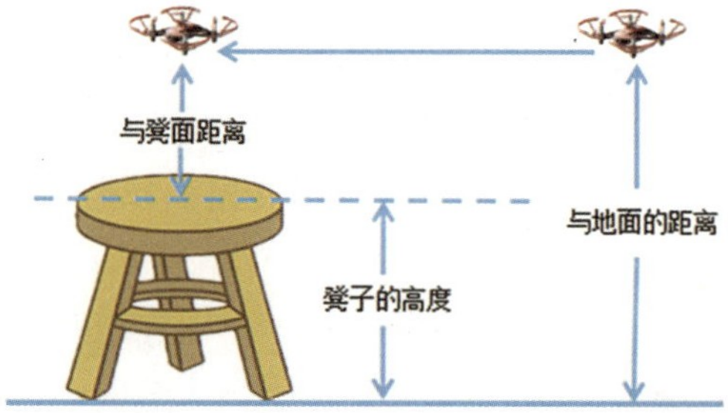

图3–95 无人机测量凳子高度示意图

本任务需要用到“地面距离”“凳面距离”“凳子高度”三个变量，其中“凳子高度”等于“地面距离”“凳面距离”两变量之差。

（2）遥感地面的高度只需要直接获取无人机下TOF高度数据即可，该算法已经预先内置。但要测量物体高度时则不然。以本例中的凳子为例，一般凳子高度不超过120 cm，从上文可知道TOF高度传感器的有效测量范围为30 cm至900 cm之间，为确保无人机测量时高于凳子一段距离，应在起飞后再次上升到离地面约150 cm的高度再测量机身到地面的距离并存入“地面距离”变量；然后无人机向前飞行一段距离到达凳子上空再次获取机身与凳面的距离并存入“凳面距离”变量，通过减法运算求出两者的距离差即为凳子的高度（如图3–95所示），得出凳子的高度并存入“凳子高度”变量；最后在点阵屏上连续3次显示凳子高度变量（如图3–96）。

“遥感知高度”提高任务脚本见图3–96。

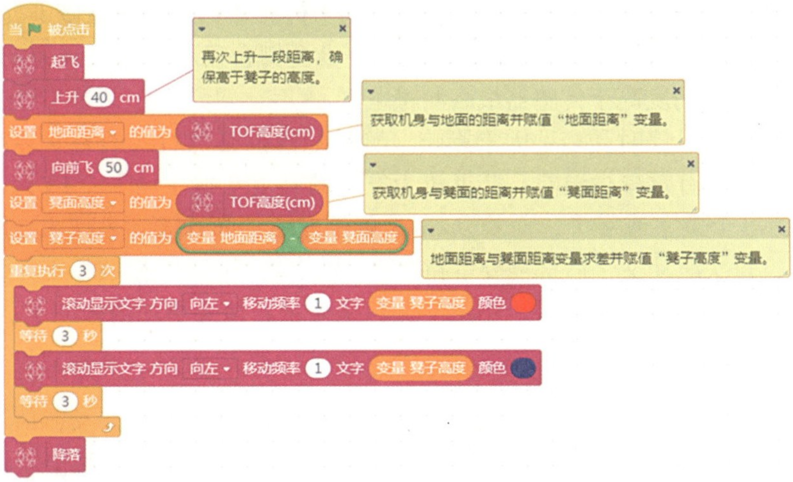

图3–96 “遥感知高度”提高任务脚本

3. 综合任务

无人机航测“峡谷”地形中需要无人机在巡航过程中每隔一段距离（20 cm）就利用机腹传感器获取一次数据，实际上就是无人机每隔20 cm就测量机体与地面间的高度。航测“峡谷”地形的过程中需要重复多次获取数据和计算，并把这些数据按获取顺序存入列表，后期用以进行地形描绘。由于数据量较大，且数据会自动显示在Mind+舞台的相应列表中，本任务不再使用点阵屏显示数据。该程序脚本见图3–97。

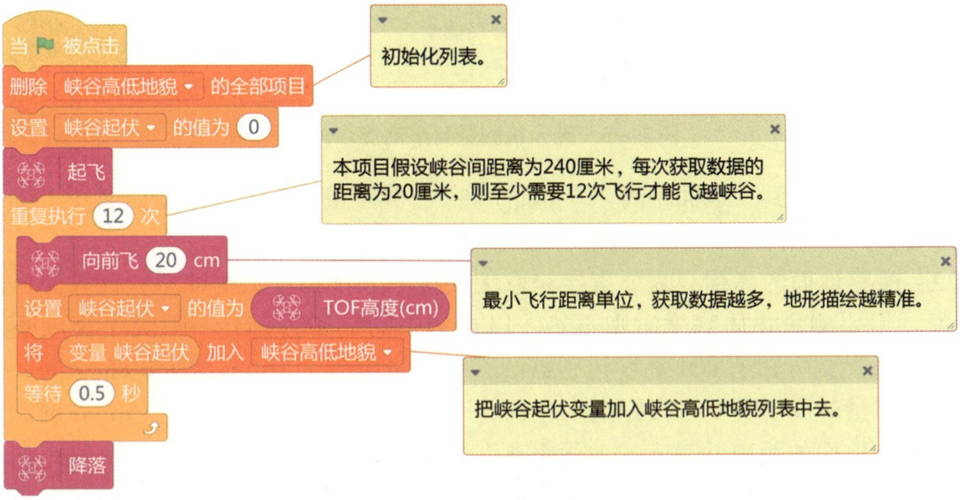

图3–97 “遥感知高度”综合任务脚本

小知识

列表

列表是由一系列元素按特定顺序构成的数据序列①。它与变量相比，可以按照顺序存储更多的数据。也就是说，定义一个列表就可以保存多个数据，而且允许有重复的数据。列表中的每个数据都可以通过其序号进行访问、加入、删除、替换、调用、统计等操作。

（八）实践与思考

（1）尝试在点阵屏上分别显示无人机的其他状态数值，如当前速度、硬件版本、固件版本、电量……

（2）把本项目综合任务列表内的数据放到“WPS表格”中，选用合适的图表类型描绘出地形高度图。

（3）随机选出七八位同学在教室内站成距离大致均等的一行（列），编写程序脚本，使用无人机测量这个小组同学的身高，并通过列表记录数据，再使用恰当的图表描绘出组内同学身高分布图。

（九）评价分享

（1）围绕本案例的主要知识，设计一个富有创意的飞行航测项目，并完成工程日志（见表3-2）和带讲解的飞行演示短视频制作（5分钟以内）。

（2）围绕所完成的项目，根据评分表（见表3-3）开展自评，或邀请老师、家长、同学进行评价。

项目10　飞行巧避障——TOF前视传感器

（一）项目背景

无人机在飞行过程中经常会受到各种难以预料的障碍物影响，若不慎触碰，轻则造成任务失败，无人机损坏，重则伤及人身。避障能力是实现无人机智能化飞行的重要体现，能大幅减少无人机飞行事故发生率，保障飞行任务顺利完成。飞行避障是无人机安全飞行的重要技术之一，它通过无人机上

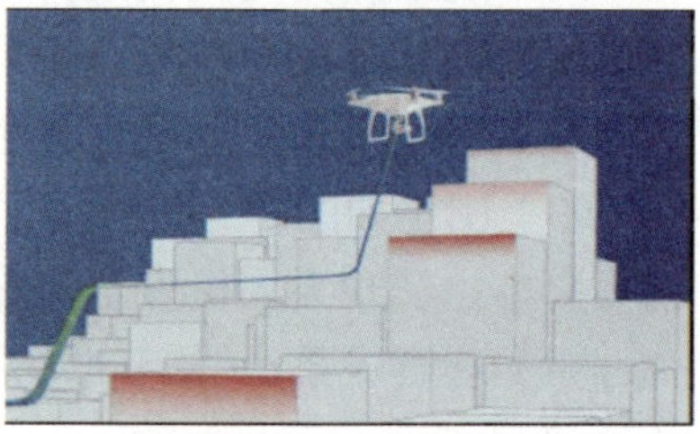

图3-98　无人机避障
（图源：多特软件站）

① 马瑟斯. Python编程从入门到实践［M］. 袁国忠，译. 北京：人民邮电出版社，2020：10.

的传感器收集周边环境的信息，在感知到在其规划航线上存在障碍物时，按照一定的算法实时更新飞行航线，做出相对应的动作指令，绕过障碍物，从而达到避障安全飞行的目的。

（二）任务描述

如图3-99所示，请编写程序让无人机起飞后从*A*点沿直线向前飞行，在距离障碍物小于60 cm后（*B*点），无人机向右飞行并绕过障碍物，依次途径*C*、*D*、*E*、*F*四点，其中障碍物厚度约60 cm，*CD*＝180 cm，*BC*、*ED*两边长度相等，即*BC*＝*ED*。最后回到原来的航线继续飞行50 cm后在*F*点降落，即*EF*＝50 cm。本项目中无人机到障碍物的距离和障碍物的长度、高度均可按实际场地设置，不会影响飞行结果。但本项目无人机只使用前视传感器获取数据，障碍物宽度（本项目为60 cm）必须设定才能保证避障飞行完成。

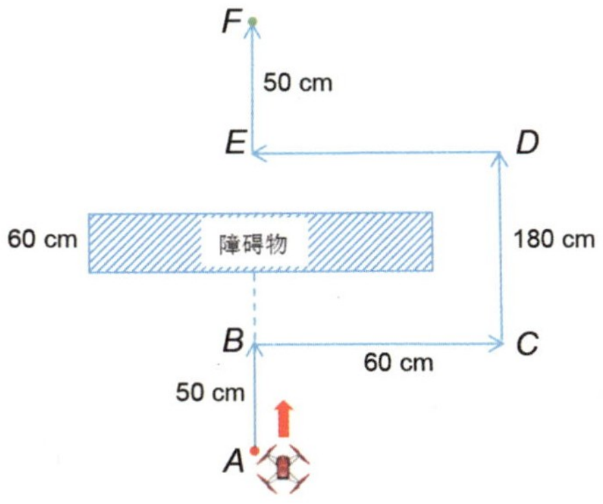

图3-99 “飞行巧避障”绕行航线（俯视图）

（三）主要知识点

1. 核心素养

（1）观察旋翼无人机避障飞行的过程，能把飞行的基本过程界定为“原地起飞—巡航—避障—继续原航线巡航”四个环节。

（2）理解无人机避障的原理，会转化为程序问题，抽象出无人机的避障飞行轨迹。

（3）围绕如图3-99所示的飞行任务，学会采用比较、判断，应对不同的飞行障碍，编写脚本，实现无人机安全避障飞行的任务。

（4）理解关系运算、自加运算的作用、计算规则、表达特点，学会在编写程序时合理使用。

2. 其他目标

（1）掌握RoboMaster TT无人机的TOF水平传感器数值的获取方法。

（2）根据TOF传感器获取的数据变化规律，使用关系运算表达式表示遇障条件。

（3）通过体验无人机智能避障飞行，增强学习无人机创意编程的兴趣。

完成“飞行巧避障”任务所涉及的主要积木所列（如表3–13所示），它们主要涉及“无人机功能”模块中的部分积木。

表3–13　完成“飞行巧避障”任务所涉及的主要积木

积木	名称	作用
读取TOF测距 (mm)	读取TOF测距值	位于表2–4“无人机功能”模块 读取扩展模块上的TOF测距传感器的数值（单位为毫米），获取无人机与前方对象的距离。可当作变量使用

（四）问题界定

根据项目要求，使用无人机把货物送到指定地点，如图3–99所示，它主要经历了“原地升空—直线巡航—发现障碍—避开障碍—返回航线—继续巡航—垂直降落”七个阶段。在无人机直线巡航情况下，TOF测量距离小于某个数值（表示前方遇到障碍物）时飞机将停止前进，然后飞机重复向右飞行，直到TOF测量距离大于某个数值（表示前方100 cm内无障碍物）时停止向右飞行，达到躲避障碍物的目的。为了便于读者理解，本项目将分为三个小任务来完成。

基本任务：无人机遇障降落。实现无人机在直线巡航中发现障碍物，在障碍物前的60 cm自动悬停2秒，最后降落的飞行任务。即如图3–100所示，从*A*点起飞，依次飞至*B*、*C*点，悬停2秒后降落在*D*点。

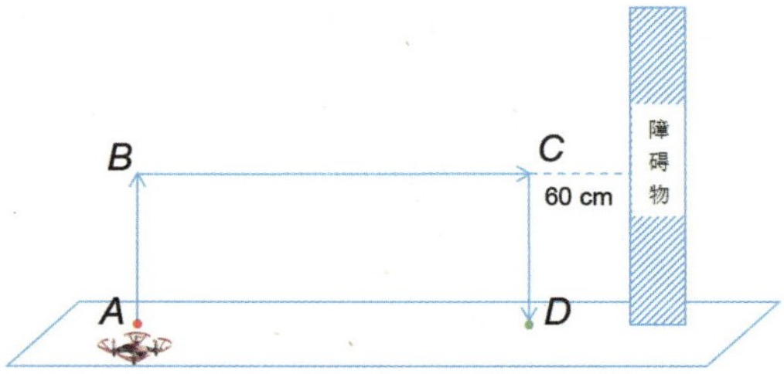

图3–100　“飞行巧避障”基本任务航线（左视图）

提高任务：无人机避障飞行。完成无人机自动绕过障碍物后降落的飞行任务，即如图3–99所示，从*A*点起飞，依次经过*B*、*C*点，到达*D*点后降落。

综合任务：避障后返回原航线飞行。无人机绕障碍后，自动返回主航线继续飞行50 cm后降落。即如图3–99所示，从*A*点起飞，依次经过*B*、*C*、*D*、*E*后，到达*F*点后降落。

（五）任务流程图（见图3–101）

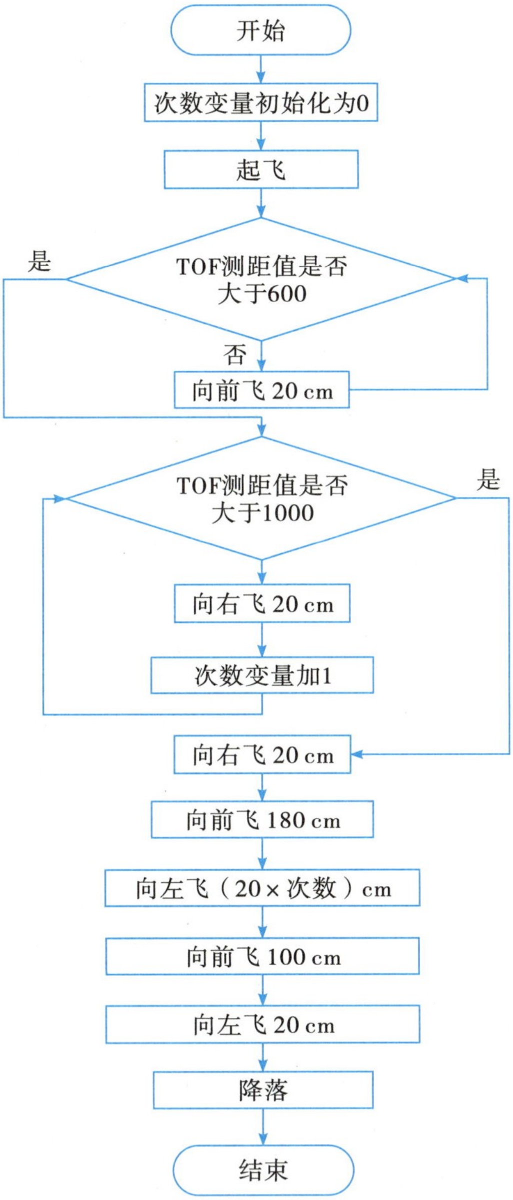

图3–101 “飞行巧避障”综合任务流程图

（六）三层五导

1. 基本任务：无人机遇障降落

（1）无人机飞到障碍物前60 cm时，TOF测距读数约是多少？

（2）怎样编写程序脚本，实现无人机遇到障碍后能自动悬停并降落？

2. 提高任务：无人机避障飞行

（1）有障碍物和无障碍物的航线，设计上有何异同？

（2）无人机在完成向右避障的重复执行积木后，为什么还要再次向右20 cm？

3. 综合任务：避障后返回原航线飞行

如何通过编程实现无人机避障后返回原航线继续飞行？

（七）算法解惑

1. 基本任务

（1）一般情况下，无人机TOF测距传感器最小测量距离是20 mm，最大测量距离（约数）是1 200 mm，即1.2米。由实测可知：无人机前方60 cm出现障碍物时，测距传感器将会反馈少于600的数值。

（2）在项目6中已经学习过关系运算积木，所以编写脚本时可以把该数值特征用“小于”积木以表达式描述，并作为重复执行的条件使用。即TOF测距数值大于或等于600时（无障碍），可视为无人机前方无障碍，一直向前飞行。当TOF测距数值小于600时（即前方60 cm左右有障碍物），停止前飞。

程序脚本的运行速度非常快，为了提高无人机在避障时的飞行距离精度，每次重复飞行的距离都设置为最小值20 cm。另外，为了清楚地呈现无人机遇障状态，无人机侦测到前方60 cm有障碍物后，先悬停2秒才降落。该程序脚本见图3-102。

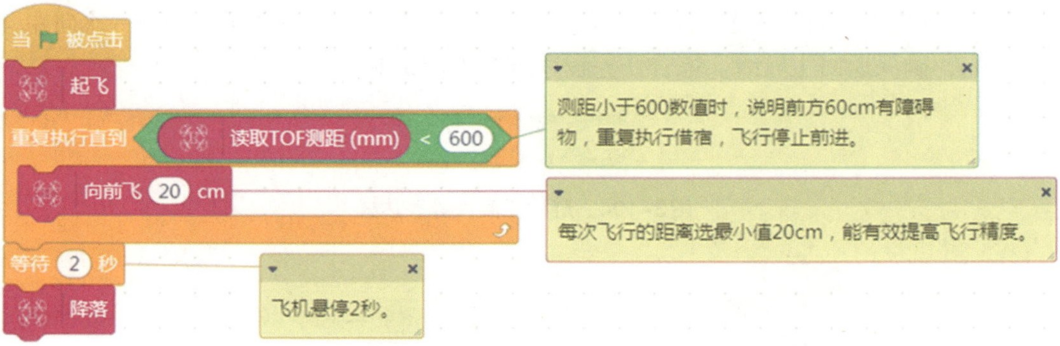

图3-102　“飞行巧避障”基本任务脚本

2. 提高任务

（1）由实测可知：无人机前方无障碍物时，测距传感器将会反馈大于1 000的数值，所以编写脚本时可以把该数值特征用“大于”积木加以描述，并作为重复执行的条件使用，即可实现无人机在前方有障碍物时一直向右飞行避障。有障碍的航线比无障碍的航线来得更为复杂。此处设计为原主航线上出现障碍物，根据传感器的数据，脚本做出相应的飞行控制，更改航线，避开障碍目标。

（2）由于TOF测距传感器位于无人机的中间，在结束横向避障的重复执行积木后，无人机有部分机身未能完全避开前方障碍物，为确保整架无人机向右避开障碍物，需要让无人机再次向右飞行20 cm。程序脚本见图3–103。

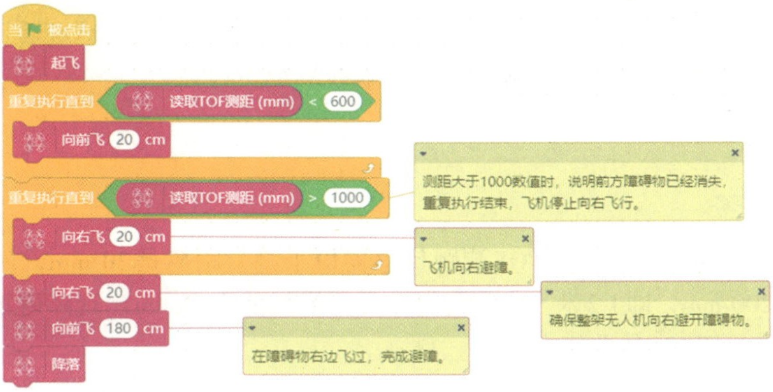

图3–103 “飞行巧避障”提高任务脚本

3. 综合任务

由综合任务的航线可以知道：$BC=ED$，避障距离等于返回主航线距离。为了精简程序的积木数量，提高程序脚本的通用性，计算避障距离需要新建一个自定义“次数”变量记录无人机避障的次数，而无人机每次避障的距离为20 cm，则20 × 次数 = 无人机避障距离，见图3–104计算表达式。由于无人机向右边避障的任务重复执行结束后会再次向右飞行一次20 cm，所以在恢复原航线前飞之前需要再次回补一次向左飞行20 cm，确保返回主航线。综合任务程序脚本见图3–105。

图3–104 避障距离计算表达式

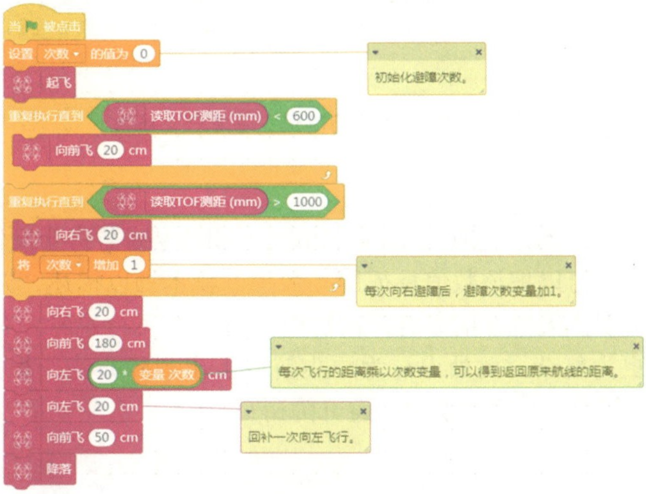

图3–105 “飞行巧避障”综合任务脚本

小知识

表达式

表达式是由常量、变量、函数、运算符、圆括号等按一定规则连接起来的有意义的式子。每个表达式经过运算后都会得到一个确定的值。根据表达式中运算符的不同，表达式主要分为算术表达式、字符串表达式、关系表达式和逻辑表达式四种①。图3-105的程序脚本中就同时含有关系表达式和算术表达式，其他类型的表达式读者也会在本书中陆续接触到。

在一个表达式中如果含有多种运算符，运算优先顺序为：括号→函数→算术运算（乘方→乘、除→加、减）→字符连接运算符→关系运算符→逻辑运算符；如果是同级的运算，按从左到右次第进行。

（八）实践与思考

（1）尝试修改本项目基本任务的脚本，增加LED灯号显示无人机当前的飞行状态：蓝色代表循环中，红色代表遇障，红灯不停闪烁代表正在降落。

（2）结合项目7所学的知识，编写脚本让无人机侦测到前方80 cm有障碍后能自动返回原来的起点降落，飞行路线见图3-106。

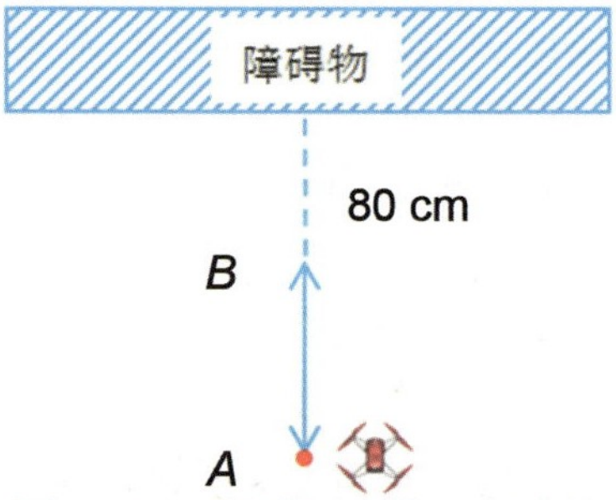

图3-106 “习题（2）”飞行路线（俯视图）

（3）编写脚本程序，实现无人机从A点起飞，向前巡航，遇到前方障碍时从障碍物上方越过，并返回原来航线继续前飞，在B点降落。飞行距离自定，航线轨迹见图3-107。

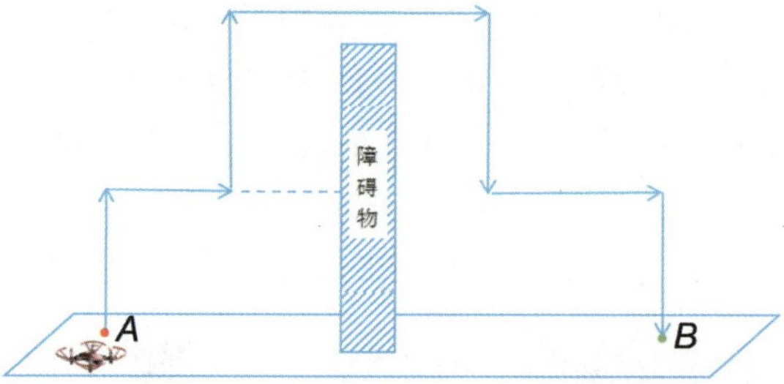

图3-107 无人机越障航线（左视图）

①李师贤．信息技术：初中第二册［M］．广州：广东教育出版社，2016：68.

（九）评价分享

（1）编写程序脚本，实现无人机遇到多个障碍物，绕行或从上方越过障碍物，并返回原来航线继续向前飞（图略），并完成工程日志（见表3–2）和带讲解的飞行演示短视频（5分钟之内）制作。

（2）围绕所完成的项目，根据评分表（见表3–3）开展自评，或邀请老师、家长、同学进行评价。

项目11 大楼巡视员——挑战卡

（一）项目背景

传统的大楼安保巡逻一般由安保人员定时定点以近似打卡等方式完成。在多层的大楼巡逻中，不仅效率低，而且由于人员的走动很容易会令大楼其他区域出现监控盲区。无人机巡逻具有不知疲倦、速度快、盲区小、受地形干扰少、可自主识别路线、实时传输信息、监控状态稳定等优点。若使用多台无人机对大楼内外进行自动巡逻，能大幅度减轻巡逻安保人员的工作强度。如果能合理设置水平（高度）标识物、摄像头广角视野，配合固定的监控摄像头，形成立体的安防监控系统，会使大楼整体安保水平大幅提升。

图3–108　无人机巡逻大楼（图源：腾讯网）

（二）任务描述

现在拟使用无人机对一幢长方体外形的“大楼”进行外围巡逻。“大楼”高120 cm，首层层高50 cm，第二、三、四层层高约20 cm，见图3–109。把四个挑战卡放在大楼外围四个拐角作为标识物，呈正方形四个顶点分布，正方形边长为150 cm，确认以顺时针方向沿大楼外围四边巡逻的巡航路线，见图3–110。在巡逻过程中，为了观察大楼内部情况，前视摄像头对着大楼，每完成一层巡逻后无人机会自动上升一层做同样航线的巡逻，直至完成二、三、四层楼的外围巡逻任务后降落。

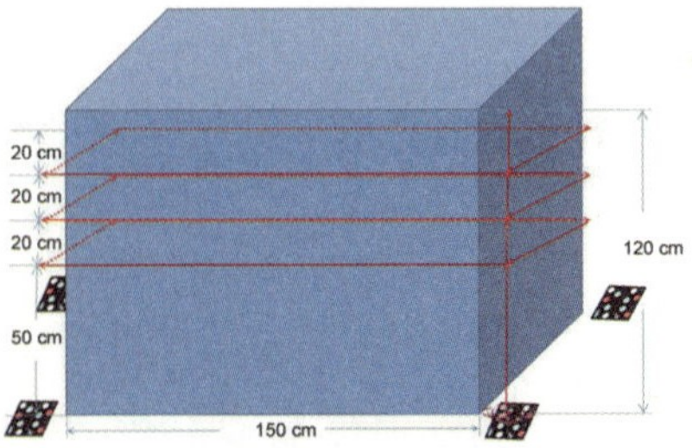

图3–109　“大楼巡视员”航线（左视图）

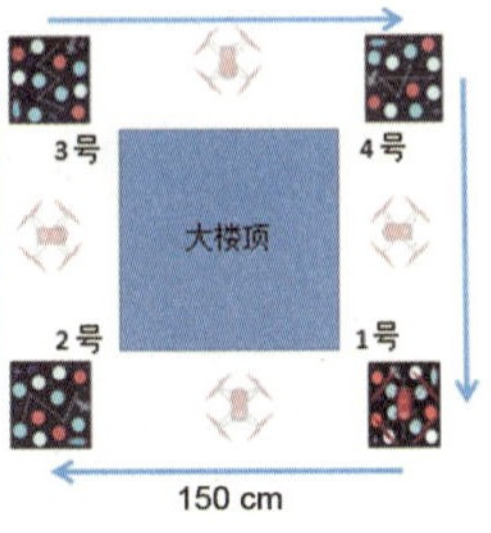

图3–110　“大楼巡视员”航线（俯视图）

（三）主要知识点

1. 核心素养

（1）思考旋翼无人机巡逻的飞行过程，能把巡逻的基本过程界定为“起飞—飞到起始楼层高度—巡逻本楼层—升到上一楼层—循环巡逻—结束巡逻（降落）”六个环节。

（2）理解挑战卡辅助飞行定位的原理，能结合挑战卡的定位功能和任务要求，抽象出无人机的巡逻路线和飞行姿态。

（3）根据如图3–109所示的飞行路线和项目流程图，掌握探测挑战卡位置和应用挑战卡辅助飞行定位的编程方法，完成无人机沿大楼外围自动逐层巡逻的任务。

2. 其他目标

（1）了解挑战卡的主要作用。

（2）理解挑战卡飞行积木多个参数含义，掌握其用法。

（3）体验挑战卡强大的辅助飞行定位功能，愿意在合适的飞行场景中应用挑战卡，提升无人机的飞行效率。

完成无人巡逻项目，需要通过使用一些积木来搭建程序脚本，如表3–14所列，它们主要涉及“飞行控制”模块中的部分积木。

注：完成本项目需要理解TT无人机挑战卡的设计规则，请先阅读本书第298页“拓展阅读3：TT无人机挑战卡”。

表3–14　完成“大楼巡视员”任务所涉及的主要积木

积木	名称	作用
	挑战卡探测	位于表2–4“飞行控制”模块 打开或关闭挑战卡探测。打开后无人机可使用下视、前视两个探测器探测挑战卡的位置
	设置探测位置	位于表2–4“飞行控制”模块 设置无人机探测位置的方式，该积木参数有3个可选项，分别是：下视（默认）、前视、所有。对应的是无人机两个探测传感器的使用状态。单独打开“下视”或“前视”时，单个传感器探测频率为20 Hz；打开“所有”时，两个传感器将交替探测，单个反向探测频率为10 Hz

续上表

积木	名称	作用
	按挑战卡坐标飞直线	位于表2-4“飞行控制”模块 无人机以直线方向，按指定速度飞往Mid挑战卡坐标系（x，y，z）中的指定坐标位置点。该积木的x，y，z参数对应Mid1三维坐标，速度参数对应无人机飞行速度，Mid参数对应12种挑战卡预设的编号。其中x，y，z取值不能同时在-20～20之间
	跳跃沿挑战卡坐标飞直线	位于表2-4“飞行控制”模块 按指定速度从Mid1挑战卡正上方直线飞往Mid2挑战卡上（需要计算好坐标值，并放置Mid2挑战卡）。该积木的x，y，z参数对应Mid1的空间坐标，速度参数对应无人机飞行速度，Mid参数对应12种挑战卡预设的编号。在实际飞行中，坐标值对应的位置最好是Mid2的正上方

小知识

挑战卡飞行积木中的“Mid”参数

挑战卡飞行积木都带有“Mid参数”，一共有12种参数选择，见图3-111。其中“m-1”表示识别随机（任意）一张挑战卡；“m-2”表示探测到距离机身中心最近的挑战卡；“挑战卡1”至“挑战卡8”表示识别到指定号码的挑战卡；“m11”和“m12”表示识别到飞行地图（指无人机组队地图）中的坐标[①]。

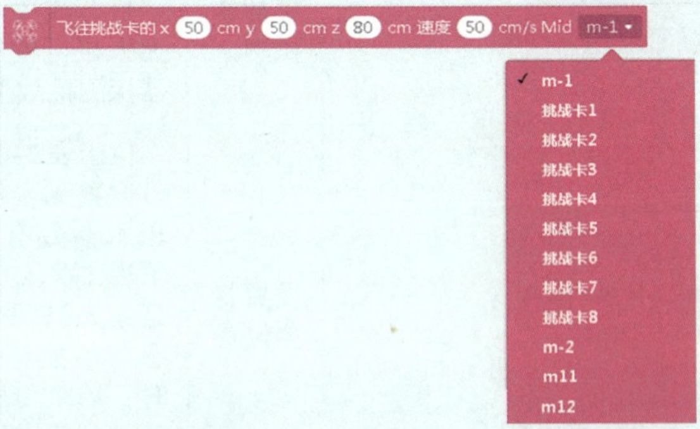

图3-111　挑战卡飞行积木中的Mid参数选项

①深圳市睿炽科技有限公司. RoboMaster TT SDK3.0使用说明［Z］. 深圳：睿炽科技有限公司，2021：8.

（四）问题界定

根据项目要求，无人机从1号挑战卡起飞后，再降到起始楼层约50 cm高度，随后按照“大楼”外四个拐角上的挑战卡编号顺序依次巡航，巡逻期间前视摄像头面向大楼。在完成一层巡逻后，会自动上升一层并重复之前的路线继续巡逻，直至4层楼巡逻完毕后降落。如图3-109所示，它主要经历了“起飞—飞到起始楼层高度—巡逻本楼层—升到上一楼层—循环巡逻—结束巡逻（降落）”六个环节。在无人机巡逻的情况下，在拐角位置使用挑战卡作为坐标标识物，能确保每次巡航路线准确，还可以通过挑战卡上的火箭图案方向调整无人机飞行姿态，使其前视摄像头在巡逻过程中面对“大楼”。为了便于读者理解，本项目将分为三个小任务来完成。

基本任务：挑战卡应用。如图3-112所示，其中蓝色箭头为飞行方向。红色箭头为挑战卡的火箭指向，即该挑战卡坐标x轴的正指向，也即无人机飞行面向方向。把1号和2号挑战卡相距约150 cm摆放，令挑战卡上的火箭头部与巡视路线同向。利用按“挑战卡坐标飞直线”等积木编写程序让无人机从1号挑战卡处起飞，并下降到第一层的高度（50 cm），然后直线飞到2号挑战卡上后降落，巡逻期间无人机前置摄像头面向大楼。

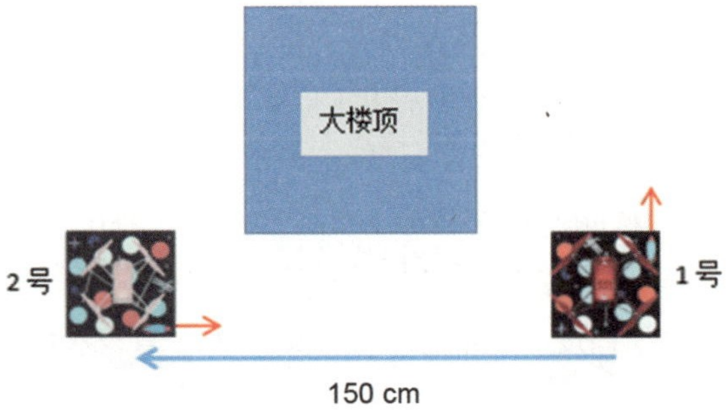

图3-112　“大楼巡视员”基本任务航路轨迹俯视图

提高任务：无人机单层巡视飞行。如图3-110所示，无人机从 1 号挑战卡上起飞，降到大楼首层的高度（50 cm），并以面向大楼的姿态依次飞行到2、3、4号的挑战卡上方，最后在1号挑战卡上降落，完成大楼第二层的巡逻。

综合任务：无人机多层巡视飞行。根据提高任务第二层巡逻航线，设计出从低到高第三、四层大楼的巡逻路线，并编写程序实现无人机连续对第二、三、四层楼的外围环绕巡逻，巡逻完毕后回到1号挑战卡上降落。

（五）任务流程图（见图3–113）

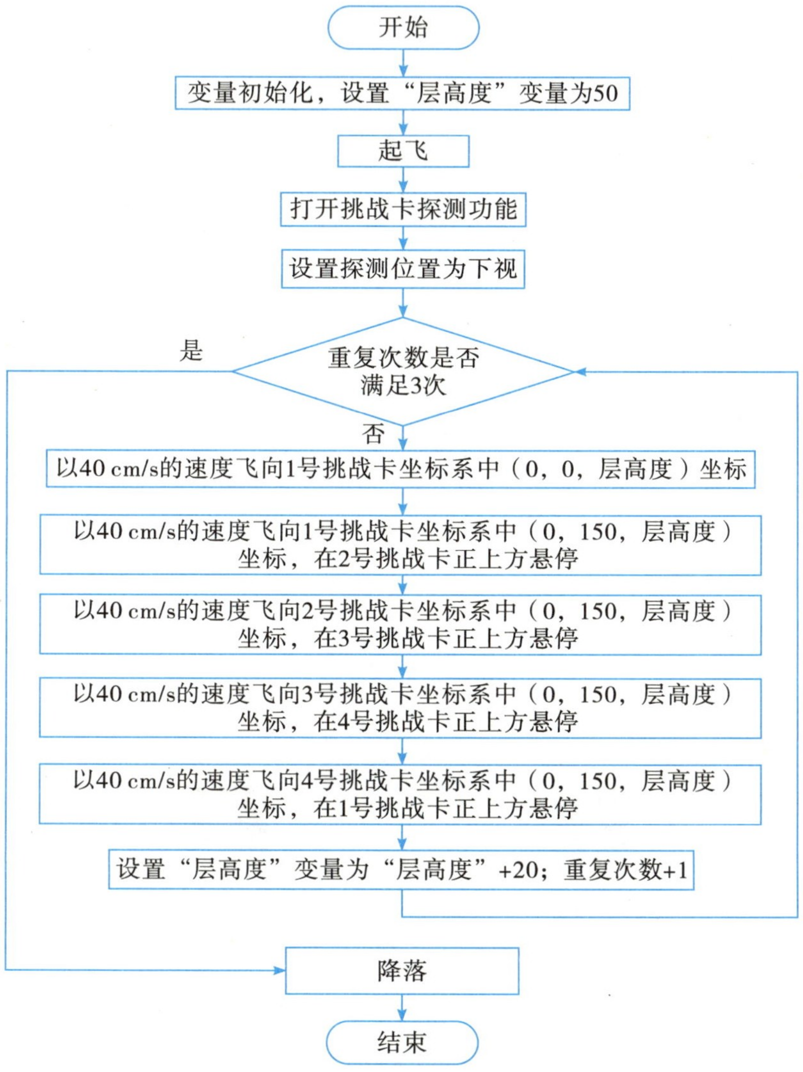

图3–113 “大楼巡视员”综合任务流程图

（六）三层五导

1. 基本任务：挑战卡应用

（1）无人机使用挑战卡定位，实现两点间飞行的基本环节分别是什么？

（2）怎样才能实现无人机以面向大楼的姿态飞行？

2. 提高任务：无人机单层巡视飞行

（1）挑战卡定位飞行积木与直线位移积木应用在无人机飞行上有什么异同？

（2）为什么要使用挑战卡定位飞行积木完成本任务？

3. 综合任务：无人机多层巡视飞行

无人机每次完成一层巡逻后，怎样利用挑战卡直线坐标积木使其上升到另一个楼层？

（七）算法解惑

1. 基本任务

（1）无人机使用挑战卡定位，实现两点间飞行的基本环节分别是“1号挑战卡上起飞—飞到指定的高度—直线航行—2号挑战卡上降落”。无人机要使用挑战卡功能，必须先打开挑战卡探测功能和设置下视探测。使用“按挑战卡坐标飞直线”积木对起点的1号挑战卡进行获取坐标系操作，通过火箭方向（x轴正指向）调整飞行姿态，设置z轴调整飞行高度，然后根据2号挑战卡相对于1号挑战卡的三维坐标系中的位置，计算2号卡的坐标值，使用“跳跃沿挑战卡坐标飞直线”积木填入相应的坐标和对应的挑战卡号即可实现两点间的精准飞行，程序脚本见图3–114。

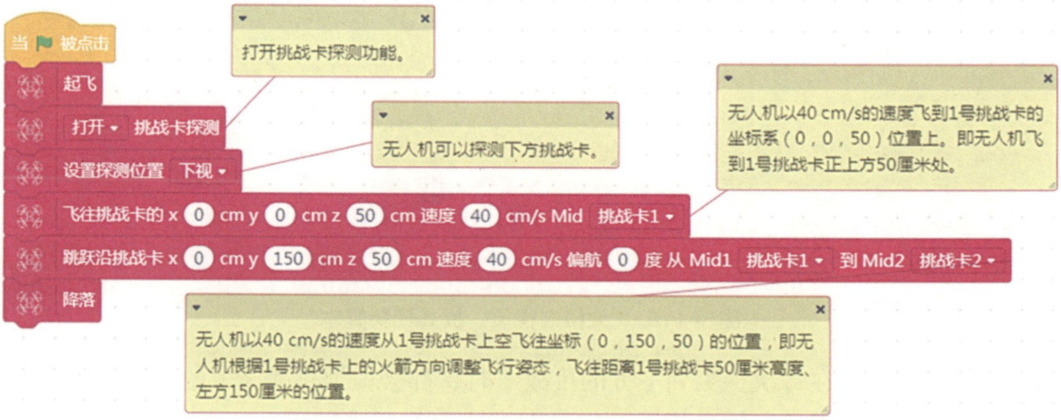

图3–114 “大楼巡视员”基本任务脚本

（2）要使无人机前视摄像头对着大楼巡逻，需要把1号挑战卡中的火箭图案和无人机前视摄像头都指向大楼，并让无人机在1号挑战卡上起飞。我们可以理解为火箭的方向（x轴正指向）就是无人机的前视摄像头面向方向，1号和2号挑战卡摆放位置及方向（红色箭头为火箭方向）见图3–112。

2. 提高任务

（1）按挑战卡坐标飞直线积木和无人机直线位移积木都可以实现无人机在空间中的直线飞行，但直线位移积木只能让无人机在同一平面内的上、下、左、右的直线距离飞行，而使用了“按挑战卡坐标飞直线”积木则可以让无人机实现三维空间中的所有方向的两点间直线飞行。

（2）使用直线位移积木时，无人机只是机械地向相对于无人机原位置的指定方向飞出一段距离，受到外力影响时，飞行精度必然大打折扣，很难精准到达指定位置。而使用“跳跃沿挑战卡坐标飞直线”积木后，无人机能以探测到的挑战卡的坐标系为参照物，飞行到指定的三维坐标，飞行精度大幅提升，甚至在无人机飞行过程中受到外力因素影响时，还具有一定的自动纠正航线的作用，让无人机准确到达指定的位置，所以使用挑战卡定位飞行积木完成本任务将更为合适。由图3–110可知，无人机每层巡逻的路线总体呈正方形，每边飞行的路线长度、间隔高度一致，所以4条边的“跳跃沿挑战卡坐标飞直线”积木的坐标参数是一样的。每边飞完后，都需要使用不同的挑战卡进行定位和调整飞行姿态。本项目4个挑战卡积木参数按飞行巡逻顺序依次设定：挑战卡1—挑战卡2，挑战卡2—挑战卡3，挑战卡3—挑战卡4，挑战卡4—到挑战卡1。具体程序脚本见图3–115。

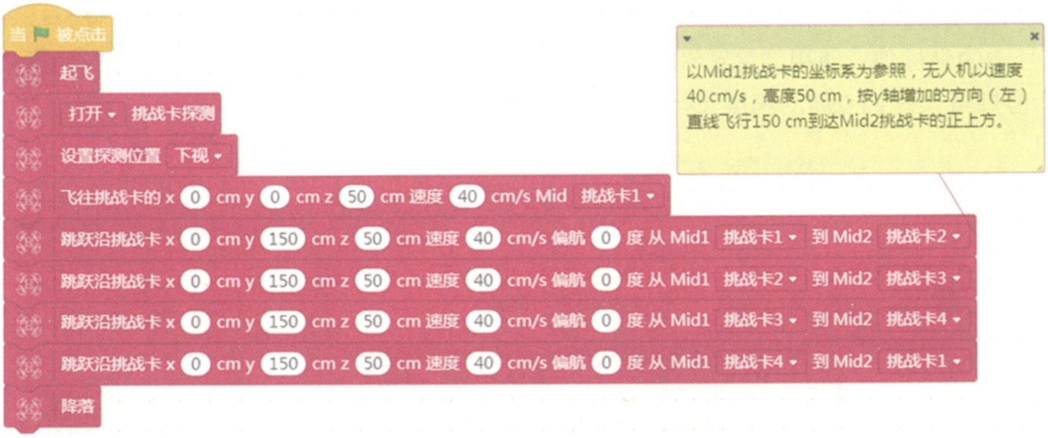

图3–115 “大楼巡视员”提高任务脚本

另外，无人机在每次探测到下方的挑战卡时，都会根据挑战卡上的火箭指向（x轴正指向）获取挑战卡的三维坐标系。相对于挑战卡的三维坐标系，我们也可以这么理解：x轴数值增大时，无人机前进；x轴数值减少时，无人机后退；y轴数值增大时，无人机左平移；y轴数值减少时，无人机右平移；z轴数值增大时，无人机上升；z轴数值减少时，无人机下降。

3. 综合任务

无人机每层巡逻的航线基本相同，只是当无人机返回起点1号挑战卡上空时，需要上升一层继续巡逻。从前面的学习内容可知：使用跳跃沿挑战卡坐标飞直线积木，只需要让z轴数值增大就能让无人机上升。而该积木中的3个坐标x，y，z参数都可以是变量，本任务中新增一“层高度”变量用以记录无人机当前飞行高度信息（z轴变量），在无人机完成一层巡逻后回到起点时，令“层高度”变量在原数值基础上增加20。我们可以理解为：脚本第一次重复时，“层高度”变量为50；第二次重复时，“层高度”变量为70；第三次重复时，“层高度”变量为90。具体程序脚本见图3–116。

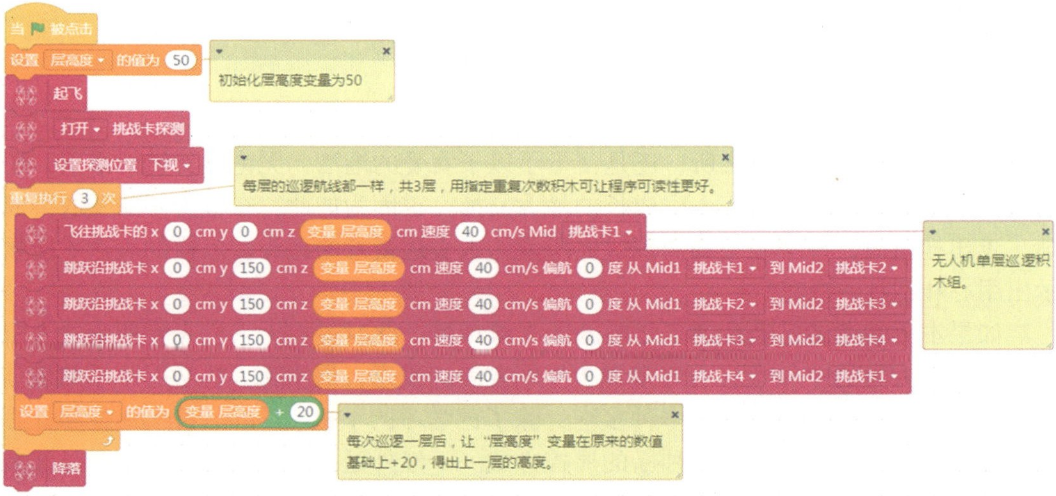

图3-116　“大楼巡视员”综合任务脚本

（八）实践与思考

（1）尝试使用“跳跃沿挑战卡坐标飞直线”积木编写脚本程序，实现两点间的斜线飞行（约140 cm），如图3-117所示，图中红色箭头为无人机面向方向。

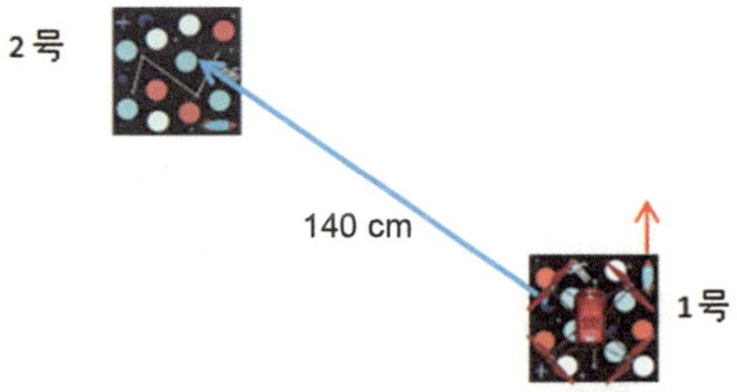

图3-117　习题（1）飞行路线（俯视图）

（2）修改本项目的提高任务程序脚本，使无人机在每层楼巡逻时呈现出不同的点阵屏字符或者发出不同的LED灯光颜色。

（3）参考本项目的综合任务脚本进行程序再创作，实现以下功能：无人机起飞到100 cm的高度后，用户手持任意一张挑战卡放在无人机下方（可检测范围内）做水平方向的平缓移动，无人机跟随挑战卡实时飞行。

（九）评价分享

（1）围绕本案例的主要知识，设计一个富有创意的飞行巡逻项目，并完成工程日志（见表3-2）和带讲解的飞行演示短视频（5分钟之内）制作。

（2）围绕所完成的项目，根据评分表（见表3-3）开展自评，或邀请老师、家长、同学、飞友进行评价。

项目12 爱心现眼前——红外遥控套件

（一）项目背景

家不但是孩子的栖身之所，还是父母予以子女爱的港湾。无论是父爱的厚重，还是母爱的绵长，都是青少年人生成长的最大支撑。正因为如此，在青少年朋友取得成绩，走出挫折时，想必心中都涌现过向所爱的人表达爱意的念头。怎样的表达才能显示出用心和别具一格呢？

如果本书的读者已经玩透了之前的无人机项目，此时遥控无人机飞到所爱之人跟前，秀一个大大的“♡”，一定是青少年朋友表达爱意，展示无人机学习水平的最佳方式之一。无人机的遥控方式多种多样，除了已学习的手机（Tello APP）遥控和计算机遥控方式，本项目将介绍一种新的遥控方式——红外遥控套件，这是一种通过加装的红外遥控套件来遥控无人机飞行的方式。虽然红外遥控套件的外表平平无奇，仅仅有小巧的体形和若干个简单的按键，但是它仍然能够独立应用完成一个个令人惊叹的项目。难道是它藏着什么秘密，比Tello APP或计算机遥控功能更强大，使用更方便吗？请一起完成本项目，解开这个疑惑吧！

（二）任务描述

如图3-118所示，看看能否一键遥控预先藏在某个位置的无人机，飞到a点后，从a点再出发，逆时针沿特定弧线飞行，依次经过b、c、d、e、f、g、h，最后返回a点，完成一次爱心秀——飞出心形轨迹。

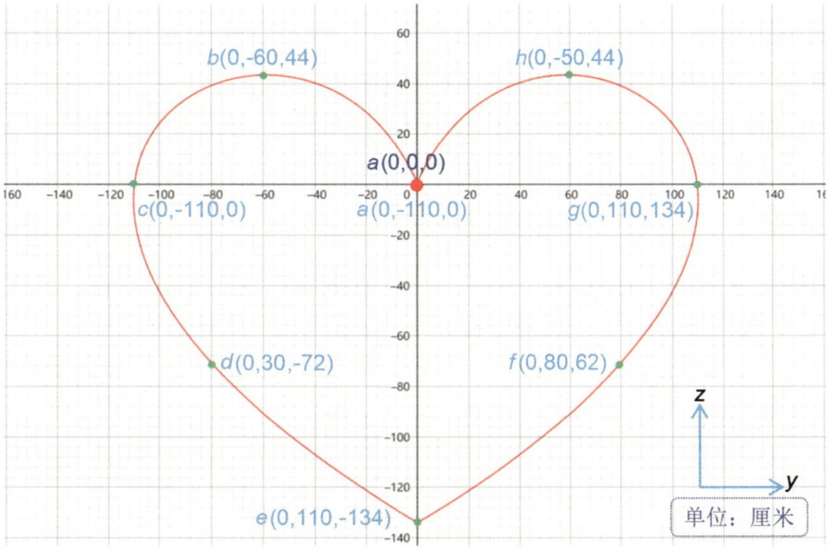

图3-118　订制一键飞行模式——心形轨迹飞行

（三）主要知识点

1. 核心素养

（1）观察无人机一键飞行的过程，认识订制摇杆功能和一键飞行模式的价值，提升设计创意活动的兴趣。

（2）围绕无人机一键飞行心形轨迹的任务，抽象出无人机在垂直面飞行的空间轨迹，梳理出完成飞行所涉及的编程要素。

（3）理解“如果…那么执行嵌套”“读取指定引脚的红外接收值”积木在程序执行或任务完成时的作用，学会在合适的任务场景中使用有关积木，解决问题，提升程序性能。

（4）理解编制任务航线的问题解决过程，能设计摇杆功能和一键飞行模式的触发条件，完成无人机绕心形轨迹飞行的任务。

2. 其他目标

（1）理解红外遥控套件的工作原理，学会安装、使用红外遥控套件。

（2）学会使用“开启飞行控制”“计算指定字符串的字符数”“字符串包含”等积木。

（3）进一步理解三维坐标的意义和飞弧线过程中相对坐标的变化规律，进一步掌握“自定义模块”积木的编程方法。

3. 主要积木

完成本项目的任务，主要通过表3-15所列的积木来搭建程序脚本。它们主要涉及“飞行控制”“通信”“运算符”“串口操作”和“事件”五类中的部分积木。

表3-15　完成“爱心现眼前”任务所涉及的主要积木

积木	名称	作用
	RMTT ESP32主程序开始	位于表2-4的“飞行控制”模块 上传模式下的程序脚本以此积木作为程序头。当该积木被点击时，就开始按顺序执行下方的积木 注：仅能同时使用一个此积木。若需多个程序同时执行，可扩展多线程功能
	开启飞行控制	位于表2-4的“飞行控制”模块 用于在上传模式编程中开启无人机的飞行控制功能。使用该积木后，需要在无人机开机后开源控制器亮起绿灯时，按下自定义按键，才能成功开启飞行控制功能，响应无人机的飞行动作指令

续上表

积木	名称	作用
	读取指定引脚的红外接收值	位于表2-4的“通信”模块 用于读取指定引脚位置的红外信号，该信号可以用字符串类型编码表示，可以存储到字符串变量中，方便后续进行字符串运算
	计算指定字符串的字符数	位于表2-4的“运算符”模块 用于计算指定字符串的字符数量，方便后续进行字符串运算
	字符串包含	位于表2-4的“运算符”模块 用于判断第一个字符串是否包含第二个字符串。如果包含，则条件成立；否则，条件不成立
	在串口输出字符串	位于表2-4的“串口操作”模块 在指定串口处输出指定字符串
	如果…那么执行嵌套	位于表2-4的“事件”模块 对应多重判断。如果指定条件成立，那么执行“如果框”中的积木；否则，继续判断添加“+号”后的更多条件

（四）问题界定

如图3-118所示，本项目要求用订制的任意一键来遥控无人机在垂直面飞出一个心形轨迹。为了便于青少年朋友理解订制摇杆功能和订制一键飞行模式的方法，本项目将划分为三个小任务来完成。

基本任务：连接红外遥控套件。如图3-119所示，在TT无人机上加装红外遥控套件，并使用Mind+测试连接红外遥控套件，读取红外接收值，为下一步的飞行做好准备。

图3–119 基本任务：连接红外遥控套件

提高任务：订制遥杆功能。根据如图3–120所示，在遥控器上选择合适的按键，赋予遥控功能，设计成模拟摇杆，有关按键分别对应起飞、降落，向前、后、左、右飞，上升、下降，顺、逆时针旋转等。

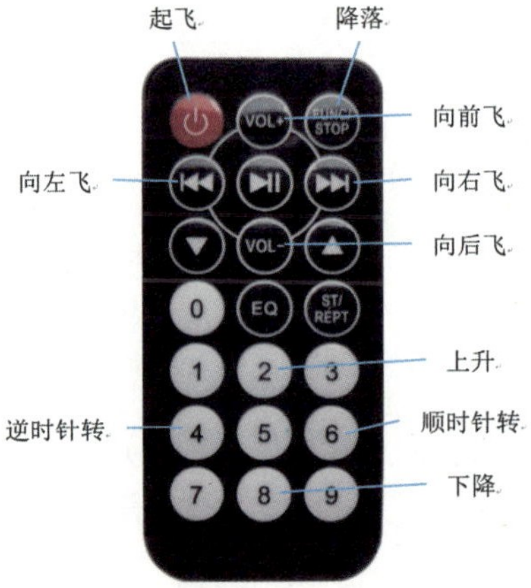

图3–120 提高任务：订制遥杆功能

综合任务：订制一键飞行模式。如图3–118所示，实现一键遥控无人机在垂直于地面的平面上完成一次心形轨迹飞行。

（五）任务流程图（见图3-121）

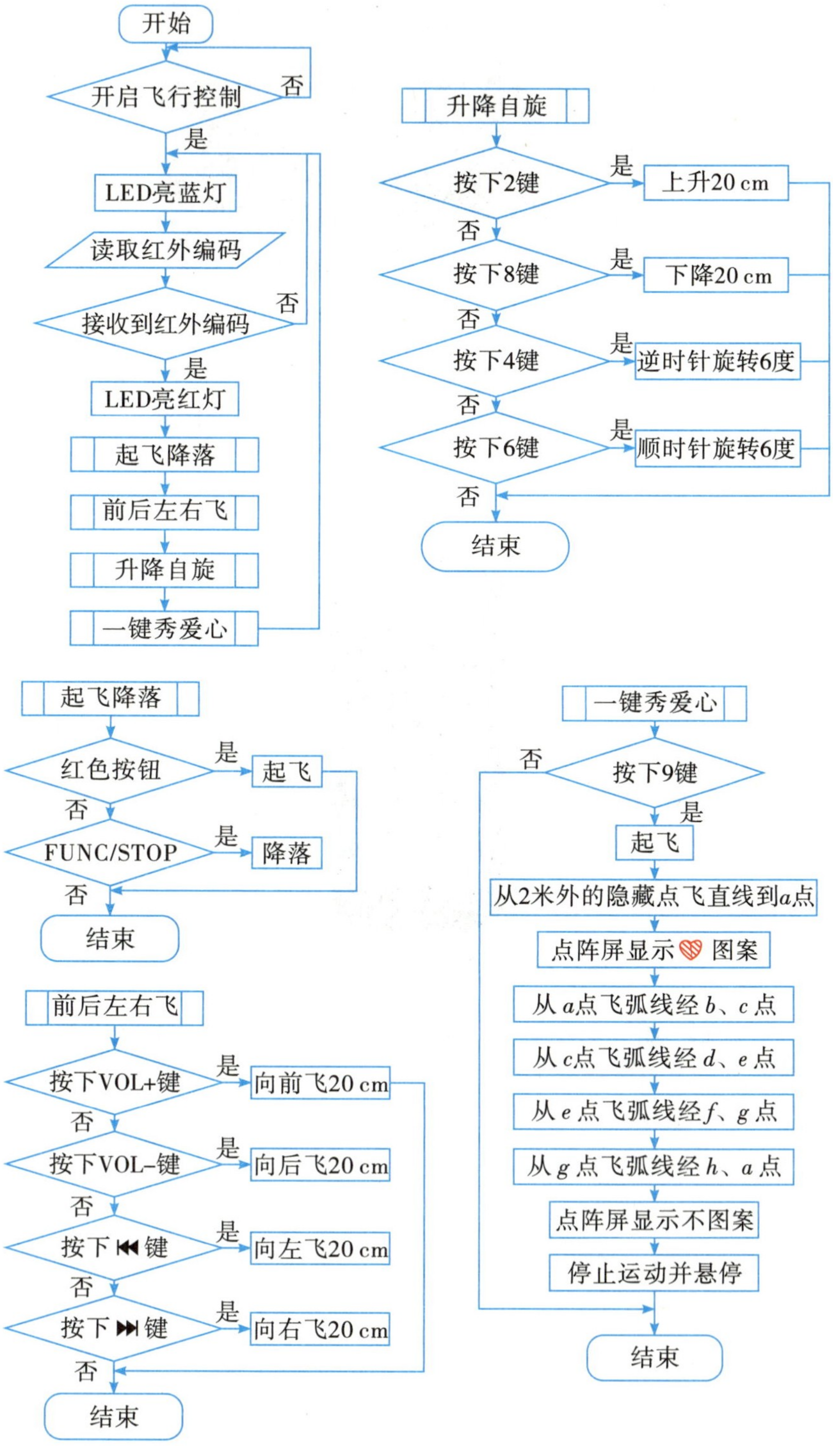

图3-121　订制一键飞行模式综合任务流程图

（六）三层五导

1. 基本任务：连接红外遥控套件

（1）红外遥控套件的工作原理是什么？
（2）怎样连接红外遥控套件？

2. 提高任务：订制遥杆功能

（1）为什么要使用红外遥控套件来遥控无人机呢？
（2）“如果……那么执行嵌套”与“如果……那么执行”积木有什么异同呢？

3. 综合任务：订制一键飞行模式

如何编程实现一键遥控无人机飞出心形轨迹呢？

（七）算法解惑

1. 基本任务

（1）如图3-122所示，红外遥控套件由1块21键遥控器、1块38 kHz红外接收传感器和1根数字传感器连接线组成。红外接收传感器可接收遥控器发射的标准38 kHz调制信号，通过对其Arduino板进行编程，即可实现对遥控器信号的解码操作，并将遥控器的指令赋予相应的执行动作来完成互动效果。[①]如表3-16所示为遥控器按键对应的红外编码。

21键遥控器　　红外接收传感器　　数字传感器连接线

图3-122　红外遥控套件（图源：DFRobot网）

①DFRobot. Gravity：IR kit红外遥控套件［EB/OL］.（2020-01-30）［2022-01-15］. https://www.dfrobot.com.cn/goods-142.html.

红外遥控器发出一连串的二进制脉冲码信号，为了使其在无线传输过程中免受其他红外信号的干扰，该信号先被调制在特定的载波频率上，比如38 kHz，然后再经红外发射二极管发射出去。红外接收传感器则将红外发射管发射出来的光信号转换为微弱的电信号，电信号经由集成电路内部放大器进行放大，然后通过自动增益控制、带通滤波、解调变、波形整形后，还原为遥控器发射出的原始编码，最后通过数字输出引脚输出该编码。①

表3–16 遥控器红外编码

编号	遥控器按键	红外编码	编号	遥控器按键	红外编码
1	红色按钮	FD00FF	12	ST/REPT	FD708F
2	VOL+	FD807F	13	1	FD08F7
3	FUNC/STOP	FD40BF	14	2	FD8877
4	⏮	FD20DF	15	3	FD48B7
5	暂停键	FDA05F	16	4	FD28D7
6	⏭	FD609F	17	5	FDA857
7	▼	FD10EF	18	6	FD6897
8	VOL-	FD906F	19	7	FD18E7
9	▲	FD50AF	20	8	FD9867
10	0	FD30CF	21	9	FD58A7
11	EQ	FDB04F			

（2）TT无人机要获取红外遥控器发射的编码，就得先安装红外接收传感器。安装红外接收传感器，可以先在开源控制器上卸载测距点阵屏拓展模块，接着安装转接拓展板，再根据接口定义连接红外接收传感器，详细的操作步骤请看本书第299页“拓展阅读4：为TT无人机加装红外遥控套件”。

当安装好红外接收传感器后，即可编写测试连接的程序脚本，如图3–123所示，可以从红外接收传感器的数字输出引脚IO15读取红外编码，再以此编码作为判断的条件，决定无人机是否执行相应的指令。

① DFRobot. 红外遥控套件 产品资料 使用教程［EB/OL］.（2020–01–30）［2022–01–15］. https://wiki.dfrobot.com.cn/_SKU_DFR0107_IR_Receiver_Module红外无线遥控套件.

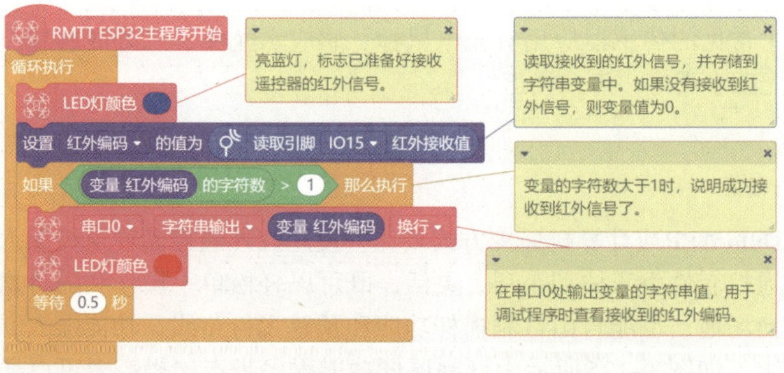

图3-123　连接红外遥控套件程序脚本

程序上传到设备后，可以在尚未断开USB数据线连接前，如图3-124所示，打开串口监视器，一边按下遥控器按键，一边查看串口监视器中显示的字符串，核对接收到的按键红外编码，既为接下来可能会用到的红外编码做准备，也可验证红外遥控套件是否正常工作。

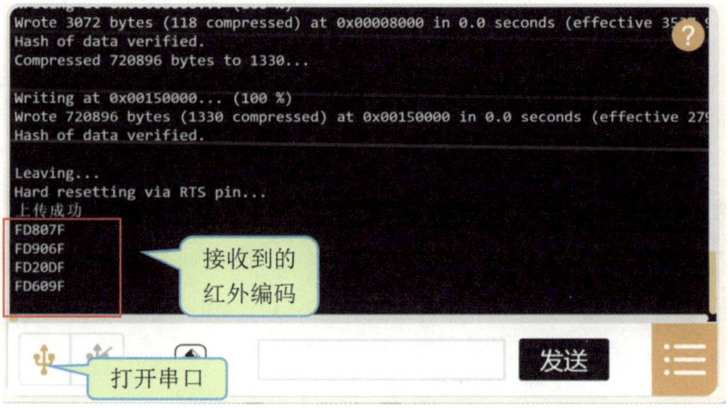

图3-124　串口监视器

小知识

传感器

传感器是能感受规定的被测量，并按一定的规律转换成可用输出信号的器件或装置。它通常由敏感元件、转换元件和转换电路组成，起着获取信息与转换信息的重要作用。按被测量性质，可分为位移传感器、速度传感器、温度传感器、湿度传感器、压力传感器、气体成分传感器等①。

①盛戈皞．传感器概述［EB/OL］.（2021-04-13）［2022-07-07］. https://www.xuexi.cn/lgpage/detail/index.html?id=11955229494452569844.

生活中常见的传感器应用有光电鼠标、感应水龙头、红外线感应门、天然气报警器、光感小夜灯、声控楼道灯等。

2. 提高任务

（1）与Tello APP或计算机遥控方式相比，使用红外遥控套件遥控无人机具有不少优点。红外遥控套件由于体型小巧、灵活，既可以轻松单手操作和随身携带，便于操控者灵活切换场地；也能自由订制摇杆功能和预置飞行路线，功能强大，满足操控者的个性化需求。如图3-125所示为订制遥杆功能程序脚本，操控者可以通过遥控器一键遥控无人机进行起飞、降落，向前、后、左、右飞，上升、下降，顺、逆时针旋转等动作，其中各动作所对应的按键可以由用户根据需求自由设计，仅需修改相应的红外编码即可。其次，由于无人机完成相应的飞行动作需要时间，还可以通过程序订制LED灯的颜色来反馈当前的状态：当LED灯为蓝灯时，标志已做好准备接收遥控器的红外信号或已完成无人机的飞行动作；LED灯为红灯时，标志正在执行无人机的飞行动作。

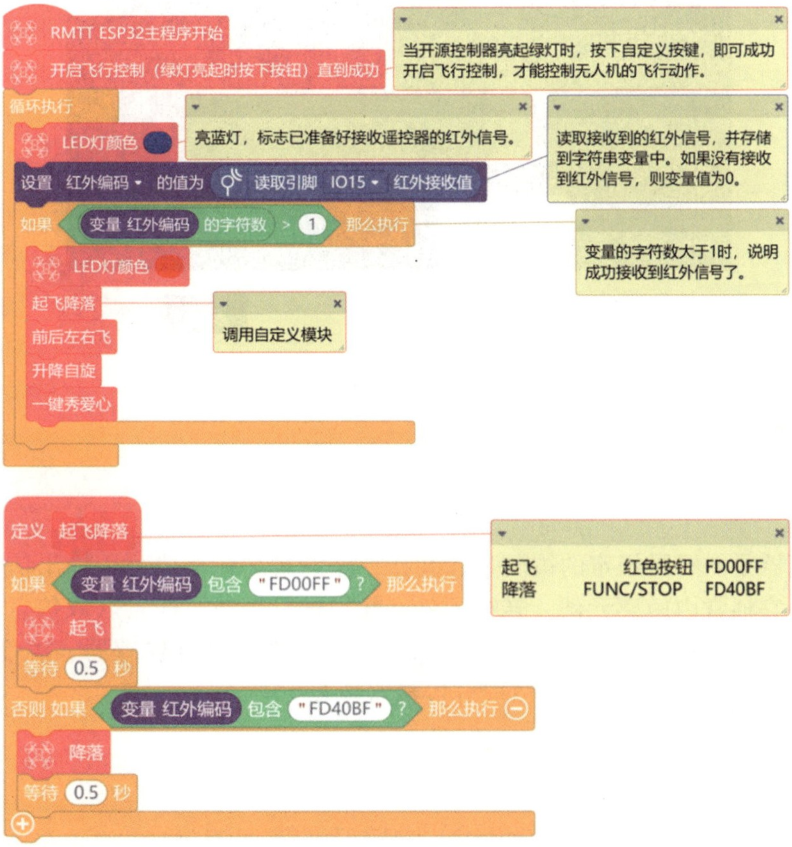

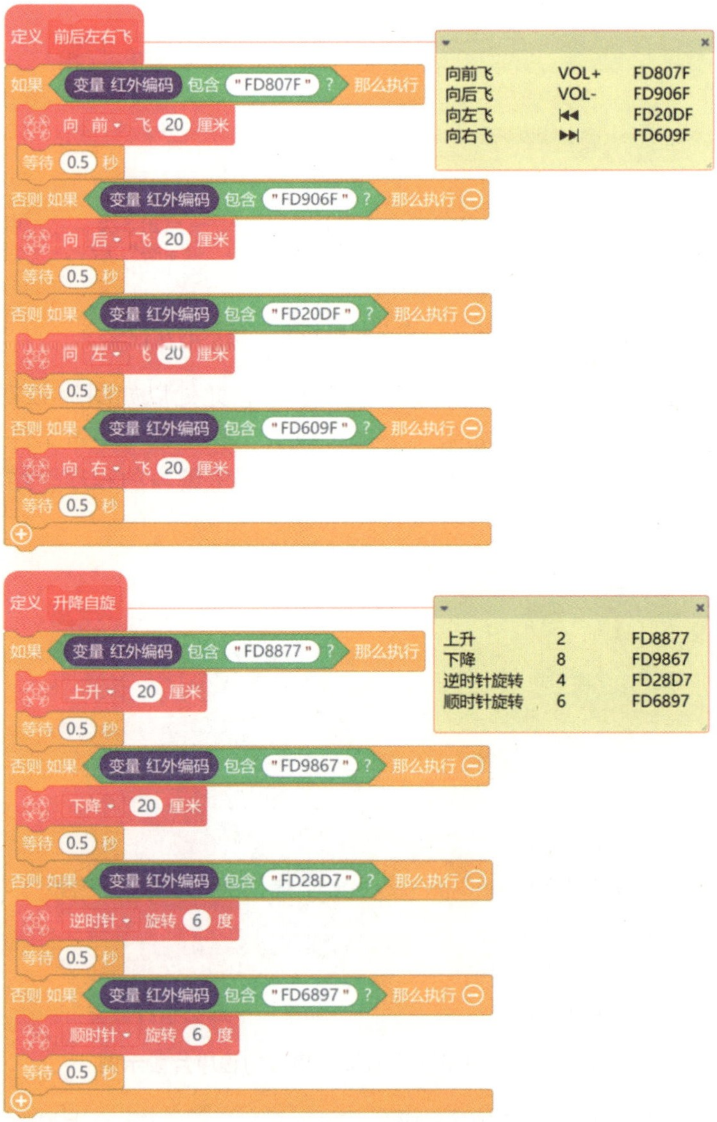

图3–125　订制遥杆功能程序脚本

（2）“如果……那么执行嵌套”与“如果……那么执行”积木，它们都属于程序的选择结构，位于“控制模块”积木组，使用条件表达式进行判断，如果指定条件成立，就执行“如果框”中的积木。它们的不同点在于：

第一，“如果……那么执行”积木，在条件不成立时，跳出该积木，继续依次执行下面的其他积木。而“如果……那么执行嵌套”积木（见图3–126），逐层判断各条件，在条件成立时，执行完“如果框”中的程序块即可跳出该积木；在条件不成立时，继续判断下一层条件，直至条件成立；如果执行到最后一层条件依旧不成立，有“否则框”的话就执行“否则框”中的程序块后跳出该积木，无“否则框”时则直接跳出该积木。

不点击“+号”（等同于“如果……那么执行”积木）　点击1次“+号”后（等同于“如果……否则”积木）　点击2次“+号”后　点击3次“+号”后　点击3次“+号”后（无最后一个“否则框”）

图3–126　“如果……那么执行嵌套”积木的几种变形

第二，考虑到遥控器的红外编码不够直观形象，此处以如图3–127所示的程序说明两种积木的不同之处：使用“如果……那么执行”积木编写多重条件程序，结构清晰，易于阅读。而使用“如果……那么执行嵌套”积木编写的程序，结构复杂，较难阅读。

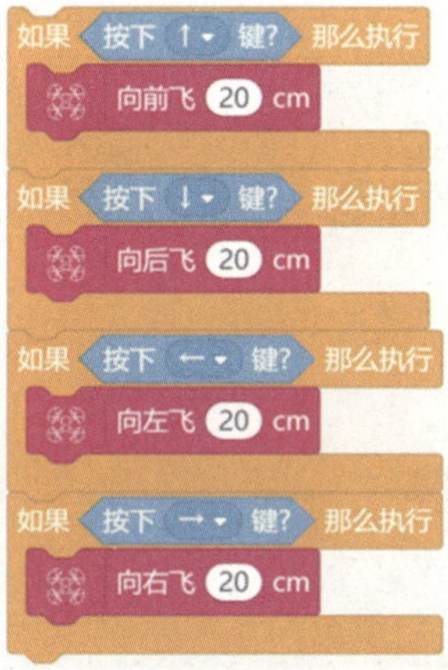

如果……那么执行

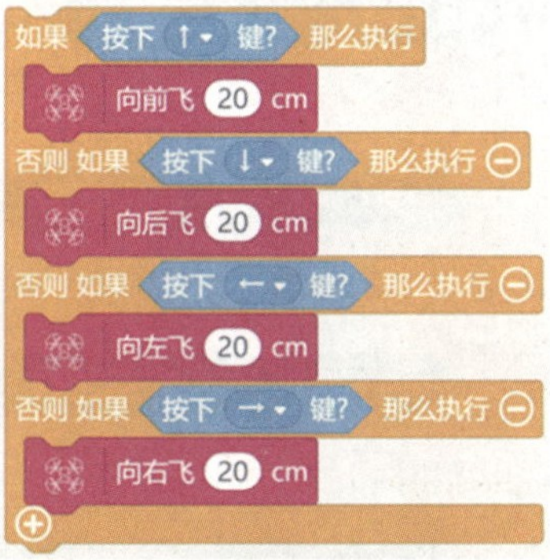

如果……那么执行嵌套

图3–127　使用不同“如果”积木的程序片段示例

第三，根据如图3–128所示的流程图，可以看出，使用这两类控制积木时，流程图的运行路线也不一样。

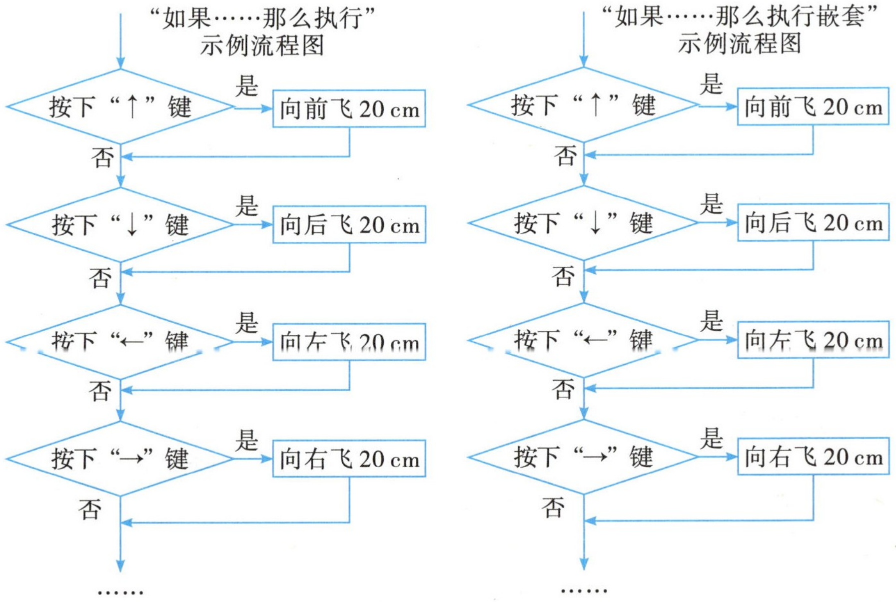

图3-128 两套"如果"积木程序片段流程图对比

通过分析流程图的运行路线，可以得到如表3-17所示的响应4个按键所进行的条件判断次数。这说明在判断多重条件时，假设各条件发生的概率相等，那么使用"如果……那么执行嵌套"积木的程序所需判断的次数就比较少，意味着将要执行的指令数也比较少，该积木放在循环体内使用时就能体现出明显的性能优势。

表3-17 响应4个按键所进行的条件判断次数

程序片段	当按下"↑"键时	当按下"↓"键时	当按下"←"键时	当按下"→"键时	合计
如果……那么执行	4次	4次	4次	4次	16次
如果……那么执行嵌套	1次	2次	3次	4次	10次

3. 综合任务

一键遥控无人机飞出心形轨迹，其实就是在订制Tello APP中的一键飞行模式。一键飞行模式仅需操控者进行简单的一键操作，即可实现无人机复杂的飞行动作。要实现一键飞行模式的订制，一方面需要添加触发飞行的按键条件，另一方面可以把实现无人机复杂的飞行动作用程序封装在自定义模块中。如图3-129所示，在提高任务的基础上，添加了对按键"9"的侦测，而且把飞临a点和飞行心形轨迹的程序封装在自定义模块"一键秀爱心"中。当按下"9"键时，将执行预设好的"飞临*a*点"程序，然后开始“心形轨迹”飞行。为节省版面，图中省略了提高任务中已呈现的“起飞降落”“前后左右飞”“升降自旋”自定义模块。不过，要注意的是，由于“按指定坐标飞弧线”积木要求弧线半径要在0.5 ~ 10米范围内，因此测试心形轨迹飞行时，请确保所在场地至少具有2.2米高和2.4米宽的飞行空间。其次，要选择合适的测试场地环境。如果经过反复调试，程序算法没有问题，那么可以试着调整思路，看看场地环境是否不适合。因为TT无人机的视觉定位系统容易受到光照强度、物体表面纹理情况所影响①，应避免在反光、透明、运动物体表面上空或光照剧烈变化的场景飞行。

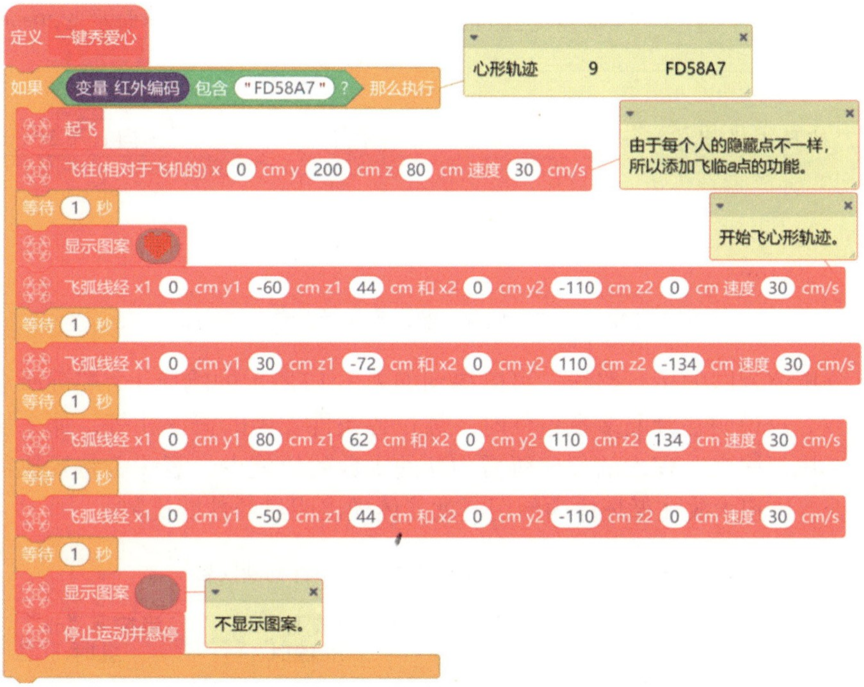

图3-129　订制一键秀爱心综合任务脚本

（八）实践与思考

（1）请尝试设计符合自己习惯和需求的摇杆功能，并在遥控飞行后分享设计的理由和心得。

（2）如图3-130所示，请编程实现一键遥控无人机在垂直于地面的平面上，从a点出发，依次经过b、c、d、e、f、g点，完成一次波浪形飞行。

---

① 深圳市睿炽科技有限公司．RoboMaster TT Tello Talent用户手册v1.0［Z］．深圳：深圳市睿炽科技有限公司，2020：19.

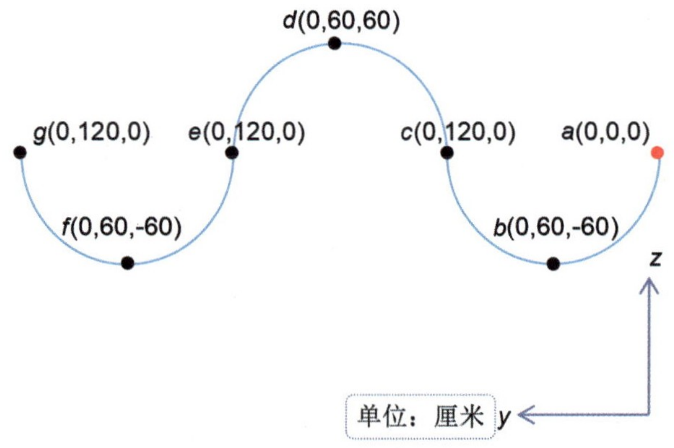

图3-130 波浪形飞行

（九）评价分享

（1）运用本案例的主要知识，设计一个富有创意的一键飞行模式项目，并完成工程日志（见表3-2）和带讲解的飞行演示短视频（5分钟内）制作。

（2）围绕所完成的项目，根据评分表（见表3-3）开展自评，或邀请老师、家长、同学进行评价。

项目13 验收速滑馆——温湿度传感器

（一）项目背景

“通过智慧管理，国家速滑馆成功实现气温分层。冰场、看台等不同区域设置了数千个传感器，能实时监测不同位置的温度和湿度，信息反馈到控制系统，自动调节空调机、除湿机和制冰机，从而达到不同区域温度的精准控制。”国家速滑馆设计总负责人郑方是这样介绍“冰丝带”国家速滑馆的。这数千个传感器中就有一些是温度传感器和湿度传感器，它们起着测量场馆区域温度和湿度的重要作用。在这样的智慧场馆中欣赏速滑运动，人们将不像以前那样在凛冽寒风中感受“速度与激情”，而能在舒适环境中尽情欣赏冰雪竞技运动。

小知识

"冰丝带"冬奥馆

国家速滑馆，如图3-131所示，又称为"冰丝带"，是2022年北京冬奥会北京主赛区标志性场馆、唯一新建的冰上项目竞赛场馆。在设计理念、技术工艺、材料选取、场馆运营等方面，它充分体现了绿色、环保、节能、低碳、可持续性等特点。国家速滑馆屋面索网结构采用国产高钒封闭索，是世界最大的索网体育馆屋面。它的玻璃幕墙外有22条高低盘旋、似环绕飘舞的"冰丝带"，内部集成的夜景照明系统开启后，丝带曼舞、轻盈跃动、异彩纷呈，展现了速度滑冰运动的速度与激情。"冰丝带"采用CO跨临界直冷制冰系统，是符合冬奥会标准的CO直接蒸发制冷的速度滑冰馆，在全冰面运行的情况下一年可节约大约200万度电。它拥有"超级大脑"，作为神经中枢系统连接着速滑馆的视觉系统、听觉系统、嗅觉系统、呼吸系统、循环系统、动力系统、运动系统，被打造成了一个有机生命体，有感觉、会呼吸、有记忆、会思考①。

图3-131 "冰丝带"国家速滑馆（图源：搜狐网）

为了完美迎接来自世界各地的运动员和观众，作为国家的小主人，你能想出什么便利的办法验收"冰丝带"是否已经能确保气温分层功能正常呢？无人机不受线缆束缚、机动灵活，可以迅速地飞往速滑馆的各个区域。不妨通过本节的学习，学会使用无人机加载温湿度传感器，去一起验收速滑馆吧！

（二）任务描述

速滑馆内冰面温度大约−8 ℃才能确保冰面质量稳定，冰上150 cm左右的温度达到10 ℃左右会有利于运动员创造上佳的运动成绩，观众席温度约16 ℃则能营造舒适的观赛环境。如图3-132所示为模拟的速滑馆的剖面透视示意图，*AP*为冰面赛道的中

①丁旭，程婷婷，胡星宇，等. 太震撼！带你近距离观察拥有"超级大脑"的国家速滑馆［EB/OL］.（2021-12-29）［2022-07-07］. https://baijiahao.baidu.com/s?id=1720469404487795214&wfr=spider&for=pc.

轴线段，为便于描绘无人机飞行的高度以及冰面到观众席的横向距离，取线段AP的端点处为起点A点，飞行测试时A点可以为中轴线上的任意一点，$AB=150$ cm，$AC=200$ cm，$CD=240$ cm，$FH=300$ cm。无人机需要抵达冰面A点、冰上150 cm B点和观众席D点这三层区域，并测试相应区域的气温是否达标。（本例只进行气温的测量。）

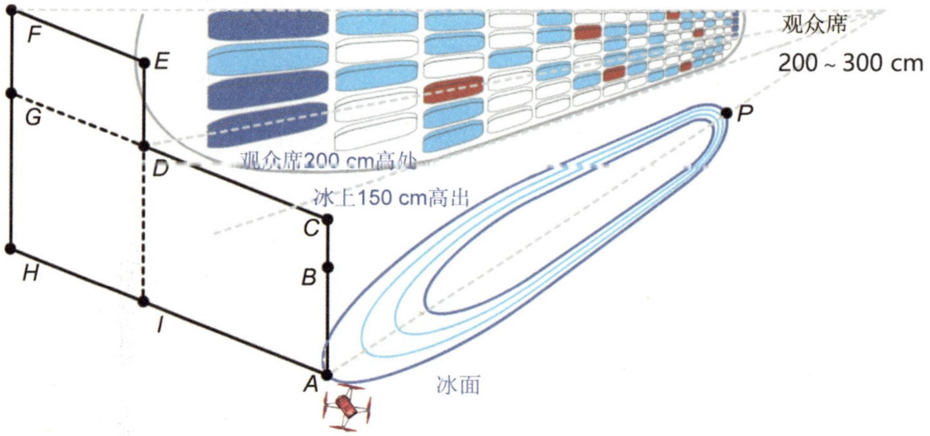

图3-132　速滑馆示意图

（三）主要知识点

1. 核心素养

（1）根据无人机测温的要求，抽象出无人机飞行的空间轨迹，形成飞行路线。

（2）理解“带参数的自定义模块”的结构、作用，以及参数的类型，能结合任务要求将识别目标高度和目标温度视为解决问题的核心数据，学会将它们设置成为“自定义模块”中的参数，以实现提升编程效率的目的。

（3）围绕抽象出的飞行轨迹和航线编制环节，完成无人机在速滑馆内进行温湿度测量飞行验收的程序脚本编写。

2. 其他目标

（1）理解温湿度传感器的工作原理，学会安装、使用温湿度传感器。

（2）学会使用“合并字符串”“关系运算”“与运算”“读取指定引脚的DHT22温度值”“获取无人机的状态码”“从结果中取指定数据”等积木。

（3）观察无人机飞往“馆区”各层测温的过程，认识使用无人机进行测温的便利性，增强利用无人机解决生活问题的兴趣。

3. 主要积木

完成本项目的验收速滑馆任务，主要通过表3-18所列的积木来搭建程序脚本，它们主要涉及“传感器”模块、“函数”模块、“运算符”模块和“飞行控制”模块四类中的部分积木。

表3-18　完成“验收速滑馆”任务所涉及的主要积木

积木	名称	作用
	读取指定引脚的DHT22温度值	位于表2-4的“传感器”模块 用于读取指定引脚的DHT22温湿度传感器的温度值，单位为℃。该温度值为不含单位的数值，可直接参与数值运算
	带参数的自定义模块	位于表2-4的“函数”模块 无参数的自定义模块如行首上图所示，带参数的自定义模块如行首下图所示。带参数的自定义模块，不仅可以封装一段可实现指定功能的程序，还能根据指定的参数进行灵活的响应
	合并字符串	位于表2-4的“运算符”模块 用于按顺序合并指定的两个字符串，字符串内容可拓展
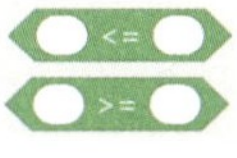	关系运算积木组	位于表2-4的“运算符”模块 属于关系运算，用于判断两个参数的大小
	与运算	位于表2-4的“运算符”模块 属于逻辑运算，当两个条件都成立时，整体的条件成立；否则，视为条件不成立
	获取无人机的状态码	位于表2-4的“飞行控制”模块 获取当前无人机的状态码，包括相对挑战卡坐标、俯仰角、偏航角、横滚角、最高温度、最低温度、相对高度、当前电量等数据
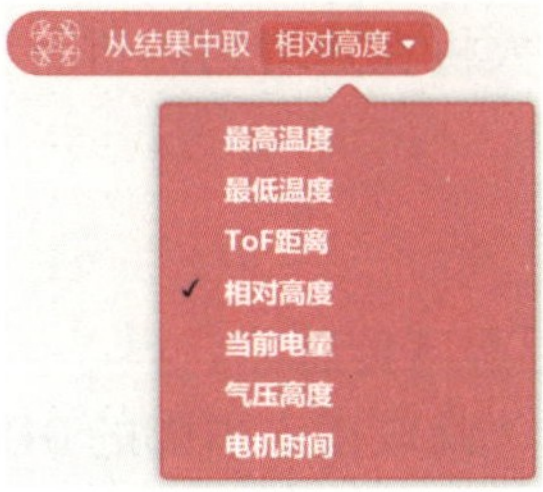	从结果中取指定数据	位于表2-4的“飞行控制”模块 用于在获取无人机的状态码后，从结果中获取指定的数据

（四）问题界定

如图3-132所示，本项目要求无人机分别抵达冰面（实际为冰面之上30 cm）、冰上150 cm和观众席这三层区域，测试相应区域的气温是否达标。为了便于青少年朋友理解无人机测温飞行的规律和特点，设计出合理的工作航线，本项目将划分为三个小任务来完成。

基本任务：连接温湿度传感器。如图3-133所示，在TT无人机上加装高精度DHT22温湿度传感器，并使用Mind+测试连接该传感器，读取温度和湿度值，为下一步的飞行做好准备。

图3-133 基本任务：连接温湿度传感器

提高任务：测量冰面的温度。控制无人机在冰面上合适的高度飞行，测量冰面的温度，并使用灯信号反馈冰面区域的气温是否达标。

综合任务：全面验收速滑馆。如图3-132所示，实现无人机在冰面、冰上150 cm和观众席三层区域进行一次性测温验收。

（五）任务流程图（见图3–134）

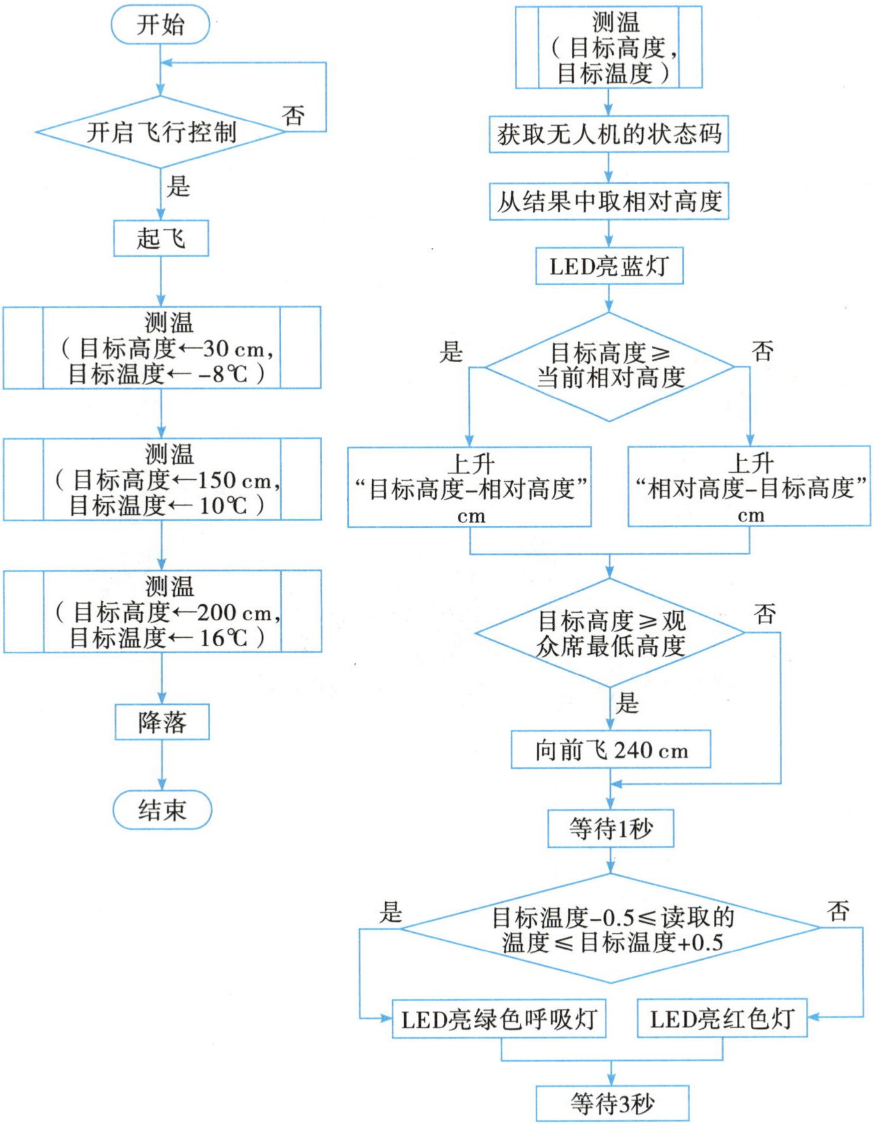

图3–134　验收速滑馆综合任务流程图

（六）三层五导

1. 基本任务：连接温湿度传感器

（1）温湿度传感器的工作原理是什么？

（2）怎样连接温湿度传感器？

2. 提高任务：测量冰面温度

（1）为什么要使用“与运算”积木进行气温的判断呢？

（2）无参数的自定义模块和带参数的自定义模块有什么异同呢？

3. 综合任务：全面验收速滑馆

如何编程实现无人机飞往场馆各层测量温度呢？

（七）算法解惑

1. 基本任务

（1）如图3-135所示，高精度DHT22温湿度传感器是一款含有已校准数字信号输出的温湿度复合传感器，应用专用的数字模块采集技术和温湿度传感技术，产品具有较高的可靠性与稳定性。它包含一个电容式感湿元件和一个NTC测温元件，并与一个高性能8位单片机相连接，响应快、抗干扰能力强、性价比高，能在对环境温度与湿度测量要求较高的情况下使用。①

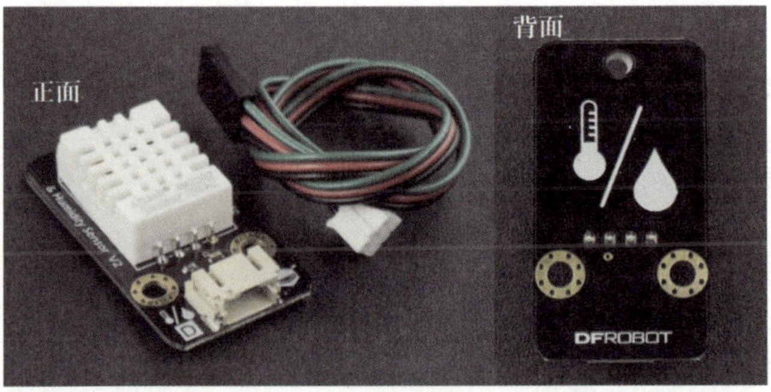

图3-135　高精度DHT22温湿度传感器（图源：DFRobot网）

电容式感湿元件是利用有机高分子电介质吸湿后，介电常数明显改变的特性制成的。电容式高分子湿度传感器，其上部多孔质的金电极可使水分子透过，水的介电系数比较大，室温时约为79。感湿高分子材料的介电常数并不大，当水分子被高分子薄膜吸附时，介电常数发生变化。随着环境湿度的提高，高分子薄膜吸附的水分子增多，因而湿度传感器的电容量增加，所以根据电容量的变化可测得相对湿度。由于高分子薄膜可以做得极薄，所以吸湿响应时间都很短，一般都小于5秒，有的响应时间仅为1秒②。

NTC测温元件是负温度系数热敏电阻温度传感器，它是利用电阻随着温度的升高而呈指数形式显著降低的特性实现测温的。它的体积可以做得很小，成本低，易于维护，而且响应时间很快，时间常数为1～10毫秒，在生活中的测温应用场景丰富。除

①DFRobot. 温湿度传感器［EB/OL］.［2022-02-03］. https://wiki.dfrobot.com.cn/_SKU_SEN0137_高精度DHT22温湿度传感器.

②吴琼水. 湿度传感器主要类型与工作原理［EB/OL］.（2020-06-28）［2022-02-03］. https://www.xuexi.cn/lgpage/detail/index.html?id=6576438860339044939.

了测温用途以外，NTC还有浪涌抑制的作用，可以抑制开关电源、电动机、白炽灯接通瞬间的浪涌电流①。

（2）TT无人机要获取温湿度传感器的温度值，就得先安装DHT22温湿度传感器。安装DHT22温湿度传感器的步骤大体上与安装红外传感器相似，可参考本书第299页“拓展阅读4：为TT无人机加装红外遥控套件”。操作上要注意以下几点：

① 引脚接线表。根据表3-19所示的引脚位置，使用5V、GND、IO13这三个引脚，分别对应3芯杜邦插头的红色、黑色、绿色线。

表3-19　转接拓展板引脚接线表

杜邦线	转接拓展板引脚
红色	5V
黑色	GND
绿色	IO13

② 使用Mind+添加DHT22温湿度传感器。在Mind+软件的上传模式中，如图3-136所示，依次点击：主控板→RoboMaster TT（ESP32）→传感器→DHT11/22温湿度传感器，添加DHT22温湿度传感器。

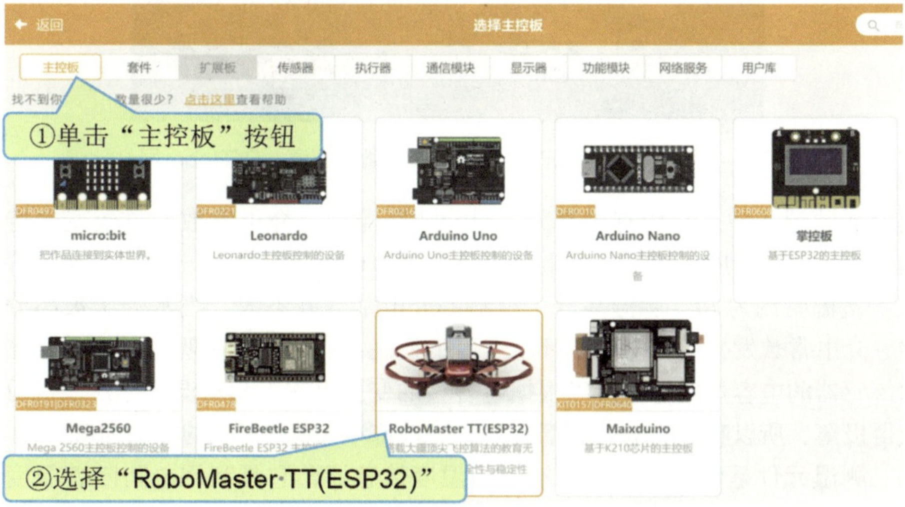

（a）

① 盛戈皞. 热敏电阻温度传感器［EB/OL］.（2021-04-13）［2022-02-03］. https://www.xuexi.cn/lgpage/detail/index.html?id=6446313229855259498.

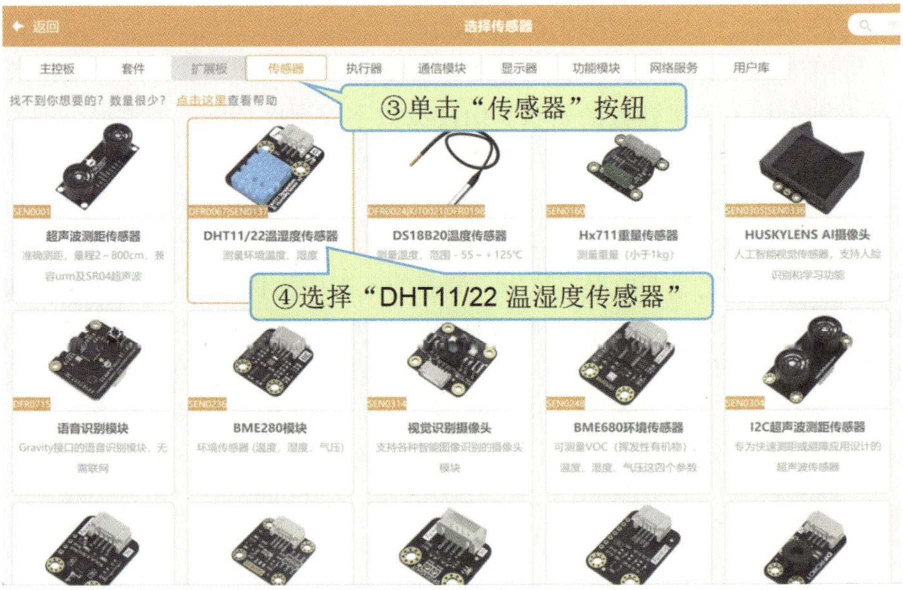

（b）

图3–136　添加DHT22温湿度传感器

③ 当安装好温湿度传感器后，如图3–137所示，即可编写测试连接的程序脚本，实现从温湿度传感器的数字输出引脚IO13读取温度和湿度值。需要注意的是，读取温湿度值前需要为温湿度传感器预留响应时间，DHT22测温元件的响应时间为1～10毫秒，感湿元件的响应时间最大为5秒，所以当既要读取温度值，又要读取湿度值时，可以取最大的响应时间5秒作为等待时间。测试连接温湿度传感器所获取到的数值如图3–138所示，这些数值将用于后续任务中判断区域气温是否达标。

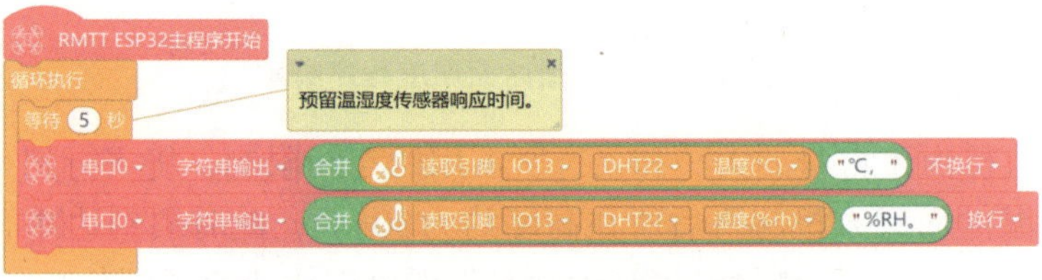

图3–137　连接温湿度传感器程序脚本

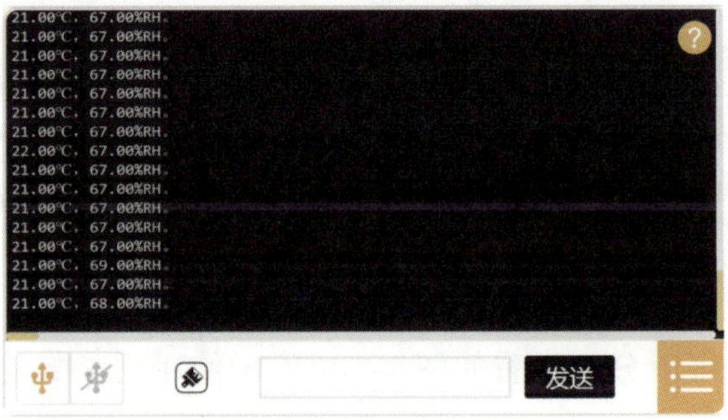

图3–138　串口监视器

2. 提高任务

（1）使用传感器进行测量，必须要清楚该传感器的精度，这样才能知道所选择的传感器是否符合相关测量任务的要求。DHT22数字温湿度传感器的测温范围为−40 ℃至80 ℃，分辨率为0.1 ℃，误差为 ± 0.5 ℃，湿度范围为0 ~ 100% RH，分辨率为0.1% RH，误差为 ± 2% RH，能测量零下摄氏度的温度，符合本次速滑馆的测温精度要求。

在实际编程时要充分考虑误差范围，测温的范围应为目标温度 ± 0.5 ℃。如果冰面目标温度要求−8 ℃，那么它的测温范围是−8 ℃ ± 0.5 ℃，即为−8.5 ℃至−7.5 ℃。要判断该温度是否既大于等于−8.5 ℃又小于等于−7.5 ℃，如图3–139所示，可以使用“与运算”积木连接两个关系运算积木进行判断，当两个关系运算条件都成立时，才返回“与运算”条件成立。

图3–139　测量冰面温度程序脚本

另外，无人机由于自身的大小和飞行所占用的空间限制，将飞行到冰面约30 cm处进行冰面的测温。而无人机起飞后所在高度约为80 cm，此时要到达冰面30 cm处，就要下降50 cm。本任务仅需测量温度，无须测量湿度，由于测温元件响应时间很快，所以此处预留温湿度传感器的响应时间仅需“等待1秒”即可。

反馈信息的方法有很多种，比如用点阵屏反馈信息，用灯信号反馈信息等。为什么此处使用灯信号反馈信息，而不是用点阵屏反馈信息呢？其实这是为后续的任务考虑的。无人机飞行至冰面或冰上150 cm处时，这两种方法都可用。但是当无人机飞到观众席较高处时，点阵屏的字符就不是那么容易看清楚了，所以才使用最直观的灯色变化来反馈测温结果。

（2）要辨析无参数的自定义模块和带参数的自定义模块之间的异同之处，最直观的方法是举例说明，可以分别看看如图3–140所示使用无参数的自定义模块的程序脚本，以及如图3–141所示使用带参数的自定义模块的程序脚本，它们都实现了无人机分别抵达冰面、冰上150 cm和观众席这三层区域，测试该区域的气温是否达标，并使用灯信号反馈达标与否的目标。它们的不同之处见表3–20。

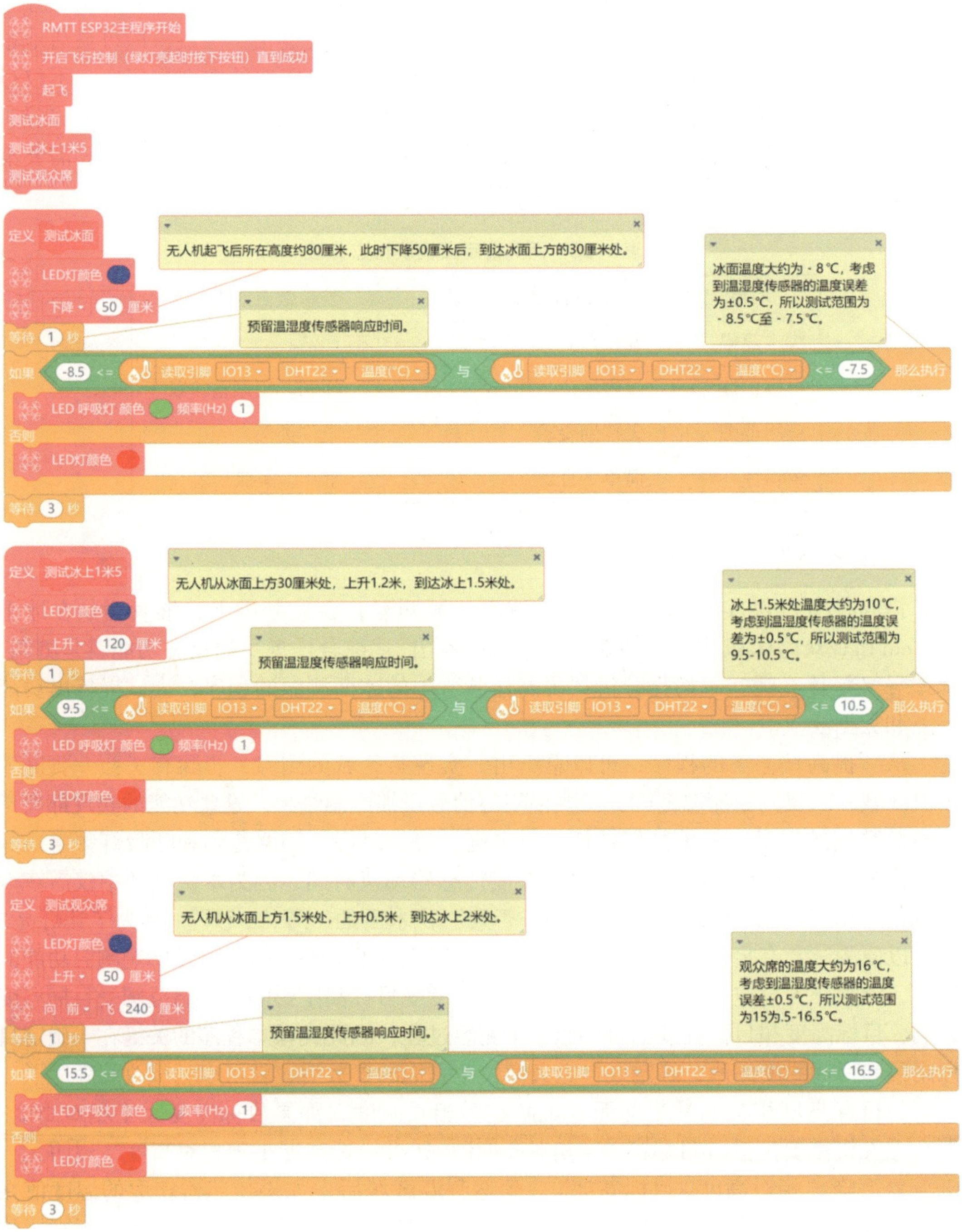

图3–140　无参数的自定义测温模块程序脚本

如图3-140所示，使用无参数自定义模块的程序脚本冗长，而使用如图3-141所言的带参数自定义模块的程序脚本简洁。

无参数自定义模块总是在执行相同的指令，如果要修改某些数据，就得深入到无参数自定义模块的内部程序中，逐一找出来修改，不仅过程烦杂，还容易出错，导致效率较低。而带参数自定义模块仅需要在调用该模块时设置相关参数，即可灵活地根据变化的参数实现相似的功能，无须深入到带参数自定义模块的内部程序中，不仅过程简单，而且不易出错，效率较高，适合在功能相似、数据变化的场景下使用。当然，带参数自定义模块的程序逻辑复杂，参数较难选择和确定，编写时难度较高，需要准确识别所需实现任务的功能相似之处和数据不同之处。

表3-20　两类自定义模块特点比较

项目	无参数自定义模块	带参数自定义模块
脚本篇幅	冗长	简洁
可维护性	过程烦杂，须修改内容	便利，仅调整参数
应用范围	无特别要求	结构类似
逻辑性	简单、直观	抽象，更难理解

3. 综合任务

提高任务已经实现了无人机飞往冰面区域测温，在此基础上，继续增加在冰上150 cm和观众席区域测温的功能即可。可以看出，“综合任务”的核心功能就是测温。那差异又是什么呢？不妨先分析“提高任务”中的冰面测温的程序，尝试提炼出功能要点和数据要点。

从“提高任务”的程序，可以总结出，实现某区域的测温，步骤有三：一要进入测温区域，二要判断测温范围，三要使用灯信号反馈测温结果。这些功能的实现都离不开相关数据的提供，相关数据包括飞行高度、等待时间、测温范围和呼吸灯频率。其中，图3-141“等待1秒”是为了给温湿度传感器预留时间，因为本次任务中仅需获取温度值，所以等待1秒即可。“如果……否则”积木后的“等待3秒”，是为了让灯亮3秒，以便测试者有足够的时间识别。这两处和呼吸灯的频率都不会直接影响测温功能的实现，无须作为自定义模块的参数。而飞行高度受目标高度影响，测温范围受目标温度影响，目标高度和目标温度都直接影响了测温过程，因此编写本程序的关键在于确定目标高度和目标温度的值，确定好自定义模块中它们的参数后，就可以尝试改编程序了。

与目标高度相关的是当前无人机所在的相对高度，如果目标高度大于相对高度，那么无人机需要上升“目标高度-相对高度”；如果目标高度小于相对高度，说明无人机需要下降“相对高度-目标高度”。到达测温区域后，如果传感器获取的温度值在“目标温度 ±0.5 ℃”范围内，那么说明此处气温达标，亮绿色呼吸灯3秒；否则，将亮红色灯3秒。如图3-141所示为使用带参数自定义模块实现的测温程序脚本，可以快速灵活地调整目标高度和目标温度，测量区域内的更多位置。

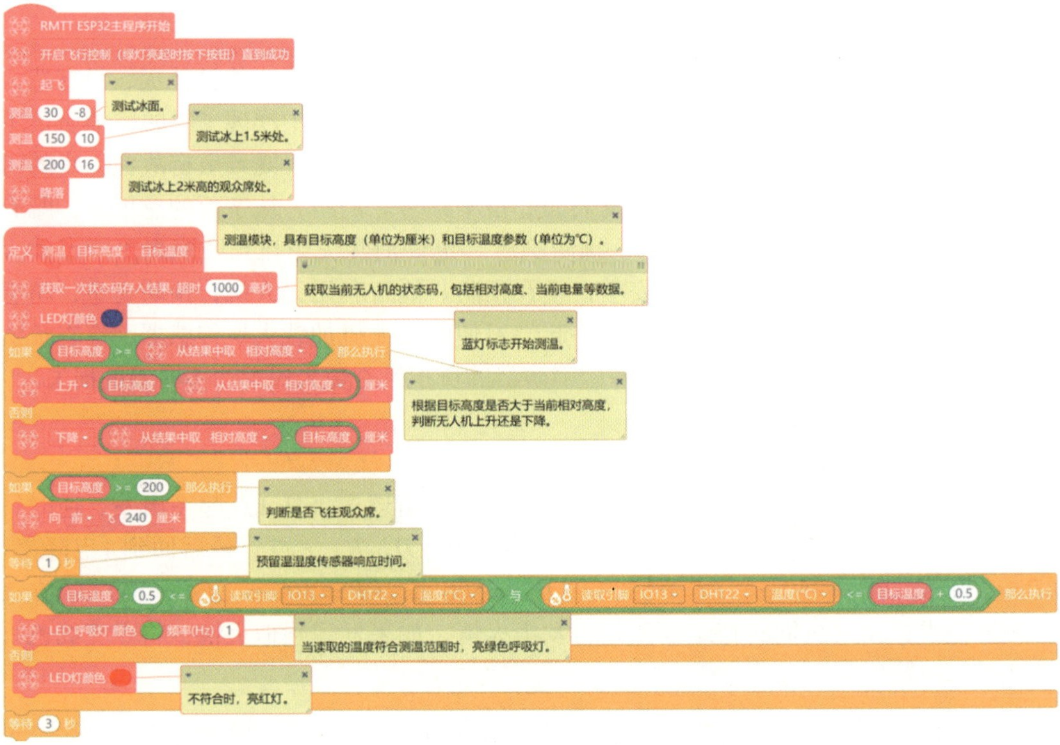

图3-141　全面验收速滑馆综合任务脚本

（八）实践与思考

冰面赛道除了要保证合适的温度外，还得保证合适的湿度。请编程实现如图3-142所示的测量冰面湿度的任务，$AB=CD=120$ cm，弧AB和弧CD为半圆弧，它们的半径是60 cm，$BC=AD=180$ cm。

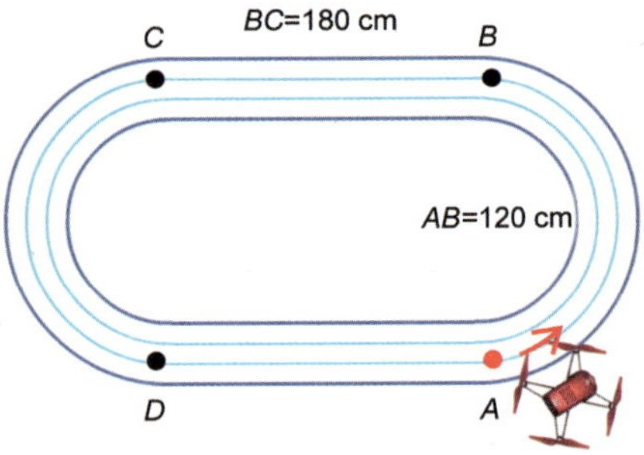

图3-142　测量冰面湿度

（九）评价分享

（1）运用本案例的主要知识，设计一个富有创意的测温湿度项目，并完成工程日志（见表3-2）和带讲解的飞行演示短视频（5分钟内）制作。

（2）围绕所完成的项目，根据评分表（见表3-3）开展自评，或邀请老师、家长、同学进行评价。

项目14 机智消防员——火焰传感器

（一）项目背景

“在98名消防员的紧密配合、全力扑救下，历经7小时，大火终被扑灭，没有造成人员伤亡……”看到这报道消防员救火的新闻，我们的脑海中浮现了一幅幅消防员不顾生命危险冲锋在火灾前线的身影，心中油然而生一股敬意，既致敬奋战在一线的可亲可爱的人民消防员，也心疼消防员们如此奋不顾身。消防，从字面的意思看，既有“消”——消除灾患，又有“防”——预防隐患。也许消除灾患比预防隐患更能牵动人心，引起人们重视。但是，消防安全，重在预防。能否利用无人机，预防灾患，防患于未然呢？本项目将带领青少年读者一起学习使用无人机加载火焰传感器，巡查负责区域，提前预警火情，杜绝火患，减轻消防员的负担，避免人民财产不必要的损失。

（二）任务描述

如图3–143所示，无人机在海珠湖进行全线火情巡逻，从A点起飞出发，逆时针直线飞行。航空高度设定为2.2 m，依次经B、C、D、E、F点，最后回到A点降落。$AB=750$ m，$BC=350$ m，$CD=300$ m，$DE=500$ m，$EF=400$ m，$FA=300$ m。在飞行的过程中，无人机同时持续探测是否发生火情，如果发现疑似火情，将点亮红色呼吸灯进行预警。

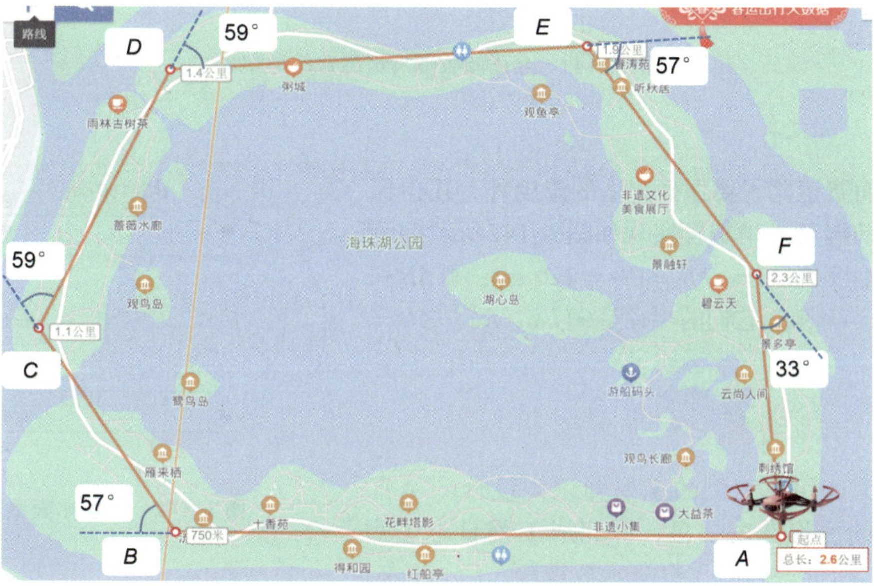

图3–143 海珠湖全线火情巡逻（图源：百度地图）

（三）主要知识点

1. 核心素养

（1）根据无人机防火巡逻飞行的路线，抽象出无人机飞行的空间轨迹。

（2）能结合无人机巡逻和探测火情在功能独立性与运行同步性的总体任务要求，理解程序多线程执行的作用和优点，合理使用多线程功能模块，设计合适的多线程程序。

（3）围绕抽象出的飞行轨迹和航线编制环节，完成无人机在“海珠湖”进行全线火情巡查的程序脚本编制。

2. 其他目标

（1）理解火焰传感器的工作原理，学会安装、使用火焰传感器。

（2）掌握“引脚操作”中“读取指定模拟引脚的数值”积木的使用方法。

（3）观察无人机全线巡逻，实时探测火情的过程，认识使用“无人机+火焰传感器”探测火情的机动灵活性，增强利用无人机解决生活问题的兴趣。

3. 主要积木

完成本项目机智消防员的任务，主要通过表3–21所列的积木来搭建程序脚本。它们主要涉及“引脚操作”和“功能”模块两类中的部分积木。

表3–21　完成“机智消防员”任务所涉及的主要积木

积木	名称	作用
读取模拟引脚 IO13 ▾	读取指定模拟引脚的数值	位于表2–4的“引脚操作”模块 用于读取指定模拟引脚的数值，可直接参与数值运算
子线程1 ▾ 程序开始	子线程程序开始	位于表2–4的“功能”模块 用于封装一段可实现指定功能的子线程程序。当启动指令发出时，该子线程程序与主程序同步运行，实现多个线程并发执行
启动 子线程1 ▾	启动子线程	位于表2–4的“功能”模块 用于启动子线程程序，实现指定功能
停止 子线程1 ▾	停止子线程	位于表2–4的“功能”模块 用于停止子线程程序

（四）问题界定

如图3–143所示，本项目要求无人机在海珠湖进行全线火情巡逻。为了便于青少年朋友理解无人机巡逻探测火情的规律和特点，设计出合理的工作航线，本项目将划分为三个小任务来完成。

基本任务：连接火焰传感器。如图3-144所示，在TT无人机上加装火焰传感器，并使用Mind+测试连接该传感器，读取指定模拟引脚的数值，为下一步的飞行做好准备。

图3-144　基本任务：连接火焰传感器

提高任务：室内定点火情监测。如图3-145所示，无人机从室内墙角处起飞至合适高度后，一边自旋，一边探测火情，并使用灯信号预警火情。

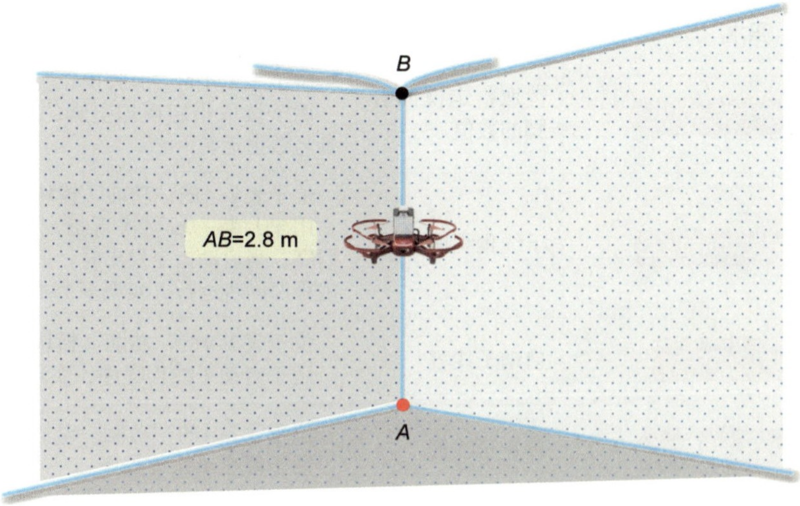

图3-145　提高任务：室内定点火情监测

综合任务：海珠湖全线火情巡逻。如图3-143所示，实现无人机在海珠湖进行全线火情巡逻。

（五）任务流程图（见图3–146）

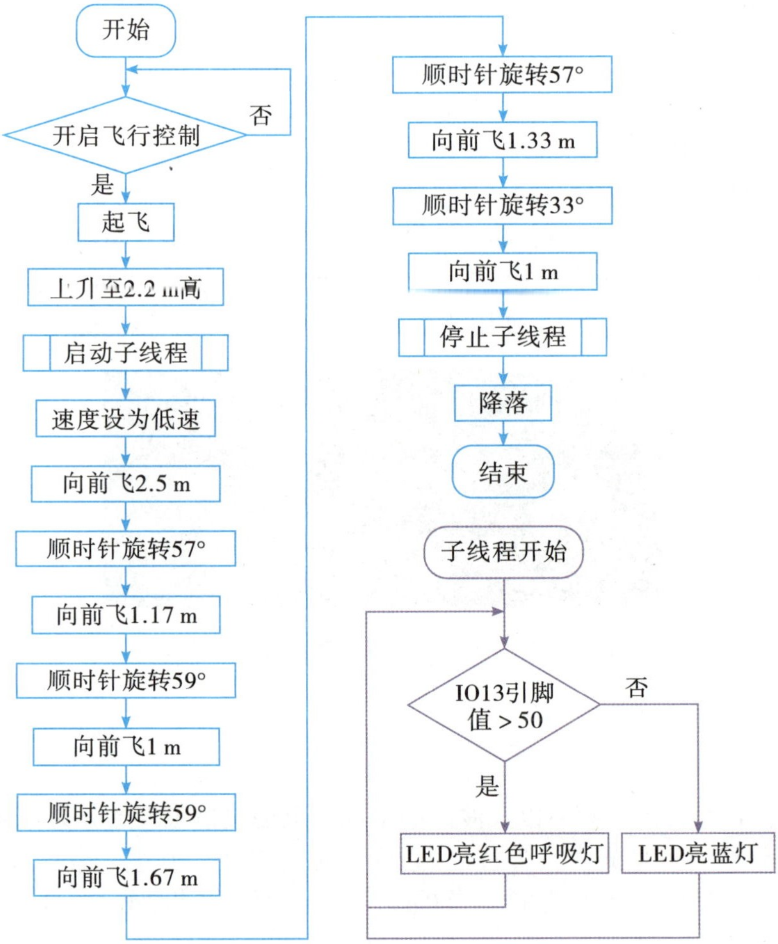

图3–146　海珠湖全线火情巡逻综合任务流程图

（六）三层五导

1. 基本任务：连接火焰传感器

（1）火焰传感器的工作原理是什么？
（2）怎样连接火焰传感器？

2. 提高任务：室内定点火情监测

（1）为什么无人机要飞行到室内墙角的中间位置，并不间断地自旋15°呢？
（2）“子线程程序开始”与“自定义模块”积木有什么异同？

3. 综合任务：海珠湖全线火情巡逻

如何编程实现无人机巡逻海珠湖，并同时探测是否有火情？

（七）算法解惑

1. 基本任务

（1）火焰的本质是放热反应中反应区周边空气分子加热而高速运动，从而出现发光的现象。不同燃烧物的火焰辐射强度、波长分布虽然有所差异，但总体来说，它们对应火焰温度的近红外光波长域及紫外光波长域具有很大的辐射强度，根据这种特性可制成火焰传感器。①如图3–147所示，火焰传感器对火焰光谱特别灵敏，可以用来探测火源或其他波长在760～1 100 nm（1纳米等于10亿分之一米）范围内的近红外光源，探测角度达60°，能在–25 ℃到85 ℃下工作，性能稳定可靠。尽管这款传感器可以用来感知火焰，但是它并不防火，使用时必须与火焰保持距离，以免烧坏。②

图3–147 火焰传感器（图源：DFRobot网）

小知识

电磁波谱

依照波长的长短、频率以及波源的不同，电磁波谱可大致分为：无线电波、微波、红外线、可见光、紫外线、x射线和伽马射线。其中，紫外线的波长为10～380 nm，可见光的波长为380～780 nm，红外线的波长为780 nm～1 mm③。

（2）TT无人机要探测火焰，就得通过安装火焰传感器来获取光谱值。安装火焰传感器的步骤大体上与安装红外传感器相似，可参考本书第299页“拓展阅读4：为TT无人机加装红外遥控套件”。操作上要注意以下几点：

① 引脚接线表。根据表3–22所示的引脚位置，使用5V、GND、IO13这三个引脚，分别对应3芯杜邦插头的红色、黑色、蓝色线。

---

①百度百科. 火焰传感器［EB/OL］.［2022–02–17］. https://baike.baidu.com/item/火焰传感器/8405773?tr=ge_ala.
②DFRobot. 火焰传感器［EB/OL］.［2022–02–17］. https://wiki.dfrobot.com.cn/_SKU_DFR0076_Flame_sensor火焰传感器_V2.
③百度百科. 电磁波谱［EB/OL］.［2022–07–07］. https://baike.baidu.com/item/%E7%94%B5%E7%A3%81%E6%B3%A2%E8%B0%B1/907208.

表3-22　转接拓展板引脚接线表

杜邦线	转接拓展板引脚
红色	5V
黑色	GND
蓝色	IO13

② 使用Mind+添加RoboMaster TT（ESP32）主控板。在Mind+软件的上传模式中，如图3-148所示，依次点击：主控板→RoboMaster TT（ESP32），添加RoboMaster TT（ESP32）主控板。与之前安装传感器不同的是，火焰传感器没有支持无人机主控板的积木块，所以不能添加传感器模块积木。但是，可以通过检测模拟引脚的数值，获取火焰传感器提供的模拟信号值。

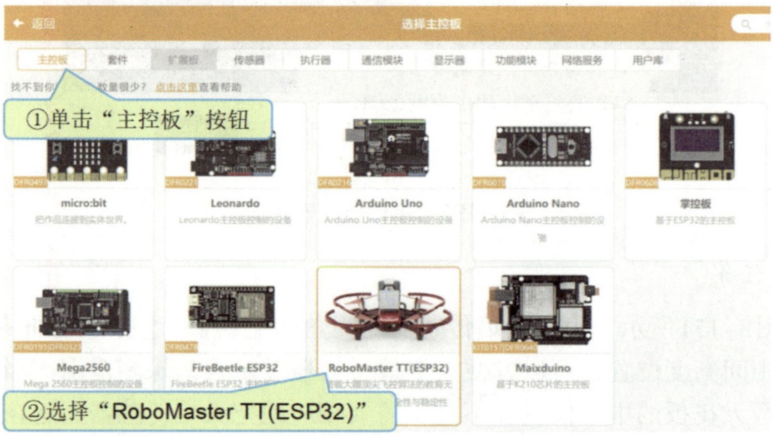

图3-148　添加RoboMaster TT（ESP32）主控板

③ 当安装好火焰传感器后，如图3-149所示，即可编写测试连接的程序脚本，实现从火焰传感器的模拟引脚IO13读取光谱值。由于火焰传感器的反馈时间非常快，仅为15微秒（1微秒等于百万分之一秒），因此理论上无须为火焰传感器预留响应时间。不过，为了方便使用者测试时观察获取的光谱值，程序中还是使用“等待1秒”积木为使用者预留从串口监视器查看火焰传感器数值的时间。测试时，可以使用打火机点火后在离火焰传感器一定距离的各个方位处移动，所获取到的数据如图3-150所示。当数值为0时，表明未检测到火焰；当数值不为0时，表明检测到火焰，且打火机越靠近火焰传感器，获取的数值越大。这说明该数值随着火焰与传感器之间距离的减小而增加。在不完全测试的情况下，数值最低为365，最高为4 095。因此，考虑到误差范围，取数值50为临界数值，当模拟引脚IO13的数值大于50时，可判断为发现疑似火情，即可作出预警。

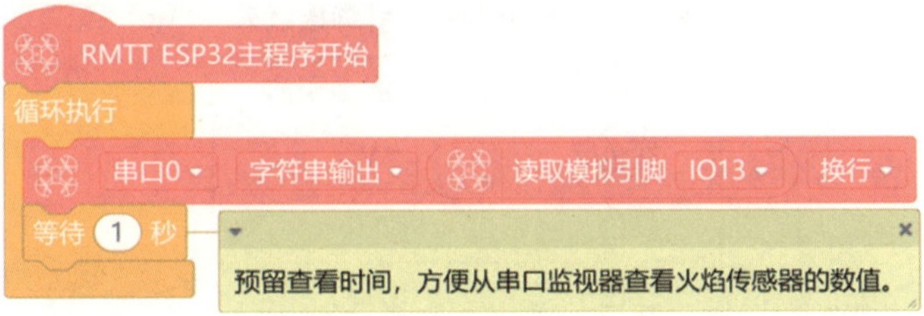

图3-149　连接火焰传感器程序脚本

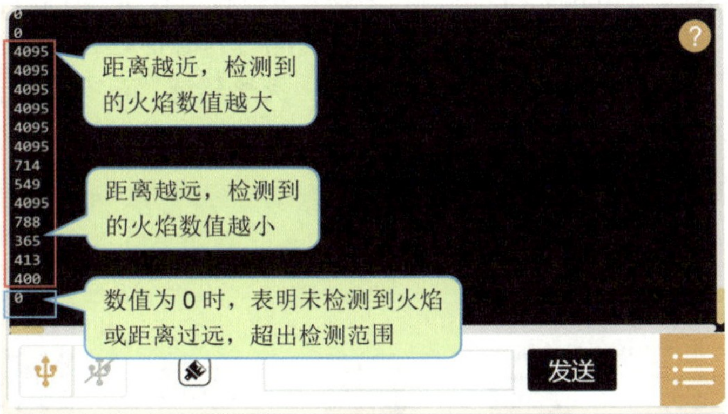

图3-150　串口监视器数据

2. 提高任务

（1）如图3-151所示，由于火焰传感器的视角是上、下、左、右方向60°，无人机上升到墙角中间高度位置，可以方便火焰传感器覆盖更大的探测范围。当然，无人机也可以飞行至天花板的中心位置。不过，需要相应地把火焰传感器固定在无人机的底部，并注意避开光流传感器和TOF高度传感器位置。如图3-152所示，由于从室内墙角起飞，无人机所需探测的平面范围是90°，但是火焰传感器的视角是60°，所以需要通过不间断地自旋15°才能保证90°的平面探测范围。

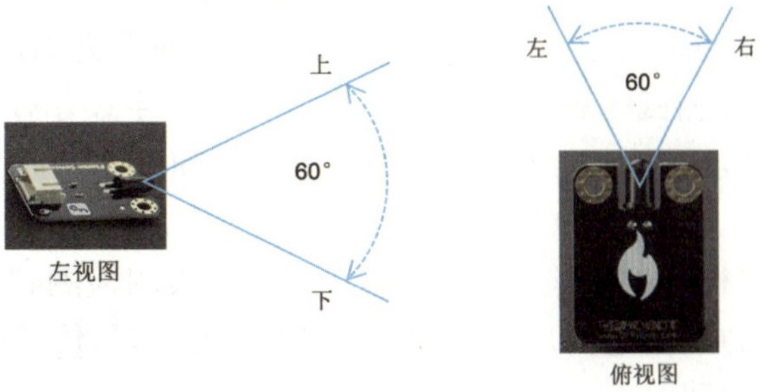

图3-151　火焰传感器的视角

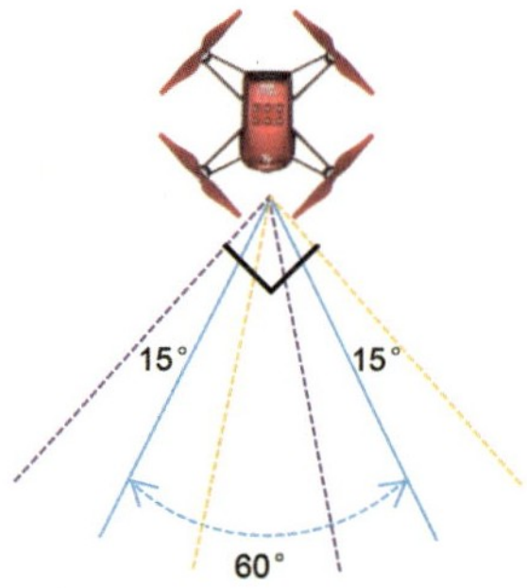

图3-152　无人机自旋角度示意图

（2）“子线程程序开始”积木多线程功能模块中提供的积木，如图3-153所示，可以在Mind+软件上传模式的主控板选择界面中，依次点击：功能模块→多线程，添加多线程功能模块。

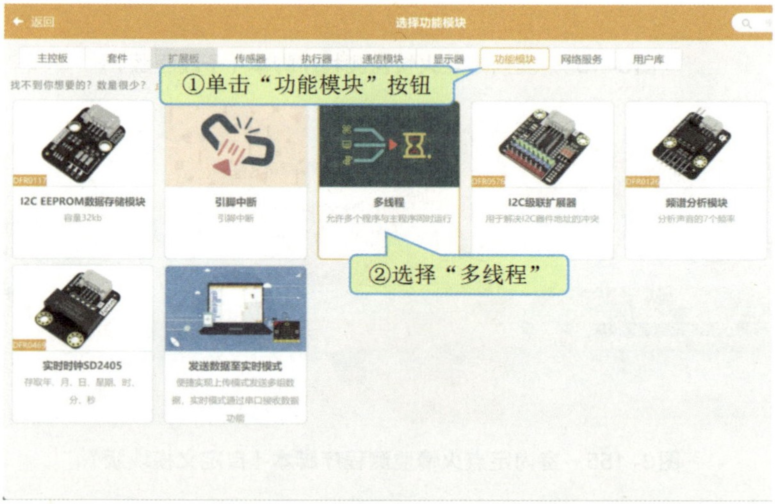

图3-153　添加多线程功能模块（图源：软件截图）

图3-154、图3-155分别为使用“子线程程序开始”与“自定义模块”积木实现的室内定点火情监测程序，这两个积木都能封装探测火焰的程序，并提供给主程序调用。不同之处是，使用“子线程程序开始”的程序，可以在启动火焰探测指令发出时，同步执行子线程程序与主程序，也就是可以一边自旋无人机，一边使用火焰传感器探测火焰。而使用“自定义模块”的程序，只能按顺序依次执行自旋和探测功能，无法同时执行两种功能，这样也无法保证更大范围探测时的“无缝衔接”。

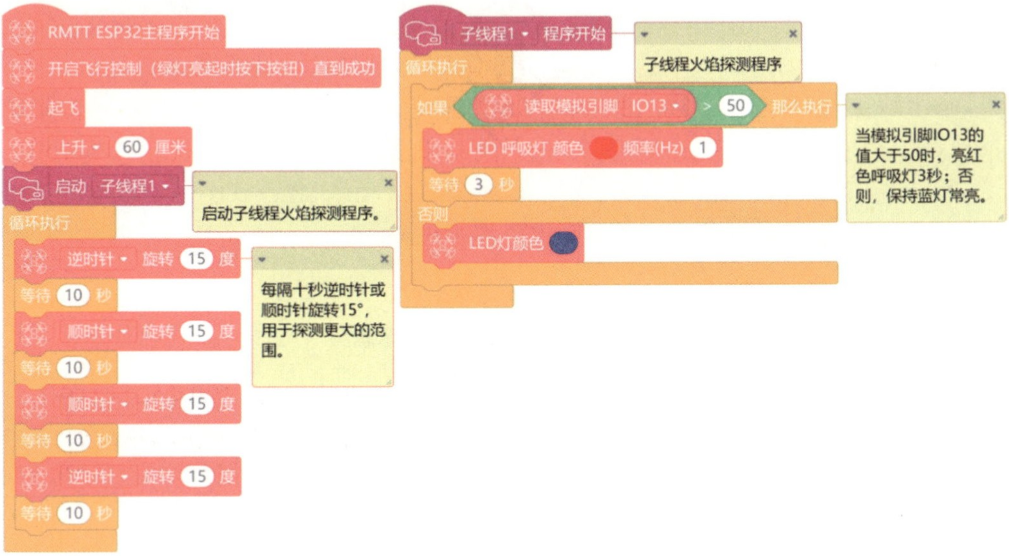

图3-154　室内定点火情监测程序脚本（子线程版）

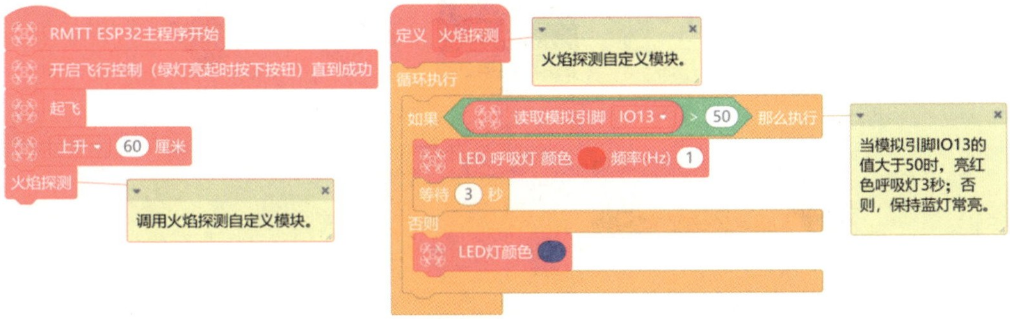

图3-155　室内定点火情监测程序脚本（自定义模块版）

小知识

多线程

多线程，是指从软件或者硬件上实现多个线程并发执行的技术。具有多线程能力的计算机，因有硬件支持而能够在同一时间执行多于一个线程，进而提升整体处理性能。多线程程序，是把一个原本线性执行的程序，划分为若干个子程序片段同步执行，每一个子程序片段就是一个子线程。使用多线程程序可以同步完成多项任务，提高系统资源的使用效率①。

①百度百科. 多线程［EB/OL］.［2022-07-07］. https://baike.baidu.com/item/%E5%A4%9A%E7%BA%BF%E7%A8%8B/1190404.

3. 综合任务

要实现海珠湖的全线火情巡逻，需要解决四个问题：一是巡逻，二是火焰探测，三是同步执行，四是反馈结果。海珠湖占地范围广，考虑到场地大小的问题，测试时可把地图缩小至原来的1/300，如图3-156所示，即巡查高度＝220 cm，$AB = 250$ cm，$BC = 117$ cm，$CD = 100$ cm，$DE = 167$ cm，$EF = 133$ cm，$FA = 100$ cm。根据测试路线图，按规划距离和转角进行飞行，即可完成巡逻任务。

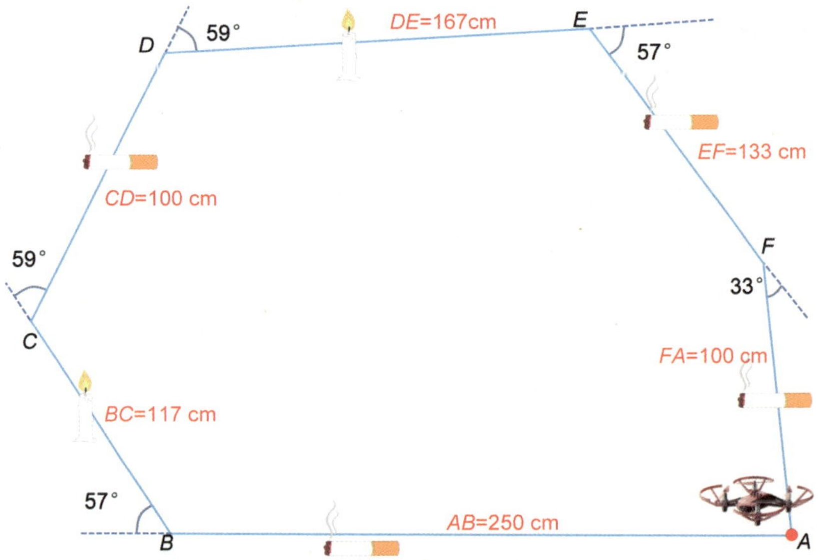

图3-156　海珠湖巡逻测试路线图

此“综合任务”需在“提高任务”的程序上，继续修改程序。如图3-157所示，在实际的巡逻飞行中，还得考虑无人机的飞行高度，避免飞行过低影响游客，而且飞行经过的路面不一定是平坦的，因此可以通过上升“目标高度-相对高度”，实现无人机保持指定高度的飞行。由于无人机需要一边飞行一边探测，它的飞行速度也不宜过快，可设置为20 cm/s。如果无人机飞行速度过快，一方面，将影响火焰传感器探测的准确度；另一方面，当无人机发出预警信号时，已经离火情地点较远了，无异于刻舟求剑，不利于火情地点的定位。回到A点后，可以紧接着执行“停止子线程”积木，停止探测火焰，并顺利降落。需要注意的是，在实际应用中，火焰传感器的探测距离也是一个关键要素，它将直接影响无人机的飞行高度，因此，应结合实际情况选择合适的火焰传感器，设计合理的巡逻方案。

小知识

烟雾传感器与火焰传感器

烟雾传感器可用于在火焰产生烟雾之后的检测，但是在现实生活中，许多物质燃烧并不产生烟雾，或者说不会产生很浓的烟雾。如果等到火势增大、烟雾增加时，才能检测到火情，那就为时已晚了。在火灾的初期，火焰燃烧会表现出特有的特征，火焰中含有肉眼无法辨别的不同波长的紫外线和红外线。利用火焰传感器，就能够在初期尽早发现火情，及时控制火焰。但是它也有缺陷，就是探测距离有一定的局限性①。

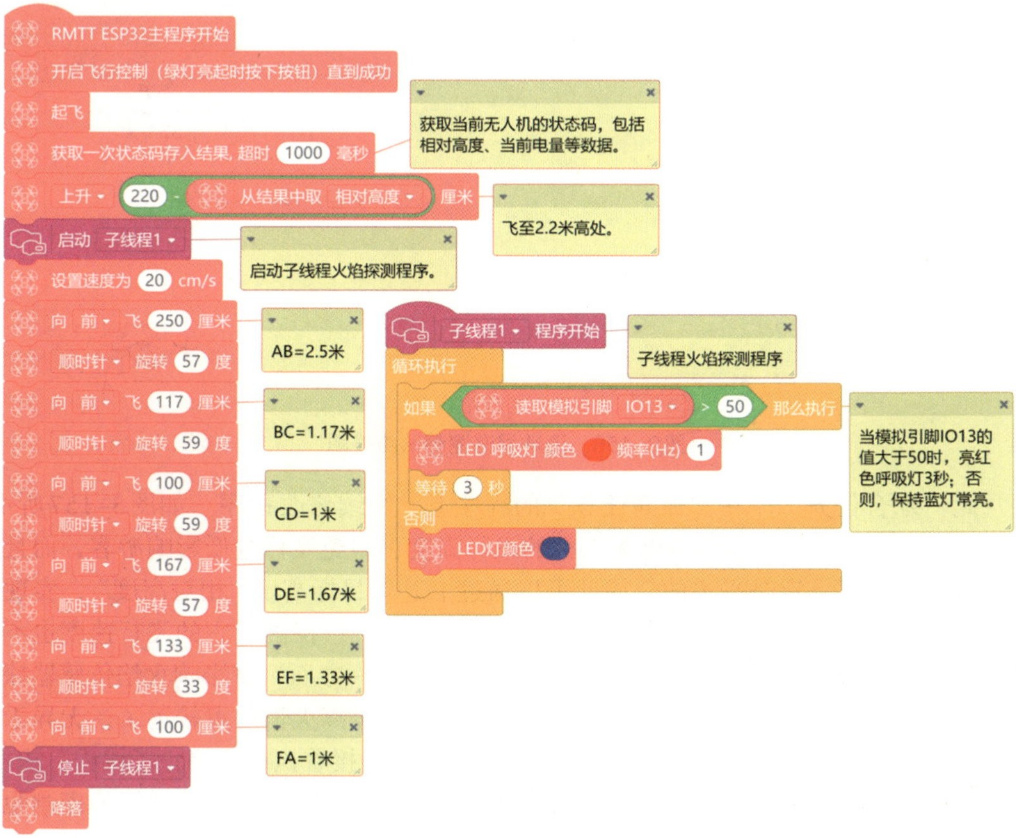

图3–157　海珠湖全线火情巡逻综合任务脚本

①火焰检测器宝威燃控. 火焰检测器的优点这么多！它是不是没有不足？[EB/OL].（2022-01-12）[2022-07-07]. https://baijiahao.baidu.com/s?id=1721737064533292876.

（八）实践与思考

（1）请根据校园的地理环境，合理设计无人机的巡逻路线，并编写程序实现无人机一边巡逻，一边探测火情。

（2）请使用多线程的技术，改编红外遥控套件程序，看看能否遥控无人机同步执行俯仰和偏航运动，实现无人机从*A*点出发沿蓝色弧线飞行依次经过*B*、*C*、*D*、*E*点，再从*E*点沿橙色弧线飞行依次经过*F*、*G*、*H*点，最后返回*A*点，完成一次“平8”飞行。

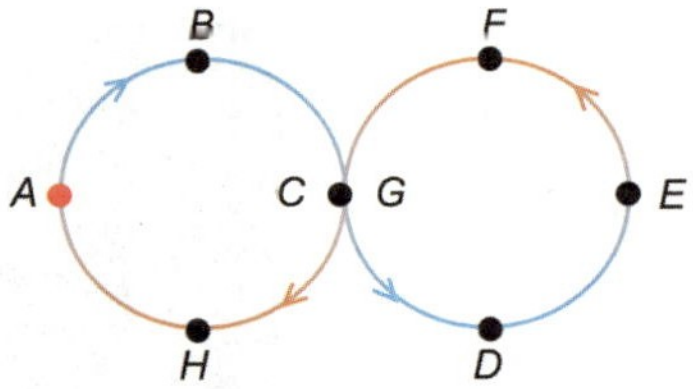

图3–158　遥控飞行“平8”

（九）评价分享

（1）运用本案例的主要知识，设计一个富有创意的火焰探测项目，并完成工程日志（见表3–2）和带讲解的飞行演示短视频（5分钟内）制作。

（2）围绕所完成的项目，根据评分表（见表3–3）开展自评，或邀请老师、家长、同学进行评价。

三、组队飞行

无人机虽然具有学习和使用成本低廉、拓展性强、机动性好、安全性高等诸多优点，但单架无人机在面对各种复杂的应用环境（军事、农业、物流、表演……）时，就可能存在工作效率低下、续航时间不足、负载有限等问题。特别是使用无人机进行表演时，单架无人机表演的动作和效果都非常有限，无法满足实际的演出需求。

本节将带领青少年朋友一起体验无人机的组队飞行。无人机组队飞行是指两架或两架以上具有自主功能的无人机为适应任务要求而进行的一定结构的某种队形排列和任务分配的组织模式①，它能简化操作，有效提高工作效率，完成单架无人机无法胜任的飞行任务。

---

① 王新民，王晓燕，肖堃．无人机编队飞行技术［M］．西安：西北工业大学出版社，2015：2.

图3-159　农业无人机组队
（图源：澎湃新闻）

图3-160　军事蜂群无人机组队
（图源：航空工业信息网）

图3-161　物流配送无人机组队
（图源：京东物流）

图3-162　无人机灯光表演组队
（图源：江苏卫视）

项目15　队形巧变换——组队入门和组队坐标飞行

（一）项目背景

《秋天》是一篇收录在小学一年级人教版语文教材中的散文，课文抓住秋天中的多种事物的特点，描写了秋高气爽、黄叶飘落、北雁南飞的情景，抒发了作者对秋天的喜爱之情。其中描写大雁飞行队形的句子："一群大雁往南飞，一会儿排成个'人'字，一会儿排成个'一'字。"[①]让人印象尤其深刻。本项目开始学习无人机组队飞行的具体设置方法，并同时使用三架无人机，运用组队坐标飞行积木编写程序脚本，在空中模拟大雁队形变换飞行，从而掌握无人机多机组队的飞行方法和技巧。

图3-163　大雁"人"字飞行和"一"字飞行（图源：百度网）

① 温儒敏. 语文：一年级 上册［M］. 北京：人民教育出版社，2016：54-55.

（二）任务描述

把三架无人机以“一”字纵向队形在地上排开，每架无人机相隔150 cm（或以上），无人机面向方向见图3-164红色箭头。编写程序脚本，当“当绿旗点击”积木执行时，计算机先在网络中搜索三架无人机，为三架无人机分别编号为1、2、3，使其点阵屏上以蓝色显示各自的编号；然后所有无人机上升到200 cm高度后同时设置LED灯为蓝色；接着以纵向“一”字队形在空中前进飞行100 cm，悬停3秒后，LED灯设置为红色；再从纵向“一”字队形变换为“人”字队形，悬停3秒后，LED灯设置为绿色；最后以“人”字队形在空中前进飞行100 cm。如此反复进行3次队形变换前进飞行后降落。飞行队形及航线见图3-164。

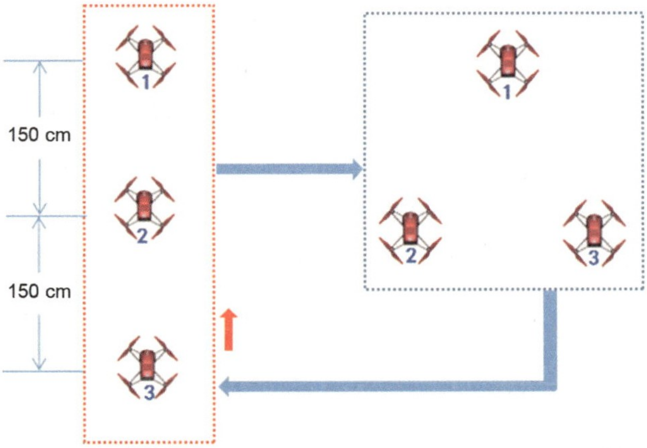

图3-164 “队形巧变换”综合任务航线（俯视图）

（三）主要知识点

1. 核心素养

（1）思考无人机队形变化的规律，能把无人机组队的飞行基本过程界定为“组队起飞→纵向‘一’字队前行→变换‘人’字队形→‘人’字队前行→变回‘一’字纵向队形”，其中后四个环节循环三次。

（2）根据无人机队形变换的过程，抽象出每架无人机变换队形时的飞行轨迹，并能由此把各架无人机的实时位置抽象为可计算的空间坐标问题。

（3）围绕任务要求，设计出“队形巧变换”项目的流程图，在此基础上编写程序脚本，完成三架无人机组队飞行，以及队形变换的任务。

（4）掌握无人机组队飞行的基本组织规律，积极发挥个人创意，通过迁移、再创造等手段，设计出别致、充满趣味的组队飞行方案。

2. 其他目标

（1）理解常用的组队积木，如“组队按指定坐标飞直线”等的作用，掌握其参数的设置方法。

（2）感悟雁阵飞行中的责任担当意识和团队合作精神，勇于落实到学习、生活中。

完成本项目，需要通过使用一些积木来搭建程序脚本，如表3-23所列，它们主要涉及“RoboMaster TT(组队)模块”中的部分积木。

注：完成本项目需要具备无人机组队相关准备知识，请先阅读本书第304页“拓展阅读5：无人机组队的准备”。

表3-23　完成“队形巧变换”任务所涉及的主要积木

积木	名称	作用
设置Tello SN码 0TQZH4LED00555 编号为 1	无人机SN码编号	位于表2-4“RoboMaster TT（组队）”模块 以无人机的SN码为标识，对无人机进行编号，以便在组队中更清晰地管理 注：SN码是无人机的产品序列号
在网络中扫描 1 台Tello 超时 30 秒	网络扫描无人机	位于表2-4“RoboMaster TT（组队）”模块 指定时间内，在网络中扫描指定数量的无人机，并将这些无人机加入到路由器中
Tello 编号1 起飞 Tello 编号1 降落	组队起飞/降落	位于表2-4“RoboMaster TT（组队）”模块 指定编号的无人机进行起飞或降落
Tello 编号1 上升 50 cm	组队直线位移	位于表2-4“无人机组队”模块 指定编号无人机直线位移指定的距离，这里可选的方向参数有“上升”“下降”“向左”“向右”“前进”“后退”
同步指令 等待时间 8 秒	同步指令	位于表2-4“RoboMaster TT（组队）”模块 用于指定时间内多架无人机同步飞行指令的执行。该积木可以将其上方多架无人机的飞行动作积木从顺序执行变为同时执行
Tello 编号1 飞往(相对于飞机的) x 50 cm y 50 cm z 0 cm 速度 100 cm/s	组队按指定坐标飞直线	位于表2-4“RoboMaster TT(组队)模块” 指定编号的无人机以指定速度直线飞往坐标（x，y，z）。x、y、z值不能同时在$-20\sim20$之间

续上表

积木	名称	作用
	组队点阵屏显示单字符	位于表2-4“RoboMaster TT(组队)模块” 为指定编号的无人机点阵屏上显示指定颜色的单个字符

（四）问题界定

根据项目要求，让三架无人机组队，在空中模拟大雁飞行时的队形变换。为确保三架无人机飞行时周围的气流不相互影响队形稳定性，把每架无人机的飞行间距设置为150 cm，统一面向正前方。为了便于读者理解，现把本项目分为三个小任务来完成。

基本任务：无人机组成“一”字队。三架无人机以纵向“一”字队形排开，每架无人机相隔150 cm放在地面，无人机队形如图3-164中红色虚线框内所示。编写程序把三架飞机连接入路由器，分别为每架飞机编号为1、2、3，让点阵屏显示各自编号1、2、3。

提高任务：从“一”字队变为“人”字队。三架无人机以“一”字纵向队形起飞后上升到200 cm高度，LED灯设置为蓝色，向前飞行100 cm后，悬停3秒，LED灯设置为红色，无人机在空中变换成“人”字队形，悬停3秒后降落，队形如图3-164蓝色虚线框内所示。

综合任务：无人机组雁形队飞行。将三架无人机的LED灯设置为蓝色，在空中先以“一”字纵向队形前进飞行100 cm，悬停3秒后，LED灯设置为红色，然后变换成“人”字队形，悬停3秒，LED灯设置为绿色再同时前进飞行100 cm，最后反复3次队形变换前进飞行后降落。

（五）任务流程图（见图3-165、图3-166）

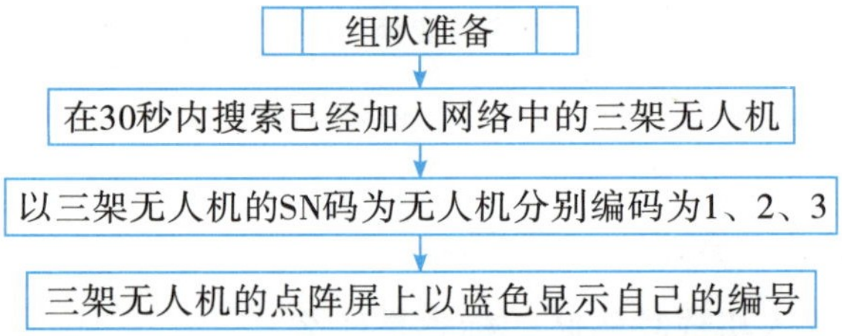

图3-165　“组队准备”自定义模块流程图

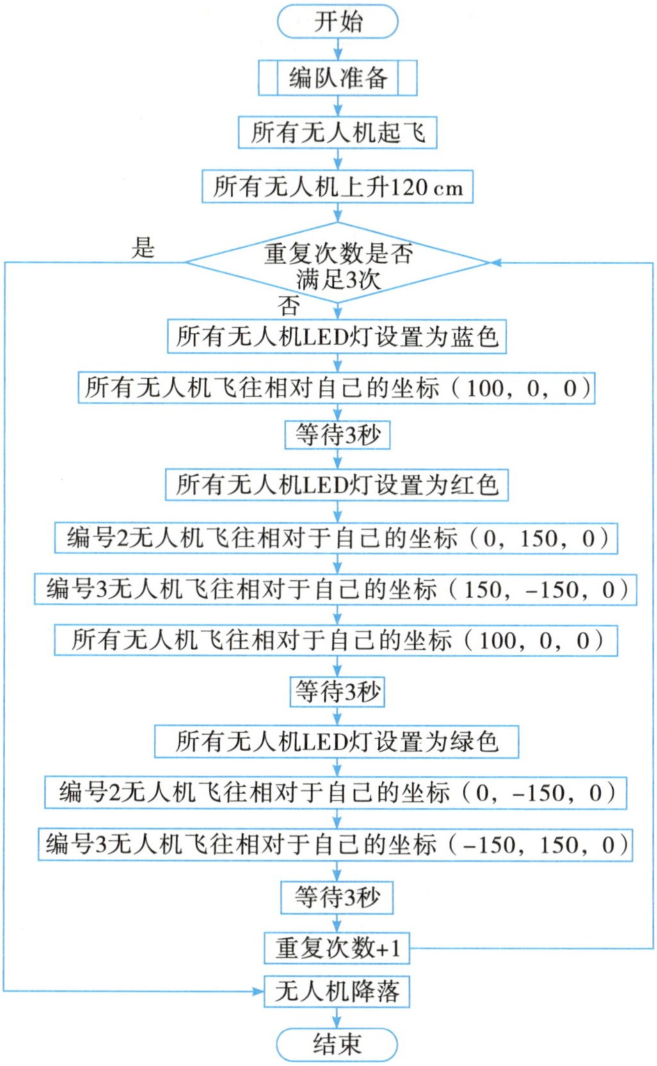

图3-166 “队形巧变换”综合任务流程图

（六）三层五导

1. 基本任务：无人机组成“一”字队

（1）在本任务中无人机成功组队的标志是什么？

（2）怎样设置才能完成无人机的组队？

2. 提高任务：从“一”字队变为“人”字队

（1）两种队形变换中，三架无人机的位置有什么异同点？

（2）无人机组队从“一”字变成“人”字时，为什么要使用“组队按指定坐标飞直线”积木？

3. 综合任务：无人机组雁形队飞行

如何让三架无人机从“人”字队形变回“一”字纵向队形，并使用循环积木完成“队形巧变换”全部积木的组织？

（七）算法解惑

1. 基本任务

（1）当无人机以路由模式成功接入到路由器后，无人机会自动进入起桨模式，每架无人机的四个螺旋桨将启动。此时无人机并不会升空，无人机在静态下放置自身也会产生相当的热量，需要以一种不足以起飞的慢速打开螺旋桨，为无人机本体散热。使用“组队起桨模式”积木可以控制无人机进入或退出起桨模式。在本任务中，无人机成功组队的标志是3架无人机在点阵屏上同时显示各自的编号。

（2）无人机组队的设置步骤是：设置路由器指定Wi-Fi名称和密码→设置无人机拓展模块为“STA组队”模式→计算机和无人机加入路由器→Mind+软件中添加“无人机组队”功能模块→在Mind+中为每架无人机进行编号。详见本书第304页“拓展阅读5：无人机组队的准备”。具体组队脚本积木如图3-167所示。

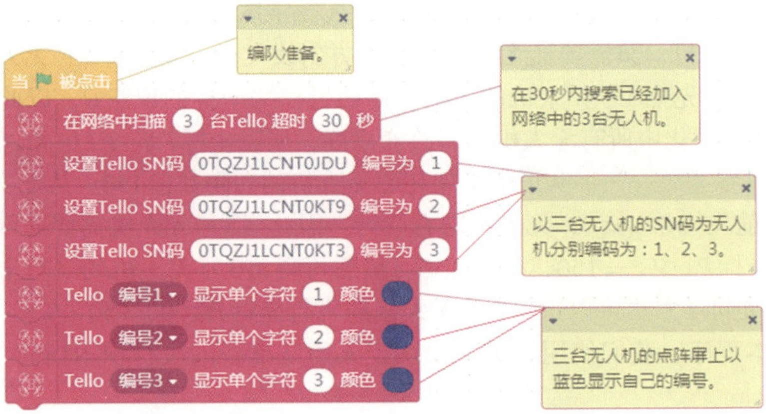

图3-167　“队形巧变换”基本任务脚本

另外，三架无人机模拟大雁“一”字纵向队形飞行时，每两架相邻的无人机的间隔都为150 cm，这样做不仅让队形更加整齐，还能确保多架无人机飞行时产生的气流不相互影响飞行稳定性。

2. 提高任务

（1）如图3-164，三架无人机在“一”字纵向队形飞行过程中，1、2、3号无人机分别从上到下依次呈纵向“一”字排列，相邻的两架无人机的距离都是150 cm。而在“人”字队形飞行过程中，2、3号无人机从原来的“一”字队形中的直行跟随1号无人机变化为在它的两边侧后方斜行跟随，而1号无人机充当“头雁”全程领队前进飞行，不参与相关队形变化。为了后续方便计算每架无人机的相对飞行坐标，无论在“一”字还是“人”字队形飞行中，所有无人机的面向方向都不改变。

（2）从前面的项目8的学习中可以知道：使用直线“组队按指定坐标飞直线”积木可以控制无人机以三维坐标（x，y，z）的方式实现空间中的任意两点飞行，只要计算出三维空间中两点的坐标即可实现任意方向的斜线飞行。根据这一知识，当x不等于0时，x值控制无人机前后飞行。$x>0$，无人机向前飞行；$x<0$，无人机向后飞行。同理，当y不等于0时，y值控制无人机左右飞行。$y>0$，无人机向左飞行；$y<0$，无人机向右飞行。当z值不等于0时，z值控制无人机上下飞行。$z>0$，无人机向上飞行；$z<0$，无人机向下飞行。在“一”字纵向队形前进飞行时，三架无人机的横向距离和高度都不作改变，所以y，z参数都是0，而x值则取三架无人机前进的距离100，所以三架无人机前进飞行的坐标都为（100，0，0）。队形从“一”字变“人”字需要2号和3号无人机对标1号无人机，如图3–168所示做出不同方向的飞行。其中2号无人机向左侧做水平方向飞行，3号无人机向右前侧45°方向做斜向飞行。虽然可以用“组队直线位移”积木实现3号无人机的右前斜线飞行任务，但使用该积木只能使无人机以“前进、后退、向左、向右”四个方向飞行指定的直线距离，需要一定的转折才能完成本任务，功能受到一定的局限，而“组队按指定坐标飞直线”积木在完成本任务时显然更高效。无人机从“一”字队形变成“人”字队形时，3号无人机为了形成右侧斜行跟随1号无人机，只需要让无人机向右前方斜线飞行。要计算3号无人机飞的目标坐标点$P1(x,y,z)$，先把3号无人机的当前悬停位置作为坐标的原点O，以此建立飞行坐标系。由于队形变化中所有无人机没有改变高度，所以坐标$P1$、$P2$中的z值为0。然后x值和y值可以参考“一”字队形中两架相邻无人机的间隔数值150。从上文可知：$x>0$，无人机向前飞行；$y<0$，无人机向右飞行。因此当3号无人机需要进行右前方斜线飞行时，其坐标$P1$中$x=150$，$y=-150$。最后可得出3号无人机的飞行坐标$P1$（150，–150，0），按同样方法可以得出2号无人机的飞行坐标$P2$（0，150，0）。另外，为更好地展示脚本程序，我们使用自定义模块定义组队准备的飞行积木精简主脚本程序，见图3–169。

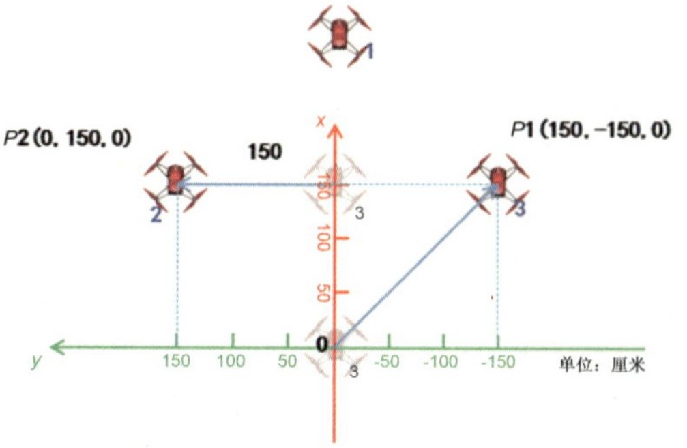

图3–168　无人机的坐标计算（一）

图3-169　"队形巧变换"提高任务脚本

3. 综合任务

三架无人机从"人"字队形变成"一"字队形时，2号无人机只需要根据反方向移动150 cm即可飞回"一"字队形时的位置。为明确区分两次队形变换，2号无人机同样使用了坐标飞行积木，其效果与使用直线位移积木效果一致，读者可以自行思考换算其坐标参数。3号无人机的返回坐标$P3$只需要把$P1$点的x和y值互换即可，见图3-170。把无人机队形变化的相关积木作为循环体放进指定重复次数积木即可完成"队形巧变换"综合任务程序脚本编写，程序脚本见图3-171。

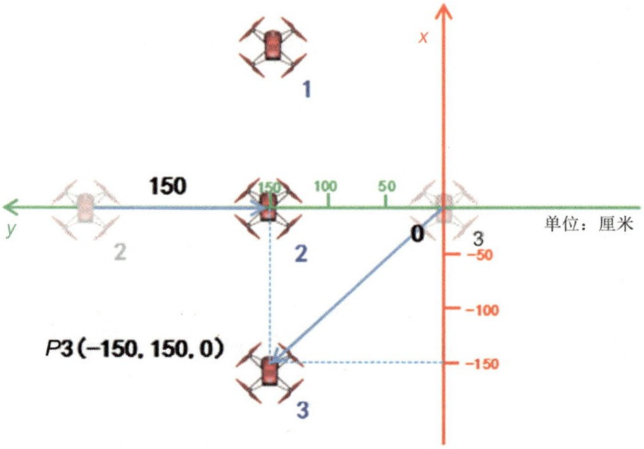

图3-170　无人机的坐标计算（二）

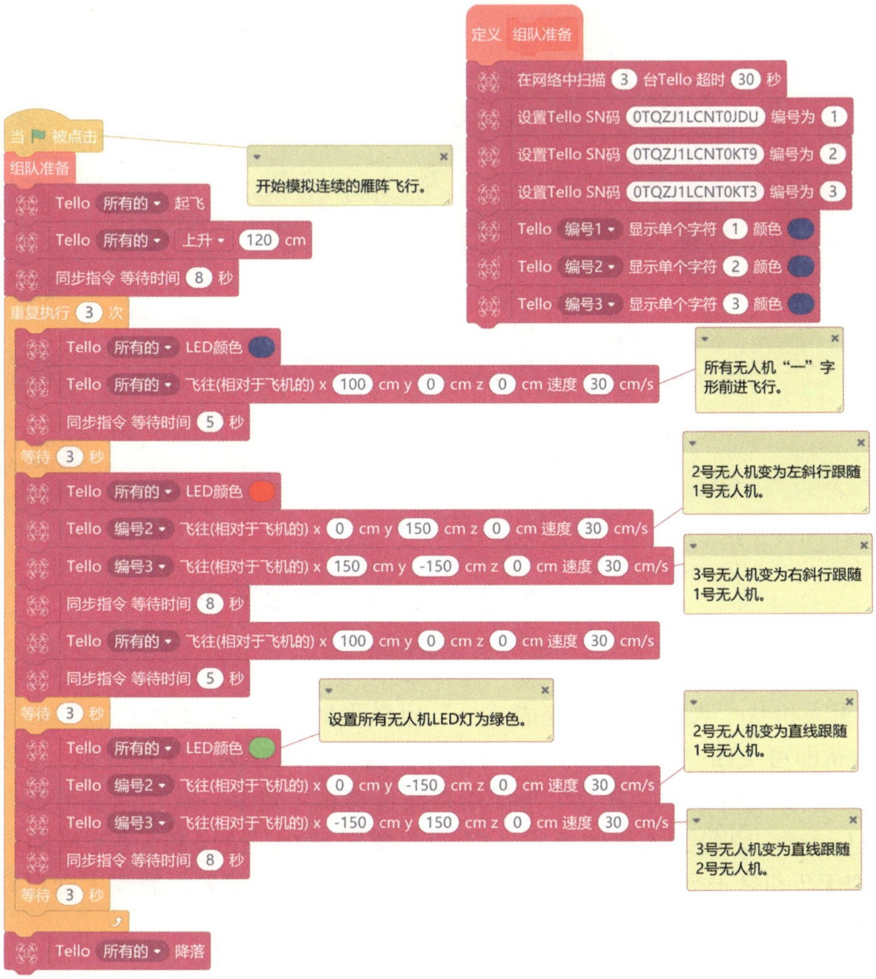

图3-171 “队形巧变换”综合任务脚本

小知识

大雁排队飞行的秘密

大雁是出色的空中旅行家。每当秋冬季节，它们就从北方成群结队、浩浩荡荡地飞到温暖的南方去过冬了。漫长的旅行中，大雁常常排成“人”字或“一”字队形。那么，雁群为什么要排队飞行呢？大雁是鸟类类群之一，在迁徙时总是几十只、数百只，甚至上千只汇集在一起，以每小时 68 ~ 90 千米的速度，互相紧接着列队而飞，古人称之为“雁阵”。“雁阵”由有经验的“头雁”带领，并时而变换“人”字或“一”字队形，这是为了进行长途迁徙而采取的有效措施。雁群

图3-172 带队飞行的头雁
（图源：百度网）

中飞在最前面的，总是那些身强体壮的大雁，它们使劲地拍打翅膀，就能使空中的气流上升，后面紧随着的大雁也可以乘着这股气流滑翔，减少扇动翅膀的次数，从而飞得更快、更省力。大雁们一只跟着一只，雁群自然排成整齐的“人”字形或“一”字形。在飞行过程中，领头雁会由众多强壮的大雁轮流领飞。在顶风飞行时，大雁的队形由“人”字形改为“一”字形，这样就能使整个雁群耗费的体力降到最低限度。大雁列队飞行也是一种集群本能的表现。因为这样有利于防御敌害。在飞行时，大雁队长在前面飞，身强体壮的飞在后面，幼雁以及体弱的雁在中间受到保护。所以，大雁也属于鸟类中极有组织性和纪律性的飞禽①。

（八）实践与思考

（1）组织两架无人机以横向“一”字队形，组队飞行150 cm后降落，其他参数自定。

（2）组织三架无人机先在空中摆成纵向“一”字队形，再变换成横向“一”字队形，历经三次变换后降落，其他参数自定。

（3）在综合任务脚本的基础上进行脚本改写，设计1、2、3号无人机轮流充当“头雁”，组队飞行。

（九）评价分享

（1）围绕本案例的主要知识，设计一个富有创意的组队坐标飞行项目，并完成工程日志（见表3-2）和带讲解的飞行演示短视频（5分钟之内）制作。

（2）围绕所完成的项目，根据评分表（见表3-3）开展自评，或邀请老师、家长、同学进行评价。

---

①徐继立. 大雁排队飞行的秘密［J］. 阅读，2016(86)：36-37.

项目16 守护植物园——双机路线规划

（一）项目背景

无人机搭载喷洒、播种、检测等设备，可用于农林植物保护作业。无人机能实现空中悬停，旋翼旋转产生的向下气流有助于将农药剂洒满农作物的全身，大幅度提高虫害防治效果。植保作业时，植保人员通过遥控或编程等方式控制无人机，不但可以避免农药喷洒时工作人员过量吸入，提高作业安全性，还免去了工作人员的风吹日晒之苦。据相关统计数据显示，无人机植保的工作效率比传统的人力植保至少高10倍以上，还能节约农药用量，减少环境污染，降低植保成本。学校植物园是同学们培育蔬菜的实践活动基地，面对虫害的威胁，需要定期喷洒农药。本项目将设计双机组队飞行航线，使用无人机快速完成喷洒农药治理虫害的任务，感受无人机组队工作的高效与优越。

图3-173 植保无人机（图源：无人机系统网）

（二）任务描述

校园一角建立了如图3-174所示的小植物园，共有12块班级花圃，整体布局如图3-175所示，分为*A*、*B*两组，且用红、绿色虚线框住。每块班级花圃长120 cm，宽60 cm，高60 cm。拟使用两台无人机进行组队飞行，分别从*A*1、*B*1两点起飞，高度150 cm。依次对两组中的班级花圃进行模拟农药喷洒，喷洒位置约在每块班级花圃的中间，喷洒时间约5秒。完成任务后，两台无人机分别在*A*2、*B*2点降落，其中*A*2、*B*2点距离每组最后一个班级花圃中央约80 cm。

图3-174 学校植物园

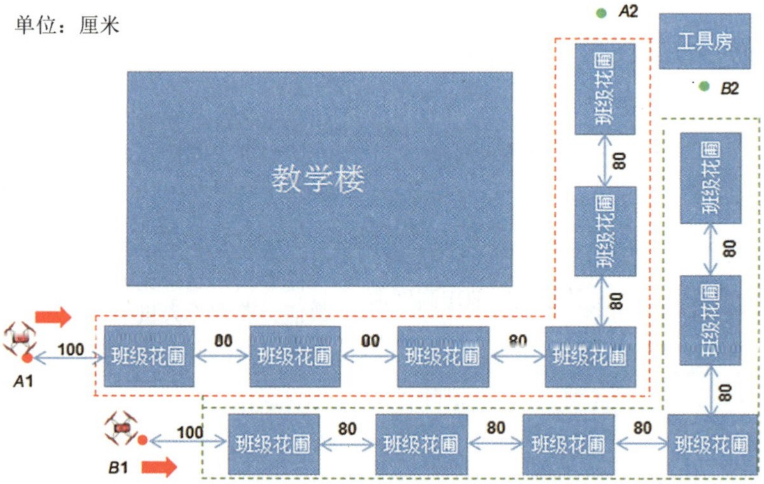

图3-175　“守护植物园”航线（俯视图）

（三）主要知识点

1. 核心素养

（1）观察双机执行任务的过程，能把喷洒农药的飞行过程界定为“组队起飞—飞到第1个花圃中央—喷洒农药—重复第二、第三步，直至所有花圃喷药完毕—飞到终点降落”五个环节。

（2）理解该积木组与自定义模块在指挥组队飞行上的使用差异，学会根据实际需求选择合适的方法解决实际问题。

（3）根据两组班级花圃的摆放位置和数据规律，计算出无人机每次飞行的距离和方向，规划出两架无人机组队飞行的大致航线。

（4）能结合任务要求设计项目的流程图，并完成项目程序脚本编写，完成“守护植物园”的双机组队飞行。

2. 其他目标

（1）能结合实地，找出涉及任务的主要因素，测量出花圃间的各项飞行参数。

（2）理解“广播/接收消息”积木组的作用，进一步掌握飞行组队、TOF高度传感器的使用方法，能在Mind+软件中搭建“守护植物园”双机组队飞行的程序积木。

（3）体会无人机双机组队协同工作的高效、飞行姿态的优雅。

3. 主要积木

完成双机喷洒农药守护植物园，需要使用到的新积木不多，主要涉及“控制模块”和“RoboMaster TT(组队)模块”。

表3–24 完成“守护植物园”任务所涉及的主要积木

积木	名称	作用
 	广播/接收消息	位于表2–4“控制”模块 广播消息和接收消息的功能，实现不同角色之间的通信
	读取组队TOF高度值	位于表2–4“RoboMaster TT（组队）”模块 读取指定编号无人机中TOF高度传感器的数值，获取无人机与下方对象的距离，测量范围为30 ~ 900 cm，可当作变量使用

（四）问题界定

根据项目的任务要求和图3–175可知，A、B两组的班级花圃都是一个类似“L”的形状，所以两台无人机的飞行路线也要与之大致相同。把两台无人机分别编号为“1”和“2”，并把本机编号显示在自身点阵屏上，以便标识。计划1号无人机负责A组花圃的农药喷洒，2号无人机负责B组花圃的农药喷洒。每台无人机在经过班级花圃的中央上方时，都会停留5秒时间，用以模拟喷洒农药过程，如此反复，直至所有班级花圃都喷洒完成后，无人机返回起点降落。它主要经历了“组队起飞→飞到第1个花圃中央→喷洒农药→继续飞行并喷药，直至所有花圃喷药完毕→飞到终点降落”五个环节。为了便于同学们理解，我们把本项目分为三个小任务来完成。

基本任务：无人机组巡航喷洒农药。根据图3–175所提供的数据，计算出无人机每次喷洒农药前的飞行距离，规划出每台无人机完整的飞行路线，编写程序脚本，完成喷洒农药的任务。关于无人机组队准备，请参考本书第304页的拓展阅读5，此处只列脚本积木，不再赘述。

提高任务：使用循环结构优化脚本。仔细分析其中一台无人机的飞行路线，找到其中的重复部分，根据其规律，使用循环结构优化程序脚本。

综合任务：无人机组智能喷洒农药。如果班级花圃之间的距离不尽相等，数据的不同会给循环表达式带来麻烦。为了减少测量距离的工作量，高质量完成任务，并考虑使任务解决方案适应更多的不同场景，请编写程序脚本，使用TOF高度传感器获取高度数据，让无人机智能识别班级花圃位置，自动喷洒农药。

（五）任务流程图（见图3–176）

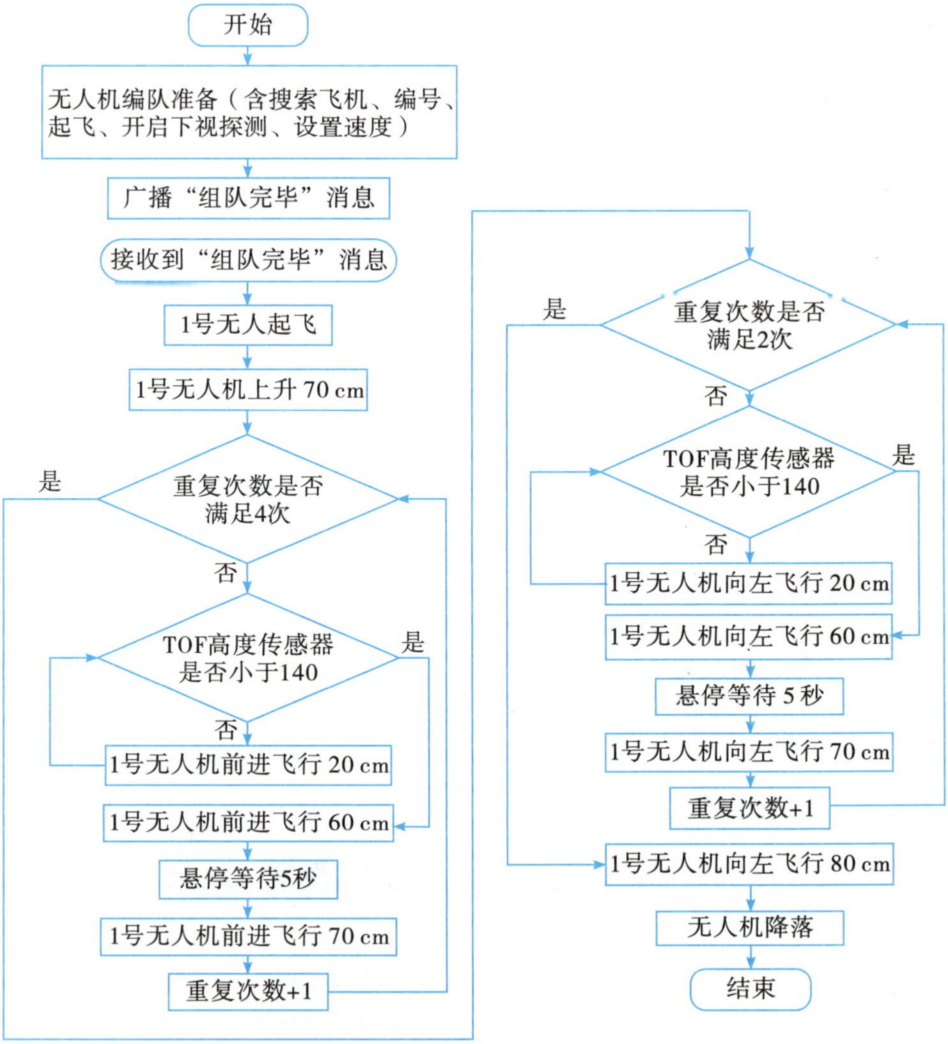

图3–176　"守护植物园"1号无人机综合任务流程图

（六）三层五导

1. 基本任务：无人机组巡航喷洒农药

（1）无人机每次喷洒农药前的飞行距离是多少？

（2）无人机的喷洒农药的飞行航线是怎样的？

2. 提高任务：使用循环结构优化脚本

（1）无人机在飞向第2、3、4个横向班级花圃时，它的路线有什么规律？为什么循环结构能在此对程序脚本进行优化？

（2）如果将“重复执行直到……”积木换回之前学过的“重复执行……次”，脚本会有怎样的变化？请谈谈这两个重复执行积木有何异同。

3. 综合任务：无人机组智能喷洒农药

如何使用已学过的TOF高度传感器等知识，完成无人机智能识别班级花圃执行喷洒农药的任务？

（七）算法解惑

1. 基本任务

（1）从图3-175的实测数据可以知道，无人机起飞时与第一块班级花圃的距离为100 cm，飞机降落的终点*A2*与每组6号班级花圃的中央距离约为80 cm。由于两台无人机的飞行路线一致，为了能展示更多的数据，图3-177中只画出一组班级花圃。另外，无人机面向第一块班级花圃，即无人机前进方向，见图中红色箭头。每块班级花圃的长为120 cm，则无人机首先前进160 cm，才飞到第一块班级花圃中央，悬停5秒模拟喷洒农药。而飞往第二块横向摆放的班级花圃中央距离为：60（离开此时所在的半个花圃的距离）+80（花圃的间距）+60（飞完下一块花圃的一半到达喷药点的距离）＝200（cm）。飞向第三和第四块花圃喷药的距离与第二块一致。无人机结束前四块花圃的喷药任务后，还要向左飞行，为纵向班级花圃（也就是第五和第六块花圃）喷洒农药。其中，飞往第五块花圃的距离为：30（花圃宽度的一半）+80（花圃间距）+60（花圃长度的一半）＝170（cm）。第六块花圃的飞行距离和第二、三、四块花圃是一样的，即60+80+60＝200（cm）。

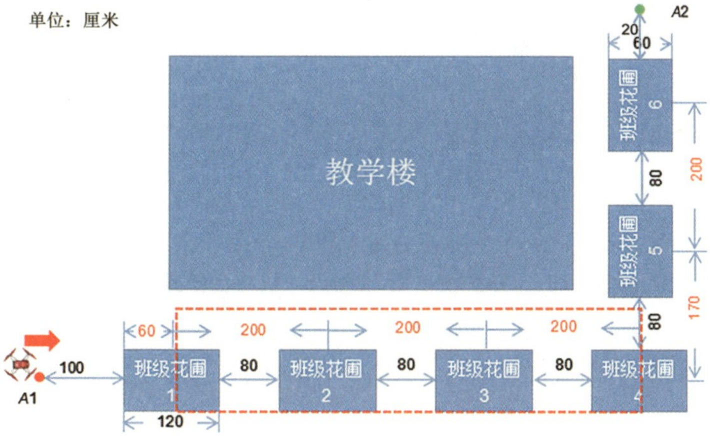

图3-177 无人机飞行距离的计算

（2）无人机根据班级花圃的摆放位置和距离，可以规划出喷洒农药的飞行路线：向前飞行160 cm→悬停5秒→向前飞行200 cm→悬停5秒→向前飞行200 cm→悬停5秒→向前飞行200 cm→悬停5秒→向左飞行170 cm→悬停5秒→向左飞行200 cm→悬停5秒→向左飞行80 cm（飞到终点*A2*）→降落。基本任务程序脚本如图3-178所示。

读者可能注意到了，图3–178的脚本中使用了“广播/接收广播”积木，这组积木主要用于不同角色或背景之间的信息交换，而用在此处进行组队有利于衔接程序，方便读者阅读。当然，这里也可以使用项目7学习过的“自定义模块”功能来实现组队，不过“广播/接收广播”积木可以实现一对多的控制，方便后面综合任务两架无人机的独立控制，还能避免在室外空旷空间飞行时由于网络信号干扰而导致的原来希望的同步飞行产生时间差异的故障现象。

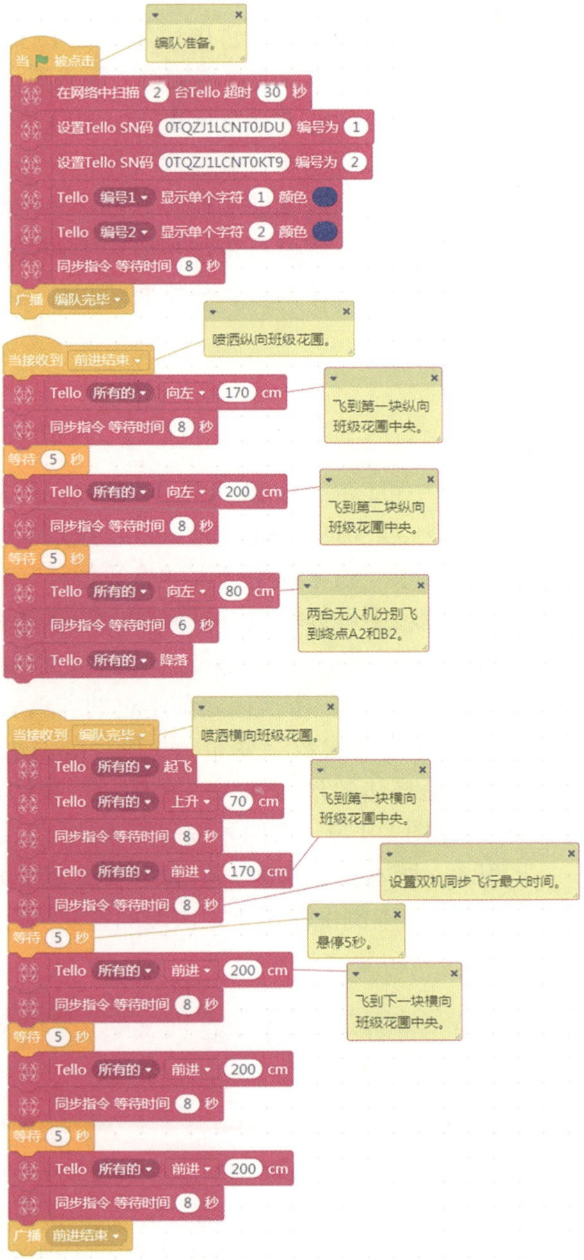

图3–178 “守护植物园”基本任务脚本

小知识

气流对飞行的影响

在空中会有很多我们看不见的因素影响着飞行安全，例如：风、气流、气压、气温、大气密度……当飞机遇到湍流（急而回旋的气流），就像汽车行驶在崎岖不平的道路上一样，会产生震颤、上下抛掷、左右摇晃，造成操纵困难、仪表不准等现象，这就是飞机颠簸。当颠簸特别严重时，所产生的较大过载因素（称过载），会造成飞机解体，严重危及飞机飞行安全。如1958年10月17日，一架图104客机在莫斯科附近9 000米高空突然遇到湍流造成强烈颠簸，使机翼折断而失事①。

气流产生的原理是气压差、冷的地方空气密度大，气压大，而热的地方空气密度小，气压小，所以气压大的地方的空气就流向气压小的地方。而形成气流的具体原因有很多，比如飞机组队飞行。实践表明：队形中长机的尾部和翼尖产生的气流对附近僚机飞行造成影响，导致僚机不能按既定方向飞行，使队形出现偏差。不过，气流对飞行的影响并非全部消极，科学利用可以起到减少阻力、提高航速、降低油耗等作用。

2. 提高任务

（1）从图3-175红色虚线框中可以看到：无人机在为第2、3、4个横向班级花圃喷洒农药时，它的路线都是“悬停5秒→向前飞行200 cm”，这是3组完全相同的积木组。只需要在“重复执行指定次数积木”积木框中放入“直线位移”积木和“等待”积木即可完成任务。从前面的项目学习中可以知道，循环结构能够使多组相同的积木以更简洁的方式呈现，提高编写程序的效率。所以循环结构能在此对程序脚本进行优化。

（2）如果将“重复执行直到……”积木换回之前学过的“重复执行……次”积木，需要增加“次数”变量，并初始化“次数”变量为3和写出表达式：“次数＝0”作为重复执行的条件使用，并在循环体的最后加入“次数-1”表达式，以实现3次循环（对应2、3、4块班级花圃），见图3-179。这两种程序脚本执行的结果一样。其中，使用“重复执行直到……”积木，脚本更易理解，但脚本长度会增加。而使用“重复执行……次”积木则让脚本更简洁。本例中使用指定次数的重复执行积木，见图3-180。

① 中国气象报社. 影响飞行的主要气象因素［EB/OL］.（2015-09-18）［2022-07-07］. http://www.cma.gov.cn/2011xzt/2015zt/20150918/2015091805/201509/t20150918_293227.html?ivk_sa=1024320u.

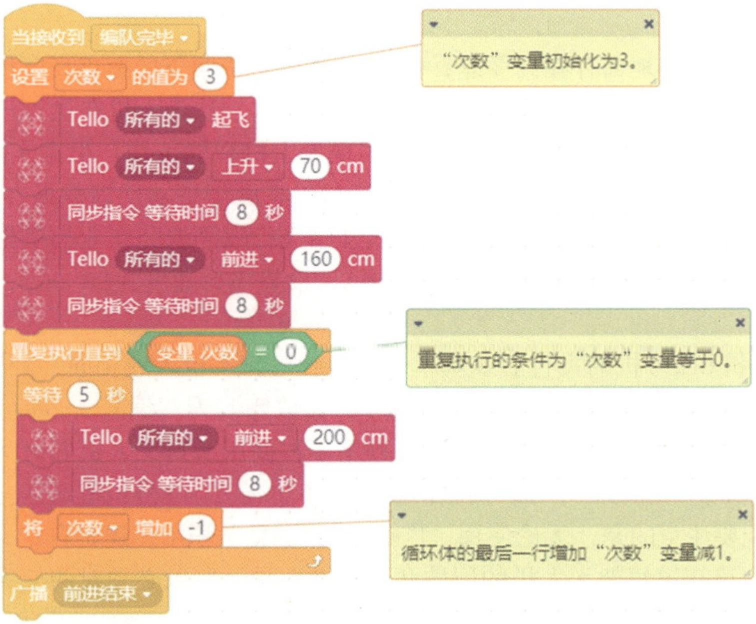

图3–179　使用“重复执行直到……”积木改写脚本

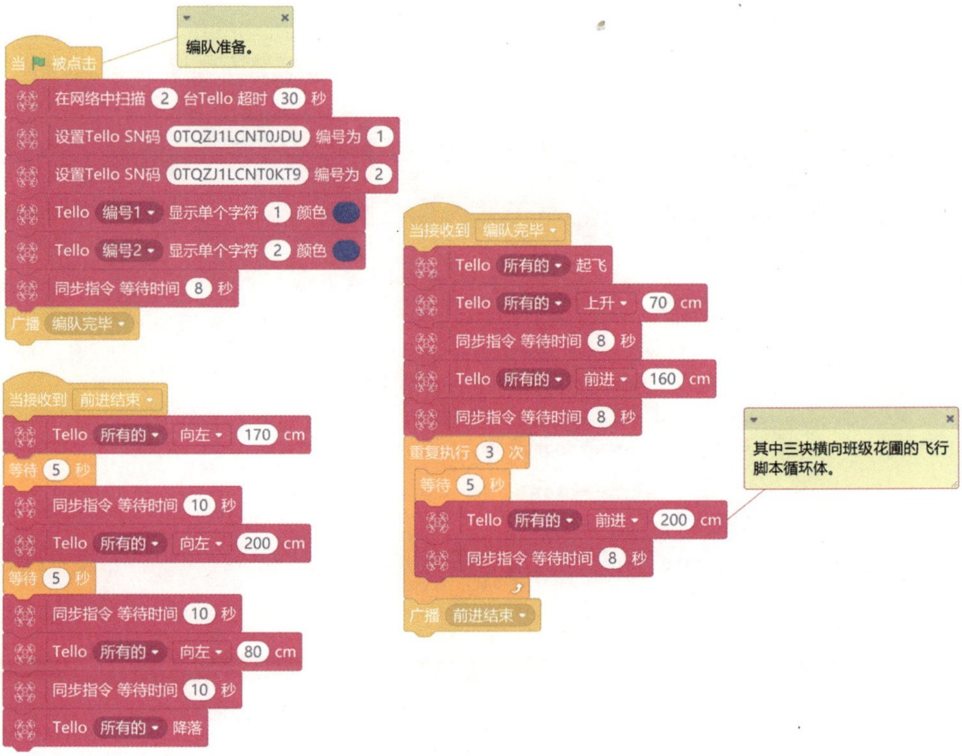

图3–180　“守护植物园”提高任务脚本

3. 综合任务

由于班级花圃与地面存在高度差，使用TT无人机机腹下的TOF高度传感器获取班级花圃的高度数据，运用“重复执行……次”等积木，让无人机在执行任务过程中自动识别班级花圃，并执行喷洒农药任务，实现无人机智能工作。根据实际测量可知，本任务中飞机起飞并上升到150 cm高度，其TOF高度传感器反馈数据在150～152之间，为保证飞行的稳定性和准确性，把无人开始飞行喷洒农药作业的条件设置为该数据小于140（高度数据减少证明遇到班级花圃），设置飞行速度为20 cm/s，具体脚本见图3-181。

由于1号机和2号机的飞行航线基本一致，程序脚本也大致相同，2号机的程序脚本只需要把1号机程序脚本中的“飞机编号”参数修改为“编号2”即可。另外，两个TOF高度传感器相互独立，飞行作业过程中不再使用所有无人机同时运动的积木和“同步指令”积木，2号机“广播/接收消息”积木也需要与1号机有所区分，读者请自行编写。特别要注意的是，无论使用“广播/接收消息”积木，还是自定义模块编写脚本程序，都应该知道每架无人机的硬件必然存在差异，所以必须对两架无人机的飞行参数进行独立调试。

图3-181 “守护植物园”综合任务1号机程序脚本

小知识

植保无人机

植保无人机是用于农林植物保护作业的无人驾驶飞机，该型无人机由飞行平台（固定翼、单旋翼、多旋翼）、GPS飞控、喷洒结构三部分组成，通过地面遥控或GPS飞控来实现喷洒作业，可以喷洒药剂、种子、粉剂等。作为一种遥控式农业喷药小飞机，其机体娇小（见图3–173）而功能强大，可负载约10公斤农药。其在低空喷洒农药，每分钟可完成一亩地的作业，喷洒效率是传统人工的30倍。植保无人机采用智能操控，操作手通过地面遥控器及GPS定位对其实施控制，其旋翼产生的向下气流有助于增加雾流对作物的穿透性，防治效果好，同时远距离操控施药大大提高了农药喷洒的安全性。还能通过搭载视频器件，对农业病虫害等进行实时监控①。

（八）实践与思考

（1）使用自定义积木改写本项目的综合任务程序脚本，再仔细辨析关于组队飞行的两种编程方式的异同点。

（2）如果允许使用最多4张挑战卡辅助定位，你会如何改写“守护植物园”综合任务的程序脚本？双机飞行智能喷洒农药的效果是否得到了提升？

（3）尝试在户外使用手机作为热点接入无人机，使用合适的方法完成本项目的综合任务。

（九）评价分享

（1）围绕本案例的主要知识，设计一个富有创意的组队飞行方案，并完成工程日志（见表3–2）和带讲解的飞行演示短视频（5分钟内）制作。

（2）围绕所完成的项目，根据评分表（见表3–3）开展自评，或邀请老师、家长、同学进行评价。

四、竞赛解析

无人机比赛中通常都会设置较复杂的任务，如巡线（见图3–182）。巡线也叫巡线行进，指机动设备基于计算机视觉识别系统，遵循指定的路线行进，并不断地进行路线纠偏的过程。如果实际的行进路线与指定路线的误差超出一定的程度，则视为巡线

①知乎．植保无人机简介［EB/OL］.（2016–12–21）［2022–01–10］. https://zhuanlan.zhihu.com/p/24489125.

任务失败。但目前暂时无法直接在Mind+实时模式中以搭建积木的方式来完成此类任务，需要先在Mind+的Python模式中调用多个相关的功能库。因此学习者除了要掌握搭建图形积木这种实时编写程序脚本的方式外，还要掌握利用积木和代码混合编程的解决问题的方式。

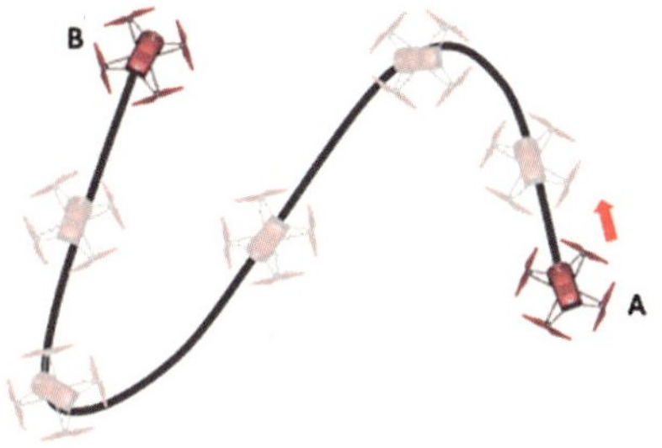

图3-182 无人机从A点到B点的巡线飞行（俯视图）

项目17 无人机闯关（一）——高低环与巡线

（一）项目背景

无人机编程闯关（比赛项目编号B1，以下简称B1）比赛是广东省“悦创·汇”暨中小学电脑制作活动小学和初中组机器人项目中的一项。比赛要求参赛选手测量实际场地数据，对无人机进行编程，使无人机在尽可能短的时间内自主完成比赛中设定的避障、巡线等飞行任务。通过无人机闯关竞速比赛，学生能系统体验代码+积木的混合式编程，人工智能等知识的具体应用，培养实践及独立思考的能力，还能塑造学生参与意识、竞争精神、团队合作态度，形成勇于开拓的个性。

扫描下方二维码观看“无人机编程闯关赛：高低环与巡线”视频

图3-183 学生参加B1比赛

（二）任务描述

B1比赛共有五项任务，分别是穿越高低环、拱门、交叉环、绕旗飞行和巡线飞行。限于篇幅，将分两个项目案例来介绍如何完成B1比赛任务。本项目主要介绍如何完成穿越高低环和巡线飞行，余下的项目将在下一个项目中介绍。

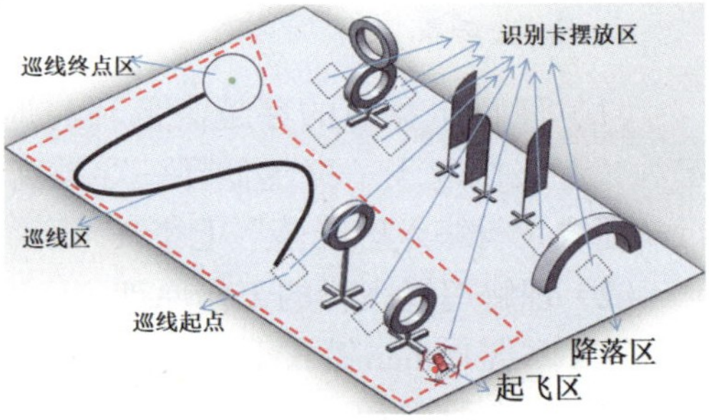

图3-184　“无人机闯关（一）”飞行场地与航线图（主视图）

如图3-184所示，无人机从起飞区起飞，前飞80 cm穿越低圆环（圆心距地面约80 cm）；然后提升飞行高度，再次前飞100 cm穿越高圆环（圆心距地面约150 cm）；随后无人机亮灯3秒示意穿环任务完成，将要开始巡线任务，最后无人机沿地面黑色曲线做巡线飞行（巡线线宽约4 cm），完成后在巡线终点区降落。由于整个任务必须一气呵成地完成，而任务执行过程中无法进行编程方式切换，因此编程必须在Python模式下进行。

比赛规定可在如图3-184所示的“识别卡摆放区”中放置挑战卡（最多可以放置9张），以便无人机进行定位飞行，但巡线终点区不能摆放识别卡。另外，比赛组织方规定，图3-184中的交叉环与巡线位置固定，其余障碍物的位置在比赛现场抽签确定，所以此处的场地设置仅为模拟。

本项目以图3-184中的起飞区为起点，以顺时针飞行作为默认飞行航线，降落区为巡线终点区，即：起飞区起飞—穿越低环—穿越高环—飞到巡线起点—悬停并亮灯3秒—巡线飞行—巡线飞行终点区降落并停留2秒（见图3-184中红色虚线框部分）。高低环的具体规格见表3-25。

表3-25　高低环、巡线与巡线终点规格

名称	图例	规格
高低环		1. 每个圆环内径60 cm。 2. 低环圆心距地面高度80 cm。 3. 高环圆心距地面高度150 cm。
巡线路线与巡线终点		1. 巡线颜色为黑色，线宽4 cm（误差±0.3 cm）。 2. 巡线终点区为直径60 cm圆形区域

注：在开始学习本项目前，请先学习本书第307页“拓展阅读6：用Mind+的Python模式编写自定义模块”。

（三）主要知识点

1. 核心素养

（1）理解比赛中的穿越高低环与巡线任务的意义，能把无人机飞行基本过程界定为“起飞区起飞—穿越低环—穿越高环—飞到巡线起点—悬停并亮灯3秒—巡线飞行—巡线飞行终点区降落”七个环节。

（2）理解巡线飞行的工作原理。

（3）掌握Python模式下安装、调用库，制作自定义积木的方法。

（4）结合避障和巡线飞行的要求，以及现场实测数据，抽象出无人机的飞行轨迹，针对航线编制中的“航线监控”“贴线飞行”等挑战设计解决方案，完成B1比赛中的穿越高低环和巡线的飞行任务。

2. 其他目标

（1）了解Python模式下代码生成器积木的基本功能。

（2）知道完成巡线之类复杂的飞行任务须在Python模式下进行。

（3）围绕编程、测量数据、调试程序等任务，科学分工、协作，增强团队合作精神。

3. 主要积木

完成“无人机闯关（一）”项目，需要使用一些积木来搭建程序脚本，它们主要涉及扩展积木组中官方库中的“代码生成器”模块中的部分积木，如表3-26所示。

表3-26 完成“无人机闯关（一）”任务所涉及的主要积木

积木	名称	作用
</> import pinpong	导入库	位于“代码生成器”模块 导入一个指定名称的库
</> import pinpong.board as pd	导入库并定义名称	位于“代码生成器”模块 导入一个指定名称的库，并自定义名称代替原来的库名称。即：导入“pingpong.board”库并使用“pd”作为别名使用，一般用于避免重名或缩写
</> Code print("hello world")	定义Python代码积木	位于“代码生成器”模块 使用积木块代替一段Python代码，以便图形化编程时使用

（四）问题界定

根据项目要求，使用TT无人机完成B1比赛中的高低环、亮灯和巡线任务。无人机经历了“起飞区起飞—穿越低环—穿越高环—飞到巡线起点—悬停并亮灯3秒—巡线飞行—巡线飞行终点区降落”七个环节。要完成其中的巡线任务，必须将编写脚本转为Mind+的Python模式，并需要导入多个库，供程序运行时调用。本项目的程序脚本比较复杂，为了便于读者理解，本项目将分为三个小任务来完成。

基本任务：Python运行库的导入。在Mind+的Python模式下，使用代码生成器积木导入完成任务必备的库，为使用挑战卡定位和巡线飞行做好准备。

提高任务：无人机穿越高低环。新建飞行自定义模块积木，结合3张挑战卡，编写脚本完成无人机穿越高低环任务。

综合任务：巡线模块的定义与使用。在提高任务的基础上使用巡线自定义积木，调试两个巡线参数（threshold和speed）图像二值化阈值与速度值，实现稳定快速地巡线飞行，并降落在巡线终点区。

（五）任务流程图（见图3-185、图3-186）

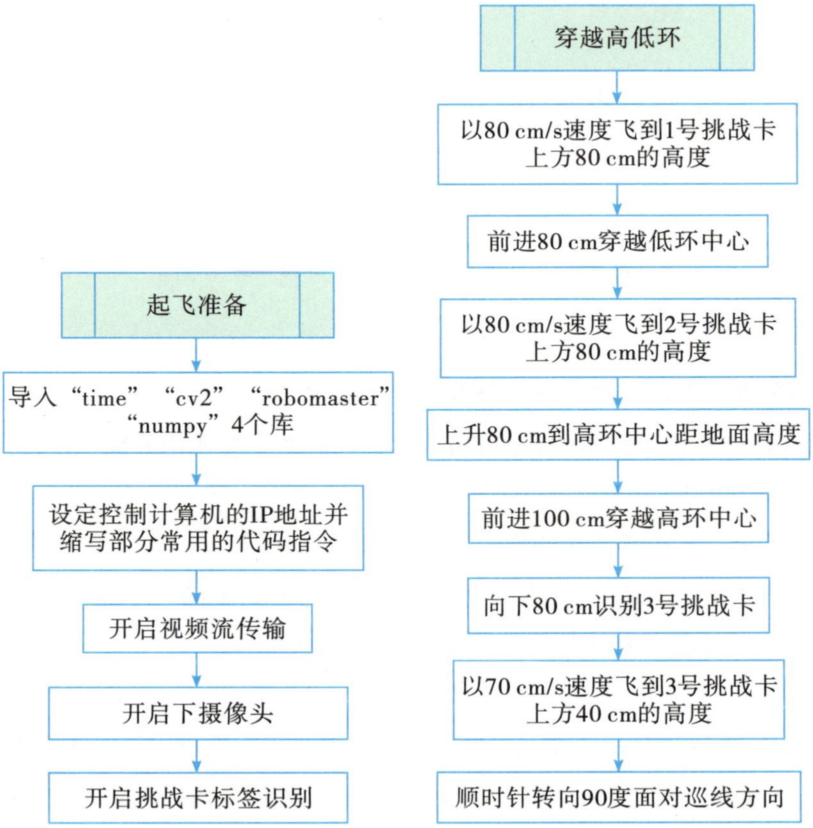

图3-185　“无人机闯关（一）”自定义模块流程图

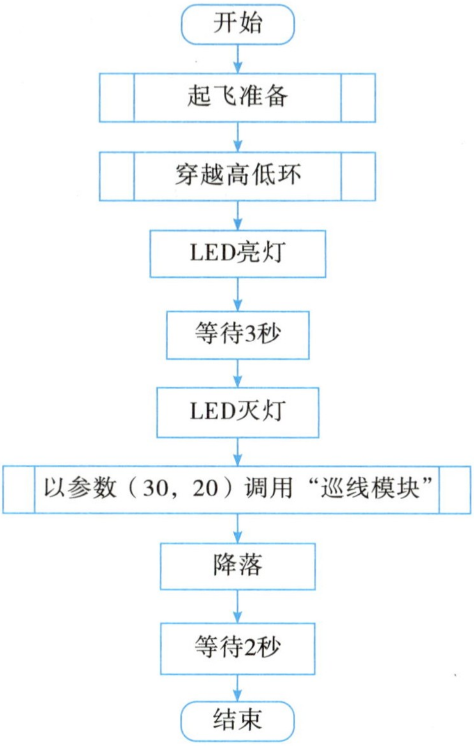

图3–186 “无人机闯关（一）”综合任务流程图

（六）三层五导

1. 基本任务：Python运行库的导入

（1）库是什么？程序脚本中导入的4个库，它们的主要作用分别是什么？

（2）怎样使用代码生成器积木完成导入库的任务？

2. 提高任务：无人机穿越高低环

（1）无人机穿越高低环是否使用挑战卡，对飞行有何不同的影响？

（2）为什么要使用Python代码模式编写自定义模块？

3. 综合任务：巡线模块的定义与使用

如何调整各飞行参数，使无人机稳定且快速地完成本项目中的巡线任务？

（七）算法解惑

1. 基本任务

（1）库是具有相关功能模块的集合，是已经设计好的、能解决特定问题的指令集。Python的库主要分为：标准库（Python内置，无须安装）和第三方库（自定义或第三方提供，具有特定功能的库）两种。完成本项目的任务需要导入“time”“cv2”“robomaster”“numpy”4个库，它们的作用如表3–27所示。

表3–27　“无人机闯关（一）”的库信息

库名	类别	功能	本例中的作用
time	标准库	处理日期时间	控制飞行或静止时间长度
cv2（opencv–Python）	第三方库	解决计算机视觉识别问题	对巡线中的路线图像进行像素化处理
numpy	第三方库	进行科学计算	对飞行参数数组进行处理
robomaster	第三方库	大疆机甲大师SDK（软件开发工具包）	用于导入教育无人机飞行器模块“flight”和机器人功能模块“robot”

（2）如图3–187所示，“numpy”单个模块库可直接使用代码生成器中的 import pinpong 积木完成导入，这种导入方法只能导入一个模块库，但可以为模块库制订一个有意义的代号（如本例中“np”为“numpy”别名），以便程序简化调用。“time”“cv2”“robomaster”库都是使用“import［模块库1］，［模块库2］，［模块库3］……”指令代码实现多个库的连续导入，但代码生成器中并未直接提供该功能积木。我们可以在积木 Code print("hello world") 中填入“import time，cv2，robomaster”代码，即可同时完成3个模块库的导入。第4至第6个积木中的指令意义见表3–28。

此外，飞行准备还需要设定默认控制计算机的IP地址；获取程序所需的类对象，以便使用相关飞行控制接口；初始化无人机；开启下摄像头和挑战卡标签识别功能，让计算机能实时收到无人机下摄像头所拍摄到的图像。详细脚本见图3–187。

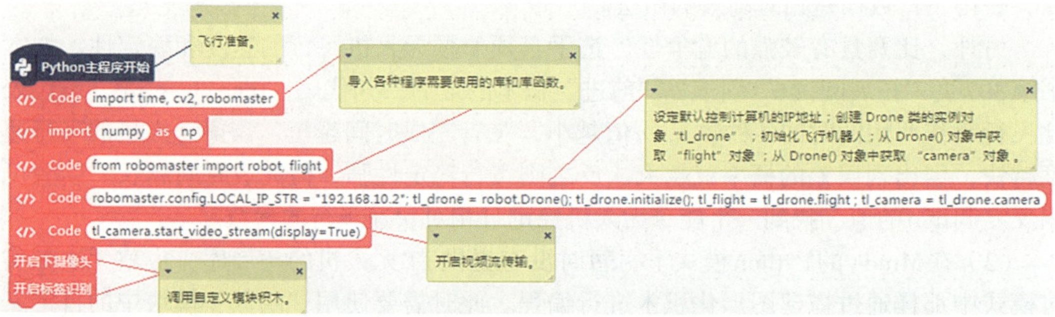

图3–187　“无人机闯关（一）”基本任务脚本

表3-28 “无人机闯关（一）”Python指令意义

指令	意义
from robomaster import robot, flight	导入robomaster库中的“robot”和“flight”模块。主要用于机器人控制和TT教育无人机的飞行控制
robomaster.config.LOCAL_IP_STR = “192.168.10.2” ; tl_drone = robot.Drone(); tl_drone.initialize(); tl_flight = tl_drone.flight ; tl_camera tl_drone.camera	设置默认控制计算机IP地址为：192.168.10.2；创建Drone类的实例对象“tl_drone”；初始化飞行机器人；从Drone()对象中获取“flight”对象；从Drone()对象中获取“camera”对象
tl_camera.start_video_stream(display=True)	开启无人机视频流传输，计算机中可以显示下视摄像头中的实时影像

2. 提高任务

（1）已经定义好的无人机动作积木模块能够让无人机在空中完成多种飞行动作，因此理论上不使用任何挑战卡也能使无人机完成除巡线以外的飞行任务。但实际上无人机在飞行中会受到诸多外在因素（剩余电力、螺旋桨松紧、光线、气流……）影响，飞行时往往无法到达预期位置，尤其是经过一系列剧烈的飞行动作后，无人机往往会有比较大的飞行误差出现，直接影响飞行精度，甚至无法完成比赛。使用挑战卡辅助飞行，可以让无人机完成某个任务或某段飞行时进行一次定位，尽量确保飞行在正确的航线之上。值得注意的是，虽然比赛允许使用9张挑战卡，但无人机每次识别挑战卡都会耗费一定的时间，挑战卡用得过多，就会直接影响比赛成绩。读者可以在调试程序的过程中逐步减少挑战卡的数量，缩短无人机的完赛时间。本任务将使用3张挑战卡（起点放置1号挑战卡、高低环间放置2号挑战卡、巡线区起点放置3号挑战卡）进行定位飞行，最后停留在3号挑战卡上。由于比赛时间限制，使用卷尺量度飞行距离，获得飞行数据是相对高效的做法。

另外，比赛具有较强的竞争性，选手必须兼顾无人机飞行的速度和稳定性。如本书第307页“拓展阅读6”附表27“前进”积木的最后一句代码“time.sleep(n)”，n代表此飞行动作所用的时间（秒数），n值越小，飞行完成时间越短，需要无人机的飞行速度越快，但出现误差的概率就越大。反之则飞行稳定性强，但完成时间越长。读者可以反复调试n的值，找到一个能令无人机稳定且相对快速飞行的参数。

（2）在Mind+的Python模式下，暂时没有提供TT无人机的拓展库，也就无法如实时模式中那样通过搭建图形化积木进行编程。此时需要使用“函数”模块中的自定义模块对无人机飞行积木进行定义，在“代码生成器模块”的积木 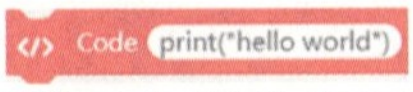

中编写相关飞行动作代码即可。为了降低学习难度，附表27中已经提供了大部分常用的飞行积木代码，在资源包中也包含了巡线代码，读者可参考使用。穿越高低环的飞行任务中就使用了部分自定义的飞行积木完成程序脚本的编写，见图3-188。

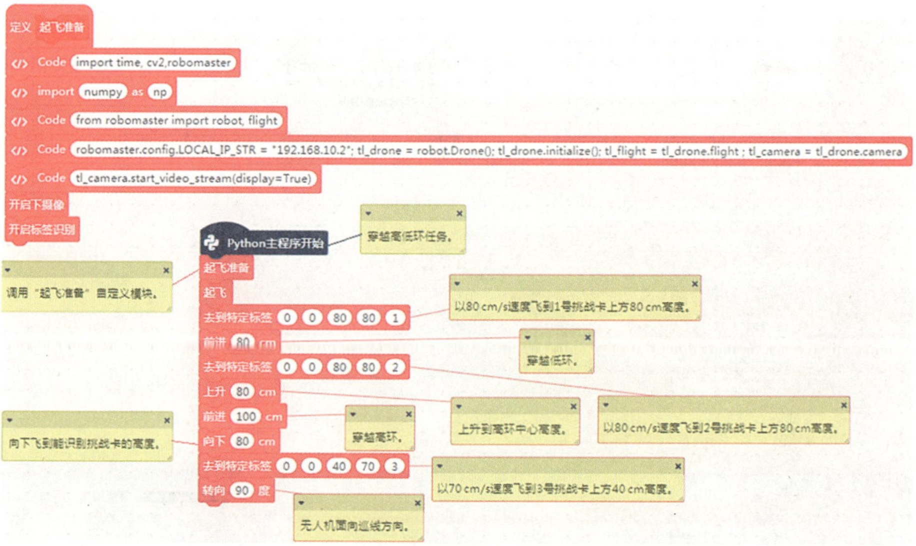

图3-188　“无人机闯关（一）”提高任务脚本

3. 综合任务

“巡线”模块积木的定义和使用与本书第307页“拓展阅读6：用Mind+的Python模式编写自定义模块”所列“穿越高低环”模块定义积木的操作步骤类似，它的基本过程可以界定为“下视摄像头获取实时图像—图像处理—计算获取飞行参数—无人机根据参数做出飞行动作”四个环节的循环，具体模块积木见图3-189和图3-190。由于“巡线”模块的程序设计的原理较为复杂，读者可在本书所附资源包中直接调取相关积木完成任务，有兴趣进一步学习的读者需要先学习相关Python编程知识，再阅读《Robomaster TT SDK 3.0使用说明》才可获得透彻的理解。

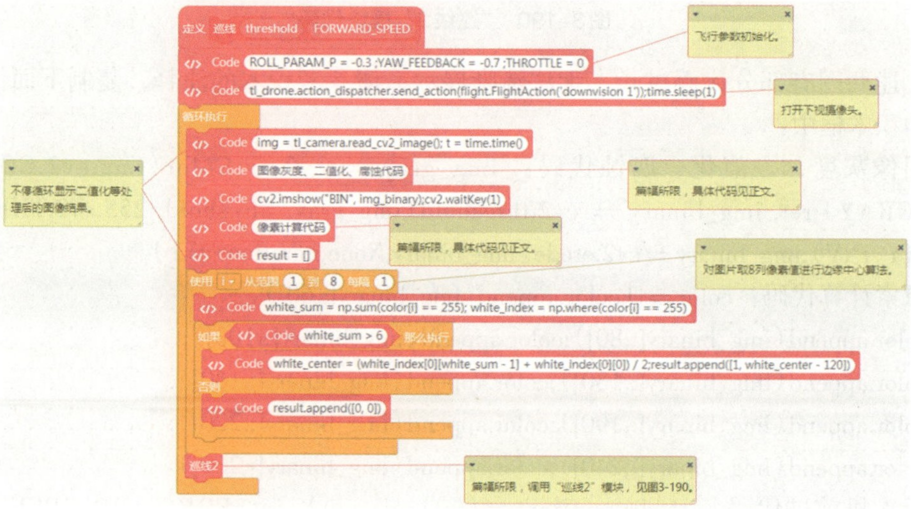

图3-189　巡线自定义模块1

图3-190 “巡线2”模块代码

上述两图有部分代码过长，无法清晰展示，请参考积木的注释，复制下面代码到相应的积木框中：

图像灰度、二值化、腐蚀代码：img_gray = cv2.cvtColor(img,cv2.COLOR_BGR2GRAY);ret, img_binary = cv2.threshold(img_gray, threshold, 255,cv2.THRESH_BINARY_INV);img_binary = cv2.erode(img_binary,None,iterations = 1)

像素计算代码：color = [];color.append(img_binary[:,60]) ;
color.append(img_binary[:,80]);color.append(img_binary[:,100]);
color.append(img_binary[:,130]);color.append(img_binary[:,160]);
color.append(img_binary[:,190]);color.append(img_binary[:,220]);
color.append(img_binary[:,240]);color.append(img_binary[:,260])

无人机前进代码：tl_drone.flight.rc(int(roll_out), int(FORWARD_SPEED), int

(THROTTLE), int(yaw_out)); print('%f, %d, %d' % ((time.time( )-t)*1000, roll_out, yaw_out));time.sleep(0.01)

适当修改巡线阈值参数和速度参数可以提高无人机巡线飞行的速度，如图3-191所示，但这两者的数值过大或过小，往往会令无人机巡线失败。因为每台无人机硬件都存在细微的差异，而且比赛场地的光线条件不一，所以每次比赛飞行的参数都需要现场获取，并不断调试，图3-191中给出的数据仅为参考值。巡线作为一个自定义模块积木组，定义方法参考附图44到附图45，综合任务具体脚本见图3-193。

图3-191　巡线模块参数说明

巡线模块中TT无人机使用下视摄像头（需要更新固件）不停获取地面的信息，对每一帧获得的图像信息进行灰度—二值化—腐蚀—像素计算等四个步骤处理。为了提高识别率，本巡线模块二值化时，使用了cv2库中二值化的反色模式（cv2.thresh_binary_inv），把原来的黑线巡线转化为了白线巡线，如图3-192所示。对大于阈值（threshold）的部分置0值，小于阈值（threshold）的部分置255值。获取处理完毕的二值化图像信息后，对图片取8列像素值进行边缘中心算法，找到目标（白线轨迹）像素点的个数，使用result数组记录对应目标像素点的索引，计算巡线轨迹与标准中线间的误差值，把得到的误差作为无人机实时飞行的横滚和偏转角参数，并不停按照各种参数（速度、横滚、阈值、偏转角等）进行前进飞行，如果遇到超出范围，飞机则自动降落。

小知识

巡线阈值

阈值（threshold）是把目标和背景区分开的标尺，选取适当的阈值就是既要尽可能保存图像信息，又要尽可能减少背景和噪声的干扰，这是选择阈值的原则。巡线自定义模块积木中的巡线阈值参数是地面黑色巡线目和白色背景的分开标尺参数，改变巡线阈值大小可以让换算后得出的二值化巡线图像的灰度产生变化①。图3-192为巡线阈值30时巡线所得的二值化图像（图像效果与环境光线直接相关）。在本自定义积木中，数值越大，目标和背景的灰度差别越小；数值越小，目标和背景的灰度差别越大。

① 云深之无迹. ROBOMASTER TT巡线.2[EB/OL].（2021-09-29）[2022-07-07]. https://mp.weixin.qq.com/s?__biz=MzI2ODUwNTczMw==&mid=2247502129&idx=2&sn=da935f95fc3c5190075d84840bc5f377&chksm=eaec0edbdd9b87cd3125dd64a77bb71119a8f3e8ad107cb5046dde392939e414953bb47cc5f6&scene=21#wechat_redirect.

无人机下视摄像头把拍摄的图像进行二值化后，使用边缘检测算法，找到目标（白线轨迹）像素点的个数，记录对应目标像素点的索引，计算巡线轨迹与标准中线间的误差值，把得到的误差作为无人机控制飞行的变量。

小知识

图像的二值化

将图像上的像素点的灰度值设置为0或255，也就是将整个图像呈现出明显的只有黑和白的视觉效果。灰度值0时为黑，灰度值255时为白。一幅图像包括目标物体、背景、噪声，要想从多值的数字图像中直接提取出目标物体，常用的方法就是设定一个阈值，用阈值将图像的数据分成两部分：大于阈值的像素群和小于阈值的像素群。这是研究灰度变换的最特殊的方法，称为图像的二值化（Binarization）。

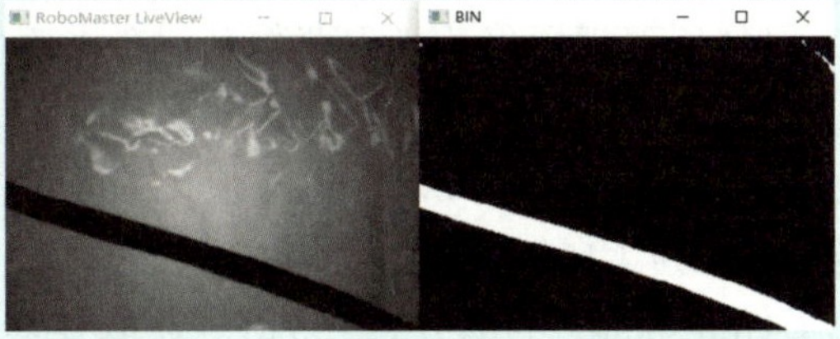

图3-192　飞行巡线中的图像二值化

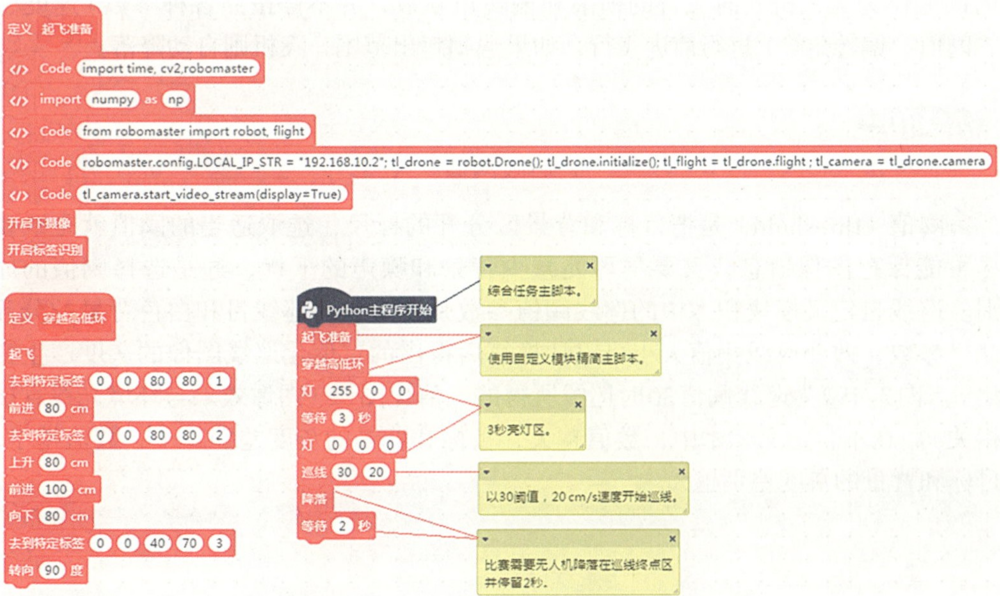

图3-193　“无人机闯关（一）”综合任务脚本

（八）实践与思考

比赛中是抽签决定任务顺序，请尝试调换高低环和巡线飞行任务的顺序，设计出相应程序脚本。

（九）评价分享

（1）围绕本案例的主要知识，设计一个具有现实意义的类似无人机自动穿越、巡线的飞行任务的项目，并完成工程日志（见表3–2）和带讲解的飞行演示短视频（5分钟以内）制作。

（2）围绕所完成的项目，根据评分表（见表3–3）开展自评，或邀请老师、家长、同学进行评价。

项目18　无人机闯关（二）——交叉环、绕旗与穿越拱门

（一）项目背景

扫描下方二维码观看“无人机编程闯关赛：交叉环、绕旗与拱门”视频

B1无人机闯关赛可分为穿越高低环、亮灯、巡线、穿越交叉环、绕旗、穿越拱门共六个任务。其中巡线、穿越环（高低、交叉）等任务使用了无人机的下视摄像头和TOF传感器，主要考查参赛选手控制无人机智能飞行能力，有关任务已在上一个项目中完成。亮灯、绕旗、穿越拱门是本项目的任务，它们主要考查参赛选手关于无人机基础飞行动作运用、空间航线规划的能力。整个闯关赛将会遇到测量飞行数据，排除软、硬件故障等挑战，对临场选手的心理素质、编程能力、计算思维和动手能力都是个不小的考验，需要选手冷静面对问题，认真思考解决方案，细致地动手操作，更重要的是耐心调试，直至成功完赛。

（二）任务描述

延续项目17的综合任务，无人机将从巡线区起飞，先飞到交叉环前的4号挑战卡上方，通过变换飞行方向和高度依次穿越交叉环中的低环和高环，再飞到5号挑战卡上方定位，完成穿越交叉环任务；然后无人机以“弓”字航线前进，连续绕行3面刀形旗完成绕旗任务；接着在拱门前的6号挑战卡上方调整飞行高度，向前飞行穿越拱门后在降落区降落，完成本项目中的飞行任务；最后合并项目17和项目18的脚本，完成整个B1闯关赛的飞行任务。（见图3–194）

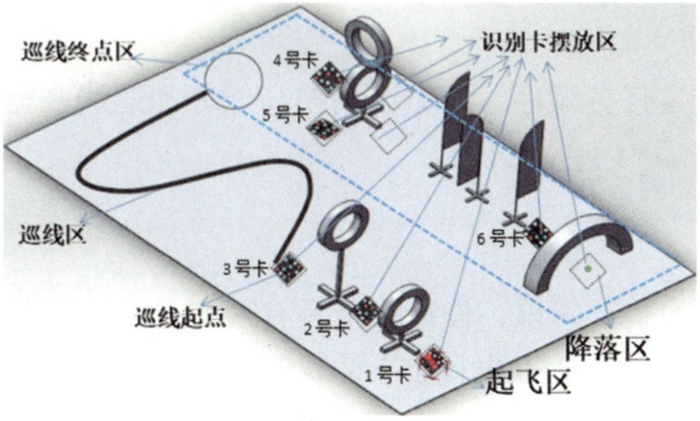

图3-194 “无人机闯关（二）”飞行场地与航线图（主视图）

本项目以图3-194中巡线终点区为起点，继续完成余下的穿越交叉环、绕旗、穿越拱门三个闯关赛任务。飞行航线为“巡线终点区起飞—穿越交叉环低环—穿越交叉环高环—“弓形”航线绕旗—穿越拱门—降落完赛，见图3-194蓝色虚线框部分。交叉环、刀旗、拱门具体规格见表3-29。

表3-29 本项目中涉及的障碍物规格

名称	交叉环	刀旗	拱门
形状			
规格	是由两个圆环竖直叠加组成，无人机需依次穿越下方和上方的圆环	由固定杆和旗帜组成，旗整体高度为200 cm	是一个内径为100 cm的半圆

（三）主要知识点

1. 核心素养

（1）思考无人机在本项目中三个任务的飞行航线，能把无人机飞行的基本过程界定为“巡线终点区起飞—穿越交叉环低环—穿越交叉环高环—‘弓形’航线绕旗—穿越拱门—降落完赛”六个环节。

（2）根据无人机完成穿越交叉环、绕旗、穿越拱门三个任务的飞行过程，抽象出无人机大致的飞行轨迹和转角。

（3）平衡好竞赛在时间与精准度上的要求，灵活地应对智能探测（传感器）、辅助探测（挑战卡）和实测数据间的关系，选择合适的方法，有效处理无人机穿越交叉环、绕旗和穿越拱门三个任务，并与项目17综合任务的脚本合并，完成整个B1无人机闯关赛的所有飞行任务。

2. 其他目标

（1）熟练掌握卷尺、教学量角器等工具用法，获取每段飞行距离和转角的实地数据。
（2）提升面对较激烈竞争时个人的抗压能力。

3. 主要积木

完成“无人机闯关（二）”项目所需要的仍是自定义飞行积木，它们的意义和使用方法请参考项目17的正文与本书第307页“拓展阅读6：用Mind+的Python模式编写自定义模块”，此处不再赘述。

（四）问题界定

根据项目要求，无人机需要完成穿越交叉环、绕旗、穿越拱门等三个任务。它经历了“巡线终点区起飞—穿越交叉环低环—穿越交叉环高环—‘弓形’航线绕旗—穿越拱门—降落完赛”六个环节。这3个任务的脚本编写难度不算大，但对无人机飞行距离和方向等参数的准确性要求较高，需要在飞行前认真规划飞行路线，再使用卷尺、量角器仔细测量实地数据，实际飞行中也需要反复修改参数以达到顺利完成任务的目的。所以本项目脚本中所使用到的飞行参数仅供参考，读者不可直接套用。为了便于理解，我们把本项目分为三个小任务来完成。

基本任务：无人机穿越交叉环。规划无人机穿越交叉环的飞行航线，实地量度无人机各段飞行航线的距离和相关转角数据，使用实测数据作为参数编写飞行脚本，完成穿越交叉环任务。

提高任务：无人机绕飞刀旗。根据“弓形”飞行航线，测量交叉环与刀旗距离、每支刀旗间、最后一面刀旗与拱门间等实际距离，使用实测数据作为参数编写飞行脚本，完成绕旗和穿越拱门任务，最后降落在终点区。

综合任务：比赛任务模块整合。整合项目17和本项目的脚本，形成一个系统、完整的程序，使无人机不间断地完成B1闯关赛的全部任务。

（五）任务流程图（见图3-195）

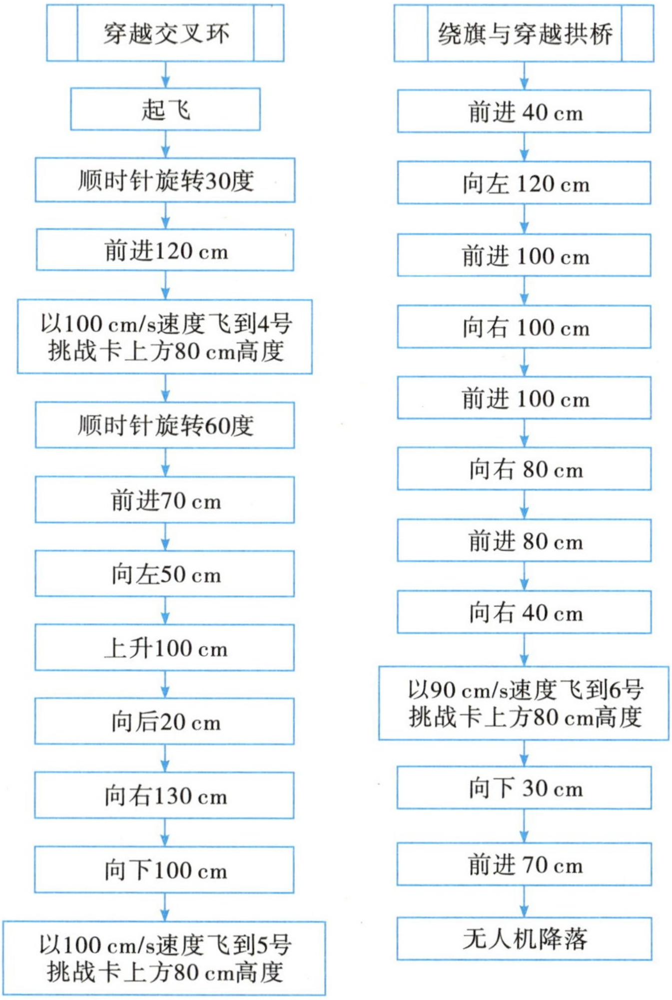

图3-195 “穿越交叉环”和“绕旗与穿越拱门”自定义模块流程图

由于亮灯积木数量较少，为精简主流程图，特将它们整合到“高低环与巡线”自定义模块中去，详见图3-196。

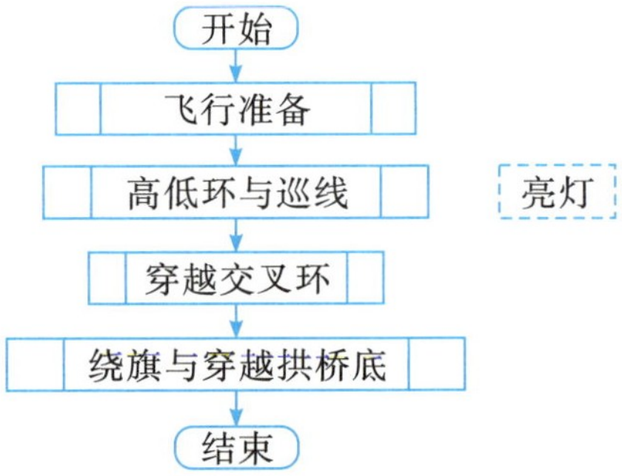

图3-196　“无人机闯关（二）”综合任务流程图

（六）三层五导

1. 基本任务：无人机穿越交叉环

（1）穿越交叉环任务的飞行路线是什么？

（2）怎样优化穿越交叉环任务中的挑战卡使用数量和摆放位置，提高比赛成绩？

2. 提高任务：无人机绕飞刀旗

（1）绕旗任务与项目17中的巡线任务有什么异同？

（2）为什么不使用前视TOF测距传感器完成绕旗任务？

3. 综合任务：比赛任务模块整合

如何将基本任务、提高任务和项目17的脚本整合成一项，让无人机稳定、快速地完成B1闯关赛的所有任务。

（七）算法解惑

1. 基本任务

（1）可以把无人机穿越交叉环的任务再分解为两部分：飞到交叉环前和穿越交叉环。根据现场测量所得的参数，如图3-197所示，第一部分呢航线设计为“巡线终点处（A点）起飞→顺时针旋转30°→前进120 cm→B点（4号挑战卡）上方80 cm高度→顺时针旋转60°”，其中$AB=120$ cm、$\angle A'AB=30°$、$\angle B'BC'=60°$。如图3-198所示，第二部分航线设计为“B点前进40 cm到达C点→向左50 cm到达D点→上升100 cm到达E点→向后20 cm到达F点→向左130 cm到达G点→向下100 cm→H点（5号挑战卡）上方80 cm高度”，其中$BC=70$ cm、$CD=50$ cm、$DE=100$ cm、$EF=20$ cm、$FG=130$ cm、$GH\approx100$ cm。

注：GH段的向下飞行100 cm是为了能让无人机进入探测挑战卡的范围，实际上识别到挑战卡后无人机还会向下飞行一小段距离进行定位，所以GH段的飞行距离会稍大于100 cm。

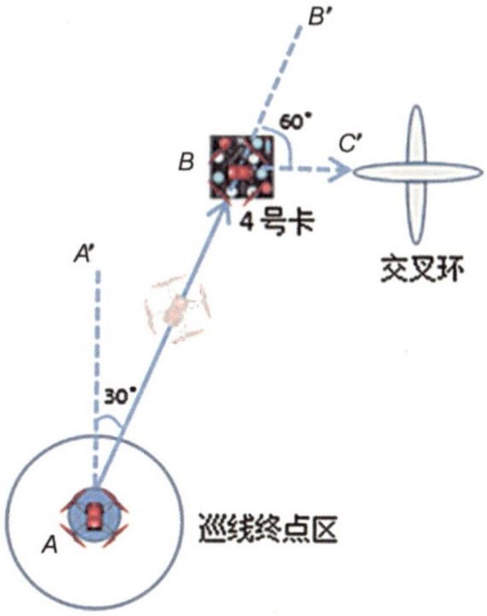

图3-197　巡航终点到4号挑战卡航线（俯视图）

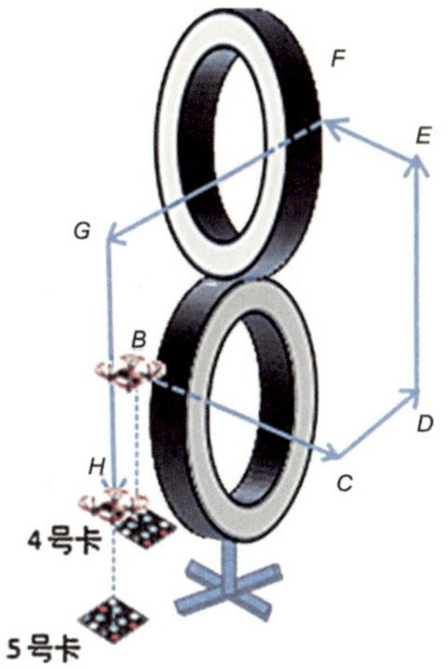

图3-198　穿越交叉环航线（平视图）

（2）B1无人机闯关的比赛规则允许在交叉环的四周放置4张挑战卡进行定位（见图3-194）。需要注意的是，过多地使用挑战卡辅助定位，虽然会令飞行航线更精准可控，但同时也会增加无人机识别挑战卡的时间，影响比赛成绩。从实践中我们可以发现，穿越交叉环的飞行航线（*B*点到*G*点）是比较稳定的，把挑战卡用在航线最容易出现偏差的任务起点和终点（*A*点到*B*点、*G*点到*H*点）是相对高效的做法。其中，4号挑战卡用于校正穿越交叉环的起点，5号挑战卡用于校正穿越交叉环的终点。基本任务脚本见图3-199。

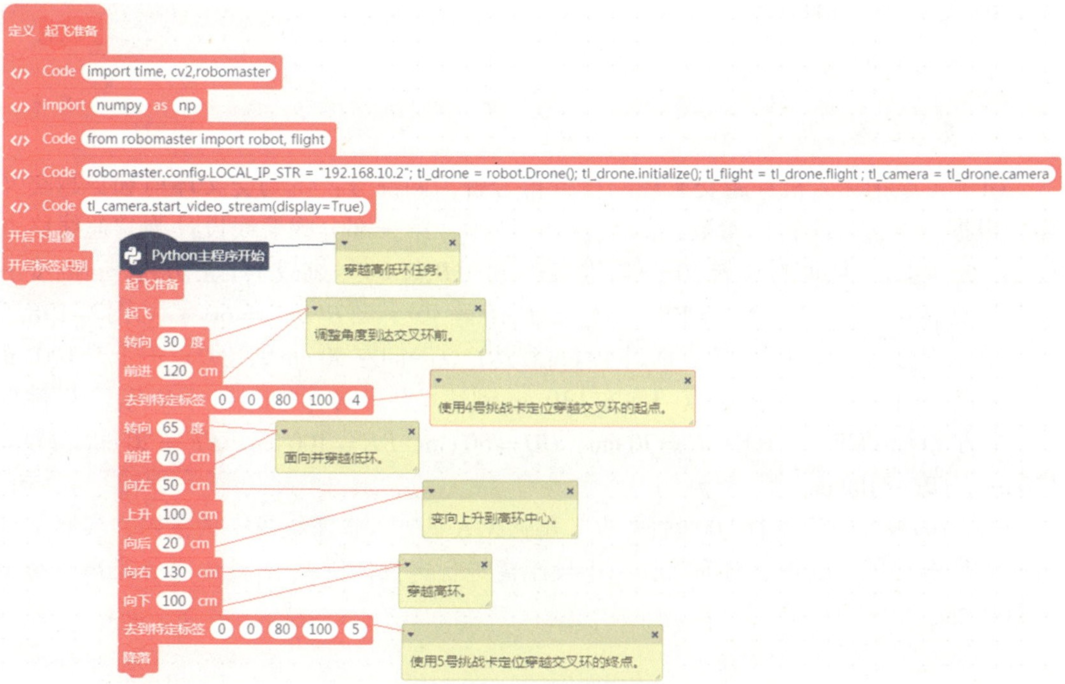

图3-199　“无人机闯关（二）”基本任务脚本

2. 提高任务

（1）绕旗任务和巡线任务在B1闯关赛中都属于同一平面上的飞行任务，在飞行中没有改变飞行高度。巡线飞行没有任何障碍物，需要无人机通过下视摄像头获取地面既定黑色曲线的实时图像，并通过一定的算法控制无人机跟随曲线飞行，体现无人机智能飞行的特点。为提高飞行速度，本项目绕旗任务中并无使用任何传感器，仅是根据现场测量的数据作为飞行参数，指挥无人机在固定航线下完成避障飞行任务，其固定飞行路线见图3-200。其中$AB=40$ cm、$BC=120$ cm、$CD=DE=EF=100$ cm、$FG=GH=80$ cm、$HI=40$ cm、$IJ=70$ cm。

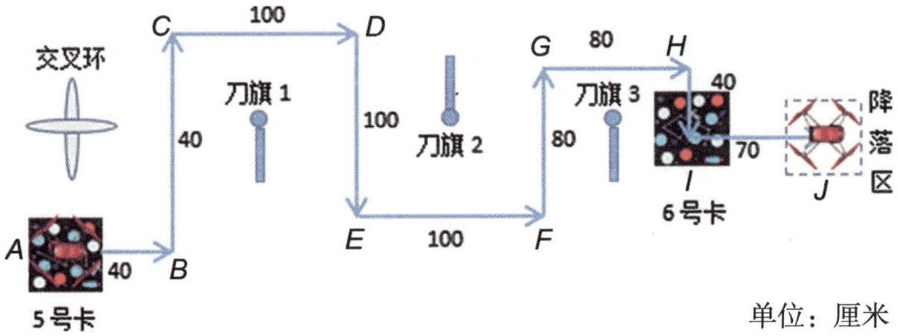

图3-200　绕旗到降落区航线（俯视图）

（2）绕旗任务实质也是一种避障飞行。从项目10的学习中我们得知，TT无人机拥有前视的TOF测距传感器，能实现前方避障飞行，所以理论上在绕旗任务中是可以通过该传感器进行智能避障飞行。但若使用传感器飞行，不仅需要重新自定义积木（见项目17），还需要写出新的脚本程序。而且刀旗的旗面较为轻薄，很容易受到无人机飞行中所产生的气流所影响而飘荡，导致传感器所获取的数据出现较大的误差，需要花费大量精力和时间去进行编程调试。在比赛时间有限的条件下，选择固定航线飞行的方式完成任务无疑是最稳妥、最高效的。

需要注意的是：为了分任务调试方便。提高任务脚本起点为5号挑战卡，即完成基本任务穿越交叉环后的降落点，但在实际比赛中（综合任务），此处是不需要降落的。提高任务脚本见图3-201。

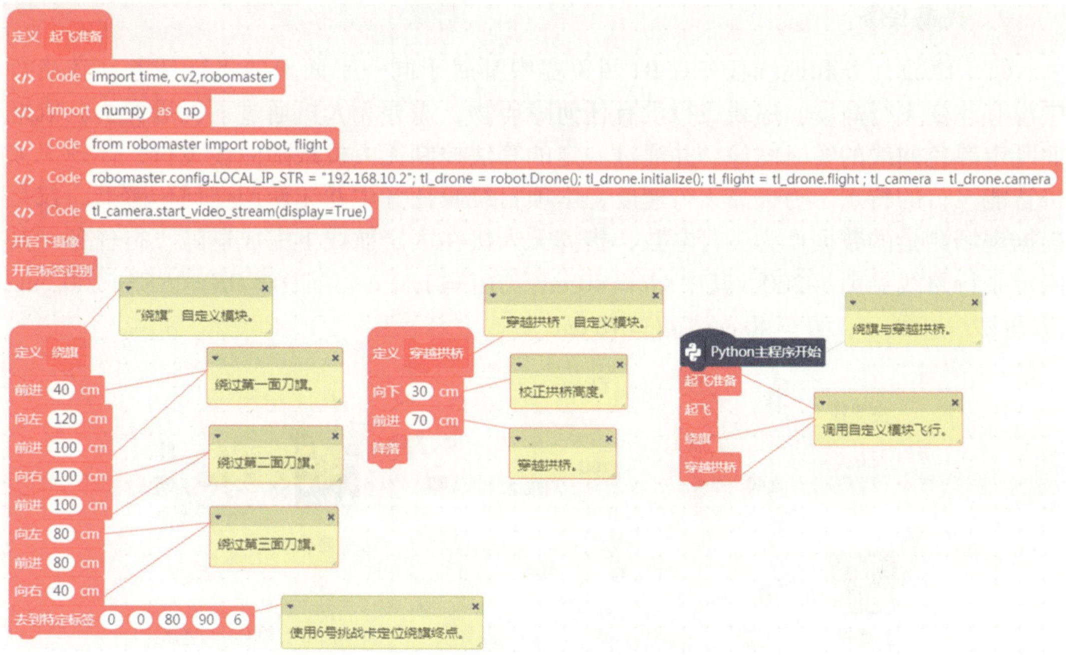

图3-201 "无人机闯关（二）"提高任务脚本

3. 综合任务

根据项目18的模块化编程思路，我们把整个比赛的任务划分为飞行准备、穿越高低环与巡线、穿越交叉环、绕旗、穿越拱门5个模块，这样做既能精简主程序，又提高程序的可读性和维护性。综合任务脚本见图3-202。

小知识

竞赛现场的调试策略

在实际闯关飞行赛中，我们必然会遇到很多挑战。比如：挑战卡无法识别、飞行距离达不到预期、巡线出错等。新手往往对着这些问题会无从入手。这里提供一个解决思路以供参考：首先检查脚本内容是否完整、正确，确保所有飞行参数与场地的实测数据相符；其次检查无人机设备工作状态是否正常，包括电量是否充足，机体是否过热，螺旋桨是否松脱或变形……据统计，影响飞行精确性最主要的因素通常并不是程序脚本，而是电池的电量。电量太足，无人机动力过大，有时会飞离目标区域。电量不足，则无人机动力过小，飞不到目标区域。而且不同的满电电池，用于同一台无人机和同一套脚本程序，飞行结果都会因存在误差而不尽一样，更别说不同的无人机了。所以建议为无人机和电池进行编号，调试与正赛使用同一套设备参赛，效率会比较高。

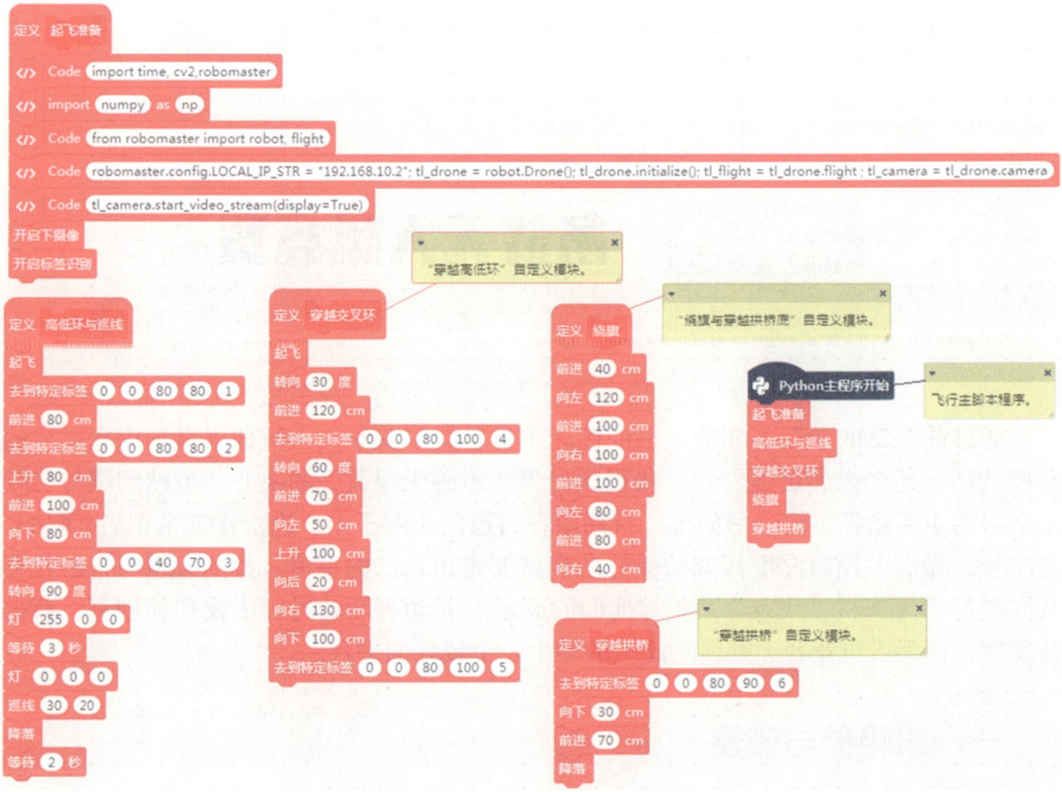

图3-202　“无人机闯关（二）”综合任务脚本

（八）实践与思考

为多个电池、无人机进行配对编号，修改飞行参数，形成多个专用的“闯关”飞行脚本程序，选出其中完成效果最稳定、用时最快的。

（九）评价分享

（1）针对B1无人机闯关赛中的全部任务，优化程序脚本和飞行参数，在保证完赛的前提下尝试提高飞行速度，完成工程日志（见表3-2）和带讲解的飞行演示短视频（5分钟以内）制作。

（2）围绕所完成的项目，根据评分表（见表3-3）开展自评，或邀请老师、家长、同学进行评价。

扫描下方二维码观看“编写项目日志”视频

扫描下方二维码获取本章测试题及参考答案

第四章 备战无人机竞赛

通过前三章的学习，相信本书的读者不但掌握了关于无人机的丰富知识和高超的操控技巧，还会燃起更强烈的探秘程序世界、遨游无垠蓝天的决心。虽然阅读与实践是学习的主要途径，但学习如果一直局限在自己的小圈子中，进步肯定是相当有限的。这时候，做有关项目深度探究的爱好者们就要走出自己的书斋，找到大量与自己有着共同爱好的无人机“飞友”，在与他们的展示、互动等活动过程中找到新创意，获得新发展，而无人机竞赛无疑就是此类活动中一个较好的平台。

一、积极参与竞赛

自古以来，人类就充满了无尽的好奇心。竞赛体现了人类对未知与极限的不懈追求，竞赛为有着共同理想的人搭建了沟通与学习的平台，竞赛给了青少年舞台，更给了世界一个发现有特点的青少年的机会。但想通过竞赛收获慢慢，乃至脱颖而出，并不是一件容易的事。若处理不当，参赛说不定会给选手带来副作用。因此，青少年在竞赛前了解参赛的意义和注意事项是十分必要的。

（一）青少年参与竞赛的意义

竞赛可以给广大有相同志趣的爱好者和教育工作者一个展示交流的舞台，选手和指导老师可以在比赛中充分展示能力、结交良师益友、彼此借鉴、共同成长。竞赛也能发展参赛师生的创新精神和创新思维，进而提升综合能力，帮助选手逐步形成职业理想，渗透生涯教育。具体而言，青少年参与竞赛有以下意义。

1. 塑造参与意识

对青少年来说，参加竞赛最重要的不是成绩的高低，而是体验。如果青少年有强烈的活动参与欲，就会为了充分展示自我而积极地准备，不懈学习的态度、主动上进的精神就会由此而生，逐步形成做事主动的性格。另外，多参加课外活动获得的自信，带来的开阔眼界，都是“刷题”所无法比拟的。

图4–1　参加无人机竞赛的青少年（图源：大疆教育提供）

2. 培养竞争精神

比赛就意味着有竞争，竞争中肯定会产生挫折。面对竞赛时成绩不理想、发挥失误或本身水平存有一定差距等一系列问题，选手要学会以一颗包容的心来看待，明白比赛成绩本身就有高低之分，要正视通过竞争找到的自己在知识、技能、思维、情绪等方面的差距和不足，继而改进，形成败而不馁、不屈不挠的顽强个性，从而为成年后自己面对人生挫折时有健康的态度和科学的处理方法奠定基础。

3. 建设团队合作能力

无人机比赛中，有些项目是以团队参赛的，如全国青少年无人机大赛中的旋翼赛团体赛（XT）……因此合作非常重要。比赛过程除了让选手们树立团队合作的意识之外，也能锻炼他们的团队沟通能力和团队协作能力，像XT比赛就允许选手用语言交流（但不可代他人做任务）。操纵无人机完成飞行的过程是一个尝试、失败、再尝试的过程，不但考验选手的耐心以及细心，还要求选手们在有限的竞赛时间里学会高效与他人相处、合理地分配任务、将自己的想法用准确的语言表达出来，如何在吸取他人意见的基础上提升自己建议的合理性，尽职尽责地完成自己承担的任务……显然，参与这种团队活动越多，参赛者的合作意识和合作能力就越强。

4. 形成勇敢个性

比赛环境中，嘈杂的声浪也许令人无法专注思考；裁判严厉的警告也许使人情绪不快；站在万人中央，面对不同的眼神、表情，原本背得滚瓜烂熟的介绍语一瞬间忘得一干二净……面对比赛中各种高压环境的挑战，参赛者仅靠书本中学来的知识、有限的个人交往能力是无法应对的。多接触这样的比赛氛围，有利于提高自己的心理素质，消除内心的恐惧，锻炼出坦然面对挑战的勇气，实乃人生的一大收获。

5. 学会欣赏态度

比赛过程中，优胜者的完美展示总会让人羡慕不已，并难免会使自己产生“我要是也能站在聚光灯下，被全场瞩目就好了”的感觉。这时参赛者不要被一时的比赛失利而击倒，要有健康的心态，本着公平竞争的精神，学会欣赏美好事物和他人长处，理解他人的胜利是他人长期努力的结果，只要自己坚持，并虚心学习他人的优点，也一定会有成功之时，从而更好地提升自我。

此外，良好的比赛还能在社会上营造起一股积极、健康的探索氛围，助推学校进一步完善课程改革建设，从而全方位地加强对学生创新精神的培养，进一步增强动脑、动手等实践能力训练，提高学生综合素质。

（二）青少年参与竞赛的注意事项

一旦决定参与竞赛，参赛者就要冷静地思考，做出周密的安排。因为竞赛是选手极限能力的比拼，为了做到最佳，选手在赛前会有大量的付出。做好规划能避免无谓的付出，尽量使参赛对自身生活保持积极影响，减少消极影响。

1. 坚持“学习为主，参赛为辅”的基本态度

青少年的主要任务是参加学校学习，通过学校学习可以系统掌握不同学科的知识，形成较均衡的知识体系。学校的集体生活，以及青少年参与的各项团体活动能锻炼人的集体意识，帮助学生养成广泛的兴趣和良好的习惯。这些都是一个现代公民所必须具备的基本素养，不管一个人成年后从事什么行业，上述基本素养都会是他坚实的能力后盾，所以有参赛意向且满怀成绩自信的青少年更须谨记“参赛不应影响学业”这一点，为此参赛要少而精。如果能将比赛收获与学校学习联系起来，做到互为印证，互相促进，同步提高，那就更好了。

2. 主要参加官方设立的正规比赛

如前文所述，正规的竞赛由于参赛透明、组织周密、评审权威……可以有效地培养青少年的思维，提升他们的能力。优秀的竞赛名次是社会所认可的选拔标杆之一，大量家长因此而热衷于让孩子参加各种竞赛，希望借此获得更好的升学条件。但一些不法分子利用信息繁杂、真假难辨的客观现实，趁机鱼目混珠，非法办赛敛财。这些花样繁多、名目“高大上”的假冒赛事，青少年参加了不但无法从中获益，反而白白损失大量的时间、精力与金钱，更有甚者还会产生不良影响。曾有家长利用关系，在一些不规范的比赛中违规为自己的孩子争得一等奖。家长原本的设想是用“优异”的成绩来为孩子镀金，激发他的自信，但获奖之后孩子却显得尤为逃避他人对此项成绩的称赞，呈现出典型的“冒牌者综合征”——认为自己不配拥有目前成绩、所处的状态、得到的关爱，觉得自己是一个“骗子”①。

正因为有这样的前车之鉴，青少年参加赛事一定要选择官方认可的正规比赛。近

①豫见育儿．孩子得了一等奖，为何却害怕被赞扬？重视“冒牌者综合症”心理［EB/OL］．（2019-09-07）［2022-07-07］．https://baijiahao.baidu.com/s?id=1644008084736398084&wfr=spider&for=pc.

年来，我国加强了对各类比赛的管理。2018年9月，教育部办公厅印发《关于面向中小学生的全国性竞赛活动管理办法（试行）》的通知。现在教育部办公厅每年都会公示面向中小学生的全国性竞赛活动，形成了明确的竞赛白名单制度。

中华人民共和国教育部
Ministry of Education of the People's Republic of China

当前位置：首页 > 公开

教育部办公厅关于2021-2022学年面向中小学生的全国性竞赛活动名单的公示

根据《教育部办公厅印发<关于面向中小学生的全国性竞赛活动管理办法（试行）>的通知》（教基厅〔2018〕9号）精神，由主办单位自主申报，经组织专家进行形式审核、业务范围评审、通讯评审、会议评审，拟确定全国青少年人工智能创新挑战赛等37项竞赛为2021-2022学年面向中小学生开展的全国性竞赛活动，举办时间原则上为2022年8月前。现就相关信息予以公示，公示期为2021年8月18日至24日。

公示期内，如有异议，请以书面形式反映。以单位名义反映的须加盖本单位公章，以个人名义反映的应署真实姓名、身份证号，写明联系电话。反映情况的书面意见请于2021年8月24日24时之前通过信函邮寄，或以电子邮件方式发送至电子邮箱，逾期及匿名反映不予受理。

通讯地址：北京市西城区大木仓胡同37号教育部校外教育培训监管司（邮政编码：100816）

电子邮箱：xwjg2021@163.com

附件：2021-2022学年面向中小学生的全国性竞赛活动名单

教育部办公厅

2021年8月18日

图4-2　教育部公示2021—2022学年面向中小学生的全国性竞赛活动（图源：网页截图）

通过查阅图如4-2所示教育部公示的2021—2022学年面向中小学生的全国性竞赛活动名单可知，目前如表4-1所示，有4项全国性青少年竞赛包含无人机项目。除此以外，青少年还可以参加由当地省、市教育或行业主管部门审核通过的地方性无人机比赛，比如由教育部门联合行业协会或知名企业共同组织的，具有一定社会认可度的专项无人机竞赛。

表4-1　含有无人机项目的全国性中小学竞赛活动

竞赛名称	无人机项目	主办单位	面向学段
第五届全国青少年人工智能创新挑战赛	RoboMaster机甲大师青少年挑战赛 1. 无人机迷宫赛 2. AI核电救援赛	中国少年儿童发展服务中心	小学、初中、高中、中专、职高
世界机器人大会青少年电子信息智能创新大赛	无人机主题赛	中国电子学会	小学、初中、高中、中专、职高
少年硅谷——全国青少年人工智能教育成果展示大赛	无人机飞控创意挑战赛	中国下一代教育基金会	小学、初中、高中、中专、职高
全国青少年无人机大赛	1. 个人飞行类竞赛 2. 团体飞行类竞赛 3. 团体编程类竞赛	中国航空学会	小学、初中、高中、中专、职高

3. 与老师、家长协商，制订科学的备赛计划

要想在竞赛中充分展示自我，就要做到知己知彼，因此和老师、家长协商，讲清自己的想法，共同做出合理的部署，制订出一个科学的备赛计划是十分重要的。计划中有三点很关键：

（1）了解竞赛的层次定位。众所周知，知名的比赛社会认可度高，一旦获奖，荣誉感强。但这样的竞赛参赛者人才济济，竞争可以用惨烈来形容。简而言之，要想在正规的全国性比赛中获奖，不但需要较高的项目天赋，更需要付出超常的时间、努力……必须要有坚定的人生目标和强烈的兴趣做支撑，参赛者才能坚持走到胜利的终点。

同时虽然如表4-1所示的竞赛都包含无人机项目，但在不同竞赛中具体要求却有较大差异，有时甚至是差之毫厘，谬之千里。因此参赛者要充分了解竞赛要求，在自己最感兴趣的比赛和最能展示自我的比赛之间找到平衡，选准项目参加相关竞赛。

（2）了解竞赛的参赛程序。一旦选准了所要参加的比赛，明确了参赛的项目，有意向的参赛者就要全面了解参赛的具体细节。正规竞赛的工作人员都经过了必要培训，赛事组织会比较严密，一般会利用如图4-3所示的网站或微信公众号等大众媒体发布官方信息。青少年朋友可以通过网络搜索，找到有关信息渠道，了解参赛程序。

图4-3　青少年电子信息智能创新大赛官网（图源：网页截图）

阅读参赛信息时，青少年朋友要查找到明确的报名时间、比赛地点、参赛要求（包括人员要求和器材要求）、比赛规则、组织环节、评审方向、奖励办法等信息，并评估是否符合自己的参赛意愿和客观条件。像有的高等级比赛会预先设立地区选拔赛，以筛选出决赛人员，它的整个竞赛过程会持续比较长，无可避免地会对学生正常的学习生活造成一定影响。青少年只有明确了整个参赛程序，做出的最终参赛决断才科学。

（3）进行充足的赛前训练。做出了参赛决定后，选手就进入了备赛环节。参赛者要根据赛事要求，准备好竞赛组织方认可的器材，获取参赛所必需的资格条件，而备赛最重要的则是知识、技能方面的强化。这一方面有赖于平时在比赛项目上的积累，另一方面也要根据赛事要求进行适应性训练，从而更深入地理解平时所学，进一步拓宽思路，知道知识应用时的注意事项，做到融会贯通。此外，抗压训练也是备赛中不可或缺的一环。不少选手在初次参赛时都曾因对竞赛了解得不够细而吃亏，因此平时训练就要对时间压力、环境干扰、人员陌生等因素有所认识。大部分正规赛事除了参赛人员，还会允许爱好者、教育工作者等现场观摩，建议有条件的选手可以在正式参赛前观看前届的现场比赛录像或提前一、二届到现场观摩，获取必要经验，减少临场紧张情绪。

竞赛总会有输赢，青少年朋友要认识到：每个人的花期不同，有的花一开始就灿烂绽放；有的花需要长期等待。不应为一时的胜负而沮丧，只要坚持不懈且善于学习，一旦各方面准备到位，自己的优秀就会展示给所有人。

4. 实践与思考

（1）青少年参加竞赛活动有什么意义？

（2）结合你的认识，谈谈青少年参加竞赛的注意事项。

二、无人机竞赛介绍

为了给广大青少年无人机爱好者有充分展示自我才华的平台，社会各界都做出了非常大的努力，因此即使是正规的无人机比赛也是有相当数量的。这些比赛大方向相同，但也有着不同的侧重点，只有充分了解有关比赛的要求，才能根据自己的个性、兴趣、特点、基础等，选对合适的比赛去参加，进而让自身获得最大的发展。无人机比赛可以分为教育类竞赛、企业类竞赛、社会类竞赛。

（一）教育类竞赛

教育类竞赛是指由各级教育主管部门组织的竞赛。如教育部直属单位中央电化教育馆（教育部教育技术与资源发展中心）举办的“全国中小学电脑制作活动（也称：全国学生信息素养提升实践活动）”就属于既有较高的社会知名度，又含有无人机比赛项目的竞赛。下面将结合全国赛，以及它的省级预赛要求介绍其中的无人机比赛项目。

1. 全国中小学电脑制作活动①

（1）竞赛简介。全国中小学电脑制作活动（官网：http://huodong2000.ncet.edu.cn）始于2000年，由中央电化教育馆主办。该活动的指导思想是：丰富中小学生学习生活；重在过程，重在参与；激发创新精神，培养实践能力，全面推进素质教育。它的主题是：探索与创新。即鼓励广大中小学生结合学习与实践活动及生活实际，积极探索、勇于创新，运用信息技术手段设计、创作电脑作品，培养“发现问题、分析问题和解决问题”的能力②。

图4-4 全国中小学电脑制作活动官网（图源：网页截图）

---

①本项内容参考《第二十三届全国学生信息素养提升实践活动指南》，有删改。
②百度百科. 全国中小学电脑制作活动［EB/OL］.［2021-12-22］. https://baike.baidu.com/item/%E5%85%A8%E5%9B%BD%E4%B8%AD%E5%B0%8F%E5%AD%A6%E7%94%B5%E8%84%91%E5%88%B6%E4%BD%9C%E6%B4%BB%E5%8A%A8/10510041?fr=aladdin#4.

（2）竞赛组织。随着信息化建设的深入，各种智能化产品的普及，全国中小学电脑制作活动也与时俱进地丰富了参赛者与参赛项目。参赛者共分为小学组、初中组、高中组、中职组（2015年新加入）四组。活动项目有数字创作、计算思维、科创实践三大类合计12种。无人机竞赛属于“科创实践”类中的“智能机器人”中的一个项目①，名为C类可编程控制的空中飞行器。该活动的全国决赛通常在每年的四月开始报名，暑假举行比赛。

（3）竞赛要求。全国中小学电脑制作活动对包含智能机器人在内的科创实践类活动的任务要求是参与学生根据全国活动任务主题等要求，在规定时间内通过方案设计、电脑编程、硬件搭建/组装、编程调试等过程，完成任务方案。若任务需结队创作，则团队分工协作，共同完成一件作品。

① 任务内容。以2021年第二十二届全国学生信息素养提升实践活动（简称“第二十届全国赛”）机器人C类可编程控制的空中飞行器（飞行机器人）初中组比赛项目为例，它的任务是“移动纸杯”，要求模拟飞行器运输过程中的一个环节，由场景搭建和项目任务两部分组成。飞行机器人的飞行动作必须由程序控制自主飞行，在“移动纸杯”任务过程中如果纸杯翻倒则视为任务失败。

扫描下方二维码观看“2021年全国初中学生飞行机器人赛——移动纸杯”视频

②参赛人员。每支队伍不超过2人，每支队伍限报1名指导教师。

③ 比赛器材与场地。参加该项目的全国现场交流活动，学生需自带笔记本电脑、编程软件、参考资料、常用工具、安全防护用品，以及整个“智能机器人”项目的全部器材套件，机器人任务场地及相关道具由组委会提供。

参赛的飞行器可以利用成品飞行器适当加以改造或者自行设计制作，提倡使用开源硬件和软件自行设计机器人。

表4–2　第二十二届全国学生信息素养提升实践活动机器人C类可编程控制的空中飞行器（飞行机器人）初中组比赛器材要求

项目	限制
传感器	使用诸如图像识别、UWB或其他各种技术手段来实现精准定位
尺寸	不超过35 cm × 35 cm（含保护罩）
重量	不超过250 g
电机	使用空心杯电机

① 中央电化教育馆. 第二十三届全国学生信息素养提升实践活动指南［EB/OL］.（2021–09–30）［2021–12–22］. http://huodong2000.ncet.edu.cn/files/20210903/附件：第二十三届全国学生信息素养提升实践活动指南.pdf.

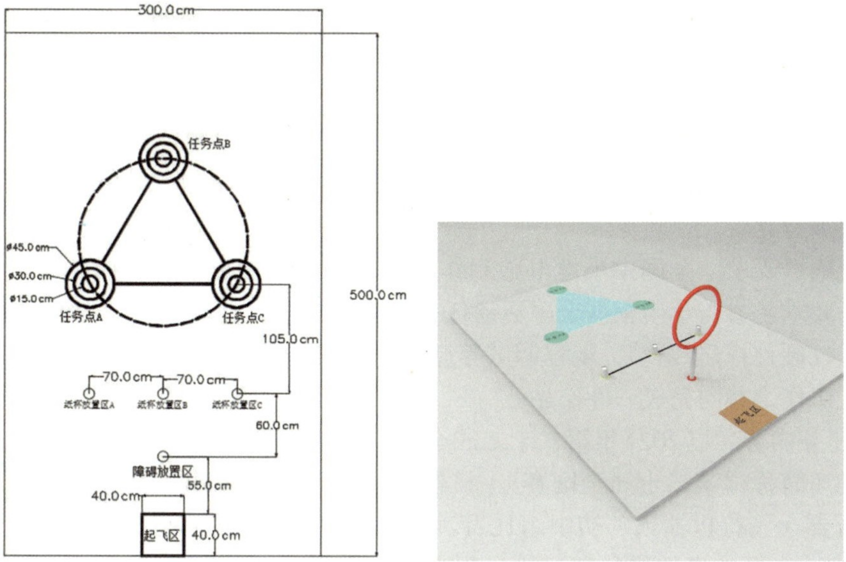

图4–5　飞行机器人场景搭建俯视图和侧视图[①]

飞行机器人赛的一个特点是展演场地由选手搭建，并且作为比赛的一部分。图4–5就是第二十二届比赛初中组的场景搭建示意图，各区域的线条可采用宽约1.5 cm的黑色电工胶带粘贴。

任务演示区贴成约为500 cm × 300 cm的长方形，起飞区贴成边长约为40 cm的正方形，任务点以边长约90 cm的正三角形的三个顶点为圆心，直径约为45 cm的三个圆。在三个圆的内部，贴成直径约30 cm和15 cm的两个同心圆。

纸杯放置区A、B、C中为三个喝水用的一次性纸杯，杯口直径约7.5 cm，杯底直径约5.3 cm，高度约8.6 cm。杯口向下摆放，纸杯处于同一直线上，杯的间隔距离约为70 cm。可以用记号笔在纸杯明显处做上A、B、C标记，纸杯内外可做一定程度的标记或改动，但不得改变纸杯外部尺寸的大小。

障碍放置区放置直径约为60 cm的圆圈，该圆圈竖直放置，圈平面与地面垂直，中心离地高度不超过120 cm。对圆圈的粗细不作要求，固定的方式亦可多样，可利用体育器材。

场景搭建需要学生全程参与，允许他人提供部分帮助。现场交流活动中学生还要进行分享展示，内容要有创作思想、设计理念、技术手段、创作过程、创新之处等，在观摩中互相学习。例如第二十二届全国赛的思考题为：①你在完成任务的过程中是如何保证稳定性和提高效率的？②你的创新之处是什么？你的作品或任务完成过程有何特色？

④ 竞赛规则。飞行机器人赛要求学生独立编写程序，让飞行器按程序完全自主运

① 中央电化教育馆. 第二十三届全国学生信息素养提升实践活动指南［EB/OL］.（2021-09-30）［2021-12-22］. http://huodong2000.nect.edu.cn/files/20210903/附件：第二十三届全国学生信息素养提升实践活动指南.pdf.

行，除了启动飞行器时可以使用遥控器以外，自离开出发区后完成其余任务的过程中不允许使用遥控器去控制和引导飞行器的运行。

飞行器摆放在起飞区内，启动时开始计时，穿越障碍，完成“移动纸杯”任务后返航至起飞区降落计时停止。“移动纸杯”可以利用气流或推杆、支架、夹具等各种不同的技术手段，飞行器在任务区移动纸杯过程中如造成纸杯位置移动，只要纸杯的垂直投影未完全离开任务区边线外沿，均视为移动有效，否则视为移动无效。飞行器在完成任务的过程中，其垂直投影如果飞离任务边框外侧，则视作任务失败。

“移动纸杯”任务包括基本任务和挑战任务，任务总时长不超过3分钟。基本任务由学生自主选定A、B、C三个纸杯中的任意一个作为目标纸杯，飞行器出发后，依规划的路线先让飞行器穿越障碍放置区的竖圈，再把纸杯放置区的目标纸杯移动至同编号任务点，完成任务后返航至起飞区。返航至起飞区要求飞行器的投影压在起飞区外框线上降落或完全在起飞区内降落。完成基础任务用时越短，离纸杯同编号任务点中心越近或者飞行器返航离起飞区中心越近，说明飞行规划越精确，任务完成度越高。

挑战任务是选做任务，选手可以不做。其要求是完成基础任务后，飞行器从起飞区再出发，先依规划的路线让飞行器穿越障碍放置区的竖圈，再把剩余纸杯放置区的目标纸杯移动至同编号任务点，最多时可将剩余两个纸杯都移动至同编号任务点，并顺利返航至起飞区降落。所有任务由飞行器在程序控制下自动完成，否则视作无效。完成挑战任务的成绩判定依据与基础任务类似，同样是强调任务用时短，纸杯离任务点近，飞行器降落离起降区中心近。

⑤ 资料提交。参加现场展演的学生需要事先提交如表4-3所示的资料，设计思路文件以工程笔记的形式记录；拍照要保证环境光线的亮度和拍摄的清晰度；视频要求两段，画面同样要求清晰，飞行器不要太小。第一段拍摄飞行器运行实况，画面中要始终出现计时器，学生可以自己加上解说，时长为3分钟左右；第二段拍摄学生自我介绍及回答思考题，时长控制在3分钟之内，至少表现三层内涵——项目探究过程、项目任务完成过程以及在整个过程中表现出来的科学情感、态度和价值观。

表4-3　省赛优胜者参加国赛要提交的资料

编号	文件类型	主要内容	文件格式
1	文本	机器人改造（飞行器选取）、设计思路，所用传感器特点介绍	wps或doc、docx
2	文本	可运行的源程序代码清单及相应注释	wps或doc、docx
3	照片	机器人正面、侧面、改造部分的照片	png或jpg、jpeg
4	照片	任务场景的全景和局部照片	png或jpg、jpeg
5	视频	机器人完整运行过程，不得剪辑	mp4或mov（视频编码采用h.264、音频采用AAC编码器，大小不超过100 MB）
6	视频	学生自我介绍、对思考题的回答	mp4或mov（视频编码采用h.264、音频采用AAC编码器，大小不超过100 MB）

2. 广东省“悦创·汇”暨第二十一届中小学电脑制作活动[①]

扫描下方二维码观看“广东省‘悦创·汇’——B1编程闯关赛（非大疆无人机）”视频

（1）竞赛简介。广东省“悦创·汇”暨第二十一届中小学电脑制作活动是由广东省教育技术中心组织，旨在促进教育信息化创新应用，提高广东省中小学生创新思维与创新能力的实践活动。该赛事既是全国中小学电脑制作活动的省级预赛，又是正式的省级比赛。如表4-4所示，各省参加全国中小学电脑制作活动的智能机器人项目（含飞行机器人赛）的名额非常少，造成了全国赛的竞争十分激烈。

表4-4　第二十三届全国中小学电脑制作活动各省“智能机器人”项目名额推荐表

组别	报送队伍数
小学组	3支
初中组	4支
高中组（含中职）	3支

（2）竞赛组织。通常省赛大多在寒假后就会要求辖内的地市上交参加省赛的作品。省、市的地区赛事有时与全国中小学电脑制作活动的组织不尽相同。如表4-5所示，广东省“悦创·汇”暨第二十一届中小学电脑制作活动就细化了无人机比赛项目。

表4-5　‘悦创·汇’暨广东省第二十一届中小学电脑制作活动“编程无人机”项目信息

扫描下方二维码观看“人机协同表演赛”视频

组别	比赛项目	地市报送队伍数	每队人数
小学组	编程闯关赛 人机协同表演	2支	2人
初中组	编程闯关赛 陆空智能协同赛 人机协同表演	2支	2人
高中组	陆空智能协同赛 人机协同表演	2支	2人

如果参赛选手通过了地市选拔，就可以登录广东省中小学电脑制作活动官网（http://sourcemade.zy.gdedu.gov.cn/sourcemade/f）填报相关信息。

①本项内容参考了《广东省“悦创·汇”暨第二十一届中小学电脑制作活动指南》，有删改。

图4-6　广东省中小学电脑制作活动官网（图源：网页截图）

（3）竞赛要求。如表4-5所示，在广东省中小学电脑制作活动中关于无人机的竞赛项目有三项，现分别介绍它们的竞赛要求。

① 编程闯关赛。

A. 项目界定。无人机编程闯关赛要求选手应用数学、物理、编程等知识给无人机编程，使其按照规定路线自主飞行，过程中要完成穿越障碍、巡线等任务，并且尽可能快地到达终点，因此其核心是竞速。该活动还要求，飞行过程中无人机需要自动完成任务，仅允许在活动开始时手动启动程序。可一旦程序启动，选手不可再对无人机进行任何操作。

B. 参赛人员。每支队伍必须由两名选手和一名指导老师组成。

C. 比赛器材与场地。选手需准备1台PC或移动设备（平板或者手机）用于无人机编程。对无人机进行编程须使用图形化编程软件、Python语言或C语言等。参与活动的无人机需要符合以下技术规范要求。

表4-6　参加编程闯关赛的无人机规格要求

项目	限制
空心杯电机数量/个	4
相邻电机轴距/mm	≤250
整机尺寸/mm	≤300×300×100
整机重量/g	≤250
供电电压/V	≤4.35

注：无人机需配备下视觉系统进行巡线和视觉标签识别。

无人机编程闯关的活动场地大致如图4–7所示，长为6米，宽为4米，高为2.7米。场地内起飞区、降落区、巡线起点区以及识别卡摆放区为边长30 cm的正方形区域，巡线终点区为直径60 cm的圆形区域，巡线线宽40毫米（误差正负3毫米）。场上包含如表4–7所示的多种类型的障碍物。

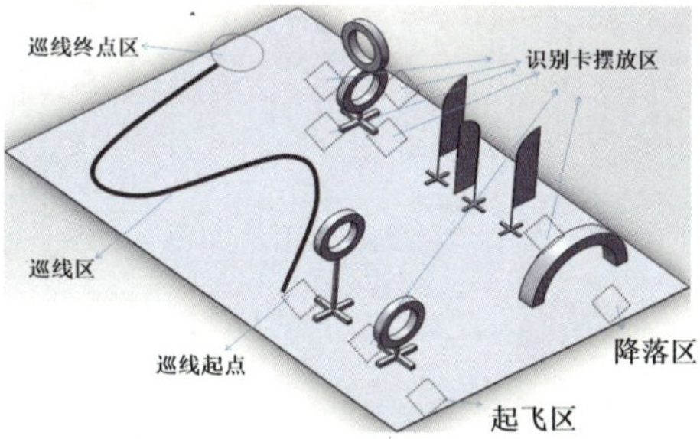

图4–7　编程闯关赛的场地概要

表4–7　编程闯关赛的障碍物规格

名称	圆形	拱门	隧道	交叉环	绕旗
形状					
规格	分为低圆环和高圆环两种，圆环内径为60 cm	是一个内径为100 cm的半圆	是一个水平摆放的管状物体，内径为60 cm，长度为100 cm	由两个圆环竖直叠加组成，无人机需依次穿越下方和上方的圆环	由固定杆和旗帜组成，旗整体高度为200 cm

起飞区、降落区以及多种类型障碍物前都可以摆放识别卡用于辅助定位（识别卡由选手自带，最多9张，尺寸不超过30 cm × 30 cm），但巡线终点区不能摆放识别卡。实际比赛时，图中的亮灯区、低圆环、高圆环、多旗绕行和拱门位置由现场抽签确定，但交叉环与巡线位置固定。

D. 活动流程。

a. 获取比赛图纸。包括：场地图（已标示障碍物参数）、得分说明、场地观摩安排。

b. 抽签。决定比赛出场顺序。

c. 程序设计。在120分钟内完成对无人机的编程，这一过程中可用自带测量工具（如卷尺）实测场地，申请场地试飞以验证程序。

d．封存比赛设备。将一台正式比赛的无人机和控制设备交由裁判封存。

e．正式比赛。领取封存设备，按抽签顺序出场，有2分钟准备时间用于摆放识别卡及连接无人机。正式比赛为3分钟，每支队伍连续两次放飞无人机，取两次活动中成绩最好一次为最终成绩。

f．比赛结束。选手签字确认比赛成绩，携带设备离场。

② 人机协同表演。

A．项目界定。人机协同表演是指地面表演人员在音乐伴奏下与机器人（空中无人机、地面无人车、人形机器人等）编队以舞蹈的形式表达主题。此项比赛可帮助学生突破二维平面的限制，在更贴合实际情况的三维空间中提升分析解决实际问题的能力，充分发挥想象力和创造力，培养立体空间能力与动手协调能力。

B．参赛人员。参赛队伍由至少3名参赛队员和2名指导老师组成。

C．比赛器材与场地。比赛需使用符合标准的可编程机器人，若干台PC或移动设备（平板或者手机），若干挑战卡或视觉标签。比赛推荐使用Python语言对机器人进行编程。比赛使用机器人数量根据参赛队伍实际需求确定，不少于4台机器人或无人机即可。参赛队可在场地中布置视觉标签辅助机器人运动。比赛所使用无人机的具体参数见表4–8。

表4–8　参加人机协同表演的无人机规格要求

项目	限制
电机数量/个	4
相邻电机轴距/mm	≤100
整机尺寸/英寸	≤3
整机重量/g	≤100
供电电压/V	≤4.35

人机协同表演在室内进行，场地比较简单，仅有尺寸要求：长6米、宽6米，高3米。

D．活动流程。

a．出场抽签。参赛队伍抽签决定出场顺序。

b．比赛准备。参赛队伍依次到指定操作区及表演区，将视觉标签，挑战卡、机器人等放置进各自启动区，并进行2分钟创意内容介绍（音乐选择的原因、基本动作介绍、编队特色等）。准备时间不得超过5分钟，如超时在1分钟内，将给予警告处理，并扣除20分。如超时2分钟，将取消比赛资格。

c．正式比赛。准备完成后，向裁判示意，即可开始表演。如果比赛中途发生机器失控等情况，经大赛技术支持判定并非比赛队伍提交的程序原因，则可重赛一次。重赛时间经组委会讨论后决定。

d．比赛结束。签字确认成绩，离场。

③ 陆空智能协同赛。

A．项目界定。“陆空智能协同”指参赛队员将编程无人机、无人车按照比赛的要求协同配合，完成较复杂的任务。此活动可提升学生对人工智能的鉴赏力，理解力及应用能力，在活动中学习，巩固和深化人工智能知识。

B．参赛人员。每支队伍由2名队员和1名指导老师组成。

C．比赛器材与场地。参赛队伍需使用符合要求的可编程无人机、无人车、视觉标签等，通过使用Python语言等对无人机及无人车进行编程。为此每支队伍建议准备：2台无人车，2块无人车电池；2台无人机，4块无人机电池；2台PC或移动设备（平板或者手机）用于无人机和无人车的编程。

表4–9　陆空智能协同赛无人机和无人车的规格

无人机项目	限制
电机数量/个	4
相邻电机轴距/mm	≤100
桨叶尺寸/英寸	≤3
整机重量/g	≤100
供电电压/V	≤4.35

无人车项目	限制
主体尺寸（不含停机平台）/mm	长≤350
	宽≤300
	高≤350
供电电压/V	≤12
弹丸类型	水晶弹

陆空智能协同比赛场地类似于图4–8，它的尺寸为长6米，宽5米。赛场主要分为操作区、自动巡线区和数字识别区三部分，场地图中每个红色虚线方框尺寸为1 m×1 m。图中红色圆点为无人车的出发点，符号“H”为结束点。R/G/B颜色视觉标签和数字视觉标签“1”的位置固定，数字视觉标签“2”会在比赛前在两个路段的指定区域内随机摆放。数字识别区域由1 m×1 m正方形组成，在每个区域内会铺设8张不同ID的挑战卡用于辅助定位，摆放顺序如图4–8所示。

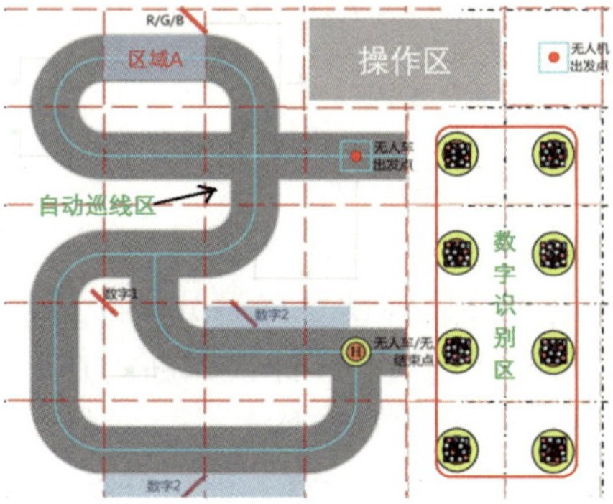

图4–8　陆空智能协同赛赛场概览

D．活动流程。

a．获取比赛图纸。参赛队员进入考场（辅导教师不能进入），完成检录后，现场公布任务位置以及地图。

b．抽签。决定比赛出场顺序。

c．程序设计。在120分钟内完成对无人机、无人车的编程，选手要听从现场调度，进行调试，验证程序。

d．封存比赛设备。将参赛的无人机、无人车，以及控制设备交由裁判封存。

e．正式比赛。领取封存设备，按抽签顺序出场，有2分钟准备。正式比赛为4分钟，每支队伍连续两次展示，取最好成绩。

f．比赛结束。选手签字确认比赛成绩，携带设备离场。

（4）竞赛规则。

① 编程闯关赛。裁判宣布活动开始后就会立刻开始计时，活动结束时停止计时。其间须完成如表4-10所示的一系列任务。有三种情况会被裁判判定为无人机状态异常，分别是：坠落——因撞击、程序失控等原因导致无人机接触地面时间超过10秒；停滞——无人机在空中悬停时间超过10秒；罚下——无人机因违规被裁判直接罚下的状态。活动结束的判定条件有5项：无人机到达降落区降落且桨叶停止转动；5分钟活动阶段结束；无人机坠落或停滞；无人机被罚下；选手申请结束飞行。

表4-10 编程闯关赛的具体任务与评分标准

考查项目	任务内容	要求	得分/分
通过低圆环	分别穿越低圆环、高圆环	完整穿过圆环、拱门	10
通过高圆环			10
指定区域亮灯	通过现场抽签决定无人机悬停区域并亮灯3秒（9个识别卡中抽取一个）		10
巡线起点悬停	无人机需在该区域悬停3秒以上，但悬停时间不得超过10秒		5
巡线飞行	无人机运用视觉进行巡线飞行，巡线飞行过程中，无人机不得明显偏离黑线	没有明显偏离黑线	15
巡线终点降落	在巡线终点区不可用识别卡，无人机需盲降，在降落区内至少停留2秒	三个机臂以上部位垂直阴影在巡线终点区	10
通过交叉环	按顺序穿越交叉环的下环和上环		15
多旗绕行	在多旗间绕行，并通过		15
通过拱门	穿行，并通过拱门		5
降落至降落区	无人机最终降落在降落区，任务结束	一个机臂以上部位垂直阴影在降落区内	5

每支队伍有两次展示机会，取最好成绩作为最终成绩。如果两队任务得分相同，完成任务用时少者为优胜方。

② 人机协同表演。比赛分为无人机动作表演和队员表演两部分。

无人机动作表演：比赛配乐曲目需选择中国风歌曲，曲目时间控制在6分钟以内，其中无人机动作控制在4分钟以内。各参赛队需要在正式比赛前完成选取音乐曲目的工作，剪辑音乐，编排无人机的舞蹈动作，编程实现，调试模拟，实际飞行验证。比赛曲目时间不符合上述要求的，将从最终打分成绩的总分中扣除20分。

参赛队员舞蹈表演：比赛前参赛队员需要根据音乐、无人机动作提前排练一套舞蹈动作，参赛队伍由不少于3名表演队员和2名指导老师组成。

为确保正式比赛的安全和顺利进行，赛前所有参赛队伍必须经过排练，不得仅在模拟软件验证的前提下参赛，赛中无人机可由指导老师协助控制。

表4–11　人机协同表演评分标准

项目	分值/分	具体要求
表演前创意汇报	20	创意是否充足，汇报时逻辑、语言表达是否通畅
创意性	20	机器人动作丰富程度，编舞效果是否具有独创性，音乐的剪辑是否具有创意
感染力及表演与音乐匹配度	20	机器人是否有创意设计，视觉效果是否震撼，让人印象深刻；音乐与动作、编舞效果是否完美结合
舞蹈表现与表演流畅性	20	机器人的动作衔接是否流畅，编舞效果切换是否自然；舞蹈动作是否优美流畅，表演队员形体是否好
人机配合度	20	无人机与表演队员的整体配合度、协调度

总分相同的情况下，以“创意性>感染力及表演与音乐匹配度>舞蹈表现与表演流畅性>人机配合度>表演前创意汇报”的具体得分，对比赛名次进行排序。

③ 陆空智能协同赛。活动任务分为无人车自动巡线、无人机数字识别、无人机与无人车协同降落三个部分。在无人车自动巡线阶段，无人车需要自动从如图4–8所示的起点出发，沿地面的引导线自动巡线至结束点位置。巡线过程需同时完成以下两个扩展任务。

- 扩展任务A：调整灯光。

无人车需要在识别到R/G/B任一视觉标签的字符内容后，在“区域A”调整车灯由初始颜色（白色）变为指定颜色。R/G/B标签分别对应红/绿/蓝三种颜色。

- 扩展任务B：自动射击。

自动巡线区有两种指示数字的视觉标签1和标签2，无人车需要通过发射水弹击倒视觉标签。若按照顺序击倒数字视觉标签“1”“2”，可以获得额外加10分（多次击倒相同数字的视觉标签只计分1次）。

无人车完成巡线任务到达结束点后，无人机开始数字识别。参赛队伍在之前的抽签阶段已依次随机抽取了三张数字，比赛时伍根据抽到的数字顺序，通过编程无人机依次在指定数字对应的挑战卡上悬停至少3秒。若无人机在指定挑战卡外悬停超过3秒，视为任务失败。例如：参赛队员抽到的号码牌依次为2、7、3，则无人机需要依次在ID为2、7、3的挑战卡上方悬停3秒。若悬停顺序为1、2、7、3，或2、3、7、3或其它ID顺序，则视为未成功完成任务。

数字识别任务完成后，无人机需要飞到结束点与无人车配合完成协同降落任务。无人车上搭载一个停机坪（参赛队员可自行放置挑战卡），到达巡线轨迹的结束点H后停留。无人机在完成数字识别任务后，飞到结束点并降落在无人车的停机坪平面上得5分，无人机正投影处于停机坪范围内再得5分。每支队伍每次比赛仅有一次降落机会。

整个活动为计分竞速，每支队伍有两次机会，每次单独计分计时，具体的评分标准见表4-12。取两次中成绩最好的一次为最终成绩（优先取得分高，分数相同时，依次按用时和完成任务数量评定）。

表4-12　陆空智能协同赛评分标准

任务类型	任务完成定义	得分/分
自动巡线	无人车自动巡线达到结束点	20
调整灯光	无人车在指定区域内正确改变车灯颜色	10
自动射击	无人车击倒数字视觉标签“1”	10
	无人车击倒数字视觉标签“2”	10
	无人车按顺序击倒数字视觉标签“1”和“2”	10
数字识别	无人机完成数字识别	30
协同降落	无人机降落至停机坪平面	5
	无人机正投影处于停机坪范围内	5

在裁判宣布比赛开始时并开始计后，如果出现“无人机降落在无人车的停机坪上”“无人机坠落”“无人机或无人车停滞”“四分钟比赛结束”等情况时，判定比赛结束并停止计时。此外，选手的无人机需通过编程启动，起飞后控制器必须放置在指定区域，不得拿在手里。

（二）企业类竞赛

除了教育部门外，一些知名企业会立足自身的经典产品，本着宣传推广、孕育市场、公益回馈等多种目的，举办某些赛事。像无人机行业的领军者深圳大疆创新科技有限公司（DJI）发起的RoboMaster机甲大师赛就属于这种情况。

扫描下方二维码观看"机甲大师—2022青少年对抗赛规则"视频

1. 竞赛简介

RoboMaster机甲大师赛始于2015年，每年一届，以"为青春赋予荣耀，让思考拥有力量，服务全球青年工程师成为践行梦想的实干家"为使命。比赛现由共青团中央、深圳市人民政府联合主办，大疆创新具体承办。赛事充分融合了众多机器人相关技术学科，同时创新性地将电竞呈现方式与机器人竞技相结合，吸引众多的科技爱好者与社会公众的广泛关注和参与。比赛初时仅向全球大学生开放，现已发展为包括"高校系列赛""青少年挑战赛"和"全民挑战赛"在内的三大竞赛体系①。

在青少年挑战赛中设有无人机挑战赛（RMYT，RoboMaster Youth Technical Challenge–Drone Tournament），该比赛要求选手通过编程，利用无人机自身携带的传感器，使得无人机具备避障能力和路径规划能力，在无人操控的条件下，完成自主越碍、迷宫路径探索和附加任务②。

2. 竞赛组织

无人机挑战赛分小学组、初中组、高中组，以学校为单位组队参赛。参赛报名可通过"大疆教育平台"客户端或RoboMaster专题网站（https://www.robomaster.com/zh-CN）进行，比赛组织方会进行参赛资格审核，通过后将获得参与分站赛（通常3月至6月举行）的资格。分区赛的优胜战队将获得全国赛的晋级名额，并最终参加全国决赛（通常7月至8月举行）。

3. 竞赛要求③

（1）参赛人员。每支参赛队伍由1～2名参赛队员和1名指导老师组成，其中1名参赛队员担任队长。每支参赛队员仅能参加1个组别的比赛，不得跨组多次参赛。小学和初中学生使用初阶组规则，高中学生使用高阶组规则。

（2）比赛器材与场地。竞赛需使用1架编程无人机，无人机标准见表4-13。每个参赛队伍可以最多配备1台备用无人机。所用无人机（含电池）、电脑、路由器由参赛选手自带。其他比赛道具均由组委会提供。

①百度百科．机甲大师赛［EB/OL］．［2022-01-05］．https://baike.baidu.com/item/机甲大师赛/23662418?fr=aladdin.

②深圳市大疆创新科技有限公司无人机挑战赛［EB/OL］．（2022-01-05）［2022-09-23］．https://www.robomaster.com/zh-CN/robo/youth/technical-challenge.

③本项内容参考了《RoboMaster2022机甲大师无人机挑战赛规则》，有删改。

表4–13　RoboMaster 2022机甲大师无人机参赛标准

项目	要求
飞机机型	四轴可编程无人机
飞机轴距	小于等于120 mm
飞行时间	不小于7分钟
起飞重量	小于105 g（含保护罩与电池）
保护设计	全封闭保护罩，以保证飞行安全
电池类型	锂电池
编程语言	图形化编程、Python
飞行器灯光	一个可编程控制的RGB指示灯
显示模块	分辨率大于等于8×8的双色显示屏
定位方案	视觉定位
传感器	有红外定高、气压计定高，下视摄像头，前视障碍感知

比赛中使用的场地由若干个60 cm×60 cm的单元格组成，初阶场地由一个尺寸为4×3个单元格的迷宫场地和一个3×3个单元格的越障场地组成（包含4个障碍环），高阶场地由一个尺寸为5×5个单元格的迷宫场地和一个3×3个单元格的越障场地组成（包含6个障碍环）。场地墙面高度为120 cm。

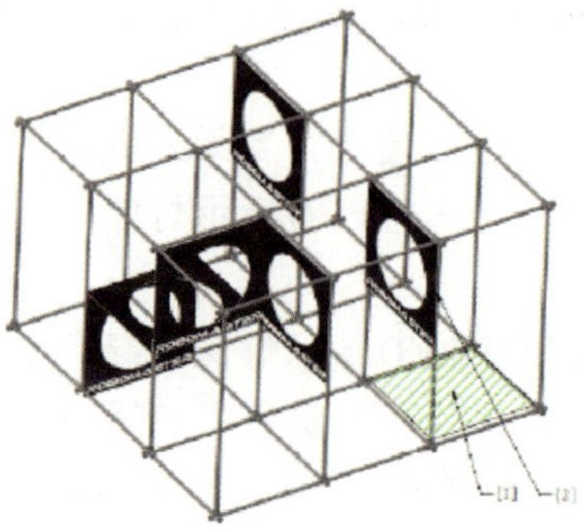

图4–9　越障场地示意图

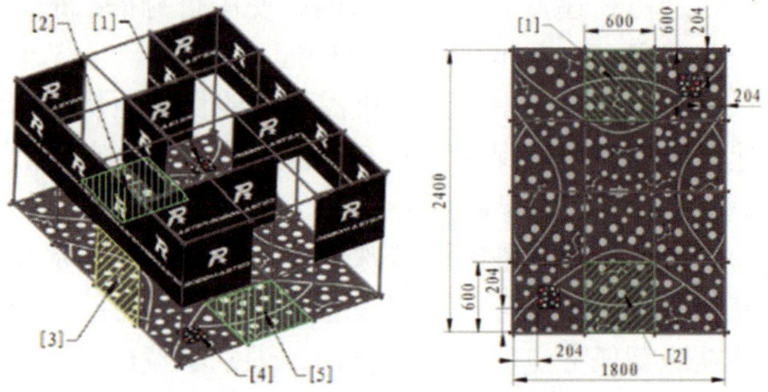

图4–10　迷宫场地示意图和俯视图

（3）活动流程。

① 签到。参赛队伍签到后，抽签确定出场顺序。

② 调试。比赛开始前，参赛队伍按照报名调试顺序入场调试，调试时间为5分钟左右。

③ 现场编程。裁判公布障碍赛场地，选手在规定时间（约15分钟）内编程完成无人机飞行路径设计。编程完成后，断开无人机电源，前往检录区进行设备封存。

④ 检录。检录所使用的无人机是否符合统一规范，符合参赛条件的无人机和编程设备将交给工作人员封存，裁判公布迷宫赛场地。

⑤ 候场。参赛队伍至少提前10分钟到达候场区，工作人员核查参赛队伍信息，并发还之前封存的设备，但参赛人员不得修改无人机程序。

⑥ 赛前一分钟准备。队员摆放挑战卡，启动无人机。在最后10秒时，队员需将无人机通电，并摆放至越障场地的起点单元格内，随后离开场地。

⑦ 正式比赛。裁判发令示意比赛开始后，一名参赛队员启动无人机。未经裁判允许，参赛队员不得使用任何方式操控无人机。

⑧ 确认成绩。比赛结束五分钟内，队长需到裁判席签字确认成绩。

4. 竞赛规则

（1）任务详解。比赛任务分为两个部分，第一部分为障碍穿越，第二部分为迷宫探索。

① 障碍穿越。参赛选手将现场编程，并操控无人机从如图4–9所示的起点起飞，依次穿越场地设置的障碍点，穿越障碍环的次序不定。每次穿过障碍环，无人机使用自身搭载的LED指示灯切换颜色，表示成功穿越一次障碍环。完成穿越后，无人机进入迷宫起点，开始第二部分的比赛任务。

② 迷宫探索。该项目由“探索”和“穿越”两个任务组成。

在探索任务中，无人机从如图4–10所示的起点出发，对迷宫进行探索，找出迷宫中的“隐藏任务点”的位置，并规划走出迷宫的最短路径。当无人机运动到迷宫终点时，悬停在迷宫终点单元格内，使用自身搭载的LED指示灯闪烁红色3次，表示探索任务完成，并立即开始穿越任务。

在穿越任务中，无人机需尽可能快速地从迷宫终点返回迷宫起点，当无人机到达迷宫起点后要确保无人机有任意部分进入迷宫起点单元格，再通过LED指示灯保持蓝色常亮示意完成穿越任务。

除了完成任务时的特殊灯效，无人机在正常飞行时需要使LED指示灯保持绿色常亮状态。隐藏任务点随机设置于迷宫的最短路径之外。无人机找到隐藏任务点后，悬停在隐藏任务点所在单元格内，识别隐藏任务点的挑战卡ID（挑战卡ID范围为1~4），并通过自身搭载的显示模块将挑战卡ID以阿拉伯数字的形式正确显示出来，持续至少1秒钟，则视为完成隐藏任务。同一个隐藏任务点在一局比赛中只有一次加分机会。

在整个比赛过程中，若无人机程序失控，参赛队员可向裁判申请重启或结束比赛。若申请重启，则重启后对应任务阶段中已经获得的分数清零，但无人机可重新完成任务并获得分数。在越障场地穿越时和迷宫探索任务阶段无，人机只能在迷宫起点重启，而在迷宫探索任务阶段可选择在迷宫起点或终点重启。重启过程不暂停计时。若申请结束比赛，则所有任务得分将被保留。参赛队可以在迷宫起点或终点摆放至多两张挑战卡用于机器人辅助定位，挑战卡的ID不可与隐藏任务点ID重复，不可使用黏性材料粘贴在地面上。

扫描下方二维码观看"机甲大师—2022无人机迷宫赛规则"视频

每局比赛限时7分钟，裁判发令后开始计时，"越障""探索"和"穿越"各小任务的用时均单独记录。

（2）评分标准。竞赛的评分标准见表4-14，但由于比赛难度较高，不时会有选手无法全部完成比赛项目的情况发生，比赛组织者给出了下列评分细则：

无人机机身完全越过障碍环，算完成一次越障，场地总环数为N，选手完成的穿环次数为n，则得分为$40(n/N)$，高阶比赛N为6个，初阶比赛N为4个。

表4-14　机甲大师无人机挑战赛评分标准

任务	隐藏任务	越障穿越	迷宫探索	迷宫穿越
得分	20分/次	40分	40分	40分

若比赛结束时无人机所在单元格为$P1$，在迷宫从起点到终点的最短路径上找到距离$P1$路程最短的单元格$P2$，迷宫从起点到终点的最短路程为L。路程为无人机从一个单元格运动到另一个单元格所移动的格数。如果无人机降落在格与格之间，则路程按得分更高的方式计算。

探索任务得分＝起点到$P2$的最短路程$/L\times40$，穿越任务得分＝终点到$P2$的最短路程$/L\times40$，计算结果四舍五入。举例：

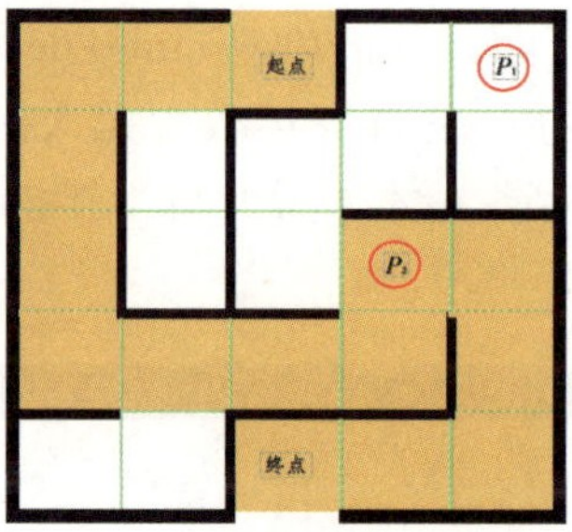

图4-11　迷宫穿越计分示例

当一局比赛结束时，无人机最后停留在$P1$位置。黄色单元格代表的是从迷宫起点到终点的最短路径，从迷宫起点到终点最短路程L等于14个单元格。$P2$位置为迷宫最短路径上距离$P1$路程最近的点，示例中$P2$距离迷宫起点的路程为9，距离迷宫终点的路程为5。若此时无人机未完成探索任务，则探索任务得分$=9/14\times40=25.7$，四舍五入后为26分，穿越任务不得分。若此时无人机已完成探索任务但未完成穿越任务，则探索任务得分＝40分，穿越任务得分$=5/14\times40=14.3$，四舍五入后为14分。

（3）时间奖励分。如果一局比赛中，无人机成功完成穿越任务且穿越任务耗时未超过t秒，则会再获得额外的时间奖励加分，计算方法为：时间奖励分＝（t秒－穿越阶段耗时）×5。高阶比赛t为120秒，初阶比赛t为90秒。

（4）违规判罚。比赛过程中，若出现下列情况，成绩清零，无人机需在重启点重启，计时不暂停：一是无人机超出场地范围时间大于5秒；二是无人机飞行高度超过迷宫墙面时间大于5秒；三是无人机超过迷宫墙面飞行跨越单元格；四是无人机穿过墙面禁区。

比赛过程中，若出现下列情况，扣5分：无人机在越障阶段，穿越障碍环没有切换无人机LED指示灯；无人机在探索阶段到达迷宫的终点，没有按要求完成控制LED指示灯以1 Hz的频率闪烁红色三次；无人机在穿越阶段到达迷宫的起点，没有按要求完成控制LED指示灯蓝色常亮；若在穿越或探索阶段任务完成时没有正确使用灯效，导致裁判未及时停止计时，责任由参赛队员承担。

（5）胜负判定的优先级。比赛胜负判定的优先顺序为：任务排名＞穿越任务用时＞探索任务用时＞越障任务用时＞更换迷宫场地加赛一局（排名前五者）/获得并列名次（排名未在前五名者）。即首先根据任务得分确定参赛队伍的排名，前者成绩相同，则根据下一项内容进行比较。计时项目中，用时短的一方获胜。

（三）社会类竞赛

如表4-1所示，社会类竞赛一般是由公益机构、行业社团以及基金会等社会组织发起的竞赛活动。由于得到了教育部的审核与批准，比赛正规、合法，有一定的社会影响力，同样是青少年开阔视野、结识“飞友”的重要渠道。

1. 竞赛简介

全国青少年无人机大赛（官网： http://www.int-ede.com/）就属于本书所介绍的社会类竞赛，它由中国航空学会主办，是青少年教育无人机领域的全国性比赛。活动旨在传承航空精神，培养航空创新后备人才，激发青少年探索航空未来的创造力与想象力，从而实现中国梦、航空梦。

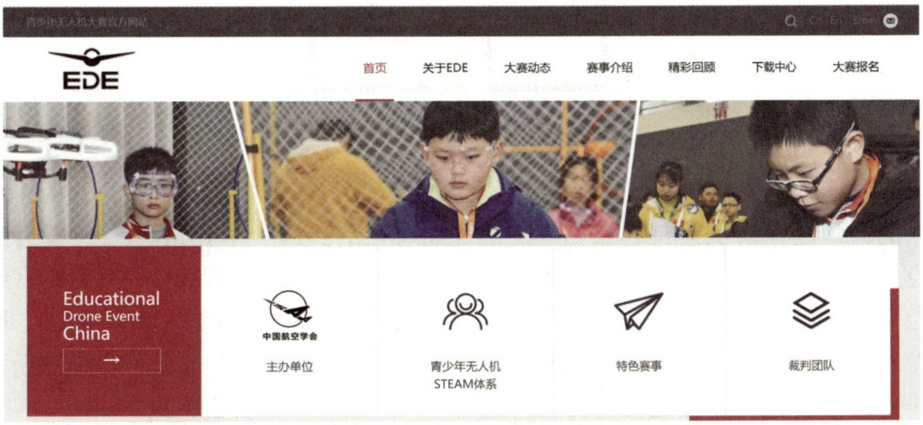

图4-12　全国青少年无人机大赛官网（网页截图）

全国青少年无人机大赛自2017年首次举办以来，每年都设立分站赛和地区选拔赛。通过多年的耕耘，该比赛在我国青少年无人机教育领域有较大的影响力，也是国际上首个覆盖小学、初中、高中、职业学校、大学全学龄段的无人机专业赛事[①]。

2. 竞赛组织

全国青少年无人机大赛分三个赛项，即旋翼赛、固定翼赛和职业应用创新赛，其中旋翼赛包括飞行赛和编程赛，固定翼赛包括飞行赛和模拟飞行赛，职业应用创新赛包括理论知识赛、设计加工赛、组装调试赛、操控应用赛[②]。

旋翼赛采用三级赛制，即举办市级和省级两级选拔赛，省级选拔赛择优推荐参加全国总决赛。市赛和省赛原则上在全国赛启动前10日内完成。不设省、市赛的地区，参赛队伍可直接向全国大赛管理办公室报名，经大赛管理办公室评审通过后可参赛，全国航空特色学校优先。每个省（市、自治区）原则上每项比赛每组限报10支队伍。

因为是正规赛事，所以主办方严格执行中国民航局的规定，选手需要预先为重量超过250克的无人机报备，并在报名时提供报备证明，否则不可参赛。

3. 竞赛要求

全国青少年无人机大赛面向中小学生的参赛项目比较多，其中旋翼赛包括个人飞行赛（XGF）、物流搬运赛（XWL）、团体赛（XT）、空中格斗赛（XKG）、蜂群舞蹈编程赛（XFW）、编程挑战赛（XBT）、迷宫挑战赛（XM）；固定翼赛包括：空中侦察赛（GZ）、模拟飞行个人竞速飞行赛（GMJ）、模拟飞行双机空中格斗赛（GMG）。限于篇幅，此处仅介绍旋翼编程赛的竞赛要求与规则，此类比赛是：旋翼赛蜂群舞蹈编程赛（XFW）、旋翼赛编程挑战赛（XBT）和旋翼赛迷宫挑战赛（XMT）。

扫描下方二维码观看“全国青少年无人机大赛之蜂群舞蹈编程赛说明”视频

扫描下方二维码观看“全国青少年无人机大赛之编程挑战赛规则介绍”视频

扫描下方二维码观看“全国青少年无人机大赛之空中格斗赛介绍”视频

扫描下方二维码观看“青少年无人机大赛之空中足球赛介绍”视频

（1）蜂群舞蹈编程赛。蜂群舞蹈编程赛的整体要求和之前介绍过的广东省“悦创·汇”暨第二十一届中小学电脑制作活动的“人机协同表演”比较类似，最大的差异

① 中国航空学会．大赛介绍［EB/OL］．［2022-01-21］．http://www.int-ede.com/about.shtml.
② 每年会根据实际情况调整赛项。

在于蜂群舞蹈编程赛不需要有人员参与舞蹈，仅仅是无人机编队舞蹈，但将编程环节定为现场进行，其他的差异则在于一些具体的细节上。

表4–15 “蜂群舞蹈编程赛”与“人机协同表演”的要求差异

比赛		场地	编队组成	现场编程	比赛准备	比赛展示
蜂群舞蹈编程赛	小学	4×4×3米	2～4机	2小时	10分钟	净舞蹈40～60秒
	中学	6×6×3米	4～7机	3小时		净舞蹈50～70秒
人机协同表演		6×6×3米	≥4机		5分钟	曲目≤6分钟 无人机动作≤4分钟

蜂群舞蹈编程赛对参赛无人机的要求和人机协同表演有一定差异，具体见表4–16。

表4–16 蜂群舞蹈编程赛的器材要求①

组别	小学与初中组	职校与高中组
要求	飞机机型：四轴教育无人机 飞机轴距：100～180 mm 飞行时间：不小于7分钟 起飞重量：小于200 g（含保护罩与电池） 保护设计：半封闭保护罩 电池类型：锂电池 编程软件：有，且支持3D预览 编程语言：图形化编程语言 飞行器灯光：有，可编程 定位方案：图像识别定位或基站定位	飞机机型：四轴教育无人机 飞机轴距：200～280 mm 飞行时间：不小于12分钟 起飞重量：小于500g（含保护罩与电池） 保护设计：全封闭保护罩 电池类型：锂电池 编程软件：有，且支持3D预览 编程语言：图形化编程语言 飞行器灯光：有，可编程 定位方案：图像识别定位

（2）编程挑战赛。

① 参赛人员。比赛分为小学组、初中组、高中组（含中专与职高）三个组别。每个组别内的每个省（直辖市、自治区）参赛队伍上限为10支，参赛队伍由2名队员组成，每支参赛队员仅能参加一个组别的比赛，不得跨组多次参赛。

② 比赛器材与场地。竞赛为团体比赛，所用的无人机、电池、笔记本电脑、路由器、草稿纸笔及测量工具等一切器材皆由参赛选手自备。无人机器材须符合表4–17所规定的要求，并在报到和比赛时分别接受器材检查服务中心和裁判的检查，若被判器材不合要求，裁判有权拒绝该器材参赛。

① 中国航空学会. 旋翼赛蜂群舞蹈编程赛竞赛规则（2021年3月修订）[EB/OL]. [2022-01-22]. http://www.int-ede.com/4813fb82-e3b5-002f-3753-3943b0530c66/ae176ba9-8ded-017f-f5dc-d4d41021c1bc.shtml.

表4–17　编程挑战赛无人机要求①

组别	小学组、初中组	高中组（含中专与职高）
要求	飞机机型：四轴教育无人机 飞机轴距：100 ~ 150 mm 飞行时间：不小于10分钟 起飞重量：小于200 g（含保护罩与电池） 保护设计：半封闭保护罩 电池类型：锂电池 编程语言：图形化编程语言 飞行器灯光：有，可编程 定位方案：图像识别定位	飞机机型：四轴教育无人机 飞机轴距：200 ~ 280 mm 飞行时间：不小于12分钟 起飞重量：小于500 g（含保护罩与电池） 保护设计：全封闭保护罩 电池类型：锂电池 编程语言：图形化编程语言 编程软件：有，且支持3D预览 飞行器灯光：有，可编程 定位方案：图像识别定位

编程挑战赛的竞赛场地不大于长6米、宽6米、高3米，如图4–13所示，共设9种竞赛科目。小学组须全部完成科目1至科目4，以及科目9；初中、高中组（含中专与职高）必考科目为科目7至科目9，选考项目为科目1至科目6中的任意4个。允许使用1架无人机或者2架无人机共同完成。除起飞、降落外，其他科目完成顺序不做要求。除科目7外，完成方向不做要求。

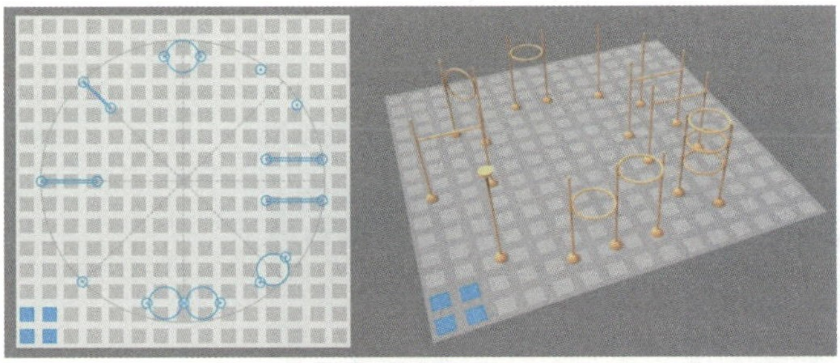

图4–13　旋翼赛编程挑战赛场地图

科目1到科目9的具体参数与比赛要求见表4–18。

表4–18　旋翼赛编程挑战赛竞赛科目参数及比赛要求

名称	科目1绕竖杆	科目2绕横杆	科目3穿竖圈
图样		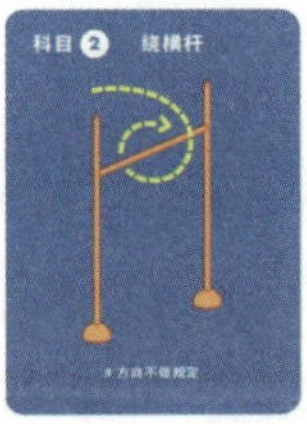	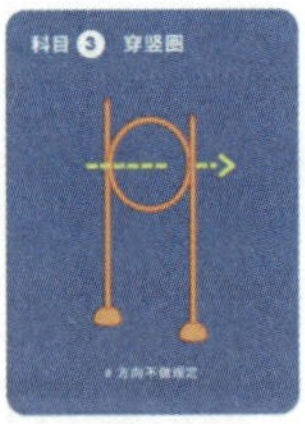

① 中国航空学会. 旋翼赛编程挑战赛竞赛规则（2021年3月修订）[EB/OL]. [2022–01–22]. http://www.int-ede.com/4813fb82–e3b5–002f–3753–3943b0530c66/ae176ba9–8ded–017f–f5dc–d4d41021c1bc.shtml.

续上表

名称	科目1绕竖杆	科目2绕横杆	科目3穿竖圈
参数	竖杆高度1.5米	竖杆高度1.5米，横杆长度0.8米，横杆离地高度1.5米	竖杆高度1.5米，圈直径0.7米，圈中心离地高度为0.9～1.5米
比赛要求	顺时针或逆时针绕一圈	上下绕一圈	从一侧穿过竖圈到其另一侧
名称	科目4穿横圈	科目5绕横8字	科目6绕竖8字
图样	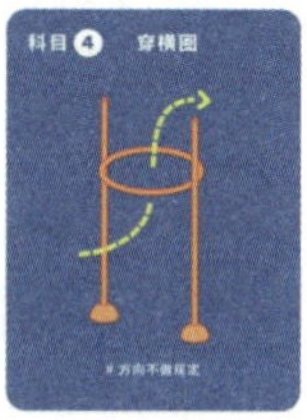	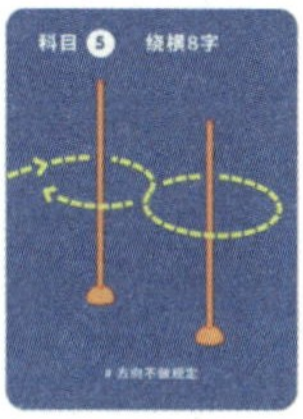	
参数	竖杆高度1.5米，圈直径0.7米，圈中心离地高度1.2米	竖杆高度1.5米，两个竖杆间距1米	竖杆高度1.5米，横杆高度0.8米，横杆离地高度1.5米，两组道具间距1.2米
比赛要求	从上往下或从下往上穿过横圈	左右绕2根竖杆，成8字，8字须首尾相接	上下绕2根横杆，成8字，8字须首尾相接
名称	科目7变色穿圈	科目8穿高低圈	科目9定点降落
图样	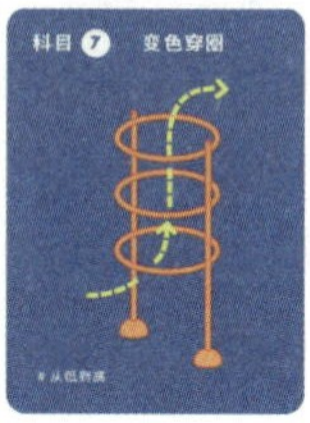	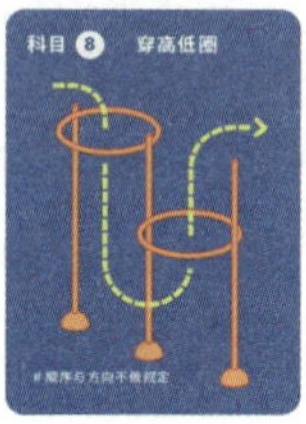	
参数	竖杆高度1.5米，圈直径0.7米，三个圈的中心离地高度分别为1米、1.25米、1.5米	竖杆高度1.5米，圈直径0.7米，高圈中心离地高度1.5米，低圈中心离地高度1.1米	比赛现场将以框线确定起降区域
比赛要求	从低到高，变换3种不同灯光颜色穿过科目	不做规定	竞赛飞机需从起降区域内起飞，并于最后降落到该区域范围内

③ 活动流程。旋翼赛编程挑战赛的整个活动包括“编程”和“飞行”两个环节：

A. 编程。获取题卡，现场编程，其中小学组2小时，中学组3小时。选手可前往比赛场地一次，进行10分钟真机调试。

B. 飞行。限时15分钟，包含配置网络及无人机飞行等所有操作。

（3）迷宫挑战赛。迷宫挑战赛的要求和之前介绍过的RoboMaster机甲大师赛“迷宫探索”部分的任务要求基本一致，比如无人机的器材、比赛场地等，请读者自行参阅前文，参赛者要注意的是每年比赛组委会是否会对该年赛事要求进行调整。

4. 竞赛规则

（1）蜂群舞蹈编程赛。蜂群舞蹈编程赛为创意类编程赛，根据比赛分数进行名次评定。比赛由组委会指定5名评委按照表4–19所定的评分标准进行评分，各个维度（编队复杂度除外）去掉一个最高分和一个最低分后相加，并计算一次编队复杂度得分相加，为最后得分。总分相同的情况下，以创意性>匹配度>流畅性>动作完成度的得分情况对比赛名次进行排序。

表4–19　蜂群舞蹈编程赛评分标准①

得分	创意性	匹配度	流畅性	编队复杂度	动作完成度
9～10	5个及5个以上动作或者编舞效果具有独创性	音乐与动作、编舞效果完美结合	空中机器人的动作衔接非常流畅，编舞效果切换也非常流畅	小学组： 2机10分 3机13分 4机18分 初/高中组： 4机10分 5机13分 6机16分 7机20分	9个及9个以上动作完成度高，比如飞转圈特别圆，队形特别整齐等
7～8	3～4个动作或者编舞效果具有独创性	音乐与动作、编舞效果非常匹配，只有1～2处瑕疵	空中机器人的动作衔接很流畅，编舞效果切换也很流畅，只有1～2处瑕疵		7～8个动作完成度高
5～6	1～2个动作或者编舞效果具有独创性	音乐与动作、编舞效果基本匹配，没有整段不匹配的情况	空中机器人的动作衔接和编舞效果切换偶尔比较生硬		5～6个动作完成度高
3～4	音乐的剪辑具有创意	音乐与动作、编舞效果有整段不匹配的情况	空中机器人的动作衔接和编舞效果切换有些生硬		无重大动作失误
1～2	无亮点	音乐与动作、编舞效果完全无法匹配	空中机器人的动作衔接生硬，没有编舞效果切换		存在动作重大失误，比如飞圆形时明显有偏离

（2）编程挑战赛。该项目通过编程控制无人机在规定的赛场内进行自主飞行，完成不同难度的科目，根据科目总得分与完赛时间评定比赛排名。优先以得分由高到低

① 中国航空学会.旋翼赛蜂群舞蹈编程赛竞赛规则（2021年3月修订）［EB/OL］.［2022–01–22］. http://www.int-ede.com/4813fb82-e3b5-002f-3753-3943b0530c66/ae176ba9-8ded-017f-f5dc-d4d41021c1bc.shtml.

排序，得分相同者，再根据完赛时间进行评定，时间短者为优胜。完赛时间也相同的情况下，使用无人机少者为优胜。竞赛分数评定规则如下：

如选择一架无人机完成科目，则依次计算此架无人机在完成各个科目过程中的得分与扣分。如选择两架无人机完成科目，则计算两架无人机共同完成科目过程中的得分与扣分。

小学组每个科目分值均为20分，满分为100分。初中、高中组（含中专与职高）科目1至科目6，科目9分值均为20分；科目7和科目8分值均为40分，满分为180分。

竞赛过程中，无人机触碰网笼扣10分/次；无人机将场内科目道具撞倒扣20分；如果选择两架无人机完成科目任务，飞行时两架飞机发生碰撞扣10分/次①。

（3）迷宫挑战赛。迷宫挑战赛的规则和之前介绍过的RoboMaster机甲大师赛“迷宫探索”部分的要求基本一致，比如任务要求、计分标准、违规认定等，请读者自行参阅前文，参赛者要注意的是当年比赛组委会是否会对该年赛事规则进行调整。

（四）实践与思考

（1）根据所列的竞赛信息，比较并思考，哪一项比赛适合自己参加。有条件的可进行现场观摩。

（2）向学校的信息技术教师提出自己参加无人机比赛的设想，了解学校或地区的竞赛选拔流程。

三、竞赛参与策略

阅读完上文有关无人机竞赛的章节后，相信不少青少年朋友或者无人机教育的从业者已经跃跃欲试，想在无人机竞赛中展示身手了。不过，要在众多参赛者中脱颖而出却并不容易。这要求参赛者在平时的每一天里全身心地投入到有关无人机知识的学习中去，持之以恒直到准备充分，这才会有水到渠成的那一天。为此，在学习无人机创意编程时心中已经有明确目标的青少年朋友和教师，分别该怎样做呢？

（一）青少年参加无人机竞赛的建议

1. 保持有浓厚兴趣的初心

青少年朋友起初是因为对创意编程感兴趣而参加无人机竞赛培训的，参训的主要目的是结识益友，开阔视野，加深对所爱项目的理解。随着培训的推进，当看到了别人获奖时的快乐，其他人眼光中的羡慕，或许燃起了自己对竞赛获奖的憧憬。如果能在无人机比赛中获得奖项，那当然好，因为这相当于是对个人的专项能力有了更直观

---

① 中国航空学会. 关于举办第五届全国青少年无人机大赛的通知：第二轮［EB/OL］.（2021-05-22）.［2022-01-22］. http://www.int-ede.com/4813fb82-e3b5-002f-3753-3943b0530c66/ae176ba9-8ded-017f-f5dc-d4d41021c1bc.shtml.

的认证，使自己能在这个领域的更高层次接触更有趣的人和事，还会带来客观上的收益，如高一级的名校在录取条件方面会相对放宽。但不能让这些附带奖励掩盖最初参训的初心，要记住满足个人兴趣发展才是最关键的。否则，要是彻底丧失了对无人机项目的兴趣，即使获奖，所遭受的失落感一定大于获奖的喜悦感。

图4–14 保持学习无人机的浓厚兴趣（图源：大疆教育提供）

2. 掌握“互联网+学习”的方法

学好无人机项目中的知识是竞赛培训的核心内容，但要实现这个目标，除了要继承如自身努力、主动请教等传统学习方式的优点外，还要充分认清“互联网+”时代新学习方法的优势，并真正掌握它。这一方法和传统学法最大的不同是学习渠道多元。如登录无人机专题学习网站，这些网站也许是由竞赛组织方、产品开发方，甚至纯粹的爱好者建立，里面资源丰富，既有大量的精品案例可供学习，还可以在其中的论坛参与在线研讨，或向其中的专家留言请教。有时候提出的一个问题，会在短时间内获得十多个解决方案。还可以在网上搜索到关于无人机知识讲解的图书、视频、线上或线下公开课等，它们有的是免费的，有的需要付费，其内容索引能帮学习者最大限度地判断这是否自己需要的资源，节省了获得知识的时间成本。这种充分调动一切资源的“互联网+学习”对仍局限于“一师一校”式学习构成了全面碾压式的降维打击，是数字时代人人必须掌握的学习方法。

3. 尽可能多地参赛获得直观经验

自古有“读万卷书不如行万里路”的说法，它深刻地揭示了一个道理，即再怎么准备，有些经验始终无法通过纸面来获得，必须亲身经历。参与竞赛也是如此，竞赛比的是人，考核的是方方面面，再充分的准备也无法覆盖比赛的全部细节，何况有些内容已经超出了无人机创意编程本身。比如答辩，可能之前选手根本没有正式站在台前向台下听众宣讲的机会，而赛前的模拟有时不能让选手真的身临其境，这些突然降临的考验需要选手的综合素质做后盾，一次参与就能帮助选手补上一块短板，更多地参与显然就能使选手有更多的收获，所以如果这次比赛失利了，就来年继续参加，因为这时的选手已经比参赛之前更强大了。

4. 适时进行深度反思，找出新的增长点

提升自己的参训效果，要保持学习的主动性。这一方面表现为不懂就问；另一方面则是要在一个较完整的学习阶段，或者一次较重大的活动结束后开展深度反思。比如，可以沿用本书第一章所介绍的“三层五导法”从多方面认真分析：当前学习结果的产生原因是什么；之前对哪些知识的认识有误区，为什么形成了这种误区；刚学完的知识有什么用，与之前学的哪些知识存在哪些联系、区别；自己仍然对哪些所学知识的理解似是而非，哪些学习方法运用得不够好；学习伙伴的哪些方面值得我借鉴；下一步的学习，我该怎样做……及时反思可以尽早发现自己的优势与不足，深度反思可以充分发掘问题的根源，让人变得更加严谨、成熟，并养成不断思考求变的习惯，进而让自己的学习、生活少走弯路，得到更好的发展。

（二）教师开展无人机培训的建议

1. 普及中发掘璞玉，实现分层发展

主持过学校的学科竞赛培训任务的教师都知道，良好的竞赛成绩出自优秀选手，而优秀选手无一例外地都要经历从璞玉到成材的过程。以前也有不少教师有意于开展无人机兴趣组培训，但由于当时价格昂贵，总是出现“家有无人机的孩子不够聪明，聪明的孩子家里没有无人机”的矛盾，造成课堂培训时学会了的孩子课后没法练习，进而因知识不巩固而后继乏力。而具备良好练习条件的孩子却由于课堂上没完全弄明白知识本质，导致课后不会练的尴尬局面。

目前无人机竞赛的战队人数普遍仅限于两人以内，这需要每名队员不但知识、技能精湛，而且必须具备较全面的素质，非常考验教师的选人眼光。无人机的普及让教师在开展这项培优训练时，有了更多的选择权，可以把选材的关注点先聚焦于“能耐得住寂寞，肯沉下心来苦练，敢于提出问题”的学生。有时这类学生并不起眼，学校如果有普及性的无人机教育，显然更有助于教师在相关的教学活动中精准发现。对这些初步物色好的种子，教师可以任命他们为班级学习小组中的骨干，由他们带领、组织、协助全体组员完成教师课堂上布置的项目任务。这一安排既帮助了班级中的学困生达标，也全面考察了骨干的综合素质，尤其是组际对抗过程中所反映出的抗压能力和团队精神，通过了这一层考核的学生比仅仅是聪明的孩子拥有更佳的培养潜质，可以作为正式苗子吸纳进校队培养，成为以后在各级无人机竞赛中的储备队员。

2. 遵循新时代要求，培养学生核心素养

一个人遇到好老师是人生的幸运①，但当众多杰出人士回忆教师的最大作用时却普遍不认为是教师所教的具体知识，而是教师所启迪的人生方向，所培养的良好习惯。

---

①焦莹，温飞，刘玉蕾. 习近平与北师大师生座谈　提出“四有”好教师标准［EB/OL］.（2014-09-10）［2022-01-10］. http://china.cnr.cn/yaowen/201409/t20140910_516407286.shtml.

面对的激烈比赛竞争，无人机的竞赛培训当然也要遵循这一思想，把最重要、最关键的内容教授给学生，这就是核心素养。核心素养是当今世界各国课程改革的风向标、主基调①，我国以此深化课程改革，在2016年发布了中国学生发展核心素养，在2020年和2022年分别完成了高中以及义务教育阶段各个学科核心素养的修订。学科核心素养是学科育人价值的集中体现，规划并引领学科教育教学实践。它以学科价值观念、知识体系、学习方法等为载体，是学生通过学习之后而逐步形成的正确价值观念、必备品格和关键能力。

无人机创意编程以信息技术为基础，是多学科知识的综合应用。要在竞赛培训中取得好成绩，既不能简单地贪多求全，向学生填塞知识，也不能仅靠反复刷题，使学生只掌握中、低级技能；而是要在教学中坚持以培养计算思维、技术素养等为导向，时刻要求学生在面对项目任务时要有透过现象看本质的习惯，即通过界定、抽象等方法去揭示隐含任务中的知识结构，以建模、迭代等方法设计并完成任务的解决方案，对所钻研的领域形成正确、积极、独特的认识。

3. 开发科学的训练课程，奠定扎实基础

在无人机竞赛中取得优异成绩并不是一日之功，需要长期而系统的积累。这一过程中对参赛者的基本要求是：理解无人机系统各个部件的作用，掌握安装、保养、使用的方法；弄清楚无人机飞控软件的功能分类，掌握各个积木（指令）的基本用法，能灵活、精简地运用算法设计有意义的无人机航线；具有良好的独立搭建无人机飞行调试环境和遥控无人机飞行的能力，并能在有压力的情况下正常发挥。结合当下的教育发展趋势，稍加拓展便可开发成较为系统的课程体系。(见图4-15)

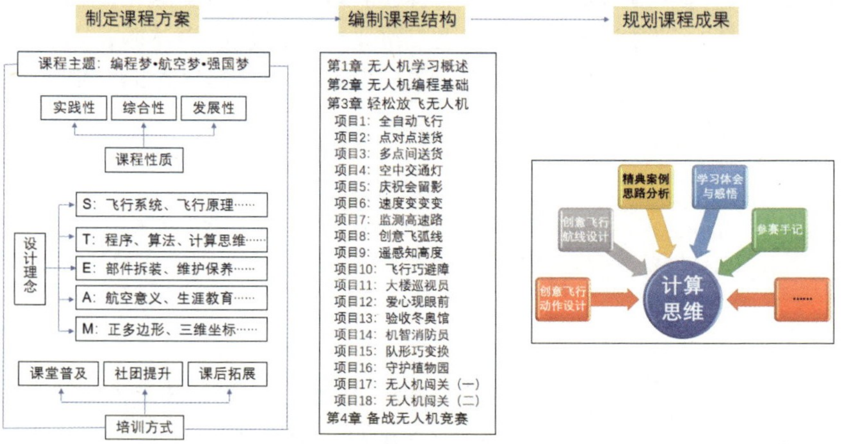

图4-15 指向计算思维发展的STEAM项目式旋翼无人机课程体系

---

①崔允漷. 聚焦落实立德树人，凝练学科核心素养［EB/OL］.（2018-01-16）［2022-01-10］. http://www.moe.gov.cn/jyb_xwfb/xw_fbh/moe_2069/xwfbh_2018n/xwfb_20180116/zjwz/201801/t20180117_324901.html.

如图4–15所示，通过“编程梦·航空梦·强国梦”为主题的项目式课程学习，落实渗透生涯教育的STEAM设计理念，发展学生的计算思维，引导学生树立“服务社会、贡献家国”的价值观，激发探索自然奥秘的强烈兴趣，促进学生形成良好的自主学习、分工协作、对抗压力、归纳分享等方面的能力，进而全面提高综合素质。可见，立足于严谨、周密课程体系的培养，学生可以获得更加全面、均衡且可持续的发展。

4. 合理选择器材，针对性设计环境

进行无人机竞赛培训需要理想的实训场所，而拥有无人机则是满足竞赛开展最基础的条件。不同的竞赛对无人机的配置要求是有差异的。如表4–2、表4–6、表4–8、表4–9、表4–13、表4–16和表4–17所示，所有竞赛都没有对无人机的品牌做出限制。其中，教育类竞赛对参赛无人机的要求较少，主要偏重于整机的尺寸和重量。而企业类竞赛和社团机构类竞赛则对参赛无人机有比较多且更为明确的参数限制。教育类竞赛中“人机协同表演”和“陆空智能协同”两项赛事对无人机的重量限制更严，都是100克。因此，教师在刚开始对学生进行无人机竞赛培训时，宜统一使用主流品牌的通用型无人机。这样处理的优点：一是主流品牌的通用型无人机满足了初期培训的大部分需求，且由于市场占有的规模效应，价格普遍具有较强的竞争力，能减少参加培训的经济成本；二是能尽量避免因器材配置不一而带来的额外教学负担。随着培训的深入，教师对学生的熟悉度不断加深，这时或结合学生的特点进行竞赛项目分流，或建议家长和学生本人根据学生的参赛成绩思考，是否需要针对参赛的层次、竞争激烈程度等因素升级设备。

场地建设是无人机竞赛培训的另一项不可或缺的内容，它的关键是地图。但像图4–5或图4–7的三维立体考题环境要么出自全国决赛，要么出自省级决赛，对于初学者来说解答难度太大。参赛培训是一个循序渐进的过程，教师可以先设置一些针对培养基本航线规划能力的，类似图4–16的初级二维平面地图让学生体验，随着学生能力的提升逐步呈现复杂地图，提高任务难度，在令学生保持参赛兴趣的前提下，夯实学生的知识基础。

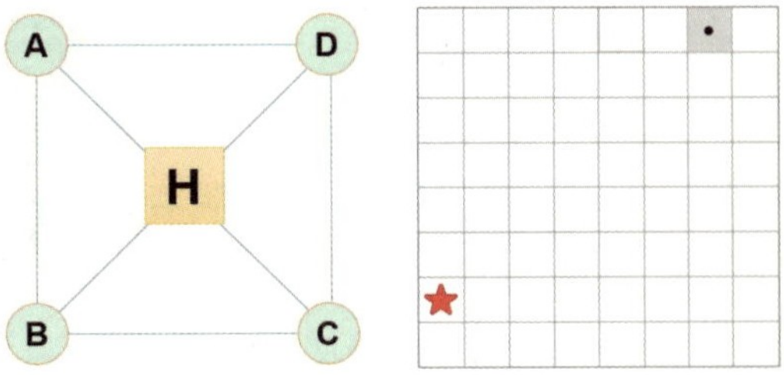

图4–16 无人机竞赛培训初级地图

5. 把握命题导向，吃透比赛规则

无人机竞赛所涉及的知识体系虽然相对稳定，但不同的比赛却有着不同的要求，有的竞赛甚至还要求无人机以外的内容，如“人机协同表演”赛事要求选手具备舞蹈能力，“陆空智能协同”赛事要求选手具备操控无人车的能力……即使是同一项比赛，每年也会根据当前的教育需求设置不同的比赛主题（或任务）。因此培训教师要意识到仅钻研竞赛知识体系是不够的，还要关注竞赛的组织、安排。

一项竞赛通常有“相对稳定”与“动态发展”两方面内容：“相对稳定”的主要是办赛宗旨、比赛组织、评判规则等；“动态发展”的主要是每年的比赛主题或任务要求，以及与无人机相关的新技术，同行工作的新做法等。上述内容通常都可以在赛事的官方网站或微信公众号，以及相关的论坛中获得，教师要时刻关注这些渠道，对比赛相对稳定的内容要充分吃透，有针对性做出长远安排，增强选手参赛时的适应性；对比赛的动态发展部分要认真分析社会大环境的变化，结合“走出去，引进来”等措施，及时了解比赛命题导向的变化，新技术和新方法的应用情况等，让参训选手在参赛时始终掌握最前沿的资讯。

6. 以爱育人，建立良好的师生关系

竞赛训练是一个长期化、高强度、涉及面广的过程，比如不少无人机竞赛有现场公布试题细节，学生独立2小时编程的作答要求，2分钟无人机飞行展示准备。选手在经历了编程比拼后，还能否在规定时限内完成之前所设计的一整套规范作业程序？这些比赛要求会对学生的体能和心理构成巨大压力。又如全国中小学电脑制作活动的无人机竞赛有提交资料和答辩展示的要求，这对选手提出了需要具备包括报告礼仪、普通话水平等学生们开始进行无人机培训时意想不到的多样性的能力要求，加重了学习负担。再如很多无人机竞赛是在开放环境中进行的对抗活动，如全国青少年无人机大赛中的旋翼空中格斗赛（XKG）……选手要避免在比赛中发挥失常，就必须在平时训练中进行对抗性训练，可对比就会有差距，对抗获胜的一方固然能提高自信心，但失利的一方却不可避免地有挫折感……

图4-17　建立良好的师生关系

可以说，随着反复练习的时间增长，培训难度的加深，学生心理活动必然会发生比日常学习更激烈的变化，在兴趣、意志力、成就感、挫折感等方面不断波动。上述因素都时刻影响着培训成效，甚至是学生的参训意愿。作为培训教师，要及时了解学生的心理变化，合理制定或调整培训方案，乃至采取额外的干预措施，才能达到有效训练的目的。但做到这一点并不容易。比起教师察觉到学生的变化再处理，如果学生能在需要时就主动找教师解决自身的困惑，显然更高效。这需要教师在培训知识的同时，密切关心学生的学习、生活，与他们平等相处，建立深厚的师生情谊，做学生的良师益友。只有这样，学生在遇到挫折时才会主动向教师敞开心扉，坚决采纳教师的学习建议，继而使自身的技能水平与心理承受能力不断获得提高。

（三）实践与思考

（1）运用文中提到的反思方法，回顾自己参加比赛培训的过程，看有哪些可改进之处。

（2）在参加竞赛培训的过程中，有没有总结出一些好的做法，试着将它们与同学进行分享。

扫描下方二维码获取
本章测试题及参考答案

附 录

一、Mind+软件主要积木介绍

（一）基础积木

1. “事件”模块积木组

附表1 “事件”模块积木组

积木	名称	作用
	当绿旗被点击	当绿旗被点击时开始按从上到下的顺序执行它下方的积木
	当按下指定键后响应	当按下键盘上的指定按键，就开始按顺序依次执行下方的积木

2. “控制”模块积木组

附表2 “控制”模块积木组

积木	名称	作用
等待 1 秒	按指定时间等待	等待指定时间后继续执行下方积木
等待直到	按指定条件结束等待	当指定条件成立时，结束等待，才执行下方积木；条件不成立时，继续等待
重复执行 10 次	按指定次数重复执行	按指定次数重复执行“重复框”中的积木
重复执行直到	按指定条件结束重复	当指定条件不成立时，重复执行“重复框”中的积木；条件成立时，结束重复
循环执行	循环执行	一直循环执行“循环框”中的积木组
如果 那么执行	如果……那么执行	如果指定条件成立，那么执行“如果框”中的积木
如果 那么执行 否则	如果……否则	如果指定条件成立，那么执行“如果框”中的积木；条件不成立时，执行“否则框”中的积木
如果 那么执行 ⊕	如果……那么执行嵌套	对应多重判断。如果指定条件成立，那么执行“如果框”中的积木；否则，继续判断添加“+”后的更多条件
停止 全部脚本	停止全部脚本	停止正在运行的脚本。默认参数为停止“全部脚本”，可选参数有“这个脚本”和“该角色的其他脚本”
广播 消息1 当接收到 消息1	广播/接收消息	广播消息和接收消息的功能，实现不同角色或背景之间的通信

3. “侦测”模块积木组

附表3 “侦测”模块积木组

积木	名称	作用
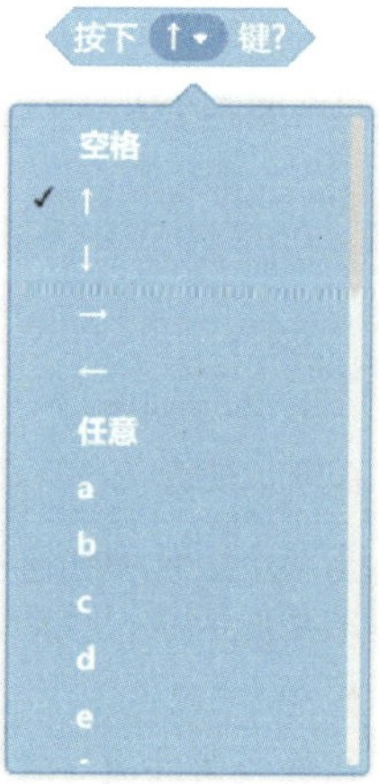	是否按下指定键	用于侦测是否按下了指定按键。如果按下了指定按键，条件成立，否则条件不成立
	键盘输入与回答变量	用于记录键盘输入的信息，该信息临时存放到“回答”变量中，回答变量此时的新值将和预先设定的条件进行比较，程序将根据是否满足条件而进行不同的响应。 注：当勾选“回答”变量积木前的方框，“回答”变量及其数值将出现在舞台

4. “运算符”模块积木组

附表4 “运算符”模块积木组

积木	名称	作用
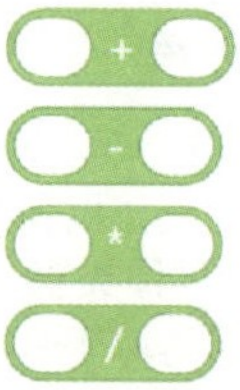	算术运算积木组	两参数之间进行求和、求差、求积、求商运算
	随机数	在指定的数值范围内随机生成一个整数

续上表

积木	名称	作用
( ) < ( ) ( ) <= ( ) ( ) = ( ) ( ) > ( ) ( ) >= ( )	关系运算积木组	用于比较两个参数间的大小关系
与	与运算	属于逻辑运算，当两个条件都成立时，整体的条件成立；否则，视为条件不成立
或	或运算	属于逻辑运算，当两个条件中任意一个条件成立时，整体的条件成立；否则，视为条件不成立
非	非运算	属于逻辑运算，当输入条件成立时，整体的条件不成立；否则，视为条件成立
合并 " hello " " world "	合并字符串	用于按顺序合并指定的两个字符串，字符串内容可拓展
" world " 的字符数	计算指定字符串的字符数	用于计算指定字符串的字符数量，方便后续进行字符串运算
" hello " 包含 " world " ？	字符串包含	用于判断第一个字符串是否包含第二个字符串。如果包含，则条件成立；否则，条件不成立

5. “变量”模块积木组

附表5 “变量”模块积木组

积木	名称	作用
新建变量 变量 my variable	新建变量	建立一个新的变量，可分为“适用于所有角色”（全局）或“仅使用于当前角色”变量（局部）两种类型。新建变量后，“变量模块”积木组中会自动添加该变量名积木。默认情况下，新建变量及其数值都会显示在舞台上

续上表

积木	名称	作用
	设置变量值	为已有的一个变量赋值。该积木有两个参数，第一个参数为用于赋值的变量(通过单击变量名旁边的三角形下拉菜单选取)，第二个参数为用于赋值的数值
	增加变量值	增加或减少变量的数值。当参数值为正整数时，变量将增加指定的数值。当参数值为负整数时，变量将减少指定的数值
	新建列表	建立一个新列表，使用方法与显示效果和变量类似
	将数据加入列表	将数据添加到指定列表的末尾。该积木有两个参数，第一个参数为添加进列表的值，第二个参数为选择需要赋值的列表名
	删除列表全部项目	可以把指定列表中已有的所有数据全部删除，一般用于列表初始化

6.“函数”模块积木组

附表6 “函数”模块积木组

积木	名称	作用
	自定义模块	自定义模块积木，可以自定义该模块的积木名称，添加方便阅读的文本标签，或者添加字符串、数字和布尔类型的参数。该积木用于封装一段可实现指定功能的程序，方便其他程序重复调用，既提高了程序编写的效率，也提升了程序的易读性
	调用指定名称自定义模块	自定义模块完成后，会自动新建一个相应名称的函数积木。需要调用模块时，运行该积木即可
	带参数的自定义模块	带参数的自定义模块，不仅可以封装一段可实现指定功能的程序，还能根据指定的参数进行灵活的响应

（二）单机积木

1. “灯光控制”模块积木组

附表7 “灯光控制”模块积木组

积木	名称	作用
	按指定颜色点亮LED灯	扩展模块顶部的LED灯点亮指定颜色。 注：该LED灯是全彩LED灯，由红灯(R)、绿灯(G)和蓝灯(B)组成，通过这三种基本颜色光的组合可以显示各种各样的颜色
	按指定颜色和频率点亮LED呼吸灯	顶部LED灯按照指定颜色和指定频率显示呼吸效果。 注：从最暗变化到最亮再到最暗为一次呼吸
	按指定颜色和频率闪烁LED灯	顶部LED灯以颜色1和颜色2按照指定频率交替闪烁

2. “点阵控制”模块积木组

附表8 “点阵控制”模块积木组

积木	名称	作用
	点阵屏显示指定图案	将指定图案显示在点阵屏上。 注：点阵屏的发光格是由红灯和蓝灯组成的，因此只能显示红、蓝、紫、三种颜色
	点阵屏按指定方向和移动频率滚动显示指定图案	点阵屏滚动显示指定图案，可以设置滚动的方向为向上、向下、向左、向右，以及设置移动频率（快慢）为0.1～2.5
	点阵屏按指定颜色显示单个字符	点阵屏按指定颜色显示单个字符。 注：点阵屏上同一时间只能显示一个字符
	点阵屏按指定方向、移动频率和颜色滚动显示指定文字	点阵屏滚动显示指定颜色文字，可以设置滚动的方向为向上、向下、向左、向右，设置移动频率（快慢）为0.1～2.5

续上表

积木	名称	作用
设定开机图案 恢复默认开机图案	开机图案积木组	设定或恢复屏幕开机时显示的图案
设置屏幕亮度 255	屏幕亮度设置	设置整个屏幕显示的亮度，数值范围为0～255
读取TOF测距 (mm)	读取TOF测距值	读取扩展模块上的TOF测距传感器的数值（单位为毫米），获取无人机与前方对象的距离，可当作变量使用

3. “飞行控制”模块积木组

附表9 “飞行控制”模块积木组1

积木	名称	作用
RMTT ESP32主程序开始	RMTT ESP32主程序开始	上传模式下的程序脚本以此积木作为程序头。当该积木被点击时，就开始按顺序执行下方的积木。 注：仅能同时使用一个此积木。若需多个程序同时执行，可扩展多线程功能
开启飞行控制（绿灯亮起时按下按钮）直到成功	开启飞行控制	用于在上传模式编程中开启无人机的飞行控制功能。使用该积木后，需要在无人机开机后开源控制器亮起绿灯时，按下自定义按键，才能成功开启飞行控制功能，响应无人机的飞行动作指令
开启 Tello 摄像头	开启Tello摄像头	开启或关闭Tello摄像头画面窗口
进入起桨模式 退出起桨模式	起桨模式积木组	进入或退出起桨模式。起桨模式下，无人机桨叶慢速转动而不起飞，用于给无人机在地面时降温。无人机起飞后自动退出起桨模式
起飞	起飞	起飞积木可以使无人机从水平地面上起飞，并悬停在相对地面约80 cm的高度

续上表

积木	名称	作用
降落	降落	降落积木可以使无人机平稳降落地面
5秒内抛飞	5秒内抛飞	在程序运行后，无人机会缓慢启动电机，手握无人机，轻轻向外抛出无人机，无人机即可起飞，然后悬停在一定高度。若5秒内未将无人机抛出，电机将自动停止旋转
紧急停机	紧急停机	螺旋桨立即停止转动
停止运动并悬停	停止运动并悬停	无人机立即停止移动，并在当前空间位置悬停，此时螺旋桨继续转动
上升 50 cm 下降 50 cm 向左飞 50 cm 向右飞 50 cm 向前飞 50 cm 向后飞 50 cm	直线位移积木组	无人机可以朝上、下、左、右、前、后六个方向直线飞行，当无人机飞完指定距离后会在当前位置悬停。 该积木组的参数取值范围为20～500 cm。可以理解为：每个方向的飞行距离最短是20 cm，最长为500 cm。更长距离的飞行使用多个积木累加即可
顺时针旋转 90 度 逆时针旋转 90 度	旋转角度积木组	以无人机前进方向为参照，无人机顺时针或逆时针旋转指定的角度，旋转角度的范围是0°～360°
翻滚 向前(f) ▾	按指定方向翻滚	可以设置无人机按向前、向后、向左、向右四个方向之一进行360° 翻滚。翻滚需要无人机电量充足，否则不执行程序
设置速度为 50 cm/s	速度设置	可以设置无人机每秒的飞行距离（cm/s），该参数取值范围是10～100 cm/s。可以理解为：无人机的飞行速度最低为10 cm/s，最高为100 cm/s

续上表

积木	名称	作用
设置遥控器四个通道杆量 横滚 50 俯仰 50 油门 50 偏航 50	遥控杆量设置	模拟遥控器摇杆控制无人机的飞行，分别有横滚、俯仰、油门、偏航四个参数，对应无人机的左右飞行、前后飞行、上升下降、左右旋转，每个参数取值范围在 -100 ~ 100之间
相对高度(cm) 气压计高度(m) TOF高度(cm) 主板最低温度(°C) 主板最高温度(°C) 俯仰轴姿态角(°) 横滚轴姿态角(°) 平移轴姿态角(°) X轴加速度(0.001g) Y轴加速度(0.001g) Z轴加速度(0.001g) X轴速度(cm/s) Y轴速度(cm/s) Z轴速度(cm/s) 电池电量(%)	显示各状态数据	通过Tello实时返回的状态码呈现当前无人机的各种状态，勾选后可以在舞台上显示相应的数据。 其中TOF高度传感器积木可以读取TOF高度传感器的数值，了解无人机与地面的距离，测量范围为30 ~ 900 cm，可当作变量使用
当前速度 电机运行时间(s) Wi-Fi信噪比 Tello SDK版本 Tello SN码 获取硬件版本 Tello固件版本 Tello 查询电池电量	各状态数据	使用主动查询的方式查询无人机相关信息

续上表

积木	名称	作用
扩展模块Wi-Fi版本 扩展模块固件版本 扩展模块SSID	扩展模块数据	查询RMTT扩展模块的状态
切换为station模式，连入热点 yourSSID 密码 yourPASSWD	切换STA模式	将无人机切换到STA模式，连入一个Wi-Fi热点，多用于组队模式。热点和密码只能是英文字母和数字，拓展模块需要拨动开关到STA模式才会生效
修改Tello的Wi-Fi为热点 yourSSID 密码 yourPASSWD	修改Tello WiFi	修改无人机自身发出的热点名称和密码。如果设置出错，可以在无人机开机状态下，长按开机键恢复默认设置
获取一次状态码存入结果，超时 1000 毫秒	获取无人机的状态码	获取当前无人机的状态码，包括相对挑战卡坐标、俯仰角、偏航角、横滚角、最高温度、最低温度、相对高度、当前电量等数据
从结果中取 相对高度 ▾ 最高温度 最低温度 ToF距离 ✓ 相对高度 当前电量 气压高度 电机时间	从结果中取指定数据	用于在获取无人机的状态码后，从结果中获取指定的数据

附表10 “飞行控制”模块积木组2

积木	名称	作用
飞往(相对于飞机的) x 50 cm y 50 cm z 0 cm 速度 100 cm/s	按指定坐标飞直线	以指定速度直线飞往坐标（x，y，z）。x、y、z不能同时在−20～20之间
飞弧线经 x1 20 cm y1 20 cm z1 0 cm 和 x2 40 cm y2 60 cm z2 0 cm 速度 10 cm/s	按指定坐标飞弧线	以指定速度飞弧线，经过（$x1$，$y1$，$z1$）到（$x2$，$y2$，$z2$）。 注意：弧线半径要在0.5～10米范围内；x、y、z不能同时在−20至20之间

续上表

积木	名称	作用
	挑战卡探测开关	打开或关闭挑战卡探测。打开后无人机可使用下视、前视两个探测器探测挑战卡的位置
	设置探测位置	设置无人机探测位置的方式，该积木参数有3个可选项，分别是下视（默认）、前视、所有，对应的是无人机两个探测传感器的使用状态。单独打开“下视”或“前视”时，单个传感器探测频率为20 Hz；打开“所有”时，两个传感器将交替探测，单个反向探测频率为10 Hz
	按挑战卡坐标飞直线	无人机以直线方向，按指定速度飞往Mid挑战卡坐标系（x，y，z）中的指定坐标位置点。该积木的x，y，z参数对应Mid1三维坐标，速度参数对应无人机飞行速度，Mid参数对应12种挑战卡预设的编号。其中x，y，z取值不能同时在–20 ~ 20之间
	按挑战卡坐标飞弧线	按指定速度飞弧线，经过Mid挑战卡坐标系中的（$x1$，$y1$，$z1$）到（$x2$，$y2$，$z2$）。如果弧线半径不在0.5 ~ 10米范围内，则返回并相应提醒
	跳跃沿挑战卡坐标飞直线	按指定速度从Mid1挑战卡正上方直线飞往Mid2挑战卡上（需要计算好坐标值，并放置Mid2挑战卡）。该积木的x，y，z参数对应Mid1的空间坐标，速度参数对应无人机飞行速度，Mid参数对应12种挑战卡预设的编号。在实际飞行中，坐标值对应的位置最好是Mid2的正上方
	相对挑战卡按指定角度旋转	无人机相对于挑战卡旋转至指定的角度

续上表

积木	名称	作用
挑战卡编号 挑战卡x(cm) 挑战卡y(cm) 挑战卡z(cm) 回复指令	挑战卡数据	通过Tello实时返回的状态码呈现当前的挑战卡数据，打开挑战卡探测后，勾选相应的积木可以在舞台上显示相关数据

4. “自定义命令”模块积木组

附表11 “自定义命令”模块积木组

积木	名称	作用
发送自定义命令 "hello" 收到自定义回应字符串 "ok"，超时 1000 毫秒 收到自定义回应数值，超时 1000 毫秒	“自定义命令模块”积木组	DIY命令，可以实现与上传模式RMTT主控或手机APP之间交互

5. “引脚操作”模块积木组

附表12 “引脚操作”模块积木组

积木	名称	作用
读取模拟引脚 IO13	读取指定模拟引脚的数值	用于读取指定模拟引脚的数值，可直接参与数值运算
读取数字引脚 IO13	读取指定数字引脚的数值	用于读取指定数字引脚的数值，该数值为0或1，可直接参与逻辑运算

6. “串口操作”模块积木组

附表13 “串口操作”模块积木组

积木	名称	作用
串口0 字符串输出 hello 换行	在串口输出字符串	在指定串口处输出指定字符串

7. “系统资源”模块积木组

附表 14 “系统资源”模块积木组

积木	名称	作用
	系统运行时间	读取系统的运行时间

（三）组队积木

附表 15 “RoboMaster TT(组队)”模块积木组

积木	名称	作用
	组队起桨模式积木	用于指定编号无人机进入或退出起桨模式。起桨模式下，无人机桨叶慢速转动而不起飞，用于给无人机在地面时降温。无人机起飞后自动退出起桨模式
	无人机SN码编号	以无人机的SN码为标识，对无人机进行编号，以便在组队中更清晰地管理。 注：SN码是无人机的产品序列号
	无人机SSID编号	以无人机的SSID为标识，对无人机编号。 注：SSID是无人机的无线网络名称
	网络扫描无人机	指定时间内，在网络中扫描指定数量的无人机，并将这些无人机加入到路由器中
	组队速度设置	对指定编号的无人机设置速度
	组队起飞/降落	指定编号的无人机进行起飞或降落

续上表

积木	名称	作用
Tello 编号1 ▾ 上升 ▾ (50) cm	组队直线位移	指定编号无人机直线位移指定的距离，这里可选方向参数有“上升”“下降”“向左”“向右”“前进”“后退”
断开连接	断开连接	断开无人机的组队连接
同步指令 等待时间 (8) 秒	同步指令	用于在指定时间内同步多台无人机的飞行动作指令。该积木可以使其上方多台无人机的飞行动作积木从顺序执行变为同时执行
Tello 编号1 ▾ 飞往(相对于飞机的) x (50) cm y (50) cm z (0) cm 速度 (100) cm/s	组队按指定坐标飞直线	指定编号的无人机以指定速度直线飞往坐标（x，y，z）。x、y、z值不能同时在-20～20之间
Tello 编号1 ▾ 跳跃沿挑战卡 x (100) cm y (0) cm z (80) cm 速度 (50) cm/s 偏航 (0) 度从Mid1 m-1 ▾ 到Mid2 m-1 ▾	组队跳跃沿挑战卡坐标飞直线	指定编号无人机按指定速度从Mid1挑战卡正上方直线飞往Mid2挑战卡上（需要计算好坐标值，并放置Mid2挑战卡）。该积木的x，y，z参数对应Mid1的三维坐标，速度参数对应无人机飞行速度，Mid参数对应12种40挑战卡预设的编号。在实际飞行中，坐标值对应的位置最好是Mid2的正上方
Tello 编号1 ▾ 显示单个字符 (A) 颜色	组队点阵屏显示单字符	为指定编号的无人机点阵屏上显示指定颜色的单个字符
Tello 编号1 ▾ TOF高度(cm)	读取组队TOF高度值	读取指定编号无人机中TOF高度传感器的数值，获取无人机与下方对象的距离，测量范围为30～900 cm，可当作变量使用

（四）扩展功能积木

1. “传感器”模块积木组

附表16 “传感器”模块积木组

积木	名称	作用
读取引脚 IO13▾ DHT22▾ 温度(°C)▾	读取指定引脚的DHT22温度值	用于读取指定引脚的DHT22温湿度传感器的温度值，单位为℃。该温度值为不含单位的数值，可直接参与数值运算

2. “通信”模块积木组

附表17 “通信”模块积木组

积木	名称	作用
读取引脚 IO21▾ 红外接收值 ✓ IO21 IO5 IO12 IO14 IO15 IO26 IO27 IO34	读取指定引脚的红外接收值	用于读取指定引脚位置的红外信号。该信号可以用字符串类型编码表示，可以存储到字符串变量中，方便后续进行字符串运算

3. “功能”模块积木组

附表18 “功能”模块积木组

积木	名称	作用
子线程1▾ 程序开始	子线程程序开始	用于封装一段可实现指定功能的子线程程序。当启动指令发出时，该子线程程序与主程序同步运行，实现多个线程并发执行
启动 子线程1▾	启动子线程	用于启动子线程程序，实现指定功能
停止 子线程1▾	停止子线程	用于停止子线程程序

4. “代码生成器”积木组

附表19 “代码生成器”积木组

积木	名称	作用
</> import pinpong	导入库	导入一个指定名称的库
</> import pinpong.board as pd	导入库并定义名称	导入一个指定名称的库，并自定义名称代替原来的库名称。如：导入“pingpong.board”库并使用“pd”作为别名使用。一般用于避免重名或缩写
</> Code print("hello world")	定义Python代码积木	使用积木块代替一段Python代码，以便图形化编程时使用

二、拓展阅读材料

拓展阅读1：开启线上学习之旅

扫描下方二维码观看“拓展阅读1：开启线上学习之旅”视频

2018年起，我国的在线教育就发展得非常迅猛，至2020年一季度，我国在线教育用户规模达4.23亿人①。在线教育具有学习成本低、资源利用率高、教学交互感强、管理个性化、过程数据化等优点，线上学习逐渐成为青少年现在所必须掌握学习方式之一。

大疆教育平台（官网：https://www.dji.com/cn/edu-hub）是一个集学习、资源、比赛、分享为一体的免费无人机编程学习网站，青少年朋友可以利用该网站为自己的学习助力。

附图1 大疆教育平台官网

① 前瞻经济学人. 2020年我国在线教育行业市场现状及发展趋势分析［EB/OL］.（2020-06-27）［2022-02-09］. https://baijiahao.baidu.com/s?id=1670639289974535000&wfr=spider&for=pc.

（一）安装客户端

单击如附图1所示右上角的“客户端下载”，将其安装在自己的电脑上。之后通过双击电脑桌面的，就可以运行大疆教育客户端程序。附图2为客户端运行后的初始画面——“我的程序”。

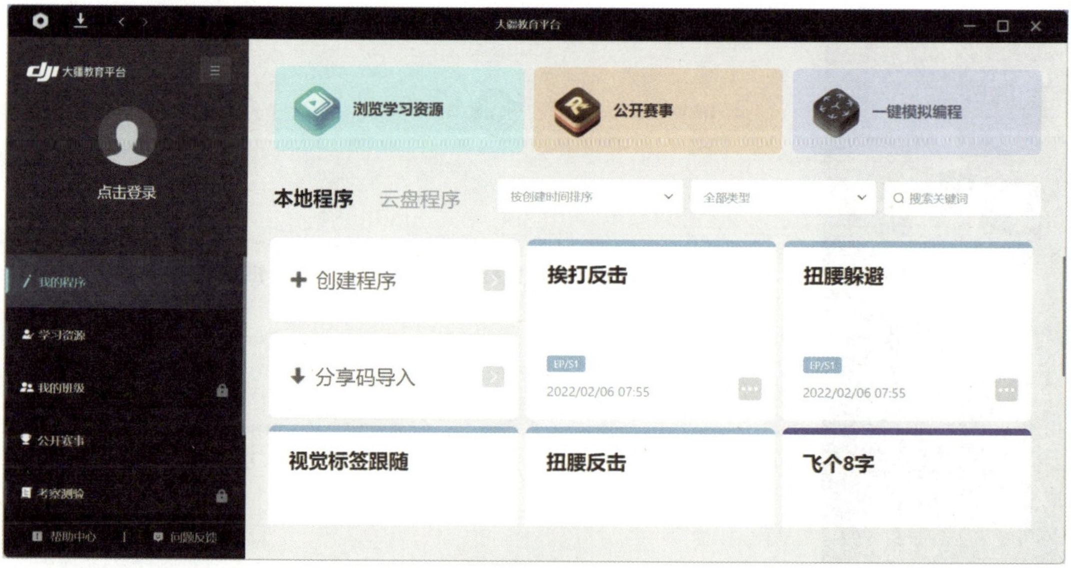

附图2 我的程序

（二）注册账号

单击如附图2所示左侧上方“点击登录”，进行申请人的身份选择。也可先单击附图3底端的“注册dJI账号”，在如附图4所示页面中进行账号申请。

附图3 选择角色登录

附图4 注册账号

（三）登录平台

有了账号，再选择了附图3的角色后，就可以登录大疆教育平台。登录后的初始画面如附图5所示，它和附图2比较相似，不同之处在于有了身份信息，在平台所做的一切操作，如创作作品、参加赛事、浏览资源等会被记录下来。

附图5　登录大疆教育平台

（四）主要功能介绍

大疆教育平台的功能主要有五方面，集中在附图5的左侧，现分别予以介绍：

1. 我的程序

如附图5所示，“我的程序”页面上方列出了平台的三大主要功能“浏览学习资源”“公开赛事”“一键模拟编程”，方便了用户的选取。用户已经编写的程序既可以保存在自己的电脑中，也可以上传云盘。平台对已有程序提供了排序、筛选和查找功能，管理得十分有条理。用户在该页面既可以创建程序，还可以通过分享码导入程序。平台还选取了部分关于无人车、无人机的典型程序样例供用户学习、参考。

2. 学习资源

“学习资源”页包含的资源内容十分丰富。如附图6所示，用户可以根据自己的兴趣、基础等情况，通过“课程类型”“难度等级”“编程语言”三个维度，灵活选取其中的学习视频、产品手册、赛事文档等内容，且随时可拓展。

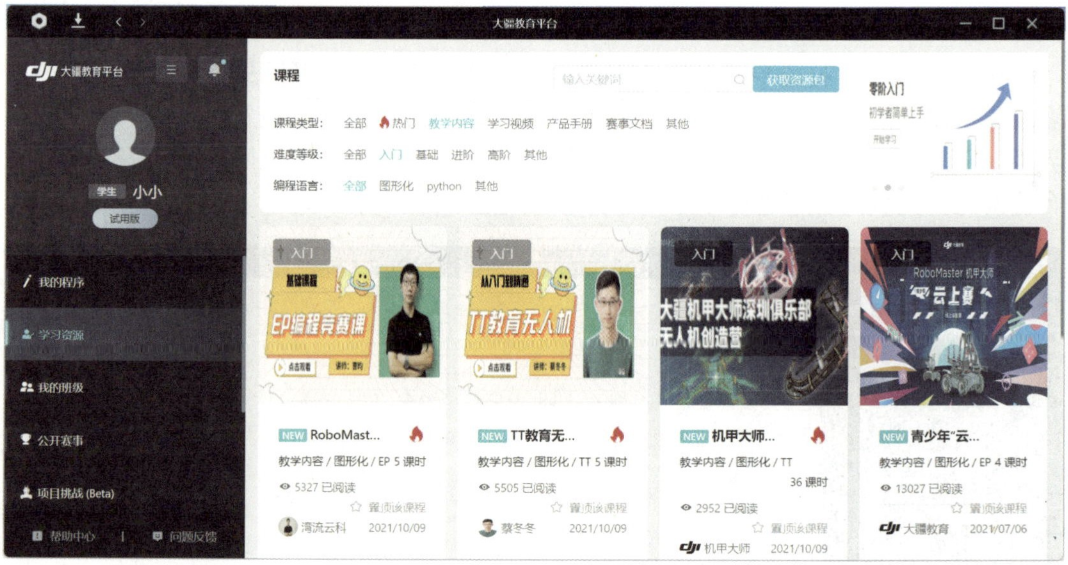

附图6　学习资源

3. 我的班级

用户可以根据“班级编号”加入班级，和学习伙伴一起开展合作学习。

4. 公开赛事

“公开赛事”页列出了大疆官方所组织的全部比赛，如附图7所示，感兴趣的用户可搜索比赛名，或直接选择“我报名的比赛”，了解赛事信息。

附图7　公开赛事

5. 项目挑战

如果说比赛是对选手能力的全方位检测的话，那么“项目挑战”可视为一项单项竞技。如附图8所示，单击“入门–登台致敬”的“点击挑战”按钮，即进入挑战作答界面，可以浏览效果视频、考题内容、项目小贴士、作答步骤、操作提示等，最后平台会对用户完成的程序进行评分，并展示挑战选手的成绩记录。

附图8　项目挑战

拓展阅读2：做新时代的中国航空人

在五千年的漫漫历史长河中，中国人一直有探索星空的梦想，不时发出像“万户飞天”般掷地有声的天问。但中华人民共和国成立时的航空工业可谓一穷二白。在开国大典上，人民军队有17架飞机参加检阅。这其中，没有一架国产飞机；这数量，难以飞出气势①。大国崛起，需要强大的国防；民族振兴，有我重器守土安邦。航空工业自诞生之日起，始终同国家的命运紧紧连在一起。为了担当起这一历史使命，中国一代代的航空人把“忠诚奉献、逐梦蓝天”的航空精神镌刻在前进道路中，挥洒在祖国广阔的蓝天上，历经七十载奋进征程，铸就了中国的强国基石，实现了对世界先进航空工业从望尘莫及到同台竞技的历史性跨越②。

本书的读者啊！你是否同样拥有火一般的热情和永不磨灭的探求星辰大海的志趣，愿意为传承这种航空精神，为将祖国建设为新时代航空科学的中心和创新高地而再出发呢？

---

① 中国航空工业集团有限公司. 笃行：航空报国、航空强国矢志不渝［EB/OL］.（2021-04-17）［2022-02-17］. https://www.avic.com.cn/hksyfz70znzt/.

② 中国航空报. 航空工业：创新步伐从未停止 科技铸就大国重器［EB/OL］.（2021-04-17）［2022-02-17］. https://www.cannews.com.cn/2021/0417/324438.shtml.

（一）航空产业与航空人

航空产业是指与航空器研发、制造、维修、运营等活动直接相关的、具有不同分工的、由各个关联行业所组成的业态总称。广义的航空产业还包括为上述产业内容做配套支撑的科研教育、交通运输、公共管理、现代服务等经济活动内容，以及航空产业直接和间接带动的相关农业、制造业和服务业内容①。航空产业体量规模巨大，据《全球航空航天产业规模与国家排序》报告，2017年全球航空航天产业总规模8 380亿美元，美国占49%，为4 094亿美元；法国居第二位，为690亿美元，占8%；中国居第三位，为612亿美元，占6%②。

航空产业能够有效促进社会经济的快速发展，需要海量的航空人才参与。航空人才的组成一般可以分为四大类（见附图9）：

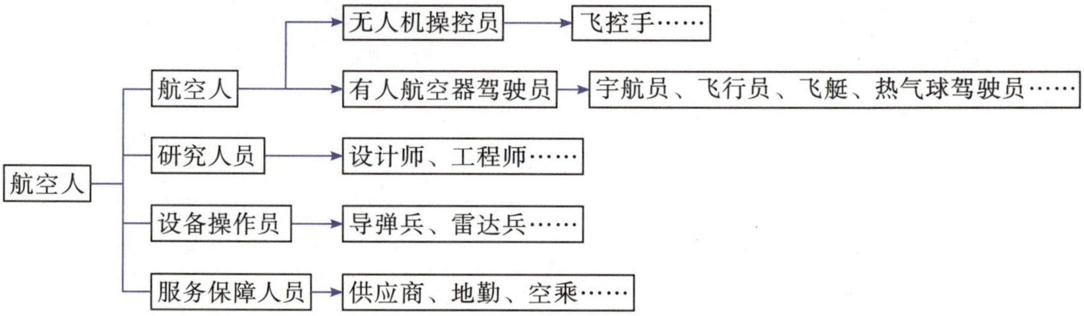

附图9　航空人才的组成

（二）怎样成为航空人

要成为航空人才中的研究人员，可以通过报考与航空有关的大学初步达成目标，该方面的国内知名院校可参考本书第二章第一节的相关内容，此处不再赘述。现重点介绍怎样成为航空器驾驶员。

1. 当一名英勇的航空兵

航空兵是国家空中利益的守护者，是最具飞行特点的航空人，更是很多青少年朋友儿时的梦想。的确，“比天空更宽广的是飞行员的情怀和理想”是让年轻人最为动心的招生宣传语。同样，国家也十分殷切地希望广纳英才，特设立招飞网便于有志青年报考航空兵。

（1）空军招飞。

① 招飞网站。中国空军招飞网（官网：http://www.kjzfw.mil.cn/，见附图10）由空军招飞局建立并管理，是关于招飞的资讯宣传、考生报名、结果公示等的信息发布权威渠道。

---

① 航空产业. 百度百科［EB/OL］.［2022-02-18］. https://baike.baidu.com/item/%E8%88%AA%E7%A9%BA%E4%BA%A7%E4%B8%9A/2936198?fr=aladdin.

②张聚恩. 详细梳理120年世界航空产业［EB/OL］.（2020-11-20）［2022-02-18］. https://m.thepaper.cn/baijiahao_10027005.

附图10　中国空军招飞网

② 招飞程序与条件。成为空军航空兵主要有两种途径，一是以高中生的身份（不超过20周岁）直接参加空军招飞。二是先以初中生的身份（不超过17周岁）报读空军青少年航空学校，在完成为期三年的学习后，再参加空军招飞。

A．高中生参加空军招飞的主要程序和学习待遇。

a．主要程序包括招飞检测和投档录取。

第一，招飞检测。

初选：10月至1月，宣传、报名、考生身体基本条件筛查。

复选：1月至6月，遴选高考成绩达到一本线的考生进行正式体检、心理选拔和政审。

定选：6月至7月，体检和心理选拔复查。

第二，投档录取。

成绩要求：高考成绩超一本线30分。

歼、强击机航空兵选拔：身高≤181 cm，坐高≤96 cm，双眼裸眼视力C表均1.0以上。

心理测评要求：按成绩“优秀＞良好＞一般”依次录取。

小知识

C字视力表

C字视力表（见附图11）指兰氏环形视力表，是用于测量视力图表的一种，简称C表。国际通用视力表其实就是C字视力表，而我国一直沿用E字视力表测量视力，仅使用C字视力表检测空军、民航等特殊的对视力有高度要求的人群。

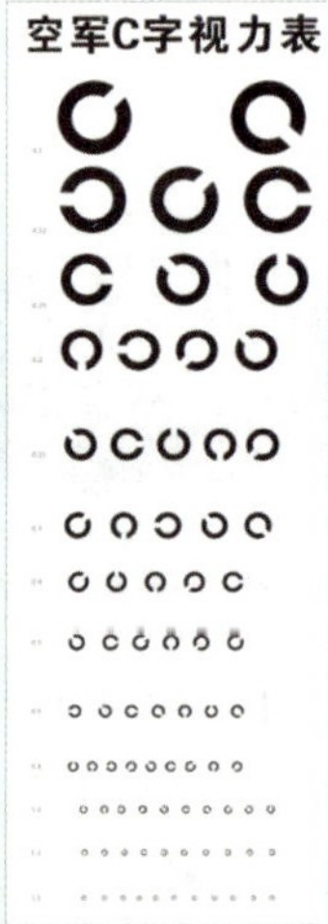

附图11　C字视力表（图源：搜狐网）

招飞定选阶段的体检需要一天，包含内科、外科、神经科、眼科、耳鼻喉科、超声科、放射科、检验科、心电图、脑电图等十个科室的百余项检测内容，具体要求可参考《招飞体检标准》。

招飞心理选拔是根据军事飞行特殊的职业要求，采用心理测量的方法，对考生进行心理素质检测和飞行潜质评估的人才选拔模式①。整个选拔共有4项检测：基本认知能力检测、飞行特殊能力检测、模拟飞行检测和专家面试。

另外，军队院校的应届本科男性毕业生也可参加招飞选拔。

b. 学习与待遇。

招飞录取后，飞行学员主要有三种培养模式，分别是军事高等教育模式、“3+1”军地联合培养模式和大学生飞行员培养模式。

第一，军事高等教育模式。学员会在空军航空大学和飞行学院进行为期四年的本科基础教育和教练机飞行训练。

空军航空大学前身是1946年3月1日成立的东北老航校，是我国唯一一所以培养飞行人才为主体，航空飞行指挥与航空工程技术专业兼容的综合性军事高等学府，是空军主体战斗力生成的重要源头，被誉为“飞行员的摇篮”“航天员的摇篮”。学校本部位于吉林省长春市②。

---

① 中国空军招飞网．招飞心理选拔概况［EB/OL］．［2022-02-19］．http://www.kjzfw.mil.cn/law-rule-detail.html?id=244-59.

② 中国军网．空军航空大学［EB/OL］．［2022-02-19］．http://www.81.cn/kj/2015-08/06/content_6617753.htm.

附图12　空军航空大学（图源：新浪网）

学习期间除享受军校学员的待遇外，还享受飞行津贴、空勤伙食、特种装具等待遇，顺利毕业后获得大学本科学历和学士学位，定为副连职军官，授予中尉军衔。学习期间如不适合飞行的，转入其他军队院校学习与航空相关的地面本科专业。

第二，“3+1”军地联合培养模式。高考成绩优异的参加招飞考生，将在北京大学、清华大学、北京航空航天大学等地方院校学习3年，在空军航空大学学习1年。在地方院校学习期间，同样享受军队院校飞行专业学员相关待遇。毕业考核合格的，颁发空军航空大学和普通高等学校同时具印的毕业证书，并按规定授予相应学位。

第三，大学生飞行员培养模式。符合条件的大学生先后在空军航空大学和飞行学院各学习1年，入校即享受军官待遇，毕业后授予军事学学士学位，定为正连职军官，授予中尉军衔。

B. 初中生报读空军青少年航空学校的主要程序和学习待遇。

为适应军队信息化建设和新质战斗力生成需要，从2015年起，空军在全国11个省依托当地优质高中建设了16所空军青少年航空学校，超前培育军事航空航天领域新型飞行人才。（见附表20）

附表20　空军青少年航空学校与分布①

地区	学校
东北	吉林省实验中学、辽宁省沈阳市第一中学、黑龙江省鹤岗市第一中学
华北	河北省石家庄市第二中学、河南省实验中学、山东省北镇中学、山东省实验中学
华东	南京师范大学附属中学、江苏省南通中学
华中	武汉市第六中学、华中师范大学第一附属中学、湖南省长沙市周南中学、湖南省常德市第一中学
西北	陕西省西安中学
西南	四川大学附属中学、四川省绵阳中学

① 中国空军招飞网．空军青少年航空学校简介［EB/OL］［2022-02-19］．http://www.kjzfw.mil.cn/student-guide-detail.html?id=247-41.

a. 空军青少年航空学校一般只招收本人自愿、监护人支持的应届初中男性毕业生，选拔程序分招飞检测和投档录取两个阶段：

第一，招飞检测。

初选：10月至次年3月，宣传、报名、考生身体基本条件筛查。

定选：3月至5月，遴选预估中考成绩“可比系数≥1”（本人中考成绩/当地中考前15%成绩为参考值）的考生进行正式体检、心理检测。

第二，投档录取。

经过定选筛查、政治考核、体格检查、心理检测全部合格且中考成绩达到招生要求的考生可投档。

根据招生计划，按中考成绩“可比系数”从高到低依次录取。

录取的其他条件见附表21。

附表21 空军青少年航空学校录取条件①

项目	要求
政治条件	热爱祖国，热爱人民，热爱中国共产党，热爱人民军队
年龄条件	14周岁≤年龄≤17周岁
身体条件	163 cm≤身高≤183 cm，体重≥48 kg 年龄≤15周岁，身高可放宽至162 cm，体重可放宽至46 kg 体型匀称，体重一般应在标准体重的85%～120%范围内，标准体重（kg）=身高（cm）-110
视力条件	双眼裸眼远视力均在1.0以上（空军C型视力检查表） 单纯近视屈光不超过0.25屈光度 未做过视力矫治手术，无色盲、色弱、斜视等
成绩条件	中考成绩为前15%
其他条件	对飞行有较强的兴趣和愿望 思维敏捷、反应灵活、动作协调、学习能力强 性格开朗、情绪稳定、有敢为精神

b. 学习待遇。

考生参加招生检测的食宿和交通费用均由空军承担，录取的学员在校由优秀教师任教，免费完成国家规定的三年高中课程。空军派驻干部对学员进行军事化管理，并开展国防教育、军事体育、航空知识、飞行训练等特色活动。每人每年的伙食费近万元，每月津贴400元，并发放空军特别制服，成绩优异者可获得每年最高3000元奖学金。

---

① 中国空军招飞网. 空军青少年航空学校招生基本条件［EB/OL］.［2022-02-19］. http://www.kjzfw.mil.cn/student-guide-detail.html?id=248-41.

毕业时学员的高考志愿应当根据培养协议首先填报空军飞行院校航空飞行与指挥专业，并参加招飞选拔检测。对未录取为飞行学员但符合军队地面院校招生条件，志愿报考军队地面院校或普通高校国防生的学生，在同等条件下优先录取。

（2）海军招飞。

① 招飞网站。海军招飞的工作程序、组织办法，以及对考生的基本要求和方法与空军相似，有关该部分内容请读者自行登录中国海军招飞网（官网：http://hjzf.mil.cn/）察看，此处不再赘述。

附图13　中国海军招飞网

但海军舰载机飞行员对人才的要求更高，须具备全天候飞行能力，能够在陆地、岛屿、水面舰艇等多种复杂环境条件下起降，是飞行人才方阵“精英中的精英，尖刀中的刀尖”，因此海军招飞也有部分自己的独特要求。如在成绩上，考生除参加全国统考外，还要参加由海军招飞部门自行组织的文化考试①。

② 入读院校。

A．海军航空大学。考生被录取后将入读海军航空大学，这是一类本科军队院校，由海军航空兵学院和海军航空工程学院于2017年重组而成，是海军指挥与工程技术人才培养的主要基地和航空领域科研中心之一，是一所以培养海军航空兵和岸防兵初、中级指挥军官和航空航天工程技术军官为主的高等军事院校，是海军航空兵、岸防兵战斗力建设的重要源头。校本部位于山东省烟台市，是全军唯一拥有海湾、海军唯一拥有机场的院校，依山傍海、风景秀丽。

① 中国海军招飞网．海军招飞“十问十答”［EB/OL］．（2022-01-17）［2022-01-20］．http://hjzf.mil.cn/news/2022/1/17/4028e498661bffab0166202e6d6d071f.html.

附图14　海军航空大学（图源：腾讯网）

B. 海军青少年航空学校。海军像空军一样，在14个省份和当地教育部门合作，依托优质高中建立了14所青少年航空学校，具体见附表22。

附表22　海军青少年航空学校与分布①

地区	学校
东北	黑龙江省实验中学、大连市第二十三中学
华北	河北衡水中学、郑州市第九中学、山东省昌乐一中
华东	合肥市第十中学、宁波市效实中学
华中	湖北省黄冈中学、南昌市第二中学、湘潭县第一中学
西北	陕西师范大学附属中学
西南	重庆市第十一中学校、四川省双流棠湖中学
华南	华南师范大学附属中学

③ 海军航空兵的待遇。海军飞行部队大多地处沿海一线经济发达地区，生活便利、条件优越，能为个人和家庭提供良好的生活保障。舰载机飞行员享有飞行和航海双份补助，还有较多机会参加海外出访、远洋护航、联合军演，能在国际舞台上展现中国海军的良好形象。

2. 成为民航驾驶员

如果因故不能参加航空兵招飞，而又不想放弃遨游天空的理想，民航驾驶员就成了一个不错的选择。

---

①中国海军招飞网.海军招飞“十问十答”[EB/OL].(2022-01-17)[2022-01-20]. http://hjzf.mil.cn/news/2022/1/17/4028e498661bffab0166202e6d6d071f.html.

（1）民航招飞环节与招飞院校。由于飞行员职业的特殊性，民航招飞同样要经历严格的体检等招生程序，有关要求和军方招飞类似，具体环节见附图15。

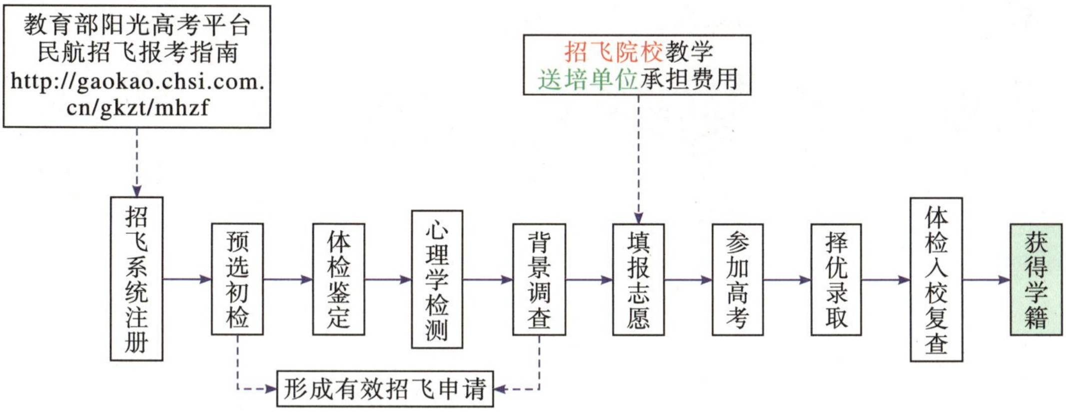

附图15　民航招飞环节

国内目前共有14个省份合计20所公、民办高等院校开设了飞行技术专业（本科）招收飞行学员，它们均通过民航招飞系统招生，学校名单与分布见附表23。

附表23　民航招飞院校与分布①

地区	学校
东北	沈阳航空航天大学、黑龙江八一农垦大学
华北	中国民用航空飞行学院、北京航空航天大学、中国民航大学、郑州航空工业管理学院、安阳工学院、山东交通学院、滨州学院、烟台南山学院、太原理工大学
华东	上海工程技术大学、南京航空航天大学、南京航空航天大学金城学院、常州工学院
华中	南昌航空大学、南昌理工学院
华南	北京理工大学珠海学院
西北	西安航空学院
西南	昆明理工大学

（2）民航飞行员的成长之路。一般人对飞行员普遍有两个认识误区，一是以为经过四年的招飞院校学习，飞行学员毕业后就可以驾驶干线飞机从事客运。二是以为飞行员之间是没有区别的，仅仅是经验上有差异。其实国际上通常把飞机驾驶员分成五个等级，即飞行驾驶学员、初级驾驶员、商业飞行驾驶员、飞行教员、航线飞行驾驶

① 中国民用航空招飞信息系统. 民用航空招飞信息系统2022年度考生手册V4.2[EB/OL]. [2022-01-20]. https://mhzf.caac.gov.cn/student/#/news/view/79.

员。每升高一个等级，对驾驶员的知识、技能、身体及心理素质都有更高的要求。对飞行员选拔条件严苛、培养费用昂贵的宣传实际上是专指航线飞行驾驶员。

想成为一名在航空公司工作、飞航班的飞机驾驶员是很不容易的。除了对身体健康和心理素质有极严格的要求外，学习者还必须逐级通过考核，积累起高超的操作技能和飞行经验。前后需要认真学习10年左右。因为在空中执行航班任务的驾驶员，他的技术水平和经验是直接关系到旅客能否得到安全飞行的重要保证①。

小知识

获得个人飞行驾照，成为初级驾驶员

与航线驾驶员相比，成为一名通用航空的初级驾驶员就简单多了，有资质的职业飞行学校就可以承担此类培训。学校对初级驾驶员学习者有四项要求：

第一项是对学员身体和心理健康水平的检查和测试，虽然对平衡能力、视力等仍有较高标准，但接受矫正视力，总之一般健康人大多能达到这一级的基本要求。第二项是对基本知识的要求。学员在培训期间接受航空基本知识、民航条例等方面内容的学习。第三项是技能部分。要能对即将使用的航空器完成飞前检查，能进行航线飞行、规避障碍物飞行、起飞着陆、紧急情况处理等。第四项是飞行经验。至少要接受20小时有教练陪同的带飞训练，还要有20小时的单独飞行经验。

整个培训为期25～40周，且必须通过民航当局指定机构的考试，学员才能拿到初级飞行驾驶执照，且只限于驾驶小型的通用航空器，从事个体飞行作业，不能搭载乘客。个人如果有志于进一步发展、提高自己的飞行技能，就必须参加高一级的培训。

3. 做专业的飞控手

随着人工智能时代的来临，间接航空——操控无人机的门槛大幅降低了。与之相反的是，社会对无人机的需求却大幅提升，这使得无人机操作员（飞控手）成为一个新兴、时尚的行业。

为了应对天空神秘莫测的变幻，以及各种特殊任务的极端需求，中国民航局颁布的《无人驾驶航空器飞行管理暂行条例》等规定，最大起飞重量250 g（含250 g）以上的无人机必须实名登记注册，在隔离空域和融合空域运行的除Ⅰ、Ⅱ类以外的无人机，必须持证飞行。这意味着部分专用无人机和汽车一样，需要由有“驾照”的专业飞控手操作，所以飞控手自然需要参加一定的培训与考核。

---

① 中国民航局. 怎样成为一名飞行员［EB/OL］.（2015-09-23）［2022-01-20］. http://www.caac.gov.cn/GYMH/MHBK/HKHD/201509/t20150923_1942.html.

附图16　飞控手操控专业无人机进行电力设备巡检（图源：能飞无人机学院）

目前国内常见的四种无人机执照都是民航和行政执法机构认可的，分别是中国民航局CAAC无人机执照、中国航模协会ASFC无人机飞行员执照、大疆慧飞UTC的无人机驾驶航空系统操作手合格证、中国航空器拥有者及驾驶员协会的AOPA民用航空器驾驶员证书。

UTC证书的优点是有详细的专业级别的区分，缺点是只针对大疆自己的产品进行了详细的讲解和说明。它适合初学者，以及希望系统学习无人机知识和技术的人群。AOPA的证书是民间协会的无人机执照，行业认可度比较高，但是价格较高。AOPA证书一般和CAAC同步考取，考取顺序是：先考取CAAC执照，再换发AOPA合格证。CAAC执照由是民航局颁发，适用范围较广，考试难度和考试费用也比较高。适合职业人士考取，特别是驾驶小型和中型无人机的人员。ASFC执照主要是针对7公斤及以下级别的无人机，有基础的人士可以直接参加考试，价格实惠，较适合无人机爱好者①。

拓展阅读3：TT无人机挑战卡

（一）TT无人机挑战卡与空间直角坐标系

“ROBOMASTER TT无人机创造力套装”中标配了4张挑战卡，每张正、反面为不同图案，共有8个ID编号，ID编号为数字1到8，每张挑战卡的主要图案由火箭、10个圆形星球、1个挑战卡ID三个部分组成。其中，卡片右上角的火箭头部的指向代表挑战卡坐标系中x轴的正指向。多个星球的不同图案用于无人机识别挑战卡ID，并获取该挑战卡坐标系中的坐标值，从而让无人机执行相应的积木。数字编号则主要用于使用者区分挑战卡，如附图17所示。

---

① 航拍不NG无人机. 带你搞懂ASFC、CAAC、AOPA、UTC这些无人机驾照究竟有什么区别［EB/OL］.（2022-01-14）［2022-01-20］. https://view.inews.qq.com/a/20220114A0CGA300?tbkt=H&uid=.

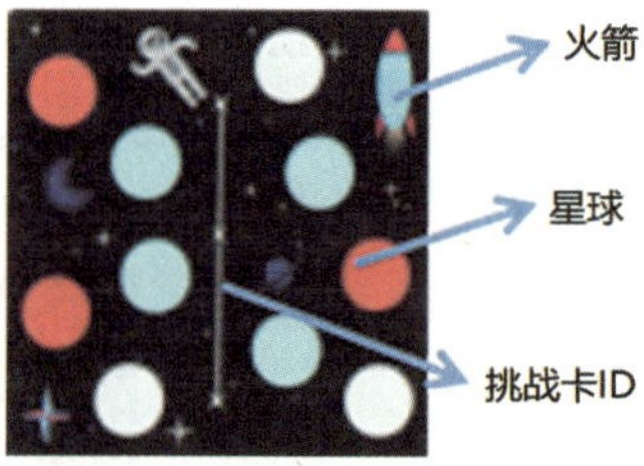

附图17　TT无人机挑战卡

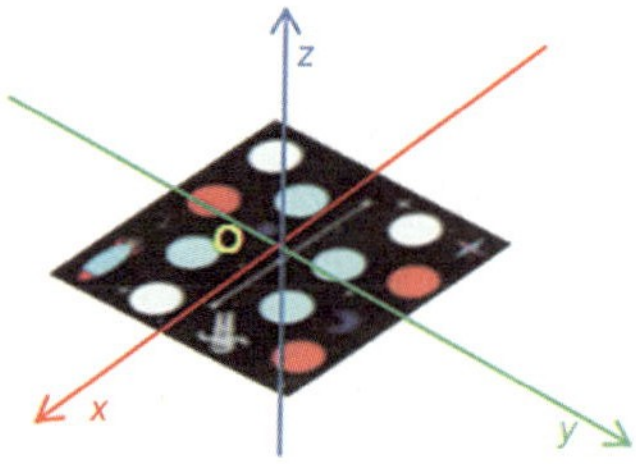

附图18　挑战卡上的三维直角坐标系

每张挑战卡都拥有一个独立的空间直角坐标系，挑战卡所在平面为x轴与y轴所在平面，z轴垂直于挑战卡平面，挑战卡中心为原点O，如附图18。同一个飞行任务里面，不同挑战卡的坐标系互不影响，可以使用多张挑战卡摆放在不同的位置规划路线较为复杂的飞行任务。

（二）无人机对挑战卡的有效识别范围

一般情况下，无人机对挑战卡的识别高度范围是30～120 cm，在30 cm高度可识别范围为40 cm×40 cm，在120 cm处可识别范围为100 cm×100 cm，如附图19所示。注意：超越上述有效识别范围，无人机将无法探测到挑战卡，挑战卡模块积木将失效。挑战卡的使用还要保证光线适中和平面纹理清晰，过暗或过亮的环境都会影响挑战卡的识别，纯黑或者纯白的地面可能会令到无人机无法识别挑战卡。用前视摄像头探测挑战卡时，暂时无法使用挑战卡模块的积木。

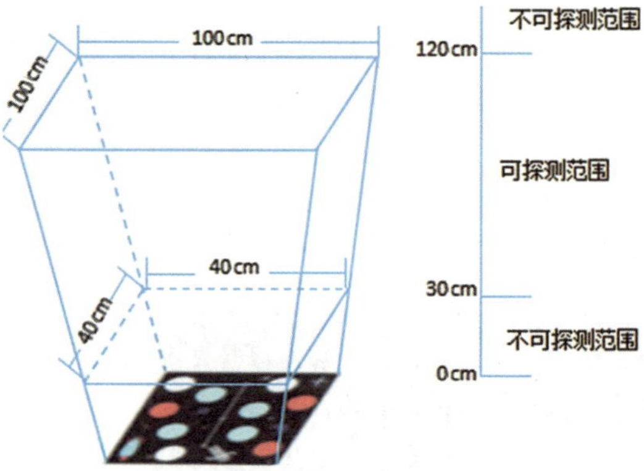

附图19　无人机对挑战卡的有效识别范围

拓展阅读4：为TT无人机加装红外遥控套件

通过前面章节的学习，可以知道TT无人机由两部分组成，一部分是Tello无人机，一部分是可安装在无人机上方的拓展配件。出厂附带的拓展配件包含开源控制器、测距点阵屏拓展模块和转接拓展板。但在广阔的市场上活跃着众多服务于某些主要企业的供应商，他们遵循通用的标准，为主流产品生产一些拓展原产品功能的配件，显著提升了原产品的性能。本项目所介绍的红外遥控套件就不是TT无人机的标配传感器，而是属于第三方厂家生产的传感器。但由于此类产品遵循了通用标准，因此可以通过以下步骤安装在TT无人机上使用。

扫描下方二维码观看“拓展阅读4：为TT无人机加装红外遥控套件”视频

（一）卸载测距点阵屏拓展模块

如附图20所示，要安装第三方传感器，需要先在拓展配件上卸载测距点阵屏拓展模块，为安装转接拓展板预留开源控制器的接口。

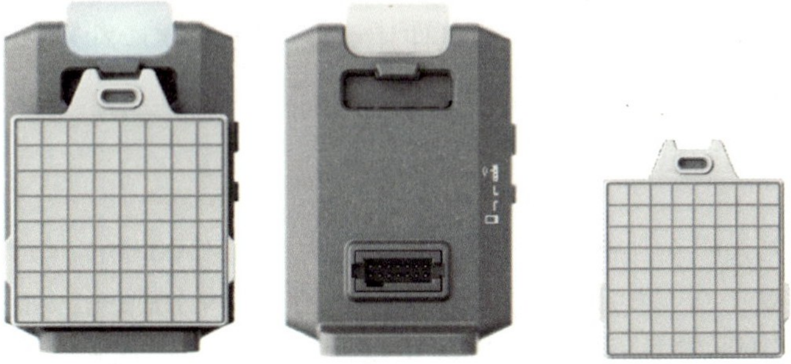

拓展配件　开源控制器　测距点阵屏拓展模块

附图20　卸载测距点阵屏拓展模块（图源：大疆网）

（二）焊接转接拓展板

出厂附带的材料有转接拓展板，但是没有排针，需要自行准备如附图21所示的2.54 mm间距的排针，并将之焊接到转接拓展板上。焊接的方法可以参考附图22，初学者应反复练习后，才使用转接拓展板来焊接，而且焊接时要注意排针的方向，避免焊接失误导致重焊（重焊不易处理），甚至损坏转接拓展板。如附图23所示是成功焊接排针后的转接拓展板效果。

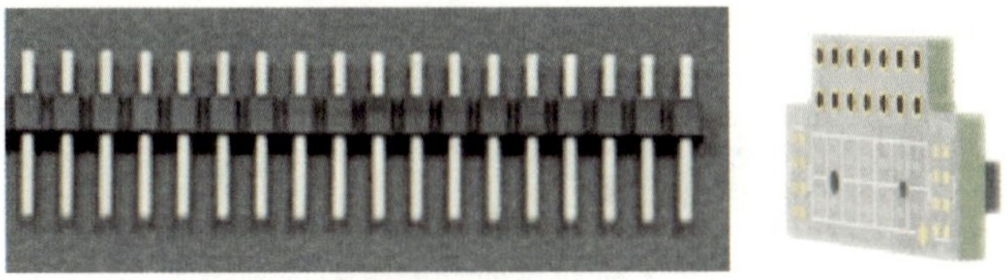

2.54 mm间距的排针　转接拓展板

附图21　焊接转接拓展板的材料（图源：DFRobot网、大疆网）

附图22　焊接“五步法”（图源：哔哩哔哩网）

正面

背面

附图23　焊接成功后的转接拓展板

从附图23可以看出，转接拓展板提供了10个GPIO和2组电源引脚，具体名称见附表24。

附表24　转接拓展板引脚位置

IO2	IO5	IO4	IO27	IO26	GND	3V3
IO12	IO21	IO15	IO14	IO13	GND	5V

（三）安装转接拓展板

在无须飞行的测试情况下，只需将焊接成功的转接拓展板直接安装在开源控制器上即可。不过，考虑到飞行过程中，为避免传感器晃动幅度过大导致测量不准，以及避免阻碍其螺旋桨旋转，必须把传感器固定牢固。DFRobot的Mind+教程中提供了一个可以3D打印的结构件文件，访问网址https://www.thingiverse.com/thing:4586173即可下载该文件，其使用3D打印机打印出来后的外观如附图24所示，它可以用来固定传感器到开源控制器上。当然，由于传感器多种多样，在充满可能性的创客应用中，这个结构件并不是万能的，有时还需要配合使用橡皮筋或双面胶等其他工具。在开源控制器上安装转接拓展板和结构件后的效果如附图25所示。

附图24　结构件

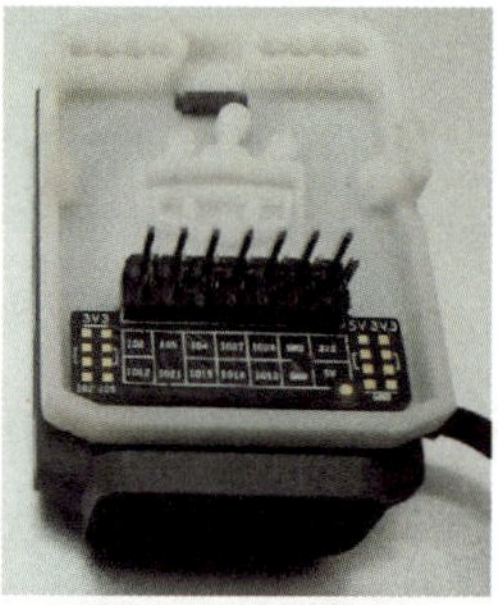
附图25　安装转接拓展板后的拓展模块

（四）连接数字传感器连接线

如附图26所示，红外遥控套件中的数字传感器连接线一头是3芯PH2.0插头，用于连接传感器；一头是3芯杜邦插头，用于连接转接拓展板引脚。根据附表24所示的引脚位置，理论上可以使用5V、GND、IO13这三个引脚，分别对应3芯杜邦插头的红色、黑色、绿色线。但是，3芯杜邦插头中的红色和黑色线次序对调了，而且由于Mind+中红外接收模块的读取引脚积木的限制，如附图27所示，该积木没有提供IO13引脚，因此需要对杜邦插头进行改装，把绿色线接在积木中提供的引脚上，比如IO15，具体的引脚接线次序如附表25所示。

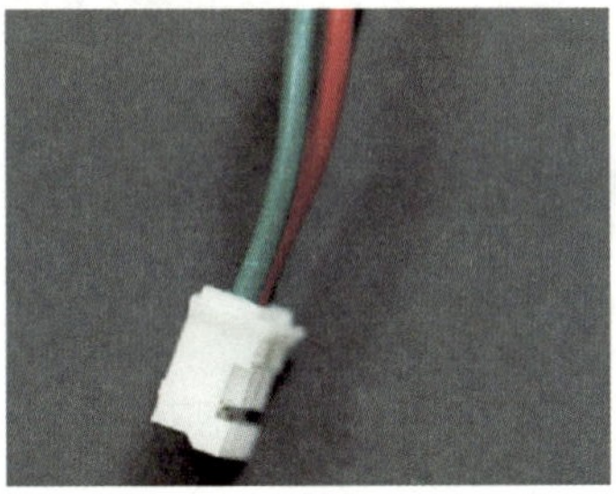

3芯PH2.0插头

3芯杜邦插头

附图26　数字传感器连接线两端（图源：DFRobot网）

附图27　读取指定引脚的红外接收值

附表25　转接拓展板引脚接线表

杜邦线	转接拓展板引脚
红色	5V
黑色	GND
绿色	IO15

如附图28所示，需准备小号的一字螺丝刀和单芯杜邦线，用于改装3芯杜邦插头。使用一字螺丝刀插入单芯杜邦线黑色插头中的凹槽处，轻轻撬起的同时缓慢抽出线缆，留下3个黑色插头备用。用同样的方法，取下3芯杜邦插头，接着分别把3根线缆插入单芯杜邦插头中。使用时，把3根改装后的单芯杜邦线按附表25连接在转接拓展板上对应的引脚即可，如附图29所示是改线前后的红外接收传感器。

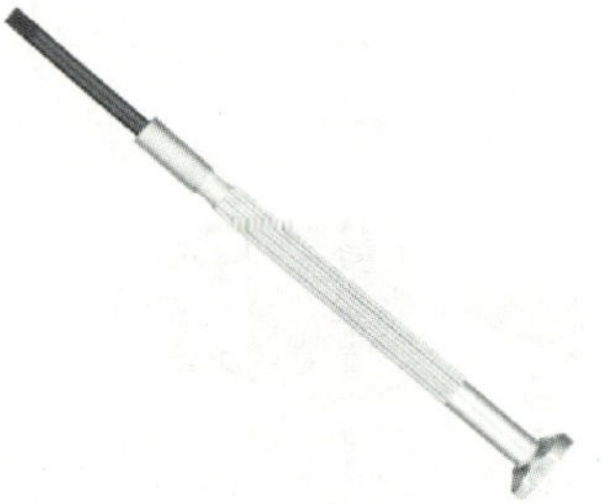

小号一字螺丝刀（图源：京东网）

单芯杜邦线（图源：DFRobot网）

附图28　改装杜邦线的材料

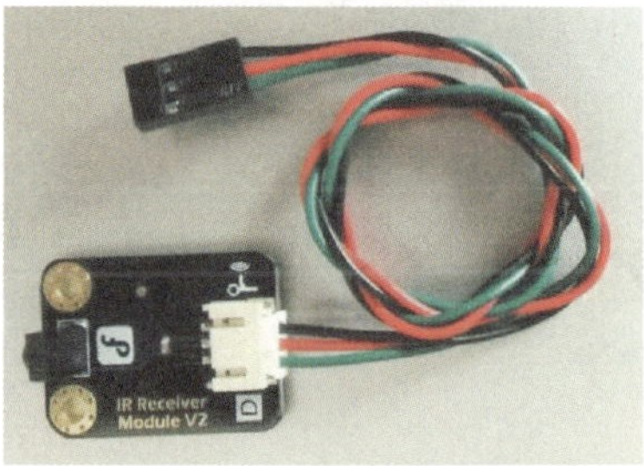

改线前

改线后

附图29　改线前后的红外接收传感器

（五）安装在无人机上

先把红外接收传感器连接在转接拓展板上，接着准备两根橡皮筋，一根用来绑住连接线，可以事先尝试转动螺旋桨，确保螺旋桨不会切割到连接线。要知道无人机飞行时，高速旋转的螺旋桨是可以像削水果一般切削线缆的外皮，甚至是切断线缆的。另一根用来绑住传感器板，建议遥控接收头面向无人机后方，这样方便站在无人机后方遥控无人机，保证了无人机的运动方向与人的视角及遥控器的摇杆设置一致。如图3-119所示是安装好红外接收传感器后的无人机效果图。

（六）使用Mind+添加红外接收传感器模块

在Mind+软件的上传模式中，如附图30所示添加红外接收传感器模块，依次点击主控板→RoboMaster TT（ESP32）→通信模块→红外接收模块，添加红外接收传感器模块，整个为TT无人机加装红外遥控套件的工作就大功告成了。

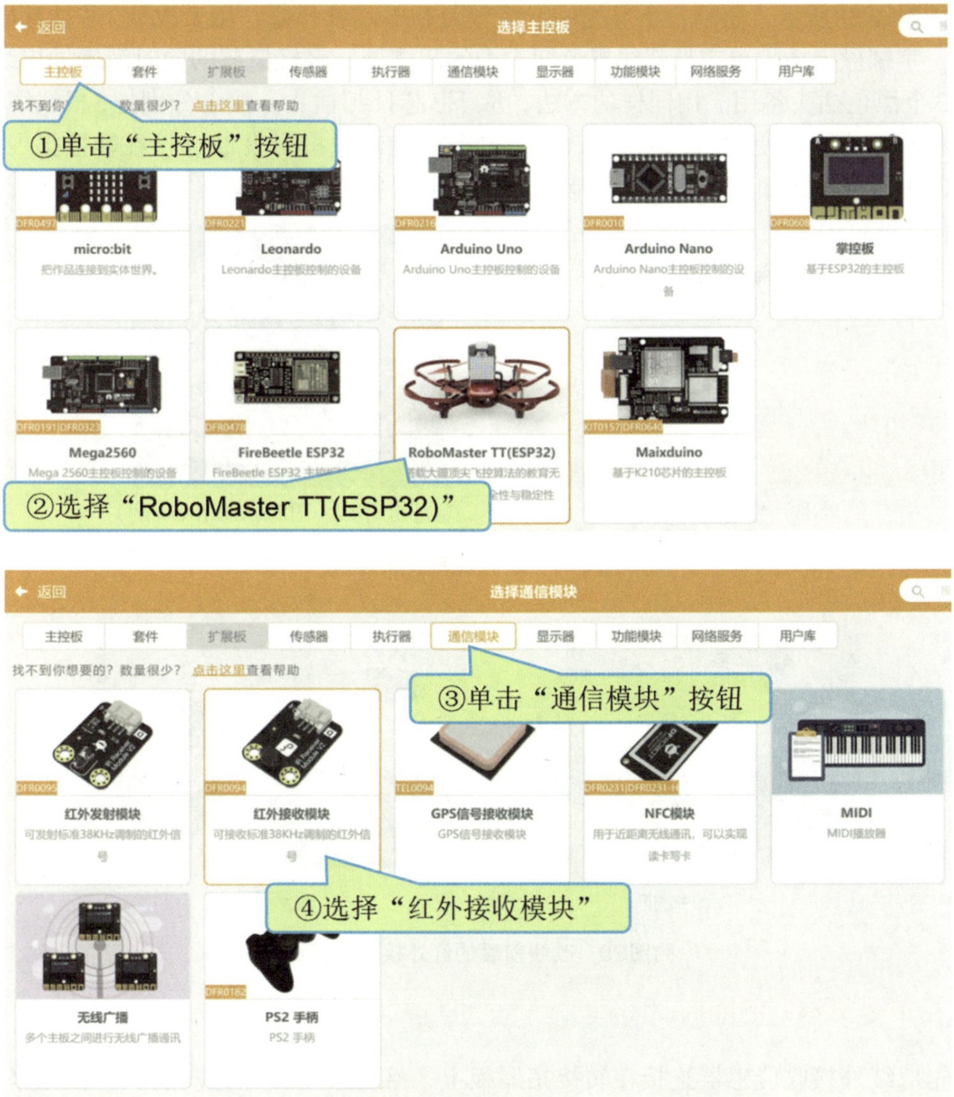

附图30 添加红外接收传感器模块（图源：软件截图）

拓展阅读5：无人机组队的准备

扫描下方二维码观看“拓展阅读5：无人机组队的准备”视频

（一）无人机组队的连接方式

RoboMaster TT创造力套装，可以最多同时支持10架TT无人机进行组队飞行。队列中的无人机和控制无人机的计算机需要连入同一个无线路由器或手机热点，在计算机端编写的程序通过无线路由器同时发送给无人机们，以实现一控多的组队飞行，模拟效果如附图31所示。

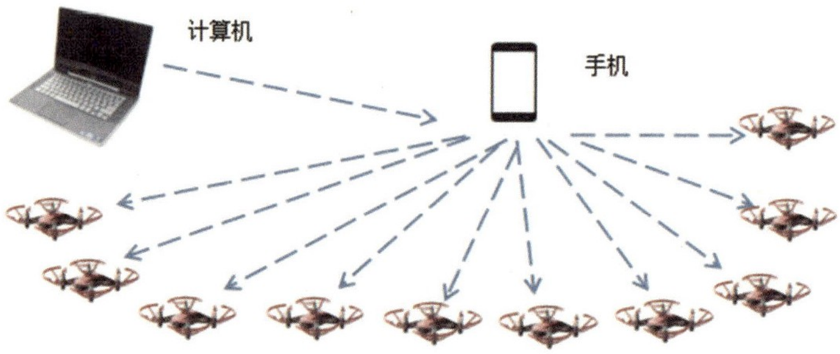

附图31 无人机组队的连接方式

（二）无人机组队的硬件配置

由于无人机组队飞行需要通过路由器转发程序，对硬件间通信的速率和稳定性都要求比较高，所以必须选择采用802.11ac协议的Wi-Fi 5G的双频路由器。同时，负责控制的计算机必须配备支持802.11ac协议的Wi-Fi 5G的无线网卡协同工作。由于5G信号抗衰减能力相对不高，无人机组队时应该尽量减少各个硬件之前的障碍和其他电磁干扰，保证无人机正常组队飞行。

（三）无人机组队的硬件设置

无人机组队要求所有的无人机必须连接测距点阵屏幕拓展模组。同时拓展模组侧面的上下开关必须拨到上方，将无人机从单机模式切换到组队模式，见附图32。否则，无人机将无法加入路由器。为了让无人机自动加入路由器，可以设置路由器的Wi-Fi名称为“RMTT-AP”，接入路由器的密码暂时设置为“123456789”。

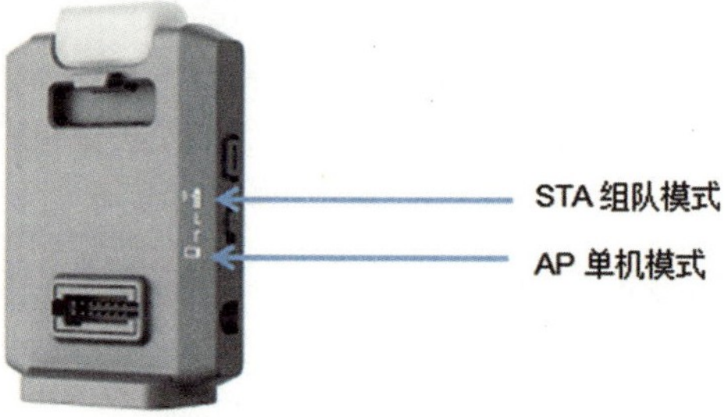

附图32 组队模式设置图解

（四）无人机组队的软件设置

要进行无人机组队飞行的编程，先要在Mind+编程软件中添加RoboMaster TT（组队）功能模块，如附图33所示。其操作步骤与添加单机功能模块基本一致：单击Mind+软件窗口左下角的“扩展”按钮→“功能模块”→“RoboMaster TT（组队）”→“返回”，最后单击“功能模块”即可开始使用无人机组队相关积木。

附图33　RoboMaster TT（组队）功能模块

组队飞行过程中，每架无人机必须能精准控制，所以在开始编写编程前，都要在Mind+软件中为每架无人机进行编号。而实际上大部分无人机组队功能模块中的积木与单机功能模块中的积木的功能是相似的，它们之间的主要区别在于组队模块积木都会多出一个“编号”的参数，用于控制指定编号的无人机，如附表26所示。可以说，任何组队飞行程序都离不开无人机编号。

附表26　组队模块与单人模块中的部分积木对比

组队模块	单人模块
Tello 编号1 ▾ 进入 ▾ 起桨模式	进入起桨模式
Tello 编号1 ▾ 起飞	起飞
Tello 编号1 ▾ 5秒内抛飞	5秒内抛飞
Tello 编号1 ▾ 降落	降落

（五）给TT无人机编号的方法

TT无人机可以根据每架无人机的SN码或者SSID码进行编号。其中SN码可以在无人机电池仓中的贴纸第一行获取，如附图34所示。使用 设置Tello SN码 0TQZH4LED00555 编号为 1 积木可以设置指定的SN码无人机的编号为1。SSID码在测距点阵屏幕拓展模组的后背上可以获取，一般名称为RMTT-******”，如附图35所示。使用 设置Tello SSID RMTT-C6489DC 编号为 1 积木可以设置指定的SSID码无人机的编号为1。其他无人机的编号方法类似。

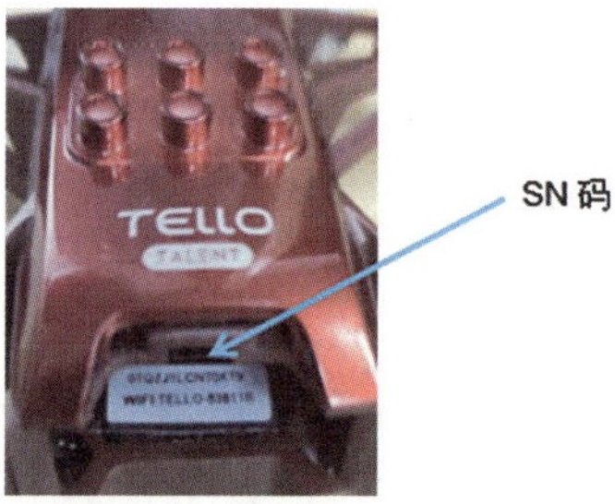

附图34　TT无人机的SN码

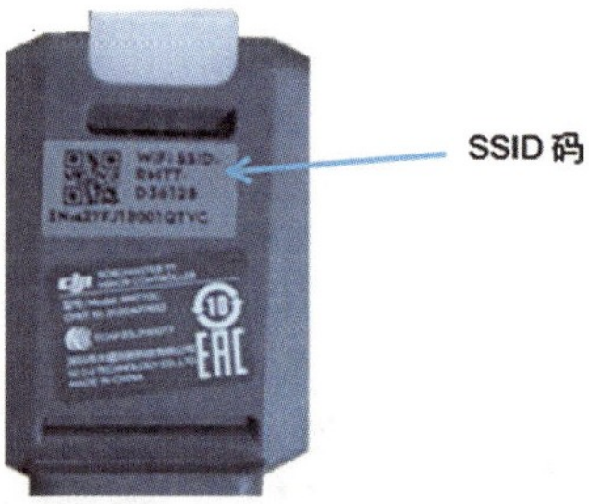

附图35　TT无人机的SSID码

拓展阅读6：用Mind+的Python模式编写自定义模块

定义穿越高低环自定义模块的基本步骤为：切换到Python模式“模块”方式下编程→安装与调用功能库→编写“穿越高低环”自定义模块。

扫描下方二维码观看“拓展阅读6：Python模式编写自定义模块”视频

（一）切换到Python模式“模块”方式下编程

Mind+中已经内置Python（当前版本为3.6.5），无须另外下载安装。单击软件界面右上角的“Python模式”按钮即可使用。Mind+的Python模式下，提供代码和模块两种编程方式（见附图36、附图37），满足了入门到高级用户的需求。其中代码方式为纯代码编程，它提供库管理功能，常用库一键加载，方便安装各种数量庞大的第三方库。模块方式可以进行代码和模块混合编程，仍具有图形化编程特征，适合青少年进阶学习时使用。模块方式下可以使用官方扩展库，虽然数量相对较少，但支持自定义各种用户库和各种外接硬件。

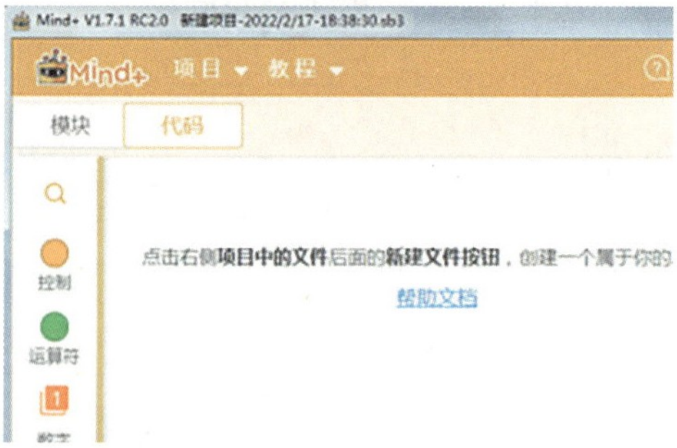

附图36　代码方式

附图37　模块方式

（二）安装与调用功能库

B1比赛程序需要在模块方式中加载官方库中的“代码生成器”，用于在没有图形化积木的情况下将部分代码直接变成图形化积木，具体操作见附图38操作步骤。

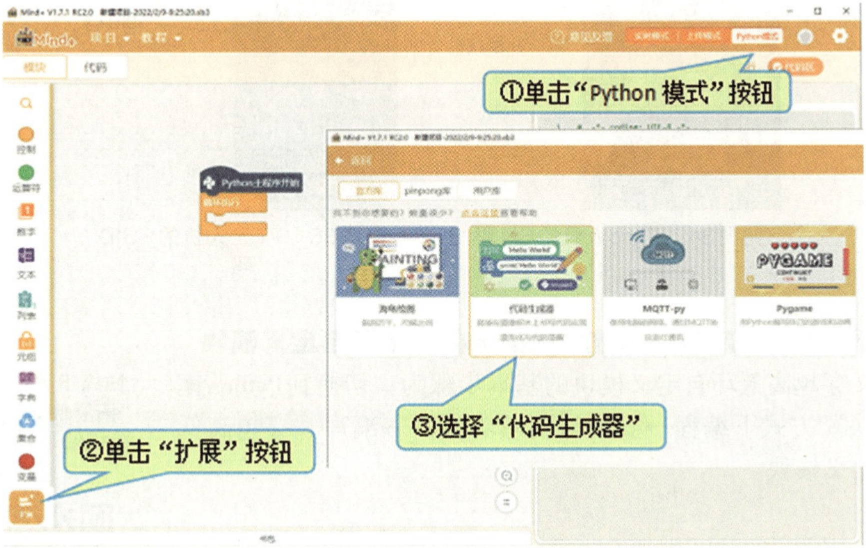

附图38　加载“代码生成器”

还需在代码模式中下载“numpy”“opencv-Python”“robomaster”三个功能库。其中“numpy”可以在“推荐库”中的“数据计算”分类中找到安装，具体步骤见附图39、附图40。“opencv-Python”库可以在“推荐库”中的“图像处理”分类中找到安装。“opencv-Python”库的安装方法与“numpy”库类似。“robomaster”可以在“PPI模式”中搜索下载安装，具体步骤见附图41。

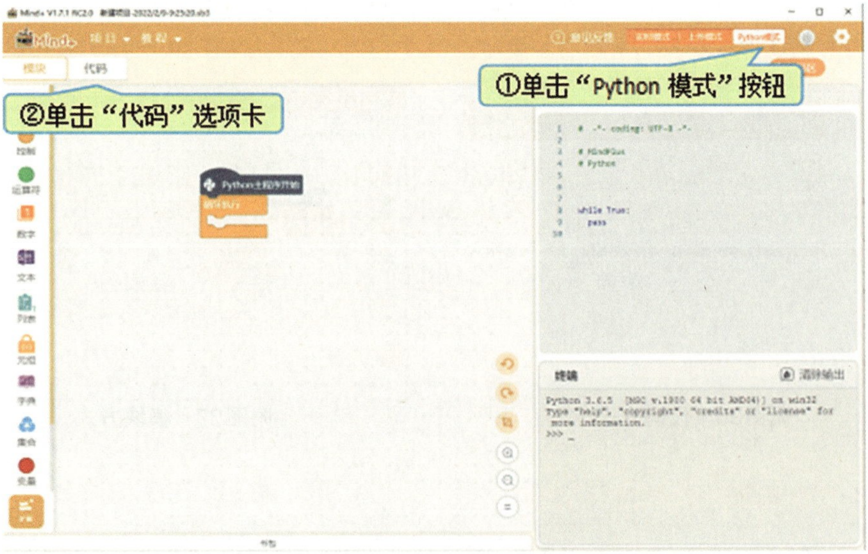

附图39　安装“numpy”库的步骤（一）

附图40 安装“numpy”库的步骤（二）

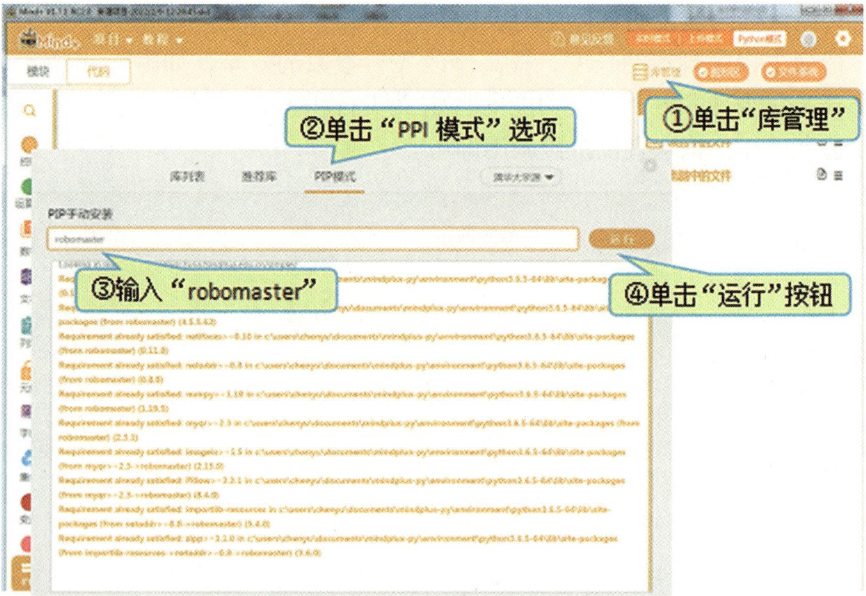

附图41 安装“robomaster”库

注：如果安装上述相关的库出现错误，请确保把运行库路径：C:\users\86189\documents\mindplus-py\environment\python3.65-64\Scripts（操作系统以64位Win10、当前账户为86189为例）添加到操作系统“系统属性”中的用户环境变量的Path中，

见附图42和附图43。

关于库的调用方法见项目17正文中关于基本任务的介绍，此处不再赘述。

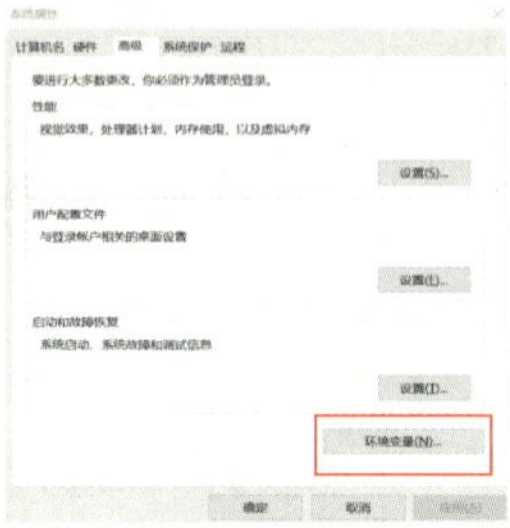

附图42　系统属性中的环境变量

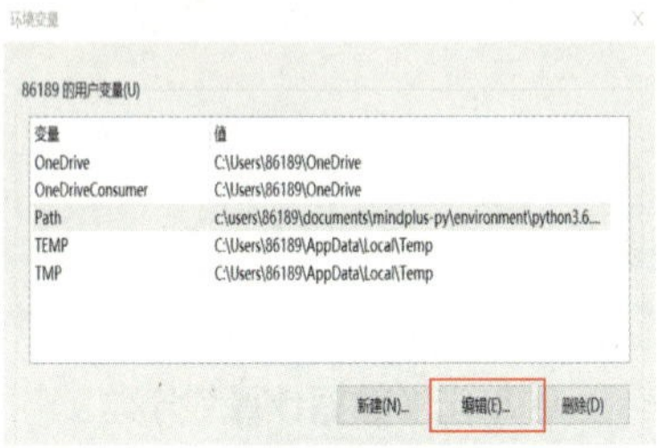

附图43　环境变量中的用户变量 Path

注意：上述安装调用功能库的方法基于Mind+V1.71软件而设，随着软件版本的升级更替，其步骤方法会有所差异，请以官方升级的说明文档为准。

（三）编写“穿越高低环”自定义模块

在Python模式下，实时模式中的与TT无人机相关的飞行积木都无法使用，需要使用“函数”模块中的自定义模块功能和代码生成器中的积木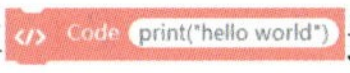

进行代码定义，自定义模块代码及说明具体见附表27。

为了精简主程序脚本的长度，提高修改飞行参数的效率，如附图44所示，完成穿越高低环任务需要定义6个不同功能的自定义飞行积木，这样在主程序中只需要把生成的“穿越高低环”积木直接拼接调用即可。

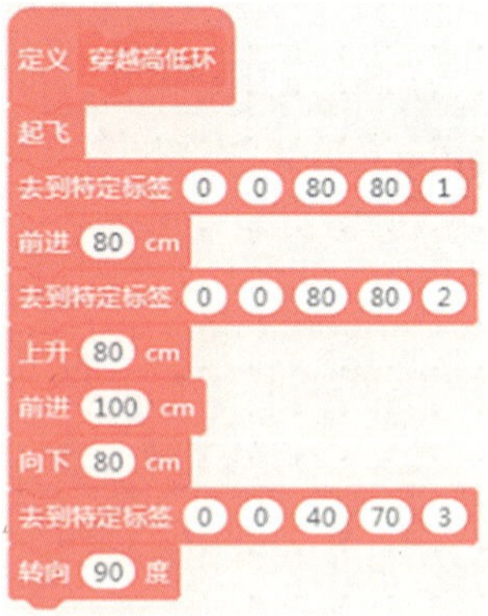

附图44　穿越高低环自定义模块积木

附图44的6个基本积木的制作方法基本一致，现以其中的“前进”自定义积木模块为例介绍在Python模式中编写积木的基本方法，具体步骤见附图45、附图46。其余自定义飞行积木请参考“前进”积木的编写步骤，并结合附表27中的代码说明自行制作。

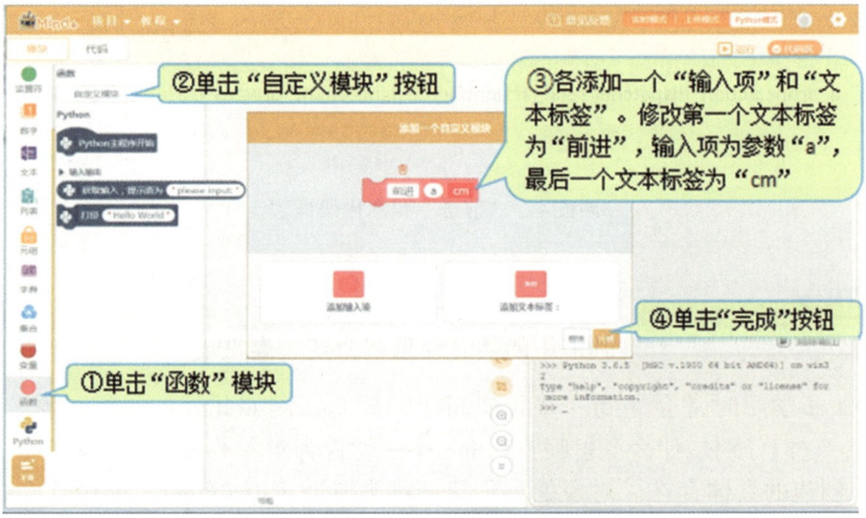

附图45　自定义“前进”积木模块（一）

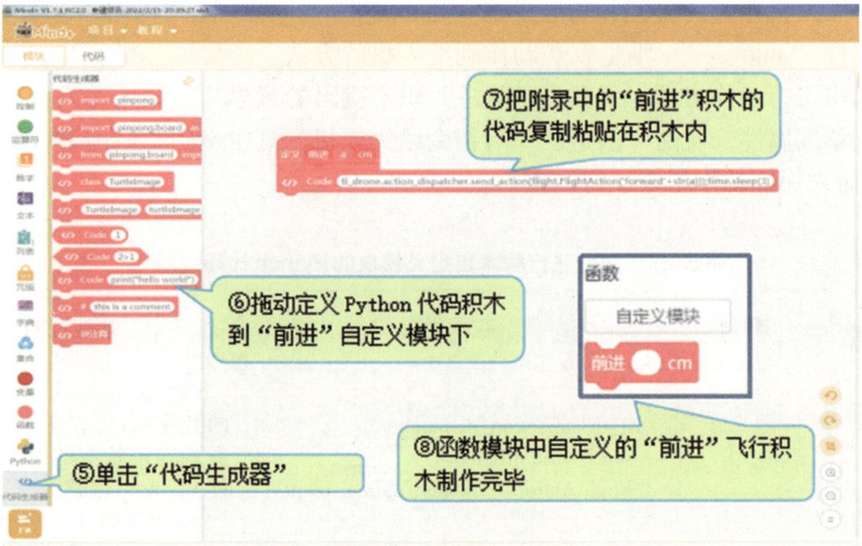

附图46　自定义“前进”积木模块（二）

附图47中“前进”积木代码看上去很复杂，其中一部分是程序的固定格式，另一部分有明确的指向意义，具体见附图47的说明。

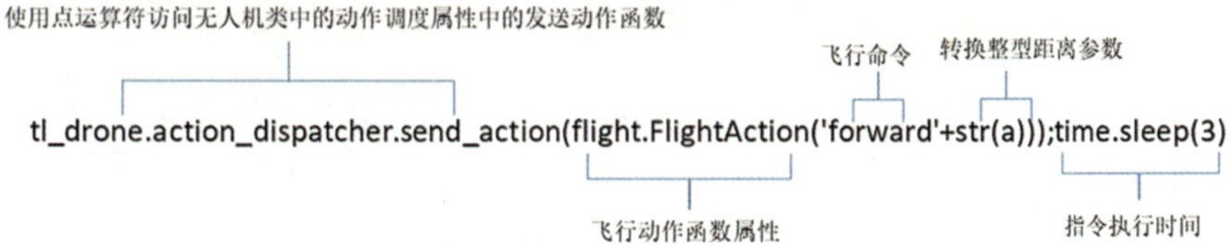

附图47 “前进”积木代码详解

小知识

Python中的类、对象、方法、属性

Python学习时常会遇到一些看似高深的概念，例如此处的类、对象、属性、方法等，它们分别是什么意思呢？Python中一切皆为对象（object），是一个个由类（class）创建的具体存在。对象的种种特征称为属性（attribute），能做什么即方法（method）。因此Python中把具有相同属性和方法的对象称为一个类①。具体到附图47中，使用之前创建“Drone”类的实例对象“tl_drone”（见附表27），Drone类提供了无人机相关的属性和功能设定。“action_dispatcher”是“Drone”类中的动作调度属性，send_action则是发送动作到无人机的方法（函数）。“flight.FlightAction”是无人机飞行动作方法（函数）。“前进”积木代码的意思为：调用无人机Drone类中动作调度属性，发送“前进”飞行指令给无人机，其中a为前进距离参数，利用3秒延时来保证动作指令执行结束。

附表27 部分飞行积木自定义模块的Python代码说明

自定义模块名称	参数	积木代码	功能说明
起飞	无	tl_drone.action_dispatcher.send_action(flight.FlightAction(‘takeoff’));time.sleep(5)	5秒内无人机起飞。最后的数字(5)代表用来让无人机进入稳定状态的时间（单位：秒），也可理解为完成此代码积木所需的时间，下同
降落	无	tl_drone.action_dispatcher.send_action(flight.FlightAction(‘land’));time.sleep(5)	5秒内无人机降落
前进（a）cm	a	tl_drone.action_dispatcher.send_action(flight.FlightAction(‘forward’+str(a)));time.sleep(3)	3秒内无人机前进（a）cm

①菜鸟教程．Python面向对象［EB/OL］．［2022-07-07］．https://www.runoob.com/python/python-object.html.

续上表

自定义模块名称	参数	积木代码	功能说明
后退（a）cm	a	tl_drone.action_dispatcher.send_action(flight.FlightAction(‘back ‘+str(a)));time.sleep(3)	3秒内无人机后退（a）cm
向左（a）cm	a	tl_drone.action_dispatcher.send_action(flight.FlightAction(‘left’ +str(a)));time.sleep(3)	3秒内无人机向左（a）cm
向右（a）cm	a	tl_drone.action_dispatcher.send_action(flight.FlightAction(‘right’ +str(a)));time.sleep(3)	3秒内无人机向右（a）cm
上升（a）cm	a	tl_drone.action_dispatcher.send_action(flight.FlightAction(‘up’ +str(a)));time.sleep(3)	3秒内无人机上升（a）cm
下降（a）cm	a	tl_drone.action_dispatcher.send_action(flight.FlightAction(‘down’ +str(a)));time.sleep(3)	3秒内无人机下降（a）cm
等待（sec）秒	Sec	time.sleep(secs)	等待（sec）秒
转向（a）度	a	tl_flight.rotate(angle＝a).wait_for_completed()	顺时针转（a）度
亮灯	r、g、b	tl_drone.action_dispatcher.send_action(flight.FlightAction(‘EXT led ‘+str(r)+’ ‘+str(g)+’ ‘+str(b)));time.sleep(1)	1秒内LED灯亮起，颜色为r、g、b三色灯亮度混合
开启下摄像头	无	tl_drone.action_dispatcher.send_action(flight.FlightAction(‘downvision 1’));time.sleep(1)	请先更新无人机固件到最新版本。1秒内打开下视摄像头
开启挑战卡识别	无	tl_drone.action_dispatcher.send_action(flight.FlightAction(‘mon’));time.sleep(3)	3秒内打开挑战卡识别功能
关闭挑战卡识别	无	tl_drone.action_dispatcher.send_action(flight.FlightAction(‘moff’));time.sleep(3)	3秒内关闭挑战卡识别功能

续上表

自定义模块名称	参数	积木代码	功能说明
挑战卡切换	x,y,z,yaw,speed,mid,mid2	tl_drone.action_dispatcher.send_action(flight.FlightAction(‘jump ‘+str(x)+’ ‘+str(y)+’ ‘+str(z) +’ ‘+str(yaw)+’ ‘+str(speed)+’ m’ +str(mid)+’ m’ +str(mid2)));time.sleep(8)	8秒内无人机从当前挑战卡飞到另一挑战卡。参数x为水平左右距离，y为水平向前后距离，z为飞行高度，yaw为转向角度，speed为飞行速度，mid为初始挑战卡，mid2为目标挑战卡
前往指定挑战卡	x,y,z,speed,mid	tl_drone.action_dispatcher.send_action(flight.FlightAction(‘go ‘+str(x)+’ ‘+str(y)+’ ‘+str(z) +’ ‘+str(speed)+’ m’ +str(mid)));time.sleep(5)	5秒内无人机飞到指定挑战卡。参数x为水平左右距离，y为水平向前后距离，z为飞行高度，yaw为转向角度，speed为飞行速度，mid为目标挑战卡
关闭摄像头传输	无	cv2.destroyAllWindows(); tl_camera.stop_video_stream() ;tl_drone.close()	关闭下视摄像头的视频流传输